Handlungsfelder Sozialer Arbeit

Herausgegeben von

Martin Becker
Cornelia Kricheldorff
Jürgen Schwab

Annette Bukowski/Werner Nickolai

Soziale Arbeit in der Straffälligenhilfe

Verlag W. Kohlhammer

Dieses Werk einschließlich aller seiner Teile ist urheberrechtlich geschützt. Jede Verwendung außerhalb der engen Grenzen des Urheberrechts ist ohne Zustimmung des Verlags unzulässig und strafbar. Das gilt insbesondere für Vervielfältigungen, Übersetzungen, Mikroverfilmungen und für die Einspeicherung und Verarbeitung in elektronischen Systemen.

Die Wiedergabe von Warenbezeichnungen, Handelsnamen und sonstigen Kennzeichen in diesem Buch berechtigt nicht zu der Annahme, dass diese von jedermann frei benutzt werden dürfen. Vielmehr kann es sich auch dann um eingetragene Warenzeichen oder sonstige geschützte Kennzeichen handeln, wenn sie nicht eigens als solche gekennzeichnet sind.

1. Auflage 2018

Alle Rechte vorbehalten
© W. Kohlhammer GmbH, Stuttgart
Gesamtherstellung: W. Kohlhammer GmbH, Stuttgart

Print:
ISBN 978-3-17-023372-0

E-Book-Formate:
pdf: ISBN 978-3-17-025110-6
epub: ISBN 978-3-17-025111-3
mobi: ISBN 978-3-17-025112-0

Für den Inhalt abgedruckter oder verlinkter Websites ist ausschließlich der jeweilige Betreiber verantwortlich. Die W. Kohlhammer GmbH hat keinen Einfluss auf die verknüpften Seiten und übernimmt hierfür keinerlei Haftung.

Handlungsfelder Sozialer Arbeit

Vorwort der Herausgeber

Der Sammelband »Handlungsfeldorientierung in der Sozialen Arbeit«, erschienen im September 2012, bildet die Einführung für eine Reihe von Einzelveröffentlichungen zu verschiedenen Handlungsfeldern Sozialer Arbeit. In der einführenden Publikation ist das »Freiburger Modell der Handlungsfeldorientierung« genauer beschrieben, das den folgenden Bänden zu einzelnen Handlungsfeldern Sozialer Arbeit auch zu Grunde liegt. Dieses curriculare Modell für das Bachelorstudium der Sozialen Arbeit nimmt aktuelle Bedingungen und Entwicklungen in verschiedenen Feldern der Sozialen Arbeit in den Blick und leitet Aktionen und Interventionen fachlich begründet dazu ab. Dargestellt werden mögliche und notwendige Handlungskonzepte und Methoden, die zu Charakteristika von Aufgabenstellungen, Rechtsgrundlagen, Governance, Trägerlandschaften, Situationen und Personen in Handlungsfeldern diskursiv in Bezug gesetzt werden. Daraus ergeben sich Gestaltungs- und Kontexterfordernisse, die einer eher technokratischen Ver- und Anwendung entgegenwirken, die »reiner« Methodenlehre latent innewohnt. Nach Möglichkeit fließen dazu Hinweise auf Evaluation und zu Projekten der Praxisforschung mit ein. Die in der Reihe vorgelegte Systematik eignet sich für die Gestaltung von Studiengängen Sozialer Arbeit und wird an der Katholischen Hochschule Freiburg seit einigen Jahren bereits in der Lehre praktiziert. Dies geschieht vor dem Hintergrund einer stärker ausgeprägten Kompetenzorientierung, die im Zuge des Bologna-Prozesses didaktisch erforderlich ist.

Bei der Breite und hohen Differenzierung, die sich in den einzelnen Handlungsfeldern mit ihren unterschiedlichen Rahmenbedingungen, Aufgaben und Zuständigkeiten ergibt, liegt allen Einzelbänden doch eine gemeinsame Struktur in der Darstellung Sozialer Arbeit zu Grunde. Zunächst wird der Gegenstandsbereich des jeweiligen Handlungsfeldes beschrieben und dessen spezifischer Bezug zur Wissenschaft Sozialer Arbeit hergestellt. Die Wissensgrundlagen des Handlungsfeldes werden unter Berücksichtigung gesellschaftspolitischer wie auch disziplinärer fachlicher Entwicklungen und theoretischer Rahmung aufgezeigt und in einen fachlichen Diskurs eingebunden. Interventionsformen des Handlungsfeldes werden auf der Basis professionsspezifischer Handlungskonzepte und Methoden erläutert. Für die Soziale Arbeit wichtig und geradezu konstituierend sind multidisziplinäre Perspektiven auf Handlungsfeld und soziale Probleme, die in den Beiträgen nicht fehlen dürfen. An praxisnahen Fragestellungen und ausgewählten Situations- oder Falldarstellungen werden soziale Probleme und Ansätze der Bearbeitung modellhaft erschlossen, ohne in die Falle enger, einfacher und scheinbar eindeutiger Lösungsmuster und Rezepte zu tappen. Am Ende jedes Kapitels steht eine kurze Zusammenfassung oder auch Aufgabenstellung sowie weiterführende Literaturempfehlungen und eine Kurzvita der jeweiligen Autoren/-innen.

Ein wesentlicher Anspruch dieser Publikationsreihe ist es, einen Überblick zu aktuellen Entwicklungen in unterschiedlichen Handlungsfeldern Sozialer Arbeit zu geben und damit einerseits den Gemeinsamkeiten – etwa in grundlegenden Modellen, Orientierungen und Fragen der professionellen Entwicklung – und andererseits den Unterschieden – etwa in den historischen und aktuellen Prozessen – im Sinne eines besseren Verständnisses nachzugehen. Damit kann jeder Band dieser Reihe zu einer Orientierungshilfe im Studium wie im Berufsfeld der Sozialen Arbeit werden, einer Art von Karte oder Wegweiser für die individuellen Richtungsentscheidungen. Je nach dem Vorwissen, der Wahl und dem Zugang des interessierten Lesers kann an einem Handlungsfeld eine vertiefende exemplarische Auseinandersetzung erfolgen. Für Berufsein- oder Umsteiger bietet ein Band eine fundierte und nützliche Einführung in ein neues Handlungsfeld und kann dort zur Orientierung beitragen. Für alle Praktiker/innen dürfte sich diese Reihe als eine hilfreiche Anleitung zur Reflexion der eigenen Alltagsroutinen und damit zur Weiterentwicklung ihrer Praxis und den Vor-Ort-Konzepten eignen. Die Vergewisserung über und die Entwicklung, bzw. Umsetzung von Konzepten und Methoden, unter dem aktuellen beruflichem Handlungs- und Veränderungsdruck, stellt sicher keine leichte Herausforderung für die Organisationen, die Träger, ihre Mitarbeiter und Teams dar. Eine fachliche Unterstützung, auch in dieser Form der Reihe und auf unterschiedlichen Ebenen, hat sie in jedem Fall verdient!

Freiburg im Sommer 2017

Martin Becker   Cornelia Kricheldorff   Jürgen E. Schwab

Inhaltsverzeichnis

1	Einleitung	9
2	Zielgruppen der Sozialen Arbeit in der Straffälligenhilfe	13
	2.1 Straffällige	16
	2.1.1 Zahlen	17
	2.1.2 Soziodemographische Daten	20
	2.1.3 Lebenslagen und Teilhabe	23
	2.1.4 Weitere Problemlagen	31
	2.2 Angehörige	32
	2.2.1 Angehörige und Verwandtschaft	33
	2.2.2 Zahlen	34
3	Arbeitsfelder der Straffälligenhilfe	35
	3.1 Freie Straffälligenhilfe	36
	3.2 Jugendgerichtshilfe – Jugendhilfe im Strafverfahren	38
	3.3 Gerichtshilfe	41
	3.4 Bewährungshilfe	42
	3.5 Führungsaufsicht	46
	3.6 Soziale Hilfen im Strafvollzug	48
	3.6.1 Strafvollzug als totale Institution	50
	3.6.2 Plädoyer zur Abschaffung des Jugendstrafvollzugs	57
	3.6.3 Vom Doppel- zum Tripel-Mandat Sozialer Arbeit und dem professionellen Selbstverständnis von Sozialarbeitern im Strafvollzug	64
4	Kriminalitätstheorien	70
	4.1 Kriminalität von pathologischen und andersartigen Täter(inne)n	71
	4.1.1 Dämonologische Erklärung	72
	4.1.2 Anthropologische Schule und neue biologische Ansätze	72
	4.1.3 Kriminalpsychologische Ansätze	79
	4.1.4 Allgemeine psychologische Theorien	85
	4.1.5 Multifaktorenansätze	87
	4.2 Kriminalität als bewusste Entscheidung rationaler Täter(innen)	91
	4.2.1 Klassische Schule	91

		4.2.2	Neoklassische Theorien	93

	4.3	4.2.3 Psychologische Varianten	100
		Jugendtypische Kriminalität	102
		4.3.1 Normale Jugendkriminalität	102
		4.3.2 Problematische Formen der »Jugendkriminalität«	105
		4.3.3 Kriminalisierung von Jugendlichen	113
	4.4	Kriminalität aufgrund gesellschaftlicher Strukturen	123
		4.4.1 Anomietheorien	123
		4.4.2 Kriminalität aufgrund ungleicher Machtverteilung	135
	4.5	Kriminalität als Ausdruck unterschiedlicher Werte und Normen	139
		4.5.1 Subkulturtheorien	140
		4.5.2 Neutralisierungstechniken	146
	4.6	Kriminalität als erlerntes Verhalten	148
	4.7	Kriminalität aufgrund fehlender Kontrolle und Bindungen	154
		4.7.1 Kontroll- und Bindungstheorien	154
		4.7.2 Ökologische Ansätze	161
	4.8	Kriminalität als Produkt von Zuschreibungsprozessen	166
		4.8.1 Etikettierungstheorien mit ätiologischem Rest	167
		4.8.2 Kritische Kriminologie	182
	4.9	Theorieintegration	204
	4.10	Kriminalitätstheorien und Soziale Arbeit	209
		4.10.1 Die Rolle von Theorien in der Soziale Arbeit	209
		4.10.2 Kriminalitätstheorien für die Soziale Arbeit	211
5	**Muss Strafe sein?**		**217**
	5.1	Strafe und Sanktion	217
	5.2	Strafrecht	220
	5.3	Straf(zweck)theorien	224
		5.3.1 Absolute Straftheorien	224
		5.3.2 Relative Straftheorien	226
		5.3.3 Fazit	234
	5.4	Strafbedürfnisse	236
	5.5	Entwicklung	241
	5.6	Ausblick	244
6	**Exemplarische Fallarbeit**		**246**
7	**Methodische Fallbearbeitung**		**254**
	7.1	Fallbearbeitung im interdisziplinären Seminar	254
	7.2	Exemplarische Falllösung	255
Literaturverzeichnis			**264**

1 Einleitung

Der vorliegende Band beschäftigt sich mit der Straffälligenhilfe als einem Handlungsfeld Sozialer Arbeit.

An unserer Hochschule, der KH Freiburg, haben die Studierenden des Bachelor-Studiengangs Soziale Arbeit die Gelegenheit, sich exemplarisch mit einzelnen Handlungsfeldern auseinanderzusetzen. Dies geschieht über Handlungsfeldseminare. Eine dieser Lehrveranstaltungen trägt den Titel »Soziale Arbeit mit straffällig gewordenen Menschen«. Dem Modul zugeordnet ist auch das Seminar »Kriminalitätstheorien«, das als Wahlpflichtangebot unter »Theorien und Konzepte Sozialer Arbeit« aufgeführt wird.

Im Modulhandbuch werden für dieses Seminar unter anderem folgende Ziele formuliert:

- Studierende sind in der Lage, ihre Berufsrolle(n) zu reflektieren und sich kritisch mit beruflichen Dienstleistungen auseinander zu setzen;
- die Studierenden sind in der Lage, bezugswissenschaftliche Grundlagen in die Ziele und Aufgaben der Sozialen Arbeit zu integrieren;
- die Studierenden kennen unterschiedliche Theorien und Handlungsansätze und können diese auf aktuelle Fragestellungen anwenden;
- sie analysieren theoriegeleitete Fälle, Problemkonstellationen und Handlungsanforderungen aus der Fachpraxis;
- sie entwickeln durch die exemplarische Bearbeitung von Fällen, Problemkonstellationen und aktuell erkennbaren Handlungsanforderungen ihr professionelles Handeln;
- sie können berufliches Handeln theoretisch begründen, planen, reflektieren und evaluieren.

An Inhalten, die hier vermittelt werden sollen, werden genannt:

- Berufsrolle(n)
- Strukturprinzipien (Partizipation, Subsidiarität, Mandatierung Sozialer Arbeit)
- Sozialpolitische Strukturen
- Hilfesysteme und Hilfestrukturen
- Rechtliche Rahmenbedingungen
- Konzepte der Lebenswelt, der Lebenslage, des Sozialraums
- Rekonstruktive Fallbetrachtung und Handlungsanalyse
- Interventions- und Hilfeplanung in interdisziplinären Settings.

1 Einleitung

Die im Handlungsfeldseminar und im Seminar Kriminalitätstheorien angebotenen Lehrinhalten werden in einem »interdisziplinären Seminar«, das von beiden Autoren verantwortet wird, angewendet. Dies geschieht im Rahmen der Bearbeitung von authentischen Fällen aus der Jugendgerichtshilfe/Jugendhilfe im Strafverfahren. Dabei haben die Studierenden die Aufgabe, den vorgegebenen Fall aus der Perspektive der Jugendgerichtshilfe/Jugendhilfe im Strafverfahren zu bearbeiten.

Die Straffälligenhilfe verdankt ihren Namen dem Konzept der »Straffälligkeit«. Dabei ist »straffällig« kein ganz einfacher Begriff. Im Duden findet sich die Definition »einer Straftat schuldig« (Bibliographisches Institut 2017). Zur Klientel der Straffälligenhilfe gehören aber nicht nur Menschen, die formal »schuldig« gesprochen und verurteilt wurden. Auch die Assoziation, dass es um Menschen geht, bei denen Strafe fällig ist, ist nicht unproblematisch (Cornel 2014). Es ist nicht entscheidend, dass eine formelle Sanktion erfolgen wird, denn Verfahren können auch ohne Verurteilung oder mit der Verhängung einer Maßregel der Besserung und Sicherung enden, die juristisch keine Strafe darstellt. Noch weniger ist mit fälliger Strafe gemeint, dass Strafe berechtigt, angemessen oder moralisch erforderlich wäre. Was Straffälligkeit ausmacht, ist der Bezug zu Straftaten. Dabei wird angenommen, dass Straffällige in der »Täterrolle« mit »Kriminalität« zu tun haben (Cornel 2014, Höynck 2014).

Als »Kriminalität« wird, rein juristisch betrachtet, die Gesamtheit aller Straftaten definiert. »Kriminell« ist Verhalten, dann, wenn es in Strafgesetzen mit Sanktionen bedroht wird. »Kriminalität« ist letztendlich »das Ergebnis dessen, was eine Gesellschaft als kriminell definiert« (BMI/BMJ 2001b: 5). Und das unterliegt Veränderungen und ist kulturell variabel (vgl. z. B. Höynck 2014). Mit »Kriminalität« wird oft Verhalten assoziiert, das besonders sozialschädlich oder antisozial ist (vgl. Schneider 1977a). Diese Annahme lässt sich aber weder für alle aktuellen Straftatbestände aufrechterhalten noch für frühere, die inzwischen revidiert wurden. »Nicht alles, was gesellschaftlich als nicht akzeptabel gilt, ist strafbar und nicht alles, was strafbar (»kriminell«) ist, wird von allen oder auch nur vielen Menschen für besonders verwerflich gehalten« (Höynck 2014: 49). Entscheidend ist also der Verstoß gegen Regelungen des jeweils lokal gültigen Strafrechts, ganz unabhängig von einer moralischen Bewertung.

Nicht alle, die Verhalten zeigen, das in unserer Gesellschaft unter der aktuellen Gesetzeslage bestraft werden kann, zählen faktisch zur Klientel der Straffälligenhilfe (Höynck 2014). Entscheidend ist, dass ein strafbares Handeln auch registriert und den strafverfolgenden Behörden bekannt geworden ist. Die Straffälligenhilfe hat in der Regel nur mit den Beteiligten eines Teilbereichs von »Kriminalität« zu tun. Es geht um Delikte, die ins Hellfeld der »Kriminalität« geraten sind. Es ist davon auszugehen, dass das die große Ausnahme ist und ein Großteil der strafbaren Handlungen im Dunkelfeld bleibt (BMI/BMJ 2001a). Bei der Klientel der Straffälligenhilfe wurden Straftaten jedoch offiziell registriert, in der Regel wurde auch bereits die Strafverfolgung eingeleitet. Kawamura-Reindl schlägt daher vor, nicht von Straffälligkeit, sondern von »Strafauffälligkeit« zu sprechen (Kawamura-Reindl 2014: 144).

Im weiteren Verlauf werden wir zunächst die Zielgruppe, mit der wir es in der Straffälligenhilfe zu tun haben, umreißen. Hierbei wird der Schwerpunkt auf den »straffällig gewordenen Menschen« liegen. Nur am Rande gehen wir auf die Angehörigen der straffällig gewordenen Menschen ein. Unser besonderer Dank gilt an dieser Stelle dem Referenten für Straffälligenhilfe beim Deutschen Caritasverband, Cornelius Wichmann, ohne dessen Unterstützung dieser Beitrag nicht möglich gewesen wäre.

Es folgt die Darstellung der Arbeitsfelder der Straffälligenhilfe. Der Begriff Straffälligenhilfe steht für alle öffentlichen und privaten Hilfs- und Unterstützungsangebote Sozialer Arbeit, die auf die Resozialisierung von Straftätern abzielen. Soziale Arbeit als Straffälligenhilfe zielt darauf ab, die Lebenssituation und die gesellschaftliche Lages straffällig gewordener Menschen, aber auch deren Angehöriger dauerhaft zu verbessern (Maelicke/Simmedinger 1987).

Die klassischen Arbeitsfelder, in denen Straffälligenhilfe geleistet wird, sind:

- die freie Straffälligenhilfe, die meist von Wohlfahrtsverbänden geleistet wird und überwiegend (erwachsene) Männer und Frauen anspricht;
- die Jugendgerichtshilfe, oder auch Jugendhilfe im Strafverfahren genannt, die eine Aufgabe des Jugendamtes darstellt;
- die Gerichtshilfe (nur für Erwachsene);
- die Bewährungshilfe;
- die Führungsaufsicht und
- die sozialen Hilfen in der Untersuchungshaft, im Strafvollzug wie auch in der Jugendarrestanstalt.

Die Arbeitsfelder ließen sich auch nach der freien und kommunalen Hilfe für Straffällige (freie Träger und Kommunen) und der justiziellen Straffälligenhilfe (Gerichtshilfe, Bewährungshilfe, Führungsaufsicht, Soziale Arbeit in der Untersuchungshaft, im Strafvollzug und in der Jugendarrestanstalt als Aufgabe der Justiz) gliedern. Hier sei nur am Rande vermerkt, dass sich die Trägerlandschaft gerade in dem etablierten justiziellen Bereich immer wieder verändert. Dies kann etwa in Baden-Württemberg beobachtet werden, wo die Bewährungshilfe wie auch die Justizvollzugsanstalt in Offenburg (teil)privatisiert war und sich jetzt wieder in staatlicher Obhut befindet. Die Trägerlandschaft kann sich auch von Bundesland zu Bundesland unterschiedlich darstellen.

Sehr ausführlich werden wir auf den Strafvollzug als »Totale Institution« (Goffman 1972) eingehen. Wir danken Frau Evelin Ziegler (2015), die zu diesem Thema eine herausragende Diplomarbeit vorgelegt hat, auf die wir uns beziehen.

Es folgt eine kritische Auseinandersetzung mit dem Jugendstrafvollzug. Wir übernehmen mit Zustimmung des Belz Verlags einen Beitrag von Werner Nickolai (2015), der unter dem Titel »Plädoyer zur Abschaffung des Jugendstrafvollzugs« im Handbuch Jugendstrafvollzug, herausgegeben von Marcel Schweder, erschienen ist.

1 Einleitung

In einem Exkurs gehen Werner Nickolai und Jürgen E. Schwab auf das Doppelmandat in der Sozialen Arbeit, das gerade im Strafvollzug besonders brisant erscheint, ein. Ihre Ausführungen erschienen unter der Überschrift »Vom Doppel- zum Triple-Mandat Sozialer Arbeit und dem professionellen Selbstverständnis von Sozialarbeit im Strafvollzug« in der Zeitschrift für Strafvollzug und Straffälligenhilfe Heft 3/2016.

Wie oben schon erwähnt gehört zum Modul »Soziale Arbeit mit straffällig gewordenen Menschen« auch die Lehrveranstaltung »Kriminalitätstheorien«. Die aus dem Verständnis der Sozialen Arbeit wichtigsten Theorien werden hier wiedergegeben.

Einen breiten Raum nimmt in der Lehre die Auseinandersetzung mit dem Thema »Muss Strafe sein« ein. Neben den klassischen Straftheorien wird auch das Strafrecht im Kontext des gesellschaftlichen Strafbedürfnisses thematisiert.

Der Band schließt mit einer methodischen Fallbearbeitung. Nach der Darstellung eines konkreten Falls der Jugendgerichtshilfe werden wir den methodischen Ablauf der Fallarbeit vorstellen. Mit der (exemplarischen und damit auch nicht vollständigen) Falllösung enden unsere Ausführungen.

2 Zielgruppen der Sozialen Arbeit in der Straffälligenhilfe

Der Begriff der Zielgruppe kommt ursprünglich aus der Marktforschung (vgl. z. B. Gabler Wirtschaftslexikon online). Dort ist es wichtig, Personengruppen identifizieren zu können, deren (Konsum-)Verhalten möglichst homogen und vorhersagbar ist. Unternehmen können so ihre Waren und Dienstleistungen den Wünschen und Bedarfen der Kundinnen und Kunden anpassen. Die Chancen auf wirtschaftlichen Erfolg steigen. Auch in der Sozialen Arbeit dient die Definition von Zielgruppen vor allem der Planung. Angebote und Maßnahmen können auf die Bedarfe von identifizierten Zielgruppen besser abgestimmt und in einer zu der Zielgruppengröße quantitativ passenden Menge vorgehalten werden.

Straffällige stellen jedoch keine homogene Zielgruppe dar. Die Hilfeangebote im Arbeitsfeld Straffälligenhilfe sprechen nicht nur eine, sondern mehrere unterschiedliche Zielgruppen an. Diese unterscheiden sich zudem hinsichtlich ihrer Lebenslagen, Lebensbedingungen und auch hinsichtlich ihrer sozialen Situation.

Hauptgrund dafür ist, dass die Straffälligenhilfe ein historisch gewachsenes Arbeitsfeld ist. Im Ursprung geht sie auf die von Ehrenamtlichen geleistete Betreuung von Strafgefangenen zurück. Vor allem christlich motivierte Initiativen besuchten und betreuten Gefangene. Mit der Entwicklung der bürgerlichen Gesellschaft vor etwa zweihundert Jahren begannen sich diese Ehrenamtlichen zunehmend in Vereinen zu organisieren. Damit verstetigten sich die Angebote und parallel begannen die Vereine, sich neue Tätigkeitsfelder zu erschließen. Reformen der Justiz und des Gefängniswesens, politische Veränderungen und nicht zuletzt die Professionalisierung der Sozialen Arbeit und eine geänderte Sichtweise auf Kriminalität und Resozialisierungsbedarfe waren und sind bis heute dafür verantwortlich, dass sich das Tätigkeitsspektrum der Straffälligenhilfe seit den Anfängen immer weiter verändert und insgesamt ausgeweitet hat.

Zu den tradierten Angeboten *Sozialarbeit im Strafvollzug*, zu der *Beratung und Betreuung von (ehemaligen) Straftätern* sind daher heute eine Reihe weiterer Angebote getreten. Ein Teil dieser Angebote hat dabei die Vermeidung von Inhaftierungen zum Ziel, etwa die *Vermittlung Gemeinnütziger Arbeit,* um Ersatzfreiheitsstrafen zu vermeiden. Andere neuere Tätigkeitsbereiche sind der *Täter-Opfer-Ausgleich*, die *Begleitung minderjähriger Kinder* **Inhaftierter** beim Besuch ihrer Eltern im Strafvollzug, *Väter-Kind-Gruppen und Familienseminare, Konfliktschlichtung an Schulen, Therapieangebote für (entlassene) Sexualstraftäter,* oder *aktuell die psychosoziale Prozessbegleitung,* um einige zu nennen. Schon aus dieser exemplarischen und unvollständigen Aufstellung wird deutlich, wie stark sich das Tätigkeitsspektrum der Straffälligenhilfe seit den Anfängen erweitert hat.

Aus der Unterschiedlichkeit dieser Angebote folgt aber auch, dass sich die Personen, die diese Angebote in Anspruch nehmen, hinsichtlich ihres Alters, Geschlechts, ihres sozialen Status, ihrer Vorerfahrungen mit dem Justizsystem usw. deutlich voneinander unterscheiden können, ja müssen. Eine einzige, genau definierte Zielgruppe der Sozialen Arbeit mit Straffälligen kann es also nicht geben. Man kann jedoch die Zielgruppen in größere Untergruppen aufteilen, die einige Gemeinsamkeiten aufweisen. In diesem Buch wird dazu folgende Einteilung verwendet: die *Straffälligen* selbst, deren *Angehörige* und die *Opfer von Straftaten*. Auf eine Besonderheit, die mit dieser Einteilung verbunden ist, soll an dieser Stelle hingewiesen werden: Für die Zuweisung einer Person zu einer dieser drei Gruppen ist als auslösendes zentrales Ereignis eine Straftat verantwortlich. Im Kontext der Straftat wird den daran »Beteiligten« eine der Rollen »Täter(in)« oder »Opfer« zugewiesen. Gleichzeitig werden die Angehörigen der Täter(innen) zu Mitbetroffenen. Die Einteilung in »Täter« und »Opfer« nehmen dabei die Instanzen staatlicher Kriminalitätskontrolle vor, insbesondere Polizei und Staatsanwaltschaft. Dies deckt sich nicht immer mit der Wahrnehmung der Betroffenen. Denn wer als »Täter« oder »Opfer« eingestuft wird, kann auch davon abhängig sein, wer sich mit seiner Darstellung des Tatvorgangs durchsetzen kann.

Die Angebote, die sich an die Straffälligen selbst richten, sind dabei die historisch ältesten und machen auch heute noch den Kern der Sozialen Arbeit in der Straffälligenhilfe aus. Bereits recht früh hat sich die Straffälligenhilfe aber auch schon um die Angehörigen von Gefangenen gekümmert. Angebote für Opfer von Straftaten haben sich hingegen erst in jüngerer Zeit etabliert. Diese findet man vor allem in der Form des Täter-Opfer-Ausgleichs, der jedoch nicht nur ein Angebot für Opfer, sondern auch für die Täter, also für Straffällige ist. Hilfe für den Täter und Hilfe für das Opfer werden oft als widersprüchlich wahrgenommen (vgl. z. B. Müller 2016, Cremer-Schäfer 2004). Eine Verbindung von Straffälligen- und Opferhilfe erscheint dann sinnvoll, wenn Straftaten als Konflikt zwischen Täter, Opfer und Geschlecht betrachtet werden, der unter Einbeziehung aller Beteiligter gelöst werden muss (vgl. z. B. Müller 2016). »Die Verknüpfung der Resozialisierung und Tatverarbeitung mit den Bedürfnissen und Interessen der Opfer dienen sowohl der sozialen Integration als auch der Kriminalprävention und damit der dauerhaften gesellschaftlichen Teilhabe« (Müller 2016: 3). Dieser Band konzentriert sich aber auf Straffällige als Kernklientel der Straffälligenhilfe.

Als Reaktion auf eine deutlich gestiegene Nachfrage nach Kriminalprävention haben sich viele mit der Straffälligenhilfe befassten Institutionen und Organisationen in neuerer Zeit am Ausbau einschlägiger Programme und Angebote beteiligt. Kriminalprävention hat die Verhinderung zukünftiger Straftaten zum Ziel. Adressaten von Kriminalprävention sind damit weitere eigenständige Zielgruppen der Straffälligenhilfe. Besonders häufig werden kriminalpräventive Angebote an Schulen angeboten, manchmal auch in (offenen) Einrichtungen der

Jugendhilfe und der Jugendsozialarbeit. Manche Straffälligenhilfeeinrichtungen arbeiten auch – beispielsweise im Rahmen der kommunalen Kriminalprävention – an Programmen und Angeboten mit, die sich an die allgemeine Wohnbevölkerung richten. Es gibt also auch im Bereich der kriminalpräventiven Angebote unterschiedliche Zielgruppen und eine »typische« Zielgruppe kann nicht angegeben werden.

Nicht alle Personen kommen »freiwillig« mit den Angeboten der Straffälligenhilfe in Berührung. Während den Opfern von Straftaten und den Angehörigen von Straffälligen ausschließlich Hilfen auf freiwilliger Basis angeboten werden, diese also selbst entscheiden, ob und ggf. welche Hilfen sie in Anspruch nehmen, gilt dieses »Freiwilligkeitsparadigma« nicht für alle Angebote, die sich an Straffällige richten. Maßnahmen der staatlichen Straffälligenhilfe haben neben dem Hilfeaspekt häufig auch einen Kontrollauftrag und verpflichtenden Charakter. Wenn beispielsweise Bewährungsproband(inn)en nicht mit ihren Bewährungshelfer(inne)n kooperieren, droht ihnen der Bewährungswiderruf und in der Folge sogar eine Inhaftierung. Im Strafvollzug können Gefangene in manchen Bundesländern zur Mitwirkung an Angeboten der Sozialen Arbeit verpflichtet werden.

Aber auch für den Bereich der Angebote freier Träger, der sogenannten »Freien Straffälligenhilfe« ist zu konstatieren, dass in den letzten Jahren eine Zunahme von solchen Angeboten zu beobachten war, deren Inanspruchnahme für die Betroffenen verpflichtend ist. Dies dürfte vor allem damit zusammenhängen, dass freie Träger inzwischen einen Teil ihrer Angebote im Auftrag der Justiz durchführen. Damit ist die Teilnahme für die Adressat(inn)en meist nicht mehr freiwillig, sondern verpflichtend, beispielsweise in Form einer gerichtlichen Auflage. »Freiwilligkeit der Inanspruchnahme« taugt damit immer weniger als Abgrenzungsmerkmal zwischen staatlicher und Freier Straffälligenhilfe (vgl. Stelly/Thomas 2008, Die Wohlfahrtsverbände in der Bundesarbeitsgemeinschaft für Straffälligenhilfe e. V. 1996).

Vorläufig könnte man die Zielgruppen der Straffälligenhilfe wie folgt definieren:

> Menschen, die im Zusammenhang mit dem tatsächlichen oder auch bloß vermuteten Entstehen und dem Verlauf von Kriminalität in Situationen kommen, in denen sie einen spezifischen Hilfebedarf haben, oder in denen ihnen ein solcher zugeschrieben wird, und den sie bei darauf spezialisierten Institutionen realisieren möchten.

2.1 Straffällige

Wie weiter oben ausgeführt, haben sich die Angebote der Straffälligenhilfe historisch aus der ehrenamtlichen Betreuung von Gefangenen entwickelt. Und bis heute stellen Strafgefangene eine der Hauptzielgruppen der Straffälligenhilfe dar.

Als Straffällige werden solche Jugendliche oder Erwachsene bezeichnet, bei denen gerichtlich das Vorliegen einer Straftat festgestellt wurde. Dies bedeutet jedoch nicht, dass die Angebote und Aktivitäten der Straffälligenhilfe nur konzipiert wurden oder nur erreichbar sind für verurteilte Straftäter. So ist etwa die Jugendgerichtshilfe damit befasst, bereits vor der Entscheidung des Gerichts »die erzieherischen, sozialen und fürsorglichen Gesichtspunkte im Verfahren vor den Jugendrichter zur Geltung« zu bringen (§ 38 Absatz 2 Jugendgerichtsgesetz). Dabei gilt bis zum rechtskräftigen Urteil die Unschuldsvermutung.

Klient(in) der Straffälligenhilfe können auch Strafentlassene sein, die ohne vorzeitige Entlassung ihre ganze Strafe verbüßt haben und in Anspruch nehmen dürfen, nicht weiter als Straftäter(in) abgestempelt zu werden.

Voraussetzung für die Straffälligkeit ist die Strafmündigkeit. Kinder bis zum 14. Lebensjahr gelten als strafunmündig. Bei Jugendlichen (15. bis 18. Lebensjahr) entscheidet das Gericht über die strafrechtliche Verantwortlichkeit (§§ 1 II, 3 JGG).

Die Bezeichnung »straffällig« drückt also nur aus, dass Menschen im Zusammenhang mit dem Entstehen und dem Verlauf von Kriminalität in Situationen kommen, in denen sie einen spezifischen Hilfebedarf haben können, der mit dem Straf- und Vollstreckungsverfahren zusammenhängt und mit Problemen ihrer gesellschaftlichen (Wieder-) Eingliederung.

Zu welchem Zeitpunkt Straffälligkeit endet, also ab wann jemand nicht mehr als »straffällig« zu bezeichnen ist, kann allerdings nicht eindeutig beantwortet werden. Kriminalstrafen werden mit der Löschung im Bundeszentralregister getilgt. Ab diesem Zeitpunkt sind also ehemalige Straftäter formal nicht mehr als »straffällig« zu bezeichnen. Im Bereich der staatlichen Straffälligenhilfe gibt es hier regelmäßig klare Abgrenzungen: Bewährungshelfer(innen) werden in der Regel nur bis zu dem Ende der Bewährungszeit tätig; (Jugend)gerichtshelfer(innen) nur im Kontext eines aktuell anhängigen Strafverfahrens. Der Zugang zu den staatlichen sozialen Diensten der Justiz ist also überwiegend an eine formale Feststellung der Straffälligkeit gekoppelt, auch wenn es vorkommen kann, dass Hilfesuchende eine früher bestehende Hilfebeziehung etwa zu einer/m Bewährungshelfer(in) reaktivieren können, ohne dass aktuell etwas gegen sie vorliegt.

Die Freie Straffälligenhilfe reklamiert hingegen, dass sie (in Abgrenzung zur staatlichen Straffälligenhilfe) die Inanspruchnahme ihrer Angebote nicht an justiziellen Fristen und Verfahrensabläufen ausrichtet (vgl. KAGS/EKS 2011). In der Konsequenz läuft dies auf eine Selbstzuschreibung des Merkmals »straffällig« durch die Hilfesuchenden hinaus. Ein solcher Anspruch ließe sich aber nur bei völlig eigenfinanzierten Angeboten konsequent durchhalten. In der Praxis bestimmen die jeweiligen Kostenträger die Voraussetzungen für die Inanspruchnahme der Hilfen mit.

Wenn also im Folgenden von Angeboten für Straffällige gesprochen wird, sollen damit auch solche Maßnahmen gemeint sein, die sich an Personen im Vorfeld oder im Kontext eines gegen sie gerichteten Strafverfahrens richten, oder aber solche, die von ehemaligen Straftätern unabhängig von einem aktuell anhängigen Strafverfahren in Anspruch genommen werden können.

2.1.1 Zahlen

Als häufigste Quelle für die quantitative Darstellung der Kriminalität wird in Deutschland die jährlich vom Bundesministerium des Innern und dem Bundeskriminalamt vorgelegte Polizeiliche Kriminalstatistik (PKS) verwendet. Die in der PKS aufgeführte, polizeilich registrierte Kriminalität bildet dabei nur einen Teil der tatsächlichen »wahren« Kriminalität ab, das sogenannte »Hellfeld«. Man schätzt jedoch, dass auf eine entdeckte Straftat eine um das 10 bis zu 100-fach höhere Zahl nicht entdeckter strafbarer Handlungen kommt. Diese Quote ist für verschiedene Delikte unterschiedlich hoch. Wie groß das Dunkelfeld letztlich ist, kann daher nicht genau angegeben werden. Auch fehlt für präzisere Werte in Deutschland bisher eine systematische Dunkelfeldforschung:

> »In der PKS wird nur das sogenannte Hellfeld – also die der Polizei bekannt gewordene Kriminalität – erfasst. Aufgrund fehlender statistischer Daten kann das sogenannte Dunkelfeld – die der Polizei nicht bekannt gewordene Kriminalität – in der PKS nicht abgebildet werden. Änderungen im Anzeigeverhalten der Bevölkerung oder in der Verfolgungsintensität der Polizei können die Grenze zwischen dem Hell- und Dunkelfeld verschieben, ohne dass sich der Umfang der tatsächlichen Kriminalität verändert hat« (Bundesministerium des Innern 2016: 2).

Zudem können auch Änderungen in der statistischen Erfassung oder Änderungen am Strafrecht, z. B. durch die Aufnahme neuer Delikte, Einfluss auf die Entwicklung der Daten der PKS haben. Schließlich ist Grundlage der PKS nur die Arbeit der Polizei. Straftaten, mit denen sich nicht die Polizei, sondern andere Stellen befassen, sind in der Statistik nicht enthalten:

> »...Ordnungswidrigkeiten, Politisch motivierte Kriminalität (Staatsschutzdelikte), Verkehrsdelikte (wohl aber die §§ 315, 315b StGB und § 22a StVG, die nicht als Verkehrsdelikte im Sinne der Richtlinien gelten) sowie Verstöße gegen Strafvorschriften der Länder (Ausnahme: Datenschutzgesetze und Versammlungsgesetze der Länder). Delikte, die nicht zum Aufgabenbereich der Polizei gehören (z. B. Finanz- und Steuerdelikte) bzw. unmittelbar bei der Staatsanwaltschaft angezeigt und ausschließlich von ihr bearbeitet werden, sind ebenfalls nicht in der PKS enthalten« (BKA 2015: 2).

Aus diesen Gründen taugt die PKS nur sehr eingeschränkt als Maßstab für das Ausmaß der Kriminalität.

Laut der PKS wurden in Deutschland im Jahr 2015 etwa 6,33 Millionen Straftaten (2014: 6,08 Millionen) offiziell registriert. Diesen Straftaten konnten von der Polizei etwa 2,36 Millionen (2014: 2,14 Millionen) tatverdächtigen Personen zugeordnet werden. Darunter sind auch Personen, die ausländerrechtliche Verstöße begangen haben. Zählt man diese nicht, dann reduziert sich die Zahl der Tatverdächtigen auf 2,01 Millionen (2014: 2,02 Millionen).

Die in der PKS angegebenen Straftaten und Tatverdächtigen markieren jedoch nur den Beginn des Prozesses der justiziellen Kriminalitätsverarbeitung, der im Verlauf für einen Teil der Tatverdächtigen mit einer Verurteilung und für einen Teil der Verurteilten mit einer Haftstrafe endet, wobei sich die Anzahl der Personen auf jeder Stufe reduziert. Dieser Prozess kann recht gut am Modell eines Trichters veranschaulicht werden (alle Zahlen aus dem Jahr 2015):

> Gesamtheit aller Straftaten (Hell und Dunkelfeld): Zahl unbekannt
> Bekannt gewordene Straftaten: 6.330.649
> Aufgeklärte Straftaten: 3.564.811
> Tatverdächtige: 2.369.036
> Abgeurteilte: 910.681
> Verurteilte: 739.487
> Freiheitsstrafe: 117.639
> davon ohne Bewährung: 35.946
> (BKA 2016, Statistisches Bundesamt 2017a, b)

Das Trichtermodell veranschaulicht, dass mit zunehmender Intensität des strafjustiziellen Prozesses durch Selektionsprozesse die Zahl der betroffenen Menschen immer geringer wird. Nur einer von knapp 20 Tatverdächtigen wird am Ende zu einer Freiheitsstrafe verurteilt. Von den Verurteilten wird wiederum nur etwa ein Drittel inhaftiert.

Die Selektionsprozesse entlang dieses Trichters haben aber nicht nur eine quantitative, sondern auch eine soziale Komponente. Aus der Dunkelfeldforschung ist bekannt, dass die meisten Straftaten relativ gleichmäßig von allen Bevölkerungsgruppen in etwa gleichem Umfang begangen werden. Im Gegensatz dazu korrelieren die in Statistiken ausgewiesenen Kriminalitätsraten, also die Raten der für bestimmte Delikte rechtskräftig verurteilten Personen, auch mit gesellschaftlichen Positionen. Betrachtet man daher nur das Hellfeld, sieht es so aus, als ob bestimmte Bevölkerungsgruppen statistisch bestimmte Straftaten häufiger als andere begehen würden. Diese Diskrepanz wird in der Kriminologie überwiegend mit einem unterschiedlichen Kontroll- und Anzeigeverhalten in den verschiedenen Gruppen der Gesellschaft erklärt.

Die gesellschaftliche Position der Betroffenen hat häufig auch auf den Verlauf der Ermittlungen und auf die Strafverfolgung Einfluss. Bessere finanzielle Voraussetzungen ermöglichen den Beschuldigten eine umfangreichere, vielleicht auch qualitativ bessere und damit wahrscheinlich auch erfolgreichere Strafverteidigung.

Diese sozialen Selektionsprozesse sind dafür verantwortlich, dass sich am unteren Ende des Trichters überproportional viele Personen finden, deren soziale Lage von vielfältigen Problemen gekennzeichnet ist und die eine eher geringe gesellschaftliche Einbindung aufweisen. Insbesondere ist dies bei den Inhaftierten zu beobachten, tendenziell aber auch bei den zu einer Bewährungsstrafe Verurteilten.

2.1.1.1 Inhaftierte

Am 30.11.2016 waren in Deutschland 62.865 Personen in einer Strafvollzugsanstalt inhaftiert; darunter waren 3.607 Frauen (5,7%). Auf die unterschiedlichen Haftarten waren diese wie folgt verteilt: 12.992 waren Untersuchungshäftlinge; 3.682 Personen waren im Jugendstrafvollzug, und 543 Personen waren in Sicherungsverwahrung untergebracht (Statistisches Bundesamt 2017a).

2.1.1.2 Bewährungsproband(innen) und Personen mit Führungsaufsicht

Die exakte Zahl der Bewährungshilfeproband(inn)en in Deutschland ist leider nicht bekannt. Nicht alle Bundesländer führen eine einschlägige Statistik; derzeit wird die Bewährungshilfestatistik in den östlichen Bundesländern nicht flächendeckend durchgeführt. In Hamburg ist die Statistik seit 1992 ausgesetzt (vgl. Statistisches Bundesamt 2013). Die letzten veröffentlichten Zahlen stammen aus dem Jahr 2011.

Zum 31.12.2011 waren laut dieser Statistik 182.715 Personen Bewährungshelfe(inne)n unterstellt. Vorausgesetzt, dass die übrigen Bundesländer keine deutlich andere Praxis der Strafaussetzung auf Bewährung haben, kommt man so hochgerechnet auf deutlich über 200.000 Bewährungshilfeproband(inn)en in Deutschland (Statistisches Bundesamt 2013).

2.1.1.3 Klient(inn)en der Freien Straffälligenhilfe

Auch für diesen Bereich können keine verlässlichen Zahlen genannt werden und die Zahl der Nutzer(innen) der Angebote der Freien Straffälligenhilfe kann allenfalls vorsichtig geschätzt werden.

Wegen der Vielfalt der tätigen Vereine, Institutionen, Träger und Einrichtungen fehlt zum einen die notwendige organisatorisch-strukturelle Grundlage, eine solche Statistik zu erheben. Es ist schon nicht immer möglich, eine Einrichtung bzw. einen Dienst, eindeutig dem Arbeitsfeld der Straffälligenhilfe zuzuordnen. Auch Einrichtungen der Wohnungslosenhilfe, Soziale Beratungsstellen, Drogenhilfeeinrichtungen und Suchtberatungsstellen, sowie manche Schuldnerberatungsstelle haben spezielle Angebote für Straffällige entwickelt und können so je nach Betrachtungsweise bzw. Umfang der einschlägigen Tätigkeit zur Straffälligenhilfe gezählt werden.

1999 haben sich der Arbeiterwohlfahrt-Bundesverband e. V., der Deutsche Caritasverband, die Diakonie Deutschland – Evangelischer Bundesverband und der Paritätische Wohlfahrtsverband-Gesamtverband zusammen mit der Bundesarbeitsgemeinschaft für Straffälligenhilfe in der sogenannten AG STADO zusammengeschlossen, um die Voraussetzungen für eine bundesweite Statistik in den Feldern Wohnungslosenhilfe und Straffälligenhilfe zu schaffen (vgl. AG

STADO). Leider ist es jedoch nicht geglückt, eine größere Anzahl von Einrichtungen zum Übermitteln von Daten zu bewegen, sodass die Ergebnisse der von der AG STADO in der Straffälligenhilfe erhobenen Statistiken nicht repräsentativ sind. Die Auswertung dieser Daten wurde mittlerweile wieder aufgegeben. Im letzten Jahr (2014), für das bundesweite Ergebnisse vorliegen, beteiligten sich nur noch neun Einrichtungen an der Statistik. Das Maximum lag bei 17 Einrichtungen im Jahr 2011.

Diese neun Einrichtungen gaben an, dass im Erhebungsjahr 2014 3.614 unterschiedliche Personen ihre Angebote in Anspruch nahmen. Unter diesen waren 3.505 Straffällige, die sich wiederum in 2.212 Inhaftierte (63,1%) und in 1.199 Personen (34,2%) in Freiheit aufteilten (fehlende keine Angabe).

Die Bundesarbeitsgemeinschaft für Straffälligenhilfe e.V. hat in Nachfolge der AG STADO-Erhebung 2014 eine Online-Abfrage bei den Einrichtungen der Straffälligenhilfe durchgeführt. Hieran beteiligten sich immerhin 84 Einrichtungen. Insgesamt flossen Daten zu 484 beratenen Personen zurück. Etwa drei Viertel (75,4%) der beratenen Personen waren nicht in Haft und ein Viertel (24,6%) in Haft.

Diese Unterschiede zwischen den Erhebungen dürften vermutlich mit einem unterschiedlichen Tätigkeitsprofil der teilnehmenden Einrichtungen zusammenhängen. Eine repräsentative Erhebung zu den Lebenslagen der Klient(inn)en der Freien Straffälligenhilfe wäre wünschenswert.

Einzelne Wohlfahrtsverbände erheben in unregelmäßigen Abständen selbst Daten bei ihren angeschlossenen Einrichtungen der Straffälligenhilfe. Im Jahr 2008 gaben 83 Einrichtungen der Caritas an, dass sie im Jahresverlauf etwa 14.000 Personen ambulant beraten und betreut haben. In dieser Zahl sind aber nicht nur Straffällige, sondern auch Angehörige enthalten (Wichmann 2010: 18).

2005/2006 haben Stelly und Thomas eine repräsentative Befragung von Trägern und Einrichtungen der Freien Straffälligenhilfe in ganz Deutschland durchgeführt. Sie gaben an, dafür 542 Straffälligenhilfeeinrichtungen angeschrieben zu haben. 358 Einrichtungen meldeten zurück, dass sie aktiv in der Straffälligenhilfe tätig seien (vgl. Stelly/Thomas 2009).

Eine vorsichtige Schätzung auf der Grundlage dieser Zahlen ergibt, dass die Angebote der Freien Straffälligenhilfe jährlich von etwa 55.000 bis 80.000 Straffälligen genutzt werden. Dabei muss jedoch berücksichtigt werden, dass ein hoher Prozentsatz der Klient(innen) der Freien Straffälligenhilfe gleichzeitig auch Klient(innen) der staatlichen Straffälligenhilfe sind, sei es im Strafvollzug oder nach Haftentlassung.

2.1.2 Soziodemographische Daten

Um im Folgenden die soziodemographischen Merkmale und die Lebenslagen der Zielgruppen der Straffälligenhilfe exemplarisch zu beschreiben, wurden neben der bereits erwähnten Polizeilichen Kriminalstatistik (PKS) Daten aus folgenden Untersuchungen bzw. Statistiken herangezogen:

1. Das statistische Bundesamt veröffentlicht regelmäßige Statistiken zur Strafverfolgung und zum Strafvollzug. In den letzteren finden sich auch soziodemographische Angaben zur Gefangenenpopulation (vgl. Statistisches Bundesamt 2016a, b).
2. Etwas älter, aber in ihrer Aussagekraft kaum geschmälert, sind Daten, die Heinz Cornel 1992 bei Gefangenen in Berlin erhoben hat, die damals kurz vor ihrer Entlassung standen. Hier findet sich insbesondere reichhaltiges Material zu deren Lebenslagen (Cornel 1992,1996).
3. Horst Entorf hat 2003 in einer Untersuchung zur Ökonomie des Strafvollzugs soziodemographische Daten bei knapp 1.800 Gefangenen erhoben (Entorf 2006, Entorf/Meyer 2004, Meyer 2007, Entorf et al. 2008).
4. Für die Bewährungshilfeproband(inn)en liegt die etwas ältere, aber immer noch wegweisende Studie des ADB e. V. aus dem Jahr 1999 vor (Arbeitsgemeinschaft Deutscher Bewährungshelferinnen und Bewährungshelfer (ADB e. V. 2000) und Engels 2002).
5. Für die Klient(inn)en der Freien Straffälligenhilfe kann auf die Erhebungen der AG STADO zurückgegriffen werden, die diese in den Jahren 2008-2014 im Auftrag der Bundesarbeitsgemeinschaft für Straffälligenhilfe e. V. (BAG-S) erhoben hat. Zu berücksichtigen ist dabei die regionale Ungleichgewichtung. In fast allen Jahren stammen alle Daten aus Bayern; in manchen Jahren gibt es auch einige Datensätze aus Baden-Württemberg. Andere Bundesländer sind gar nicht vertreten. Die insgesamt große Anzahl der Datensätze (jährlich Daten zu etwa 2.500 bis 3.500 Personen) dürfte dieser Untersuchung dennoch einige Aussagekraft verleihen.
6. Die Bundearbeitsgemeinschaft für Straffälligenhilfe e. V. BAG-S hat 2014 eine bundesweite Online-Erhebung durchgeführt. Die Daten sind leider ebenfalls nicht repräsentativ, denn auch bei dieser Studie sind acht Bundesländer nur marginal oder gar nicht vertreten.

2.1.2.1 Altersverteilung

Unter den 2015 in Deutschland registrierten Tatverdächtigen waren 3,4% Kinder unter 14 Jahren. Zur Altersgruppe der Jugendlichen von 14 bis 18 Jahren zählten 9,2%. Damit waren insgesamt etwas mehr als ein Zehntel (12%) aller Tatverdächtigen minderjährig; knapp 78% waren Erwachsene über 21 Jahren. Den Hauptteil der Tatverdächtigen mit insgesamt knapp mehr als der Hälfte stellten dabei die jüngeren Erwachsenen: 9,8% gehörten zur Gruppe der Heranwachsenden (18-21 Jahre); 12,6% waren 21 bis 25 Jahre und 14,3% 25 bis 30 Jahre alt. 20,2% der Tatverdächtigen gehörten der Altersgruppe der 30 bis 40-Jährigen an. Mit zunehmenden Alter sinken die Anteile der jeweiligen Altersgruppen an der Gesamtpopulation: 14,4% der Tatverdächtigen waren zwischen 40 und 50 Jahre alt; 9,5% waren 50 bis 60-Jährige. Und nur 6,6% waren über 60 Jahre alt (BKA 2017).

Auch unter den Bewährungshilfeklient(inn)en der ADB-Erhebung waren über 70% junge Erwachsene im Alter zwischen 20 und 40 Jahren. Nur 22% lagen über dieser Altersgruppe (älter als 40 Jahre) und 6% lagen darunter (jünger als 20 Jahre). Der Schwerpunkt lag bei den 20- bis 29-Jährigen, die 40% aller Bewährungshilfe-Klient(inn)en ausmachten (vgl. Engels 2002).

Unter den Inhaftierten waren im Jahr 2016 etwa 16,6% unter 25 Jahre alt. 49,7% waren 25 bis 40 und 33,7% über 40 Jahre alt (Statistisches Bundesamt 2017a).

Die AG STADO-Statistik der Klient(inn)en der Freien Straffälligenhilfe weist für 2014 etwa 14,6% unter 25-Jährige aus. 15,3% waren 25 bis 29 Jahre alt. 29,2% der Klient(inn)en waren 30 bis 39 Jahre und 22,4% 40 bis 49 Jahre alt. Ältere waren auch in dieser Gruppe eher selten: 13,4% waren 50 bis 59 Jahre und 5,2% waren über 60 Jahre alt (Bundesauswertung 2014 der AG-STADO-Statistik, unveröffentlicht).

Die BAG-S gibt für ihre Studie an, dass 42,2% der Klient(inn)en dem jungen Erwachsenenalter (22–35 Jahre) angehörten, und 34,5% dem mittleren Erwachsenenalter (36–50 Jahre). Das höhere Erwachsenenalter (51–64 Jahre) war mit 16,3% vertreten. Jugendliche und Heranwachsende sowie Senioren über 64 bildeten nur kleine Minderheiten in der Gesamtpopulation (vgl. BAG-S 2014).

Damit ergibt sich als Gemeinsamkeit aller Erhebungen, dass die Altersstruktur Straffälliger deutlich von der Altersverteilung in der Gesamtbevölkerung abweicht. Laut dem Statistischen Jahrbuch waren Ende 2014 3,0% der Bevölkerung 15–18 Jahre alt; 3,1 % waren Heranwachsende zwischen 18 und 21 Jahren. Die 21-40-Jährigen machten insgesamt 23,1% aus. 40–60 Jahre waren 30,3 % alt und 27,3% waren über 60 (Statistisches Bundesamt 2016c).

Kriminalität ist also – jedenfalls im Hellfeld – vorwiegend eine Domäne jüngerer Menschen. Unter den Zielgruppen der Sozialen Arbeit mit Straffälligen finden sich hauptsächlich Personen zwischen 18 und 50 Jahren mit einem deutlichen Schwerpunkt bei den 25 bis 40-Jährigen. Abzuwarten bleibt, ob der Anteil älterer Straffälliger bedingt durch den demografischen Wandel zukünftig ansteigen wird.

2.1.2.2 Geschlecht

Noch größere Unterschiede zwischen den Straffälligen und der Durchschnittsbevölkerung gibt es bei den Geschlechteranteilen. Während Frauen etwa die Hälfte der Wohnbevölkerung ausmachen, ist ihr Anteil unter den Straffälligen viel niedriger.

Bei den Tatverdächtigen beträgt er etwa ein Viertel. Unter den Abgeurteilten lag der Frauenanteil bei etwa einem Fünftel; verurteilt wurden etwa der gleiche Anteil (vgl. BKA 2016, Statistisches Bundesamt 2017b).

Unter den Bewährungshilfeklient(inn)en beträgt der Frauen-Anteil etwa ein Zehntel (11,6%) (vgl. Statistisches Bundesamt 2013).

Und von den Inhaftierten ist indes nur etwa jede zwanzigste eine Frau (5,7%). Diese Quote nimmt mit zunehmender Strafdauer weiter ab. Unter den zu einer lebenslänglichen Freiheitsstrafe Verurteilten waren nur noch 5,3% Frauen (vgl. Statisches Bundesamt 2016 b).

Der weiter oben gezeigte Kriminalitätstrichter hat also auch eine geschlechtsspezifische Ausprägung. Im fortschreitenden Prozess der Kriminalitätsbearbeitung durch die Strafjustiz verringert sich der Anteil der Frauen auf jeder Stufe, bis unter der Inhaftierten dann etwa 95% Männer sind. Dieser Befund ist seit vielen Jahren Gegenstand intensiver Forschung und Diskussionen (vgl. z. B. Kawamura-Reindl et al. 2007, Kawamura-Reindl 2009b). Aber auch »in qualitativer Hinsicht hat Frauen-Kriminalität eine andere Struktur, die sich gegenüber der Männerkriminalität durch einen geringeren Anteil an Gewaltdelikten und einen Schwerpunkt bei den Vermögensdelikten auszeichnet. Bei den Tötungsdelikten sind Frauen noch deutlicher unterrepräsentiert als in anderen Deliktbereichen« (Kawamura-Reindl 2009c: 345).

Korrespondierend mit ihrem geringeren prozentualen Anteil unter den Bewährungshilfeproband(inn)en und den Inhaftierten sind auch unter den Klient(inn)en der Freien Straffälligenhilfe weniger Frauen als Männer. Während die BAG-S-Untersuchung 17,6% ausweist, liegt dieser in der AG-STADO-Untersuchung bei 27,6%. Auch hier dürften die unterschiedlichen Tätigkeitsschwerpunkte der teilnehmenden Einrichtungen für diesen gemessenen Unterschied ausschlaggebend sein.

2.1.3 Lebenslagen und Teilhabe

> »Als Lebenslage wird die Gesamtheit der äußeren Bedingungen bezeichnet, durch die das Leben von Personen oder Gruppen beeinflusst wird. Die Lebenslage bildet einerseits den Rahmen von Möglichkeiten, innerhalb dessen eine Person sich entwickeln kann, sie markiert deren Handlungsspielraum. Andererseits können Personen in gewissem Maße auch auf ihre Lebenslagen einwirken und diese gestalten. Damit steht der Begriff der Lebenslage für die konkrete Ausformung der sozialen Einbindung einer Person, genauer: ihrer sozioökonomischen, soziokulturellen, soziobiologischen Lebensgrundlage« (Engels 2008: 1).

Der Begriff der »Teilhabe« knüpft an den Begriff »Lebenslage« an und thematisiert, inwieweit die beobachteten Unterschiede der Lebenslage auf ungleiche Verwirklichungschancen zurückgehen (capability approach). Das Konzept der Verwirklichungschancen wurde in den 80er und 90er Jahren des letzten Jahrhunderts von dem indischen Ökonomen und Nobelpreisträger Amartya Sen und der amerikanischen Moralphilosophin Martha Nussbaum entwickelt. Verwirklichungschancen sind die Möglichkeiten von »Menschen, ein Leben führen zu können, für das sie sich mit guten Gründen entscheiden konnten, und das die Grundlagen der Selbstachtung nicht in Frage stellt« (Sen 2000, zitiert nach Deutscher Bundestag: 40).

> Dabei »sind die materiellen Ressourcen und Rechtsansprüche unverzichtbare Voraussetzungen, eröffnen aber lediglich die Möglichkeiten von Teilhabe. Diese Möglichkeiten zu realisieren, mithin Verwirklichungschancen wahrzunehmen, verlangt zum einen individuelle Fähigkeiten, zum anderen bestimmte gesellschaftliche Bedingungen (etwa Normen, Infrastrukturen). [...] Mit dem Begriff ›Teilhabe‹ werden zwei Fragen verhandelt: Wie wird gesellschaftliche Zugehörigkeit hergestellt und erfahren, und wie viel Ungleichheit akzeptiert die Gesellschaft?« (Bartelheimer 2007: 4 ff).

Teilhabe kann in unterschiedlichen Modi bzw. Formen stattfinden, etwa durch Erwerbsarbeit, via Familie und durch Unterstützung durch den Sozialstaat.

Wie schon im Zusammenhang mit dem Trichtermodell beschrieben, finden entlang des Prozesses der justiziellen Kriminalitätsverarbeitung soziale Selektionsmechanismen statt. Diese und die Folgen der Sanktionierung sind in hohen Maße dafür mitverantwortlich, dass unter den mit den härtesten Sanktionen Belegten überwiegend Personen anzutreffen sind, deren Lebenslagen besonders problembehaftet sind und deren gesellschaftliche Teilhabe bedroht ist.

Damit ist jedoch noch nicht gesagt, dass es so etwas wie »typische« Lebenslagen von Straffälligen gäbe. Die jeweiligen Probleme, die Straffällige haben, und die Exklusionsmechanismen, denen sie unterliegen, können sich »von Fall zu Fall« deutlich unterscheiden. So wird es für einen älteren alleinstehenden Haftentlassenen mit niedriger beruflicher Qualifikation wahrscheinlich relativ schwierig sein, auf sich allein gestellt und ohne Unterstützung in Freiheit Wohnung und Arbeit zu finden. Die Situation einer jungen alleinerziehenden Mutter, die wegen eines Verstoßes gegen das Betäubungsmittelgesetz zu einer hohen Geldstrafe verurteilt wurde, die sie nicht bezahlen kann, sodass ihr eine Ersatzfreiheitsstrafe droht, ist deutlich anders – aber vermutlich nicht weniger schwierig. Die objektiven Ursachen der prekären Lebenslage, die von der jeweiligen Person als besonders belastend empfundenen Lebensumstände, die Möglichkeiten, hieran etwas zu ändern, und die Unterstützungsmöglichkeiten, die aktiviert bzw. in Anspruch genommen werden können, sind bei diesen beiden Beispielen sehr verschieden.

Manche Problemkonstellationen sind jedoch statistisch häufiger als andere anzutreffen und bestimmte »Modi«, an der Gesellschaft teilzuhaben bzw. Teilhabeformen (vgl. Bartelheimer 2007: 10), sind für Straffällige besonders wichtig bzw. besonders fragil.

Wenn Personen oder Personengruppen keinen Zugang zu bestimmten gesellschaftlichen Teilbereich haben oder aus Lebensbereichen ausgegrenzt werden, kann dies unterschiedliche Gründe haben. Straffällige unterliegen zunächst ebenfalls den »normalen« gesellschaftlichen Inklusions- und Ausgrenzungsprozessen, die für alle Bevölkerungsgruppen relevant sind. Wenn ihnen beispielsweise bestimmte Bildungsabschlüsse oder Berufsqualifikationen fehlen, erhalten auch sie keinen Zugang zu bestimmten Teilsystemen der Gesellschaft. Sie unterliegen aber zusätzlich noch weiteren Exklusionsmechanismen, die spezifisch auf Straffällige abzielen.

So hat der Strafvollzug unter anderem die Funktion, Inhaftierte in aktiver Weise aus dem gesellschaftlichen Leben auszugrenzen. Die Strafvollzugsgesetze weisen dem Strafvollzug mehrheitlich ein doppeltes Ziel zu: Außer die Gefangenen dazu zu befähigen, ein Leben in sozialer Verantwortung und ohne weitere Straftaten zu führen, soll er auch den Schutz der Allgemeinheit vor weiteren Straftaten bzw. vor dem Straftäter zu gewährleisten (vgl. Engels 2002: 9). Während der gesellschaftliche Ausschluss durch die Inhaftierung sichtbar bzw. sogar intendiert ist, wirken andere Ausschließungsprozesse indirekt, beispielsweise dadurch, dass die Haftzeiten Brüche in der Erwerbsbiographie zur Folge haben und es in dieser Phase vermutlich kaum gelingt, für die Zeit nach der Haftentlassung »Sozialkapital« aufzubauen (vgl. Entorf 2006: 34).

Die Vermutung liegt nahe, dass straffällig gewordene Menschen in der Folge häufig große Schwierigkeiten haben, überhaupt ein annehmbares Maß gesellschaftlicher Teilhabe zu realisieren. Dies soll im Folgenden beispielhaft ausgeführt werden.

2.1.3.1 Unterstützung durch soziale Netzwerke

Soziale, vor allem familiäre Netzwerke sind für die gesellschaftliche Teilhabe von besonderer Bedeutung. Denn über soziale Beziehungen erschließen sich Individuen Informationen und Ressourcen; sie realisieren darüber ganz allgemein Unterstützungsleistungen. Dazu ein Beispiel: Für Personengruppen mit schlechter Qualifikation ist der Zugang zum Arbeitsmarkt deutlich erschwert. Über soziale Beziehungen können jedoch manchmal informelle Arbeitsmöglichkeiten als Ersatz oder Alternative zur Erwerbsarbeit realisiert werden (vgl. Bartelheimer 2007: 11).

Die verfügbaren Daten lassen jedoch vermuten, dass Straffällige im familiären Bereich auf eher geringes soziales Kapital zurückgreifen können. So ist die Mehrzahl der Straffälligen *ledig*. Cornel erhob unter den Haftentlassenen eine Quote von 54% Ledigen, unter den Bewährungshilfeproband(inn)en waren es 62%, die ledig waren. Die Quote der Ledigen unter den Klient(inn)en der Freien Straffälligenhilfe war Jahre später fast identisch (2014: 60,7%).

Der Anteil der *Geschiedenen* ist bei Straffälligen inzwischen größer als der der *Verheirateten*. Dabei ist der Anteil der Geschiedenen und der Verheirateten unter den weiblichen Straffälligen tendenziell etwas größer. Unter den Klient(inn)en der Freien Straffälligenhilfe waren 2014 11,5% der Männer, aber 13,2% der Frauen verheiratet. Geschieden waren 20,8% der Männer und 21,9% der Frauen. Unter den Proband(inn)en der Bewährungshilfe waren einige Jahre früher noch 20% geschieden oder lebten getrennt, während 17% verheiratet waren und etwa 23% in einer Partnerschaft lebten. Entorf ermittelte im Strafvollzug ein Jahrzehnt zuvor noch einen Anteil von 32% von Verheirateten oder in einer eheähnlichen Beziehung Lebenden. Jeder 5. Inhaftierte war damals geschieden oder getrennt.

Aussagekräftiger für die Eingebundenheit in soziale Netzwerke ist jedoch vermutlich eher die *Haushaltsstruktur* als der Familienstand. Fast zwei Drittel (65,5%) der Klient(inn)en der Freien Straffälligenhilfe gaben 2014 an, allein zu leben, etwa 4% sind Alleinerziehende. Unter den Bewährungshilfeproband(inn)en waren es sogar beinahe drei Viertel, die alleine lebten. Auch hier gibt es auffällige Geschlechtsunterschiede. Die Quote der Alleinlebenden ist unter den Klient(inn)en der Freien Straffälligenhilfe bei den Männern mit 71,0% deutlich höher als bei den Frauen (51,0%). Alleinerziehend sind hingegen fast ausschließlich Frauen (12,8%, Männer: 0,7%).

Freundeskreise, Peer-Groups, informelle Netzwerke am Arbeitsplatz könnten diesen Mangel an tragfähigen sozialen Netzen im familiären Bereich eventuell ausgleichen. Die Untersuchungen zeichnen jedoch ein anders Bild. In den AG-STADO-Untersuchungen gaben beispielsweise etwa ein Viertel aller Befragten an, Probleme mit *sozialen Beziehungen* zu haben. Der ADB-Untersuchung zufolge gehörten nur 8,4% der Bewährungshilfeproband(inn)en einem Verein und 15,0% einer Freizeitgruppe an. Kontakte beschränkten sich auf den sozialen Nahraum (vgl. ADB e. V. 2000).

Dieser Mangel an tragfähigen sozialen Netzwerken ist insbesondere für Haftentlassene typisch. Die Gründe dafür können unterschiedlich sein. Einerseits wollen viele Haftentlassene durch einen Ortswechsel die Brücken zur Vergangenheit abschneiden und räumlichen Abstand von Beziehungsnetzwerken gewinnen, die sie für ihre Delinquenz (mit)verantwortlich machen. Im Gefängnis geknüpfte soziale Kontakte werden in Freiheit aus ähnlichen Gründen eher selten fortgeführt. Soziale Netzwerke müssen im neuen Umfeld dann erst aufgebaut werden und benötigen eine gewisse Zeit bis sie tragfähig sind.

2.1.3.2 (Aus-)bildung und Arbeitseinkommen

Viele Straffälligen besitzen wenige bzw. gering qualifizierende Bildungsabschlüsse. Nicht wenige haben überhaupt *keinen Schulabschluss*. Cornel erhob 1992 noch eine Quote von 32% Haftentlassene ohne Schulabschluss. In der ADB-Untersuchung waren 1999 sogar 44,9% der Bewährungsproband(inn)en ohne Schulabschluss.

Ein wenig scheint sich die Situation inzwischen gebessert zu haben. Bei Entorf waren es 2003 nur noch 13,1% der Gefangenen, die überhaupt keinen Schulabschuss besaßen. Eine ähnliche Quote wurde in der AG-STADO-Untersuchung 2014 bei den Klient(inn)en der Freien Straffälligenhilfe mit 15,9% ausgewiesen. Auch hier gab es jedoch große geschlechtsspezifische Unterschiede: Während nur 14,9% der männlichen Klienten keinen Schulabschluss haben, sind es unter den Frauen etwa doppelt so viele (27,3%).

Häufigster Schulabschluss ist bei Straffälligen nach wie vor der *Hauptschulabschluss*. Cornel gab 1992 bei den Haftentlassenen eine Quote von 44% an; in der ADB-Untersuchung 1999 waren es 36,8% bei den Bewährungshilfeproban (inn)den; Entorf erhob im Strafvollzug 45,9%. Demgegenüber sind die Anteile der Hauptschulabsolvent(inn)en in den AG-STADO-Untersuchungen höher. Hier hatten zwischen 60,8 (2014) und 69,5% (2008) einen Hauptschulabschluss, darunter wiederum mehr Männer (2014: 71,6%) als Frauen (2014: 55,4%).

Einen *Realschulabschluss* besaßen zwischen 10,9% (AG-STADO 2014) und 18% (Entorf 2003) der Straffälligen. Die ADB-Untersuchung fasste den Realschulabschluss mit allen höheren Abschlüssen zusammen und wies dafür insgesamt 10,2% aus. Cornel wies darauf hin, dass unter den Realschulabsolvent (inn)en der Frauen-Anteil (40%) deutlich höher sei. Laut der AG-STADO-Untersuchungen gilt dies inzwischen nicht mehr (2014: Männer 11,2%, Frauen 9,1%).

Höhere Bildungsabschlüsse wie die (Fach-)Hochschulreife sind unter Straffälligen eher selten anzutreffen. Cornel gab die Quote der Haftentlassenen mit Hochschulreife mit 3% an. In den AG-STADO-Untersuchungen lag die Quote der Klient(inn)en mit (Fach-)Hochschulreife zwischen 10,7% (2014) und 12,4% (2010). Laut Entorf hatten 18,2% aller Inhaftierten die (Fach-)Hochschulreife. Dieser hohe Wert scheint jedoch wenig plausibel.

In der Gesamtbevölkerung in Deutschland sind dagegen höhere Abschlüsse vergleichsweise deutlich häufiger. 2016 besaßen laut Statistischem Jahrbuch 32,0% der Bevölkerung eine Hochschulzugangsberechtigung, 24,7% einen Realschulabschluss und 35,8% einen Hauptschulabschluss. Nur 3,7% hatte gar keinen allgemeinbildenden Schulabschluss. Auch wenn man nur die 25–45-Jährigen betrachtet, die das Gros der Straffälligen stellt, ändert sich wenig an der Tatsache, dass Straffällige in der Ausstattung mit Bildungsabschlüssen gegenüber der Allgemeinbevölkerung im Nachteil sind. In dieser Altersgruppe besaßen in der Wohnbevölkerung im Mittel sogar 44,8% die (Fach-)Hochschulreife, 33,8% einen Realschulabschluss und 21,2% einen Hauptschulabschluss. Die Quote derjenigen ganz ohne Schulabschluss lag bei 3,2% (vgl. Statistisches Bundesamt 2016c).

Die relativ schlechtere schulische Qualifikation der Straffälligen setzt sich im Bereich der Berufsausbildungen fort. Cornel stellte fest, dass fast die Hälfte (49%) der zwischen dem 01.02. und dem 31.07.1991 in Berlin aus der Strafhaft entlassenen Proband(inn)en *keinerlei Berufsabschluss* besaß. Auch Entorf ermittelte für die Inhaftierten einen hohen Wert (38,1%). Die Lebenslagenuntersuchung des ADB e. V. errechnete 1999 eine Quote von 61% der Bewährungsproband(inn)en ohne abgeschlossene Berufsausbildung. Auch in den AG-STADO-Erhebungen ist der Anteil der Klient(inn)en ohne abgeschlossen Berufsausbildung hoch und lag 2014 bei 41,6%. Frauen (51,2%) hatten wiederum häufiger keine Ausbildung als Männer (38,3%).

Auf dem Hauptschulabschluss aufbauend, ist eine *Lehre* der unter Straffälligen verbreitetste Berufsabschluss. Cornel ermittelte dafür eine Quote von 42%. Entorf erhob bei Inhaftierten eine Quote von 50,9% mit Berufsausbildung. Laut ADB-Erhebung besaßen 36% der Bewährungshilfeproband(inn)en eine abgeschlossene Berufsausbildung, deren Niveau aber nicht weiter aufgeschlüsselt wurde. Die AG STADO-Erhebung wies für die Klient(inn)en der Freien Straffälligenhilfe 2014 einen Anteil von 44,3% (Frauen: 33,9%) aus, die eine praxisbezogene Berufsausbildung absolviert hatten.

Schul- und Berufsabschlüsse sind für die erreichbaren Positionen auf dem Arbeitsmarkt von entscheidender Bedeutung. Straffällige sind hier, das machen diese Zahlen deutlich, gegenüber anderen Gesellschaftsgruppen deutlich benachteiligt. Das Erlangen eines Arbeitsplatzes wird darüber hinaus durch das Stigma »straffällig« zusätzlich erschwert, insbesondere, wenn der Lebenslauf bedingt durch Haftzeiten erklärungsbedürftige Lücken aufweist.

Es kann daher nicht verwundern, dass laut der AG-STADO-Erhebung nur knapp ein Fünftel[1] der nicht inhaftierten Klient(inn)en der Freien Straffälligenhilfe von Erwerbsarbeit leben konnte. Etwa die Hälfte bezog ALG II oder

---

1 Hier muss jedoch die regionale Herkunft dieser Daten berücksichtigt werden. Im Juni 2011 lag die Arbeitslosenquote in Bayern bei nur 3,5%, in Berlin dagegen zum gleichen Zeitpunkt bei 13,3%.

ALG I. Der Anteil der Bezieher(inn)en von Hilfen nach SGB XII war hingegen gering, was auch an der Altersstruktur Straffälliger liegen könnte. Die Werte sind jedoch stark von Schwankungen auf dem Arbeitsmarkt abhängig und auch wegen der zwischenzeitlich erfolgten Reformen am Arbeitsmarkt nicht mit denen der älteren Untersuchungen vergleichbar. Bei der Untersuchung, die Cornel 1991 in Berlin durchführte, lag der Anteil der Personen, die angaben, vor der Inhaftierung von Erwerbsarbeit gelebt zu haben, beispielsweise noch bei 30%. Weitere 23% lebten damals von Gelegenheitsarbeiten. Auch die ADB-Untersuchung berichte von einem hohen Anteil Arbeitsloser (44,1%) und nur wenigen (26,9%) die auf dem ersten Arbeitsmarkt Beschäftigung gefunden hatten.

Deutlich wird an diesen Zahlen jedoch die Bedeutung von *Transferleistungen* für Straffällige. Bei insgesamt mehr als der Hälfte der Klient(inn)en der Freien Straffälligenhilfe und einer ähnlichen Quote von Bewährungshilfeproband(inn)en stellen sie die wichtigste Lebensgrundlage dar. Entorf wies 2003 eine Quote von 46,3% der Gefangenen aus, die vor der Haft von Sozialhilfe lebten. Mit dem Bezug solcher Leistungen verbundene Auflagen, Zugangsbeschränkungen oder die Sanktionierungspraxis der Jobcenter bestimmen daher maßgeblich die Lebenslagen vieler Straffälliger mit.

2.1.3.3 Wohnsituation

Auch die Wohnsituation ist für die Realisierung von Teilhabemöglichkeiten von großer Bedeutung. Die Infrastruktur des Quartiers, in dem man lebt, das dortige Arbeitsangebot, die Güte der Verkehrsanbindung und nicht zuletzt auch die Möglichkeiten, dort Nachbarschaftsnetzwerke aufzubauen. Daher tangieren die zunehmende soziale Segregation der Quartiere, der Wegfall bezahlbaren Wohnraums in Innenstadtnähe, ökonomische Verdrängungsprozesse gerade auch Straffällige, die auf Grund von Stigmatisierungen ohnehin geringere Chancen bei der Wohnungssuche haben.

Cornel fragte die zur Haftentlassung anstehenden Gefangenen, wo sie nach ihrer Entlassung voraussichtlich wohnen würden. Nur wenige verfügten über eine längerfristige, realistische Wohnperspektive, etwa über einen bereits abgeschlossenen Mietvertrag. Vor allem diejenigen, die darauf setzten, zunächst bei Freunden und Bekannten unterzukommen, mussten diese Hoffnung häufig begraben. Etwa 20% waren nach der Haftentlassung wohnungslos (vgl. Cornel 1996).

Unter den Bewährungshilfeproband(inn)en gaben hingegen knapp 60% an, in eigenem Wohnraum zu leben, 6,2% waren stationär in einer Einrichtung untergebracht, nur 4,4% waren wohnungslos. Dies deutet drauf hin, dass es Haftentlassenen nach einiger Zeit und eventuell mit Unterstützung doch gelingt, auf dem Wohnungsmarkt Fuß zu fassen. Auf der anderen Seite könnte es aber auch sein, dass diejenigen, die in schwierigen Wohnverhältnissen leben, überproportional häufig erneut inhaftiert werden.

In der AG STADO-Erhebungen wurden die Klient(inn)en gefragt, wo sie die Nacht unmittelbar vor Hilfebeginn verbracht haben. Etwa die Hälfte (2014:

52,2%) der nicht Inhaftierten gab an, in einer selbst angemieteten Wohnung oder zur Untermiete zu wohnen. Zusammengenommen etwa ein Fünftel der Befragten hatte jedoch keinen eigenen Wohnraum oder lebte in Einrichtungen. Auch dies ist in der Regel mit deutlichen Einschränkungen persönlicher Freiräume und Handlungsmöglichkeiten verbunden. Die Hälfte der Befragten war mit ihrer Wohnsituation unzufrieden (52,4%).

2.1.3.4 Überschuldung

Schulden gelten neben dem Mangel an sozialen Kontakten, schlechter Arbeits- und Wohnsituation und der Stigmatisierung als eines der größten Probleme der Straffälligen (vgl. Cornel 1996). Wenig aussagekräftig ist dabei jedoch die absolute Schuldenhöhe. Diese ist bei Straffälligen sogar durchschnittlich niedriger als in der Gesamtbevölkerung. Straffällige haben aber häufiger Probleme mit der Rückzahlung der Kredite (vgl. Entorf 2006).

Die Herkunft der Schulden speist sich vor allem aus zwei großen Bereichen: Auf der einen Seite sind es Konsumentenkredite und auf der anderen Seite Schulden, die im Zusammenhang mit der Straftat entstanden sind, etwa Gerichtskosten, Schulden bei Rechtsanwälten, Schadensersatzforderungen, Geldauflagen oder Geldstrafen (vgl. Zimmermann 2009).

Von Überschuldung wird gesprochen, wenn die laufenden Einkünfte nicht mehr ausreichen, um die Kredite zu bedienen. 86,7% der Klient(inn)en der Freien Straffälligenhilfe gaben 2014 an, überschuldet zu sein. Cornel stellte in seiner Erhebung 1991 bei 50% der Haftentlassenen eine Überschuldung fest (vgl. Cornel 2016a). Unter den Bewährungshilfeproband(inn)en waren laut ADB-Untersuchung 60% verschuldet und 28 % überschuldet. Im Jahr 2005 schätzten Bewährungshelfer(innen) in Berlin, dass etwa 29% ihrer Proband(inn)en keine Schulden hätten, 26% tilgbare Schulen und 46% überschuldet sind (vgl. Cornel 2016a). Der Entorf-Studie zufolge hatten 63% der Gefangenen Schulden und 2/3 davon Schwierigkeiten mit der Tilgung. Belastbare aktuelle Zahlen zur Verschuldung von Gefangenen liegen nur aus Schleswig-Holstein vor. Die durchschnittliche Schuldenbelastung eines/r Gefangenen liegt dort je nach Anstalt zwischen 6.600 und 47.000 Euro (vgl. Zimmermann 2014).

2.1.3.5 Gesundheitliche Situation

Gesundheitliche Probleme sind unter Straffälligen weit verbreitet. Es gibt zwei Personengruppen, deren Lebenssituation von gesundheitlichen Einschränkungen besonders gekennzeichnet ist: suchtkranke und psychisch kranke Straftäter.

Daten zur gesundheitlichen Situation liegen für Bewährungshilfeprobanden vor. Die ADB-Befragung ermittelte, dass deutsche Klient(inn)en der Bewährungshilfe zu 36% körperliche und zu 33% psychische *Beeinträchtigungen* aufwiesen, bei ausländischen Klient(inn)en war die Beeinträchtigung deutlich geringer (22 bzw. 21%) 42% der Klient(innen) waren damals suchtkrank, davon konsumiert über die Hälfte illegale Drogen. An psychischen Erkrankungen litten etwa 30% der Proband(inn)en. Zumeist handelt es sich um Suchtbegleiterkrankungen. Chronische psychische Erkrankungen lagen bei 20% vor.

Im Strafvollzug wird vermutet, dass ein großer Anteil Straffälliger aktiv *Drogen* konsumiert. Stöver (2009) geht von etwa 20.000 bis 24.000 Drogenkonsument(inn)en in den Haftanstalten aus. Dies wäre etwa jeder dritte Gefangene. Es würde auch bedeuten, dass ca. jeder zehnte Drogenabhängige inhaftiert ist (vgl. auch BMI/BMJ 2001). Eine bundesweite Studie zum Drogenkonsum stellte fest, dass 66% der Gefangenen schon Cannabis konsumiert hatten, 37% Heroin und 45% andere Substanzen. Während der Haft hatten 41% Cannabis konsumiert und jeweils jeder Vierte Heroin und andere Substanzen (vgl. Eckert/Weilandt 2008). Schon die Entorf-Untersuchung ergab eine relativ hohe Belastung mit Drogen- und Alkoholmissbrauch: 13,2 % der Gefangenen hatten Probleme mit Drogen, 12,3% mit Alkohol und 6,5% mit beidem. In Hamburg wird aktuell 1/3 der Gefangenen als problematische Drogenkonsument(inn)en eingestuft, in Bremen gelten 30% als drogenabhängig und 60% wird ein Drogenproblem in Freiheit zugeschrieben (vgl. Thane 2015). In Baden-Württemberg wird geschätzt, dass bei Vollzugsantritt 38% der Gefangenen Konsumenten von Cannabis sind, 23% von Opiaten und 26% von anderen illegale Drogen (vgl. Thane 2015). Exakte Daten liegen für einzelne Gefangenenuntergruppen vor. Bei Untersuchungsgefangenen war zu 43 % Alkoholabhängigkeit oder -missbrauch festzustellen, 14% waren drogenabhängig (vgl. Missoni et al. 2003). Bei den Verbüßer(inne)n einer Ersatzfreiheitsstrafe lag bei 77% Alkoholmissbrauch oder -abhängigkeit vor und bei 20% eine Drogenabhängigkeit (vgl. Konrad 2004). Kraatz-Macek (2013) geht davon aus, dass der Anteil der drogenabhängigen unter den inhaftierten Frauen sogar bei etwa 50% liegt.

Der Strafvollzug gilt auch als Hochrisikobereich für *Infektionskrankheiten* wie HIV, Hepatitis, Tuberkulose und sexuell übertragbare Krankheiten (vgl. Thane 2015). Gerade bei intravenösem Drogenkonsum – laut bundesweiter Erhebung schon von 29,7% der Gefangenen praktiziert (vgl. Eckert/Weilandt 2008) – besteht ein hohes Übertragungsrisiko durch geteilte Utensilien. Weitere Risikofaktoren sind Tätowierungen und ungeschützter Geschlechtsverkehr (vgl. Thane 2015, Keppler 2013). In Vollzugsanstalten in Nordrhein-Westfalen und Hamburg wurden HIV-Raten von 0,8% bis 1,2% und Hepatitis-C-Raten von 14 bis 17% ermittelt (vgl. Wirth 2002, Koops 2000, Thane 2015, Keppler et al. 2010). Bei Drogenabhängigen Gefangenen lagen die Infektionsraten noch deutlich höher: So waren in Hamburg fast 2/3 mit Hepatitis-C infiziert (Koops 2000). Das Risiko einer Infektion ist somit im Strafvollzug um ein Vielfaches erhöht. Die Studie von Entorf ermittelte, dass 40,2 % der Gefangenen von einer Viruserkrankung oder einer anderen schweren körperlichen Beeinträchtigung betroffen sind.

Der Anteil von Inhaftierten mit *psychischen Erkrankungen* wird als sehr hoch eingeschätzt. Einer internationalen Studie zufolge (vgl. Fazel/Danesh 2002) haben 3–7% der inhaftierten Männer eine psychotische Erkrankung, etwa 10% eine schwere Depression und 65% eine Persönlichkeitsstörung. Bei inhaftierten Frauen sind Persönlichkeitsstörungen dagegen seltener (42 %) (vgl.

auch Konrad 2011). In Deutschland wurde bei 40% der Untersuchungsgefangenen eine depressive Episode festgestellt, 14% wiesen spezifische Phobien auf, je 6 % eine chronische Depression/Dysthymie oder psychotische Störungen (vgl. Missoni et al. 2003). Gefangene, die eine Ersatzfreiheitsstrafe verbüßen, wiesen zu 39% spezifische Phobien auf, 21% litten unter einer chronischen Depression/Dysthymie, 20% unter einer depressiven Episode und 10% unter psychotischen Störungen (vgl. Konrad 2004, 2011). Frädrich und Pfäfflin (2000) gehen davon aus, dass bei 50% der Gefangenen in Deutschland eine Persönlichkeitsstörung vorliegt. Konrad (2011) nimmt sogar bei der überwiegenden Mehrheit der Gefangenen im deutschen Justizvollzug diagnostizierbare und therapiebedürftige psychische Störungen an. Eine Studie aus Nordrhein-Westfalen stellte bei 83,5% der Gefangenen eine aktuelle psychische Störung fest, bei über der Hälfte der Gefangenen mit stationärem Behandlungsbedarf. Neben Drogenabhängigkeit waren Angststörungen (27,3%), affektive Störungen (17,3%) und psychotische Störungen (7,9%) besonders häufig (vgl. von Schönfeld et al. 2006, Thane 2015).

2.1.4 Weitere Problemlagen

Die Situation in Haft und in Freiheit unterscheidet sich signifikant hinsichtlich der Schwierigkeiten und Probleme, mit denen sich Straffällige konfrontiert sehen. Die AG-STADO erhob die jeweiligen Problemlagen daher getrennt für Inhaftierte und für die Klient(inn)en in Freiheit.

In Haft wurden als wichtigste Probleme die Wohnsituation, Suchtproblematiken und soziale Beziehungen benannt. In Freiheit stehen (die Angst vor) Arbeitslosigkeit und Schwierigkeiten bei der materiellen Existenzsicherung im Vordergrund. Schulden und Schwierigkeiten im Umgang mit Behörden sind gleichermaßen Thema im Gefängnis und in Freiheit. Diese Problemkonstellationen unterscheiden sich übrigens kaum von denen, die Cornel bereits vor zwanzig Jahren bei Haftentlassenen erhob (vgl. Cornel 1992, 1996).

Tab. 1: Schwierigkeiten und Probleme, mitdenen sich Straffällige konfrontiert sehen

Problemfelder aus Sicht der Berater(in)	2014
Umgang mit Behörden	25,9%
Wohnen, Wohnungsverlust	52,4%
Ausbildung, Beruf, Arbeitsplatz, Arbeitslosigkeit	48,1%
Überschuldung	39,4%
Existenzsicherung, mangelnde materielle Absicherung	36,7%
körperliche Erkrankung, Behinderung	11,6%
psychische, psychosomatische Störungen	19,8%
Suchtproblematik	42,2%

2 Zielgruppen der Sozialen Arbeit in der Straffälligenhilfe

Tab. 1: Schwierigkeiten und Probleme, mit denen sich Straffällige konfrontiert sehen – Fortsetzung

Problemfelder aus Sicht der Berater(in)	2014
Gewaltbedrohung/Gewalterfahrung	4,6%
soziale Beziehungen	24,2%
Diskriminierungserfahrungen aufgrund ethnischer Zugehörigkeit	0,19%
ausländerrechtliche/aufenthaltsrechtliche Probleme	4,3%
Gewaltbereitschaft/Gewalttätigkeit	8,9%
soziale Isolation/Einsamkeit	5,6%
Sonstige	17,1%

2.2 Angehörige

In den letzten Jahren sind die Angehörigen der Straffälligen als eigenständige Zielgruppe mit spezifischen Bedarfen in den Blick gerückt. Die Freie Straffälligenhilfe, aber auch die Bewährungshilfe und der Strafvollzug bieten in zwar noch geringer Zahl, aber mit steigender Tendenz auch der Familie und engen Vertrauenspersonen von Straffälligen Hilfe und Unterstützung an.

Obwohl sich die Vollstreckung eines Strafurteils ausschließlich gegen den Verurteilten selbst richtet, sind dadurch – unbeabsichtigt – auch die Angehörigen betroffen. Denn auch die Lebenssituation der Familie, insbesondere der Partnerin und der Kinder der/des Straffälligen, aber auch der Eltern wird durch die Verurteilung erheblich und nachhaltig in Mitleidenschaft gezogen. Betroffen von den Folgen der Straffälligkeit sind häufig weitere Personen, für die der/die Verurteilte eine wichtige Bezugsperson darstellt.

Die Angehörigen sind durch die Folgen der Straftat Belastungen in unterschiedlichen Bereichen ausgesetzt (vgl. Kawamura-Reindl 2009b):

- Ökonomische Belastungen: Hierzu zählt beispielsweise der Verlust eines Einkommens bei Inhaftierung, aber auch geänderte Voraussetzungen beim Bezug von Sozialleistungen zählen dazu, beispielsweise, wenn die (Rest)familie in eine kleinere Wohnung umziehen muss, weil das Wohngeld gekürzt wird oder wenn Haushaltspauschalen bspw. für den Rundfunkempfang die verbliebenen Haushaltsmitglieder anteilig höher belasten. Ein wesentlicher Punkt ist auch die Haftung für die materiellen Folgen der Straftat, die bei Verheirateten vom Ehepartner mitgetragen werden müssen. Aus der Praxis ist auch bekannt, dass gerade bei jüngeren Straffälligen nicht selten die Eltern die Geldstrafen bezahlen, zu denen ihr Kind verurteilt wurde.

- Statusverluste und soziale Isolation: Angehörige sind häufig Diskriminierungen und Stigmatisierungen durch die Umwelt ausgesetzt. Ihnen wird – bewusst oder unbewusst – eine Mitbeteiligung oder eine Mitwisserschaft an der Straftat unterstellt. Wenn ihnen auch nicht das Verhalten des/der Straftäter(in) zugerechnet wird, so hätten sie doch – so der Vorwurf – zumindest ihre Pflicht verletzt, die Straftat zu verhindern.
- Folgen einer Trennung: Bei einer Inhaftierung verändern sich durch die erzwungene Trennung die Beziehungskonstellationen. Der Kontakt zu einer wichtigen Bezugsperson kann nur noch eingeschränkt aufrechterhalten werden. Viele Angehörigen haben Schwierigkeiten, die Folgen der Trennung zu verarbeiten und leiden psychisch wie gesundheitlich darunter.

2.2.1 Angehörige und Verwandtschaft

Eine Definition, welche Personenkreise als »Angehörige« bezeichnet werden, findet sich in § 11 des Strafgesetzbuches: Verwandte und Verschwägerte in gerader Linie, der Ehegatte, der Lebenspartner, der Verlobte, auch im Sinne des Lebenspartnerschaftsgesetzes, Geschwister, Ehegatten oder Lebenspartner der Geschwister, Geschwister der Ehegatten oder Lebenspartner, und zwar auch dann, wenn die Ehe oder die Lebenspartnerschaft, welche die Beziehung begründet hat, nicht mehr besteht oder wenn die Verwandtschaft oder Schwägerschaft erloschen ist; außerdem Pflegeeltern und Pflegekinder. Eine solche enge Verwandtschaftsbeziehung korrespondiert jedoch nicht unbedingt mit der individuellen Betroffenheit durch die Straffälligkeit. Einerseits können auch enge Verwandte eine sehr lose, oder sogar gar keine Beziehung zu dem/der Straffälligen pflegen und deshalb von den Folgen seiner/ihrer Straffälligkeit, bis hin zu einer Inhaftierung wenig betroffen sein. Auf der anderen Seite sind nicht selten weitere Personen betroffen, die im Sinne des StGB keine Angehörigen sind, aber mit dem/der Straffälligen zusammengelebt haben oder emotional eng verbunden waren. »Die individuelle emotionale bzw. soziale Dimension zwischen Erwachsenen und Kindern kann mehr Gewicht haben als der Verwandtschaftsgrad, die Eheschließung oder das Generationenverhältnis« (Bundesarbeitsgemeinschaft für Straffälligenhilfe e. V. 2007: 10).

Ehe und Familie sind von der Verfassung besonders geschützt (Art. 6 Abs. 1 GG). In der UN-Kinderrechtekonvention (UN-KRK) ist das Recht der Kinder verbrieft, Kontakt zu ihren Eltern zu haben. Dennoch schenkt die Strafjustiz den Angehörigen bisher noch wenig Beachtung. Insbesondere für den Strafvollzug rücken sie häufig erst dann in den Blick, »wenn sie ein verursachender Faktor einer Straftat waren oder wenn bei der Resozialisierung des Inhaftierten auf die Unterstützung der Angehörigen gesetzt wurde« (Bundesarbeitsgemeinschaft für Straffälligenhilfe e. V. 2007:7). Angebote wie Ehe-, Partnerschafts- und Familienseminare und Langzeitbesuche sind noch wenig verbreitet. Aber auch eigenständige Angebote der Freien Straffälligenhilfe für Angehörige von Inhaftierten sind bei weitem noch nicht flächendeckend implementiert.

2.2.2 Zahlen

Eine Statistik, die genauere Angaben zur Anzahl der Angehörigen von Straffälligen erlauben würde, existiert nicht. Wegen des bisher schwach ausgebauten Netzes spezialisierter Angebote für Angehörige kann aus dem Beratungsaufkommen dort kaum auf die Zahl der Betroffenen geschlossen werden. In der Praxis wird Hilfe und Unterstützung bei den auf Angehörige spezialisierten Diensten und Einrichtungen der Freien Straffälligenhilfe vor allem von solchen Personen nachgefragt, deren Partner inhaftiert ist. Bundesweit waren zum Stichtag 30.11.2016 insgesamt 62.865 Personen inhaftiert. Geht man davon aus, dass etwa ein Fünftel der Vollzugsinsassen verheiratet ist und rechnet man die Partner aus nichtehelichen Lebensgemeinschaften, Kinder und andere, in häuslicher Gemeinschaft lebende Angehörige dazu, dann kann von einer erheblichen Anzahl von durch freiheitsentziehende Sanktionen betroffener Dritter (Angehörige) ausgegangen werden. Kawamura-Reindl (2009b) berichtet von Schätzungen, die davon ausgehen, dass bis zu eine halbe Million Personen von der Inhaftierung eines Angehörigen betroffen sind. Da die Zahl der mit weniger schweren Sanktionen Belegten insgesamt weit größer ist als die der Inhaftierten, dürfte die Zahl der dadurch betroffenen Angehörigen noch deutlich größer sein.

Besonders zu Beginn der Inhaftierung ergeben sich für die Angehörigen viele schwierige Fragestellungen und daher ein besonderer Beratungsbedarf. Die Anzahl der Neuinhaftierungen lag im Jahr 2015 in Deutschland bei insgesamt 93.694 (vgl. Statistisches Bundesamt 2017b).

Die einzige Quelle zur Lebenssituation von Angehörigen sind bisher die Untersuchungen der AG-STADO. Allerdings ist die Zahl der befragten Personen darin zu gering, als dass aus diesen Daten Rückschlüssen gezogen werden können.

3 Arbeitsfelder der Straffälligenhilfe

Der Begriff Straffälligenhilfe steht für alle öffentlichen und privaten Hilfs- und Unterstützungsangebote Sozialer Arbeit, die auf die Resozialisierung von Straftätern abzielen. Soziale Arbeit als Straffälligenhilfe zielt darauf ab, die Lebenssituation und die gesellschaftliche Lage straffällig gewordener Menschen, aber auch deren Angehöriger dauerhaft zu verbessern (Maelicke/Simmedinger 1987).

Die klassischen Arbeitsfelder, in denen Straffälligenhilfe geleistet werden, sind:

- die Freie Straffälligenhilfe, die meist von den Wohlfahrtsverbänden geleistet wird und überwiegend (erwachsene) Männern und Frauen anspricht;
- die Jugendgerichtshilfe, die eine Aufgabe des Jugendamtes darstellt;
- die Gerichtshilfe (nur für Erwachsene);
- die Bewährungshilfe;
- die Führungsaufsicht und
- die Soziale Hilfe in der Untersuchungshaft, im Strafvollzug wie auch in der Jugendarrestanstalt.

Die Arbeitsfelder ließen sich auch nach der freien und kommunalen Hilfe für Straffällige (freie Träger und Kommunen) und der justiziellen Straffälligenhilfe (Gerichtshilfe, Bewährungshilfe, Führungsaufsicht, Soziale Arbeit in der Untersuchungshaft, im Strafvollzug und in der Jugendarrestanstalt als Aufgabe der Justiz) gliedern. Hier sei nur am Rande vermerkt, dass sich die Trägerlandschaft gerade in dem etablierten justiziellen Bereich verändert. So wurde beispielsweise in Baden-Württemberg die Gerichtshilfe, die Bewährungshilfe und die Führungsaufsicht privatisiert. Träger ist jetzt der Verein »Neustart« (gemeinnützige GmbH). Eine erste Teilprivatisierung finden wir auch im Strafvollzug. So waren in der Justizvollzugsanstalt Offenburg die Mitarbeiter(inn)en des Sozialen Dienstes, mit Ausnahme der beiden geschäftsführenden Sozialarbeiter, nicht bei der Justiz, sondern bei der Firma Kötter angestellt. Dies trifft auch auf die Mitarbeiter(inn)en des psychologischen Dienstes und des pädagogischen Dienstes zu. Während der Verein »Neustart« schon seit vielen Jahren in Österreich die Bewährungshilfe durchführt, ist die Firma Kötter auch in völlig anderen Bereichen außerhalb der Sozialen Arbeit, etwa in der Chemischen Industrie, in der Immobilienverwaltung oder im Maschinenbau tätig. Es wäre lohnend, hier nochmals genauer zu hinterfragen, inwieweit sich eine »privatisierte« Straffälligenhilfe von einer »justiziellen« Straffälligenhilfe unterscheidet. Inzwischen ist die Teilprivatisierung der JVA Offenburg wieder rückgängig gemacht worden. Auch der Vertrag mit dem Verein »Neustart« wurde nicht verlängert.

3.1 Freie Straffälligenhilfe

Freie Straffälligenhilfe geht, geschichtlich betrachtet, zurück bis ins vorletzte Jahrhundert. Schon die Rheinisch-Westfälische Gefängnisgesellschaft, die 1826 gegründet wurde, kümmerte sich um die Fürsorge für Gefangene und haftentlassene Menschen, während sich der staatliche Umgang mit Kriminalität lange auf die Aburteilung des Täters/der Täterin und die Vollstreckung der Strafe beschränkte (Kawamura-Reindl 2009a). Hier sei angemerkt, dass in dieser Zeit mehr als 70 Prozent aller Gerichtsverhandlungen mit einer Gefängnisstrafe endeten. Heute sind es weniger als 10 Prozent. In den wohlfahrtsverbandlichen Organisationen geht die Straffälligenhilfe auf die Mitte bzw. das Ende des 19. Jahrhunderts zurück. 1848 wurde die Innere Mission und 1897 der Deutsche Caritasverband gegründet. Auf evangelischer Seite entstand die Evangelische Konferenz für Straffälligenhilfe und die Evangelische Konferenz für Gefängnisseelsorge in Deutschland, auf katholischer Seite wurde 1927 die Katholische Reichsarbeitsgemeinschaft für Gerichts-, Gefangenen- und Entlassenenfürsorge ins Leben gerufen. Diese wird inzwischen Katholische Bundes-Arbeitsgemeinschaft Straffälligenhilfe (KAGS) genannt und schließt alle katholischen Träger der Straffälligenhilfe ein. In der Bundesarbeitsgemeinschaft für Straffälligenhilfe e. V. (BAG-S) finden sich die Arbeiterwohlfahrt, der Deutsche Caritasverband, das Deutsche Rote Kreuz, der Deutsche Paritätische Wohlfahrtsverband, die Diakonie (früher Innere Mission), die Zentralwohlfahrtsstelle der Juden in Deutschland und der Fachverband für Soziale Arbeit, Strafrecht und Kriminalpolitik (früher Deutsche Bewährungshilfe) wieder.

Kawamura-Reindl (2009a) weist mit Recht darauf hin, dass in der Freien Straffälligenhilfe keine einheitliche Organisationsstruktur besteht. Sie unterscheidet drei Organisationsformen:

- *spezifische Einrichtungen*, die ausschließlich Freie Straffälligenhilfe anbieten (zum Beispiel Beratungsstellen für Haftentlassene, betreute Wohnmöglichkeiten für Straffällige);
- *Einrichtungen*, die Straffälligenhilfe als ein Segment in ihren *Leistungskatalog* aufgenommen haben;
- *Einrichtungen der Freien Wohlfahrtspflege*, die – neben anderen Personengruppen – auch von Straffälligen in Anspruch genommen werden und entsprechende Hilfe- und Beratungsleistungen anbieten. Dabei handelt es sich vorwiegend um Einrichtungen der Wohnungslosen- oder der Drogenhilfe, die auch Straffällige aufnehmen und damit einer häufigen Problemüberschneidung bzw. -kumulation gerecht werden. Manche Träger halten ver-

schiedene Resozialisierungsangebote selbst vor; andere vermitteln Straffällige in externe Hilfeangebote.

Die traditionellen Hilfsangebote der Freien Straffälligenhilfe bestehen im Wesentlichen in der Betreuung der Inhaftierten während der Haft, in der Hilfe zur Vorbereitung der Haftentlassung und in Hilfsangeboten nach der Haftentlassung.

Zunehmend kümmert sich die Freie Straffälligenhilfe aber auch um die Angehörigen Inhaftierter (BAG-S 2010).

Die Freie Straffälligenhilfe arbeitet nach folgenden Grundprinzipien (SKM 1991):

- *Freiwilligkeit und Wahlfreiheit* – Gemeint damit ist, dass der Betroffene selbst entscheidet, ob und welches Hilfsangebot er annimmt.
- *Rechtzeitigkeit* – Die Hilfe soll so früh wie möglich beginnen und so lange wie nötig angeboten werden.
- *Durchgängigkeit* – Die Zuständigkeit für die Hilfe soll möglichst bei derselben Person bzw. demselben Träger liegen, unabhängig von gerade aktuellen Verfahrensabschnitten.
- *Ganzheitlichkeit* – Die Hilfe orientiert sich nicht ausschließlich an einzelnen verfahrenstechnischen Rollen der Betroffenen (Angeschuldigter, Angeklagter, Verurteilter, Inhaftierter). Sie hat darüber hinaus auch das soziale Umfeld des Betroffenen (Partner, Angehörige, Familie) im Blick.
- *Verschwiegenheit* – Die persönliche Beziehung zwischen Helfer(inn)en und Betroffenen als Grundlage der Sozialen Arbeit setzt gegenseitiges Vertrauen voraus. Der Schutz dieser Vertrauensbasis muss gewährleistet sein.

Straffälligenhilfe in den Wohlfahrtsverbänden wird in großer Zahl von ehrenamtlichen Helferinnen und Helfern geleistet. Eine zentrale Aufgabe sieht die Freie Straffälligenhilfe deshalb in der Ausbildung, Beratung und Begleitung ihrer ehrenamtlichen Mitarbeiterinnen und Mitarbeiter.

Die oben schon genannte Katholische Bundes-Arbeitsgemeinschaft für Straffälligenhilfe hat für sich folgende Aufgaben und Ziele benannt:

- Sich für die Belange straffällig gewordener Menschen und ihrer Angehörigen einzusetzen;
- die Interessen ihrer Mitglieder und Mitgliedseinrichtungen auf Bundesebene zu vertreten;
- die Arbeit ihrer Mitglieder zu koordinieren;
- Modelle und Konzeptionen in der Straffälligenhilfe weiter zu entwickeln;
- mit allen in der Straffälligenhilfe tätigen Verbänden, Organisationen und Behörden zu kooperieren;
- den Austausch mit Wissenschaft und Forschung zu suchen;
- die Zusammenarbeit und Vernetzung der Dienste und Einrichtungen auf überregionaler Ebene zu fördern;

- die Öffentlichkeit über die Probleme und Hintergründe von Kriminalität und über die Hilfen für straffällig gewordene Menschen zu informieren (KAGS 2007).

Eine besondere Bedeutung der Freien Straffälligenhilfe liegt in ihrer anwaltschaftlichen Vertretung straffällig gewordener Menschen. Ihre kriminalpolitische Positionierung ist nicht minder wichtig. So hat sich etwa die Bundesarbeitsgemeinschaft für Straffälligenhilfe zur Aufgabe gemacht, die Integration und Resozialisierung von Straffälligen zu fördern und sich sozial- und kriminalpolitisch zu engagieren, um der Diskriminierung und Ausgrenzung Straffälliger entgegenzuwirken und den Beitrag der sozialen Integrationsarbeit der Straffälligenhilfe zur Prävention zu verdeutlichen (BAG-S 1997).

3.2 Jugendgerichtshilfe – Jugendhilfe im Strafverfahren

Wird strafrechtlich gegen Jugendliche oder Heranwachsende ermittelt, ist immer das Jugendamt zu beteiligen.

Nach § 1 Abs. 1 SGB VIII (Kinder- und Jugendhilfegesetz) hat jeder junge Mensch ein Recht auf Förderung seiner Entwicklung und auf Erziehung zu einer eigenverantwortlichen und gemeinschaftsfähigen Persönlichkeit. Um dieses Recht zu gewährleisten, soll die Jugendhilfe junge Menschen in ihrer individuellen und sozialen Entwicklung fördern und dazu beitragen, Benachteiligung zu vermeiden oder abzubauen (§1 Abs. 3 Nr. 1 SGB VIII).

Erstmals wurde die Jugendgerichtshilfe (JGH) im Reichsjugendwohlfahrtsgesetz (1922) und im Reichsjugendgerichtsgesetz (1923) verankert. Historisch war die JGH zunächst völlig auf die gerichtliche Hauptverhandlung ausgerichtet. Die wesentliche Aufgabe sah man darin, den Jugendrichter zu unterstützen. Seit dem Jugendgerichtsgesetz (JGG) von 1953 soll die JGH im Jugendstrafverfahren die »erzieherischen und fürsorgerischen Gesichtspunkte zur Geltung bringen und dabei insbesondere die in § 38 JGG normierten Aufgaben erfüllen« (Trenczek 2009).

§ 38: Jugendgerichtsgesetz

1. Die Jugendgerichtshilfe wird von den Jugendämtern im Zusammenwirken mit den Vereinigungen für Jugendhilfe ausgeübt.
2. Die Vertreter der Jugendgerichtshilfe bringen die erzieherischen, sozialen und fürsorgerischen Gesichtspunkte im Verfahren vor den Jugendgerichten zur Geltung. Sie unterstützen zu diesem Zweck die beteiligten Behörden durch Erforschung der Persönlichkeit, der Entwicklung und der Um-

welt des Beschuldigten und äußern sich zu den Maßnahmen, die zu ergreifen sind. In Haftsachen berichten sie beschleunigt über das Ergebnis ihrer Nachforschung. In die Hauptverhandlung soll der Vertreter der Jugendgerichtsverhandlung entsandt werden, der die Nachforschung angestellt hat. Soweit nicht ein Bewährungshelfer dazu berufen ist, wachen sie darüber, dass der Jugendliche Weisungen und Auflagen nachkommt. Erhebliche Zuwiderhandlung teilen sie dem Richter mit. Im Fall der Unterstellung nach § 10 Abs. 1 Satz 3 Nr. 5 üben sie die Betreuung und Aufsicht aus, wenn der Richter nicht eine andere Person damit betraut. Während der Bewährungszeit arbeiten sie eng mit dem Bewährungshelfer zusammen. Während des Vollzugs bleiben sie mit dem Jugendlichen in Verbindung und nehmen sich seiner Wiedereingliederung in die Gemeinschaft an.
3. Im gesamten Verfahren gegen einen Jugendlichen ist die Jugendgerichtshilfe heranzuziehen. Dies soll so früh wie möglich geschehen. Vor der Erteilung von Weisungen (§ 10) sind die Vertreter der Jugendgerichtshilfe stets zu hören; kommt eine Betreuungsweisung in Betracht, sollen sie sich auch dazu äußern, wer als Betreuungshelfer bestellt werden soll.

Wenn auch die Aufgabe der Jugendgerichtshilfe dem Jugendamt obliegt, kann sie aber auch von einem anerkannten Träger der freien Jugendhilfe übernommen werden. Die rechtliche Grundlage hierzu finden wir in § 52 SGB VIII (Kinder- und Jugendhilfegesetz). In größeren Städten ist die Jugendgerichtshilfe ein eigenständiger Fachdienst, während in Landkreisen die JGH meist eine von vielen Aufgaben des Allgemeinen Sozialen Dienstes ist.

§ 52 SGB VIII: Mitwirkung in Verfahren nach dem Jugendgerichtsgesetz

1. Das Jugendamt hat nach Maßgabe der §§ 38 und 50 Abs. 3 Satz 2 des Jugendgerichtsgesetzes im Verfahren nach dem Jugendgerichtsgesetz mitzuwirken.
2. Das Jugendamt hat frühzeitig zu prüfen, ob für den Jugendlichen oder den jungen Volljährigen Leistungen in der Jugendhilfe in Betracht kommen. Ist dies der Fall oder ist eine geeignete Leistung bereits eingeleitet oder gewährt worden, so hat das Jugendamt den Staatsanwalt oder den Richter umgehend davon zu unterrichten, damit geprüft werden kann, ob die Leistung ein Absehen von der Verfolgung (§ 45 JGG) oder eine Einstellung des Verfahrens (§ 47 JGG) ermöglicht.
3. Der Mitarbeiter des Jugendamtes oder des anerkannten Trägers der freien Jugendhilfe, der nach § 38 abs. 2 Satz 2 des Jugendgerichtsgesetzes tätig wird, soll den Jugendlichen oder den jungen Volljährigen während des gesamten Verfahrens betreuen.

Bis Anfang der 1980er Jahre überwog in der Jugendgerichtshilfe die Hilfe für das Gericht beziehungsweise den Jugendrichter als zentrale Person des Prozesses, sozialpädagogische Aufgaben erschienen nachrangig.

Trenczek (2009) verweist mit Recht darauf, dass die einerseits jugendhilfeorientierte und andererseits jugendstrafrechtliche Aufgabenstellung zwangsläufig zu Konflikten im Aufgaben- und Selbstverständnis der Sozialen Arbeit führt. Die Praxis, so Trenczek, habe sich in weiten Teilen pragmatisch eingerichtet und sich auf die Vorlage von Jugendhilfeberichten, die Wahrnehmung von Gerichtsterminen, die Äußerung von Sanktionsvorschlägen und die Umsetzung gerichtlich angeordneter Weisungen und Auflagen konzentriert.

Das SGB VIII hebt nun die sozialpädagogische Verantwortung der Jugend(gerichts)hilfe hervor. Auch wenn das Jugendamt seine Dienste aus Anlass eines Strafverfahrens anbietet, handelt es sich stets um ein sozialpädagogisch intendiertes Angebot (Trenczek 2009). In dem oben zitierten § 52 Absatz 2 SGB VIII wird das Jugendamt dazu verpflichtet, »frühzeitig zu prüfen, ob für den Jugendlichen oder den jungen Volljährigen Leistungen der Jugendhilfe in Betracht kommen«. Das SGB VIII vermeidet bewusst den Begriff »Jugendgerichtshilfe« und spricht stattdessen von der Mitwirkung der Jugendhilfe im Verfahren nach dem Jugendgerichtsgesetz. Inzwischen wird statt des Begriffes Jugendgerichtshilfe vielfach der Begriff der Jugendhilfe im Strafverfahren verwendet, der das Selbstverständnis der Jugendgerichtshilfe als Teil der Jugendhilfe und als Hilfe für den Jugendlichen und seine Familie besser beschreibt. Die Jugendhilfe hat aus Anlass und während eines Strafverfahrens die Aufgabe, Krisen zu managen, Hilfestellungen zu leisten, Lebenslagen zu verbessern, zu beraten und Wege in die soziale Integration aufzuzeigen. Jugendgerichtshilfe, so Trenczek (2010), ist Aufgabe des Jugendamtes und damit – ungeachtet des strafrechtlichen Verfahrens – eine sozialrechtliche und sozialpädagogisch angelegte Hilfe zugunsten noch in der Entwicklung befindlicher junger Menschen und ihrer Familien. Deshalb besteht die Mitwirkung der Jugendhilfe im jugendstrafrechtlichen Verfahren vor allem darin zu prüfen, ob ein (erzieherischer) Bedarf für Leistungen nach dem SGB VIII besteht, um damit zuvörderst ein strafrechtliches Verfahren bzw. eine entsprechende strafrechtliche Sanktion überflüssig zu machen (Diversion nach §§ 45, 47 JGG). Das Jugendamt muss deshalb frühzeitig, also unverzüglich nach Eingang der ersten Information und vor Anklageerhebung, von Amts wegen prüfen, ob Jugendhilfemaßnahmen in Betracht kommen und diese gegebenenfalls initiieren.

Die Freiburger Jugendgerichtshilfe hat sich konsequenterweise in »Jugendhilfe im Strafverfahren« umbenannt. In der Praxis bedeutet das, dass die Freiburger Jugendhilfe im Strafverfahren neben der bislang klassischen Arbeit der Jugendgerichtshilfe die Aufgaben des Allgemeinen Sozialen Dienstes für die jungen Menschen mit übernimmt, für die sie anlässlich eines Strafverfahrens nun zuständig wurde.

Zusammenfassend lassen sich folgende Aufgaben der Jugendgerichtshilfe beziehungsweise der Jugendhilfe im Strafverfahren benennen (Klier u. a. 2002):

1. Beratung des jungen Menschen bezüglich seiner Rechte im Strafverfahren, der Jugendhilfe und anderer Leistungen, frühzeitige Prüfung des Hilfebedarfes, Vermittlung und Durchführung dieser Hilfen auch zur Vermeidung von (Untersuchungs-) Haft oder zur Vermeidung eines förmlichen Verfahrens (Diversion), Vorbereitung auf die Verhandlung, Einbeziehung der Erziehungsberechtigten und Bezugspersonen in die Beratung.
2. Vertretung der Belange der Jugendhilfe bei Staatsanwaltschaft und Gericht, das heißt Darstellung der persönlichen, familiären und sozialen Gegebenheiten des jungen Menschen unter besonderer Berücksichtigung seiner aktuellen Lebenssituation, Unterbreitung von Jugendhilfeleistungen, Beratung der Justizorgane zur Findung angemessener Reaktionen im Sinne eines Entscheidungsvorschlages.
3. Koordination der sozialpädagogischen Fachkräfte, die im Jugendstrafverfahren tätig sind. Zu diesem Zweck hat sie verschiedene Beteiligungsrechte im gesamten Verfahren (zum Beispiel Informationsrechte, Verkehrs- und Kontaktrechte). Ambulante »Maßnahmen« der Jugendhilfe können wie andere Leistungen der Jugendhilfe auch letztlich nur im Einvernehmen mit der Jugend(gerichts)hilfe durchgeführt werden. Die diesbezügliche fachliche Entscheidung des Jugendamtes kann nicht durch das Urteil ersetzt werden.

3.3 Gerichtshilfe

Die Gerichtshilfe geht in ihrer Entstehungsgeschichte bis in die Weimarer Republik zurück. 1932 existierten bereits über 300 Gerichtshilfestellen (Maelicke/Thier 2009). Gesetzlich verankert wurde sie allerdings erst 1975. Sie scheint besonders angebracht bei Erstbeschuldigten, Jungerwachsenen bis zum 27. Lebensjahr, älteren Beschuldigten, Personen mit psychischen Auffälligkeiten und in allen Fällen, in denen die Verhängung einer freiheitsentziehenden oder ambulanten Sanktion zu erwägen ist (Kreft/Mielenz 1996).

Rechtsgrundlage sind die §§ 160 und 463 d StPO. In § 160 Absatz 3 StPO ist die Möglichkeit der Beauftragung der Gerichtshilfe im Ermittlungsverfahren vorgesehen. Danach kann sich die Staatsanwaltschaft der Gerichtshilfe bedienen, um die Umstände zu ermitteln, die für die Bestimmung der Rechtsfolge der Tat von Bedeutung sind. Die Gerichtshilfe hat also die Aufgabe, für die Staatsanwaltschaft Ermittlungen vorzunehmen, die für die Bestimmung der Sanktionen benötigt werden. Oder wie es Feuerhelm (2011: 31) ausdrückt: »Die Gerichtshilfe berichtet über das persönliche und soziale Umfeld des Beschuldigten, auch über die Folgen der Tat.« Die Gerichtshelfer erforschen also die Persönlichkeit der Beschuldigten, ihre Entwicklung und ihre Umwelt mit dem Ziel, die Umstände festzustellen, die für die Strafzumessung oder die Strafaussetzung zur Bewährung von Bedeutung sind. Sie beschäftigen sich auch mit der Frage, welche Gründe es gewesen sein mögen, dass es zu einem strafbaren Verhalten gekommen ist.

In § 463d StPO sind die Möglichkeiten bestimmt, die Gerichtshilfe im Vollstreckungsverfahren zu beauftragen. Hier heißt es:

> § 463d StPO: Gerichtshilfe
> Zur Vorbereitung der nach den §§ 453 bis 461 zu treffenden Entscheidungen kann sich das Gericht oder die Vollstreckungsbehörde der Gerichtshilfe bedienen; dies kommt insbesondere vor einer Entscheidung über den Widerruf der Strafaussetzung oder der Aussetzung des Strafrestes in Betracht, sofern nicht eine Bewährungshilfe bestellt ist.

Danach kann die Gerichtshilfe zur Vorbereitung von Entscheidungen im Vollstreckungsverfahren herangezogen werden. Hierbei geht um Entscheidungen, die sich auf eine Strafaussetzung zur Bewährung beziehen, um die Frage der Aussetzung der Vollstreckung des Rests einer Freiheitsstrafe zur Bewährung, um Entscheidungen in Gnadenverfahren wie auch um Entscheidungen über die Bewilligung von Strafaufschub, Zahlungserleichterung und die Abwendung von Ersatzfreiheitsstrafe bei Verurteilung zur Geldstrafe durch gemeinnützige Arbeit.

Neben den geschilderten Aufgaben beschäftigt sich die Gerichtshilfe in letzter Zeit auch mit dem Täter-Opfer-Ausgleich. Die Durchführung des Täter-Opfer-Ausgleichs erfolgt dann, wenn ein solcher von der Staatsanwaltschaft oder Gericht als geeignete Maßnahme zur Beendigung des Strafverfahrens oder als Grundlage für ein milderes Urteil angesehen wird.

3.4 Bewährungshilfe

Erstmals taucht die Bewährungshilfe im Reichsjugendgerichtsgesetz von 1923 auf, wonach die Strafaussetzung zur Bewährung mit der Formulierung »damit der Verurteilte sich durch gute Führung während einer Probezeit Straferlasses verdienen kann« auf. Während des Nationalsozialismus wurde diese Möglichkeit wieder abgeschafft (Cornel 2016b). 1953 wurde sie dann im Strafgesetzbuch für Erwachsene und im Jugendgerichtsgesetz neu geschaffen. Rechtsgrundlagen sind im Strafgesetzbuch die §§ 56 ff und §§ 68 ff und im Jugendgerichtsgesetz (JGG) die §§ 22 ff. Das Ziel war, dem Straffälligen durch eine Bewährungsunterstellung zu einem Leben ohne Straftaten zu verhelfen, um so die Vollstreckung eine Freiheitsstrafe zu vermeiden. Als mögliche Auflage war die Unterstellung des straffällig gewordenen Menschen unter einen Bewährungshelfer vorgesehen, dessen Aufgaben hautsächlich aus Überwachung und Kontrolle bestanden. Insbesondere für die Erwachsenen bekamen die Gerichte so die Möglichkeit, neben der Geldstrafe und der Freiheitsstrafe Straftäter(innen) zwar zu einer Freiheitsstrafe bis zu zwei Jahren zu verurteilen, bei günstiger Prognose aber für den/die Täter(in) die Vollstreckung zur Bewährung auszusetzen. Neben der Freiheitsstrafe, die zwei Jahre nicht übersteigt, kann auch eine bereits teilweise verbüßte Gefängnisstrafe vom Gericht zur Bewährung ausgesetzt werden.

Der staatliche Auftrag der Bewährungshilfe für Erwachsene ist im Wesentlichen in § 56 d StGB geregelt. Hier heißt es:

> § 56d StGB: Bewährungshilfe
>
> 1. Das Gericht unterstellt die verurteilte Person für die Dauer oder einen Teil der Bewährungszeit der Aufsicht und Leitung einer Bewährungshelferin oder eines Bewährungshelfers, wenn dies angezeigt ist, um so von Straftaten abzuhalten.
> 2. Eine Weisung nach Absatz 1 erteilt das Gericht in der Regel, wenn es eine Freiheitsstrafe von mehr als neun Monaten aussetzt und die verurteilte Person noch nicht 27 Jahre alt ist.
> 3. Die Bewährungshelferin oder der Bewährungshelfer steht der verurteilten Person helfend und betreuend zur Seite. Sie oder er überwacht im Einvernehmen mit dem Gericht die Erfüllung der Auflagen und Weisungen sowie der Anerbieten und Zusagen und berichtet über die Lebensführung der verurteilten Person in Zeitabständen, die das Gericht bestimmt. Gröblich oder beharrliche Verstöße gegen Auflagen, Weisungen, Anerbieten und Zusagen teilt die Bewährungshelferin oder der Bewährungshelfer dem Gericht mit.
> 4. Die Bewährungshelferin oder der Bewährungshelfer wird vom Gericht bestellt. Es kann der Bewährungshelferin oder dem Bewährungshelfer für die Tätigkeit nach Absatz 3 Anweisungen erteilen.
> 5. Die Tätigkeit der Bewährungshelferin oder des Bewährungshelfers wird haupt- oder ehrenamtlich ausgeübt.

Der gesetzliche Auftrag der Bewährungshilfe bei Jugendlichen und Heranwachsenden lautet nach § 24 JGG wie folgt:

> § 24 JGG: Bewährungshilfe
>
> 1. Der Richter unterstellt den Jugendlichen in der Bewährungszeit für höchstens zwei Jahre der Aufsicht und Leitung eines hauptamtlichen Bewährungshelfers. Er kann ihn auch einem ehrenamtlichen Bewährungshelfer unterstellen, wenn dies aus Gründen der Erziehung zweckmäßig erscheint.
> 2. Der Richter kann eine nach Absatz 1 getroffene Entscheidung vor Ablauf der Unterstellungzeit ändern oder aufheben; er kann auch die Unterstel-

> lung des Jugendlichen in der Bewährungszeit erneut anordnen. Dabei kann das in Absatz 1 Satz 1 bestimmte Höchstmaß überschritten werden.
> 3. Der Bewährungshelfer steht dem Jugendlichen helfend und betreuend zur Seite. Er überwacht im Einvernehmen mit dem Richter die Erfüllung der Weisungen, Auflagen, Zusagen und Anerbieten. Der Bewährungshelfer soll die Erziehung des Jugendlichen fördern und möglichst mit dem Erziehungsberechtigten und dem gesetzlichen Vertreter vertrauensvoll zusammenwirken. Er hat bei der Ausübung seines Amtes das Recht auf Zutritt zu dem Jugendlichen. Er kann vom dem Erziehungsberechtigten, dem gesetzlichen Vertreter, der Schule, dem Ausbildenden Auskunft über die Lebensführung des Jugendlichen verlangen.

Diese Aufgabenzuweisung macht das doppelte Mandat der Bewährungshilfe deutlich. Sie soll Proband(inn)en soziale Hilfe anbieten, soll zugleich aber auch Kontrolle ausüben durch Aufsicht und Leitung des Proband(inn)en, durch Überwachung der Erfüllung von Auflagen und Weisungen sowie Anerbieten und Zusagen und durch Berichterstattung über die Lebensführung der Proband (inn)en. Dass dieses doppelte Mandat nicht aufzulösen ist, sollte der Bewährungshelfer gegenüber seinem Probanden transparent machen.[2]

In der Praxis liegen die Hauptaufgaben gegenüber den Probanden in der Beratung und Vermittlung von Hilfen bei der Sicherstellung des Lebensunterhaltes, von Arbeit und Wohnen und in der persönlichen Hilfe bei psychosozialen Problemen (Grosser/Maelicke 2009a).

Die Aussetzung zur Bewährung ist so zur wichtigsten kriminalpolitischen Alternative zur Freiheitsstrafe geworden. Die Bewährungshilfe und der damit verbundene Resozialisierungsgedanke gewannen an Bedeutung. Dies spiegelt sich auch in der Statistik wieder. 1954 wurden 42.411 Freiheitsstrafen zur Bewährung ausgesetzt. 1980 waren es schon 69.612 (Kerner/Hermann/Bockwoldt 1984. Heute sind bundesweit rund 2500 Bewährungshelfer mit rund 200.000 Probanden tätig (Maelicke 2015). »Die Bewährungshilfe«, so Cornel (2016b: 220) »gehört neben der Jugendhilfe im Strafverfahren durch die Jugendämter, der freien Straffälligenhilfe und der sozialen Arbeit im Justizvollzug zu den wichtigsten Tätigkeitsfeldern sozialarbeiterischer Hilfen im Kontext der Delinquenz.«

Kriminalpolitisch wird zunehmend gefordert, die Bewährungshilfe noch stärker als in der Vergangenheit als ambulante Alternative zum Strafvollzug auszubauen und parallel dazu die Inhaftierungsquoten weiter abzusenken. So können Schäden durch Inhaftierung vermieden und die Vollzugsanstalten vor allem von Tätergruppen mit leichterer oder mittlerer Kriminalität entlastet werden. Nicht zuletzt sprechen auch Kostengründen hierfür (Grosser/Maelicke 2009a).

Die heutigen Organisationen der Institution Bewährungshilfe unterscheidet sich zwischen den einzelnen Bundesländern. Überwiegend sind die Bewährungs-

---

2 Problematik des doppelten Mandats ▶ Kap. 3.6.3.

hilfen dem jeweiligen zuständigen Landgericht zugeordnet. Eine Ausnahme bilden dabei die Stadtstaaten Hamburg und Berlin. So ist die Bewährungshilfe in Hamburg bei der Behörde für Arbeit, Gesundheit und Soziales beim Landessozialamt zugeordnet. In Berlin gehört sie zur Senatsverwaltung für Justiz, Verbraucherschutz und Antidiskriminierung. Baden-Württemberg übergab die Bewährungshilfe, nach der Durchführung eines Pilotprojektes im Jahre 2007, einem privaten Träger – Neustart gemeinnützige GmbH. Das Bundesverwaltungsgericht hat dies durch Beschluss vom 27.11.2014 für unzulässig erachtet. Seit dem 01.01.2017 ist die Bewährungshilfe wieder in staatlicher Hand.

Eine zentrale Problematik in der Praxis der Bewährungshilfe ist die enorm hohe Fallzahl. Der weitgehend übliche Fallschlüssel wird mit 1:80 angegeben (Kawamura-Reindl/Schneider 2015, 181). Neustart ist es in seiner 10-jährigen Arbeit gelungen, den Baden-Württembergischen Durchschnitt von knapp unter 100 auf circa 64 Klienten pro hauptamtlichem Bewährungshelfer zu reduzieren (Neustart 2016). Die kriminalpolitische Forderung, generell von einer Fallzahl von 30 bis 36 Probandinnen und Probanden pro Fachkraft auszugehen, ist damit noch lange nicht erreicht (Kawamura-Reindl/Schneider 2015).

Zentraler Indikator für den Erfolg der Bewährungshilfe ist die Prozentzahl an Bewährungshilfeunterstellungen, welche jährlich – bemessen an der Gesamtzahl beendeter Bewährungshilfeunterstellung – durch Widerruf beendet werden. Widerrufe werden von Richtern wegen neuer Straftaten oder bei erheblichen Verstößen gegen Auflagen und Weisungen ausgesprochen. In der Regel führt der Widerruf zur Inhaftierung der rückfälligen Straftäter(innen).

Nach Neustart (2016) hat sich in Baden-Württemberg die Anzahl von Widerrufen in den Jahren 2004 bis 2015 um 456 auf 1.666 (Stand: 31.12.2015) reduziert: Die Widerrufsquote verringerte sich damit von 21,5 Prozent (Stand: 31.12.2004) auf 18,1 Prozent (Stand 31.12.2015).

Wenn auch Neustart heute nicht mehr am Start ist, so kommt Peter Reckling (2016) dennoch zu der Aussage, dass die Übertragung der Bewährungs- und Gerichtshilfe auf einen freien Träger den Reformprozess der Bewährungshilfe forciert hat. Die konsequente Einführung der Einbeziehung von Ehrenamtlichen in die Arbeit der Bewährungshilfe war eines ihrer Hauptanliegen, das Neustart erfolgreich umgesetzt hat. Ein weiterer Schritt war die Verbesserung der Betreuung von Haftentlassenen. Hier hat Neustart gemeinsam mit Sozialarbeitern des Justizvollzugs ein Konzept erarbeitet, das geeignet ist, schon frühzeitig eine Betreuungsaufnahme zu ermöglichen. So soll etwa das erste Treffen von Klient und Bewährungshelfer schon in der Anstalt erfolgen. Dem Bewährungshelfer sollen schon vor der Entlassung betreuungsrelevante Informationen vorliegen.

Die Bewährungshilfe, so Albrecht (2000: 16), hat »in entscheidendem Maße dazu beigetragen, in modernen Industriegesellschaften die Überzeugung zu festigen, dass es möglich ist, auf Straftaten und Straftäter(innen) auch ohne Gefängnis zu reagieren« und zwar ohne dass die Anzahl der Straftaten oder der Rückfälle angestiegen wäre. Damit ist sie nicht nur eine wahrscheinlich effektivere und deutlich kostengünstigere, sondern auch eine humanere Alternative zum Strafvollzug (vgl. Reindl-Kawamura/Schneider 2015).

3.5 Führungsaufsicht

Führungsaufsicht ist nach deutschem Strafrecht eine Maßregel der Besserung und Sicherung (vgl. § 61 StGB). Die Führungsaufsicht zählt zu den nicht freiheitsentziehenden Maßregeln der Besserung und Sicherung. Die Rechtsgrundlagen für die Führungsaufsicht sind geregelt in den §§ 68 bis 68 g StGB.

Bei bestimmten Straftaten kann das Gericht nach § 68 StGB zusätzlich zu einer Freiheitsstrafe von mehr als sechs Monate die Führungsaufsicht anordnen, wenn die Gefahr besteht, dass der Täter/die Täterin weitere Straftaten begehen würde.

> § 68a StGB: Aufsichtsstelle, Bewährungshilfe, forensische Ambulanz
>
> 1. Der Verurteilte untersteht einer Aufsichtsstelle; das Gericht bestellt ihm für die Dauer der Führungsaufsicht eine Bewährungshelferin oder einen Bewährungshelfer.
> 2. Die Bewährungshelferin oder der Bewährungshelfer und die Aufsichtsstelle stehen im Einvernehmen miteinander der verurteilten Person helfend und betreuend zur Seite.
> 3. Die Aufsichtsstelle überwacht im Einvernehmen mit dem Gericht und mit Unterstützung der Bewährungshelferin oder des Bewährungshelfers das Verhalten der verurteilten Person und die Erfüllung der Weisungen.
> 4. (...)

Die Dauer der Führungsaufsicht beträgt mindestens zwei und höchstens fünf Jahre. Sie ist in diesem Rahmen unbestimmt, endet aber spätestens mit Ablauf der Höchstfrist.

Die Führungsaufsicht ist konzeptionell gedacht als eine gesteigerte Form der ambulanten Behandlung, eine nachträgliche Betreuung nach dem Maßregel- und Strafvollzug (Grosser/Maelicke 2009b, 192). Sie wird dann angeordnet, wenn die Wiedereingliederung der Täter nach ihrer Entlassung aus dem Vollzug gefährdet und in besonderem Maß ambulante kontrollierende Begleitung und Unterstützung erforderlich erscheint. »In der Regel«, so Maelicke (2015) »betrifft das gefährliche Vollverbüßer, die mit schlechter Sozialprognose mit Endstrafe entlassen werden, oder Täter, die wegen seelischen Störungen rückfallgefährdet sind.« Nach Kawamura-Reindl und Schneider (2015) zeichnen sich unter Führungsaufsicht stehende Probandinnen und Probanden gegenüber der »nur unter Bewährungsaufsicht« stehenden Klientel tendenziell durch eine ungünstige Legalprognose, mehrfach strafrechtliche Vorbelastungen sowie bisweilen massive Problembelastungen und bzw. oder Persönlichkeitsstörungen aus. Ähnlich der Bewährungshilfe soll die Führungsaufsicht dem Gedanken der Resozialisierung Rechnung tragen, die Probanden bei ihrer Lebensführung unterstützen und bei einer relevanten negativen Sozialentwicklung rechtzeitig erforderliche Maßnahmen zur Gefahrenabwehr ergreifen.

Während die Führungsaufsichtsstellen unter Leitung einer Richterin bzw. eines Richters überwiegend den jeweiligen Landgerichten angegliedert sind und die kontrollierenden und überwachenden Aufgaben übernehmen, werden die betreuenden Aufgaben von der Bewährungshilfe in Zusammenarbeit mit der Führungsaufsichtsstelle geleistet (Kawamura-Reindl/Schneider 2015).

Die Fallzahlen der Führungsaufsicht haben sich, so Maelicke (2015), in den letzten Jahren mehr als verdoppelt – von bundesweit rund 15.000 auf rund 35.000 Fälle. Im Gegensatz zur Bewährungshilfe liegt der Schwerpunkt der Führungsaufsicht in der Kontrolle der Weisungen. Hierzu zählen die Überwachung der gerichtlichen Auflagen, zum Beispiel Vorsprachen zu festgelegten Zeiten, verschärfte Meldepflicht bei der Polizei, Verpflichtung zur Psychotherapie oder Drogentherapie (Kawamura-Reindl/Schneider 2015). Bei einem Verstoß gegen diese Weisungen kann ein erneuter Strafantrag gestellt werden, was eine Freiheitsstrafe bis zu drei Jahren oder Geldstrafe nach sich ziehen kann. Dem Bewährungshelfer stellen sich bei der Führungsaufsicht für einen Teil der Probanden, insbesondere bei denen, die die Strafe voll verbüßt haben, die gleichen Aufgaben wie bei den vorzeitig aus Freiheitsentzug Entlassenen. Es handelt sich dabei um die gleichen Problemlagen wie etwa Arbeitslosigkeit, Wohnungslosigkeit, ungesicherter Lebensunterhalt, Verschuldung, soziale Isolation (Grosser/Maelicke 2009b).

Der Erfolg der Führungsaufsicht hängt, nach Kawamura-Reindl und Schneider (2015), ganz wesentlich davon ab, wie die inhaltliche Ausgestaltung der Zusammenarbeit zwischen Bewährungshilfe und Führungsaufsichtsstelle, aber auch von der Kooperation mit dem aufsichtsführenden Gericht sowie anderen Fachdisziplinen und Institutionen wie zum Beispiel dem Maßregel- und Strafvollzug, den forensischen Ambulanzen, Suchtberatungsstellen, Therapieeinrichtungen sowie Strafverfolgungsbehörden ab. Wenngleich die Beteiligung der Bewährungshilfe an der Führungsaufsicht als positiv bewertet wird, ist dennoch auf die hohe Fallbelastung der Bewährungshelferinnen und Bewährungsheltern zu verweisen. Wie schon im vorangegangenen Kapitel »Bewährungshilfe« ausgeführt, ist von einem Fallschlüssel von 1:80 auszugehen. Kawamura-Reindl und Schneider (2015) gehen einer Untersuchung von Baur und Kinzig folgend, davon aus, dass bei einem Fallschlüssel von 1:75 Probanden rund 20 Probanden einer Führungsaufsicht unterliegen.

Maelicke (2015) sieht in der Führungsaufsicht bei gefährlichen und gefährdeten Straftätern eine kriminalpolitische Schwerpunktsetzung, die dem wohlverstandenen Sicherheitsinteresse der Bürger entspricht. Ein massiver Kritikpunkt am Modell der Führungsaufsicht sieht er aber in der viel zu hohen Fallzahl, die Bewährungshelfer(inne)n eine umfassende Kontrolle der gerichtlich angeordneten Weisungen nicht erlaubt. Rückfälle, so Maelicke, könnten wesentlich reduziert werden, wenn die organisatorischen und personellen Rahmenbedingungen der Führungsaufsicht verändert würden.

3.6 Soziale Hilfen im Strafvollzug

Die soziale Hilfe im Strafvollzug, deren Anfänge auf die Einstellung hauptamtlicher Anstaltsfürsorger in der Weimarer Republik zurückgehen, hat mit Inkrafttreten des Strafvollzugsgesetztes (StVollzG) im Jahre 1977 eine rechtliche Grundlage erhalten. Mit dem StVollzG trat eine grundlegende Reform in Kraft. Als Vollzugsziel wurde von nun an die Resozialisierung in den Mittelpunkt gestellt. Der bisherige Verwahrvollzug sollte sich zum Behandlungsvollzug entwickeln. Im Jahre 2006 sind im Rahmen der Föderalismusreform die den Strafvollzug betreffende Gesetzgebungskompetenz auf die Bundesländer übergegangen. In den weiteren Ausführungen beziehen wir uns auf das Strafvollzugsgesetz Baden-Württemberg und hier auf den Strafvollzug für Erwachsene »Gesetzbuch über den Justizvollzug in Baden-Württemberg Buch 3 (JVollzGB III BW)«. Der Jugendstrafvollzug, auf den wir an dieser Stelle nicht näher eingehen, ist im Buch 4 geregelt.

Wichtige Aspekte zur Gestaltung des Vollzugs sind in den §§ 1 und 2 des JVollzGB III BW festgelegt:

> § 1 JVollzGB III: Vollzugsziel
> Im Vollzug der Freiheitsstrafe sollen die Gefangenen fähig werden, künftig in sozialer Verantwortung ein Leben ohne Straftaten zu führen.

Um dieses Ziel, »künftig in sozialer Verantwortung ein Leben ohne Straftaten zu führen«, zu erreichen, sind in § 2 die Behandlungsgrundsätze des Strafvollzugs und § 3 die Stellung des Gefangenen festgelegt:

> § 2 JVollzGB III: Behandlungsgrundsätze
>
> 1. Die Gefangenen sind unter Achtung ihrer Grund- und Menschenrechte zu behandeln. Niemand darf unmenschlicher oder erniedrigender Behandlung unterworfen werden.
> 2. Das Leben im Vollzug soll den allgemeinen Lebensverhältnissen soweit wie möglich angeglichen werden.
> 3. Schädlichen Folgen des Freiheitsentzugs ist entgegenzuwirken. Die Gefangenen sind vor Übergriffe zu schützen.
> 4. Der Vollzug ist darauf auszurichten, dass er den Gefangenen hilft, sich in das Leben in Freiheit einzugliedern.
> 5. Zur Erreichung des Vollzugsziels sollen die Einsicht in die dem Opfer zugefügten Tatfolgen geweckt und geeignete Maßnahmen zum Ausgleich angestrebt werden.
> 6. Bei der Gestaltung des Vollzugs und bei allen Einzelmaßnahmen werden die unterschiedlichen Lebenslagen und Bedürfnisse der weiblichen und männlichen Gefangenen berücksichtigt.

3.6 Soziale Hilfen im Strafvollzug

§ 3 JVollzGB III: Stellung des Gefangenen

1. Die Gefangenen wirken an ihrer Behandlung und an der Erreichung des Vollzugsziels mit. Ihre Bereitschaft hierzu ist zu wecken und zu fördern.
2. Soweit das Gesetz eine besondere Regelung nicht enthält, dürfen den Gefangenen nur Beschränkungen auferlegt werden, die zur Aufrechterhaltung der Sicherheit oder zur Abwendung einer schwerwiegenden Störung der Ordnung der Justizvollzugsanstalten untersagt.

Unter der Überschrift »Soziale Hilfe« werden im JVollzGB III BW Aspekte genannt, die durchaus als Aufgabenbestimmung der Sozialen Arbeit verstanden werden:

§ 40 JVollzGB III: Grundsatz
Die soziale Hilfe der Justizvollzugsanstalt soll darauf ausgerichtet sein, die Gefangenen in die Lage zu versetzen, ihre persönlichen Angelegenheiten selbst zu regeln.

§ 41 JVollzGB III: Hilfe während des Vollzugs

1. Bei Aufnahme wird den Gefangenen geholfen, die notwendigen Maßnahmen für hilfsbedürftige Angehörige zu veranlassen und ihre Habe außerhalb der Justizvollzuganstalt sicherzustellen.
2. Gefangenen ist eine Beratung in für sie bedeutsamen rechtlichen und sozialen Fragestellungen zu ermöglichen. Ihnen ist zu helfen, für Unterhaltsberechtigte zu sorgen, Schulden zu regulieren und den durch die Straftat verursachten Schaden zu regeln. Die Beratung soll hierbei auch die Benennung von Stellen und Einrichtungen außerhalb der Justizvollzugsanstalt umfassen.
3. Auf Grund der Behandlungsuntersuchung oder auf Wunsch können suchtgefährdete oder süchtige Gefangene Suchtberatung und Vermittlung in Therapieeinrichtungen des Justizvollzugs oder andere Träger erhalten.

Über die hier genannten gesetzlichen Bestimmungen der Hilfen während des Vollzugs hinaus werden in den §§ 87, 88, 89, 90 und 91 die Entlassungsvorbereitung, die Entlassung und Nachsorge geregelt.
Von entscheidender Bedeutung ist der § 87, der die Zusammenarbeit mit Dritten anspricht. Wörtlich heißt es dort:

§ 87 JVollzGB III: Zusammenarbeit mit Dritten
Die Justizvollzugsanstalt arbeitet frühzeitig vor der voraussichtlichen Entlassung einer oder eines Gefangenen mit Institutionen und Personen, namentlich der Bewährungshilfe zusammen, um ihr oder ihm insbesondere Ar-

> beit, eine Wohnung und ein soziales Umfeld für die Zeit nach der Entlassung zu vermitteln und um es zu ermöglichen, eine im Vollzug begonnene Behandlung fortzusetzen.

Sozialarbeiterinnen und Sozialarbeiter leisten, wie oben im Gesetz beschrieben, Hilfe bei der Aufnahme, Hilfe während des Vollzugs und Hilfen zur Entlassung. Alle Hilfen sollen darauf ausgerichtet sein, die Gefangenen zu einem straffreien Leben zu führen. Cornel (2009a) weist aber darauf hin, dass die Sozialarbeiterinnen und Sozialarbeiter auch Funktionen und Aufgaben haben, die über die Soziale Arbeit hinausgehen. »Soweit Sozialarbeiterinnen und Sozialarbeiter spezifische Kontrollaufgaben erfüllen«, so Cornel (2009a: 310), »und an anderen strafvollzugsspezifischen Aufgabenerfüllung mitwirken – was in gleicher Weise für Ärzte, Lehrer und Psychologen gilt – sollen sie das den Gefangenen gegenüber transparent machen«. »Das gilt auch«, so Cornel weiter, »für diagnostische Aufgaben, Berichte und Entscheidungen, in die nicht allein ihre fachliche Kompetenz fließt.«

3.6.1 Strafvollzug als totale Institution

Goffman verdanken wir eine differenzierte Auseinandersetzung mit totalen Institutionen, wie dem Strafvollzug, und ihren Auswirkungen auf die Identität der Insassen.

3.6.1.1 Definition

»Soziale Einrichtungen – in der Alltagssprache Anstalten (institutions) genannt – sind Räume, Wohnungen, Gebäude oder Betriebe, in denen regelmäßig eine bestimmte Tätigkeit ausgeübt wird« (Goffman 1973: 15). Dabei sind alle Institutionen dazu geneigt, allumfassend zu sein: »Jede Institution nimmt einen Teil der Zeit und der Interessen ihrer Mitglieder in Anspruch und stellt für sie eine Art Welt für sich dar« (Goffman 1973: 15). Nun gibt es jedoch Institutionen, die komplett allumfassend, die sowohl Wohn- und Lebensgemeinschaften als auch formale Organisationen sind (vgl. Goffman 1973). Diese »sozialen Zwitter« (Goffman 1973: 23) nennt Goffman totale Institutionen.

> »Eine totale Institution lässt sich als Wohn- und Arbeitsstätte einer Vielzahl ähnlich gestellter Individuen definieren, die für längere Zeit von der übrigen Gesellschaft abgeschnitten sind und miteinander ein abgeschlossenes, formal reglementiertes Leben führen« (Goffman 1973: 11).

Der soziale Verkehr mit der Außenwelt sowie die Freizügigkeit ihrer Mitglieder unterliegen in totalen Institutionen enormer Beschränkungen. Oftmals werden jene Institutionen durch Mauern, verschlossene Tore, Wasser etc. bewusst und offensichtlich von der übrigen Gesellschaft getrennt (vgl. Goffman 1973).

3.6.1.2 Gruppen totaler Institutionen

Goffman unterscheidet fünf Gruppen von totalen Institutionen:

- totale Institutionen mit dem Ziel der Fürsorge für Menschen, die als unselbstständig und harmlos gelten (z. B. Blindenheime, Altersheime);
- totale Institutionen mit dem Ziel der Fürsorge für Menschen, die als unselbstständig gelten und eine (unbeabsichtigte) Bedrohung der Gemeinschaft darstellen (z. B. Tuberkulose-Sanatorien, Irrenhäuser);
- totale Institutionen mit dem Ziel des Schutzes der Gemeinschaft vor (beabsichtigten) Gefahren, bei denen Fürsorge nicht im Fokus steht (z. B. Gefängnisse, Konzentrationslager);
- totale Institutionen anlässlich instrumenteller Gründe mit dem Ziel, bestimmte Aufgaben besser durchführen zu können (z. B. Kasernen, Internate);
- totale Institutionen, die Zufluchtsorte und religiöse Ausbildungsstätten darstellen (z. B. Klöster, Abteien) (vgl. Goffman 1973).

3.6.1.3 Merkmale totaler Institutionen

Alle totalen Institutionen weisen folgende Merkmale auf:

> »1. Alle Angelegenheiten des Lebens finden an ein und derselben Stelle, unter ein und derselben Autorität statt.
> 2. Die Mitglieder der Institution führen alle Phasen ihrer täglichen Arbeit in unmittelbarer Gesellschaft einer großen Gruppe von Schicksalsgenossen aus, wobei allen die gleiche Behandlung zuteil wird und alle die gleiche Tätigkeit gemeinsam verrichten müssen.
> 3. Alle Phasen des Arbeitstages sind exakt geplant, eine geht zu einem vorher bestimmten Zeitpunkt in die nächste über, und die ganze Folge der Tätigkeiten wird von oben durch ein System expliziter formaler Regeln und durch einen Stab von Funktionären vorgeschrieben.
> 4. Die verschiedenen erzwungenen Tätigkeiten werden in einem einzigen rationalen Plan vereinigt, der angeblich dazu dient, die offiziellen Ziele der Institution zu erreichen« (Goffman 1973: 17).

Diese vier zentralen Merkmale totaler Institutionen lassen die Folgerung zu, dass innerhalb einer totalen Institution eine klare, formell vorgeschriebene Trennung zwischen Insassen und Aufsichtspersonal besteht. Eine derartige soziale Distanz begünstigt das Entstehen jeweils feindseliger Stereotypien. Die Insassen werden einer extremen Überwachung durch das Aufsichtspersonal ausgesetzt: Jeder Insasse hat dem Folge zu leisten, was ihm vom Aufsichtspersonal befohlen wurde. Auch ist das Aufsichtspersonal im Besitz von Informationen, welche den Insassen jedoch vorenthalten werden. Dies verstärkt sowohl die Kontrolle über die Insassen als auch die Distanz zu ihnen (vgl. Goffman 1973).

3.6.1.4 Insassen totaler Institutionen

Im Folgenden wird darauf eingegangen, was ein Leben in einer totalen Institution aus Sicht der Insassen bedeutet.

»Sie [totale Institutionen] sind die Treibhäuser, in denen unsere Gesellschaft versucht, den Charakter von Menschen zu verändern. Jede dieser Anstalten ist ein natürliches Experiment, welches beweist, was mit dem Ich des Menschen angestellt werden kann« (Goffman 1973: 23).

Jeder Mensch wird im Laufe seines Lebens durch sein Umfeld, seine Mitmenschen und seine Erfahrungen geprägt. Er entwickelt eine eigene subjektive »Kultur« im Sinne einer eigenen Lebensweise sowie eine eigene Persönlichkeit. Dies ermöglicht es dem Menschen, mit den Widrigkeiten des Lebens umgehen zu können. Befindet sich ein Mensch nun aber in einer totalen Institution, sprich ist der Mensch ein Insasse, dann prasselt auf ihn eine ganz andere Kultur ein. Diese andere Kultur ist geprägt von den Merkmalen einer totalen Institution und den sich daraus ergebenden Umständen. Es entsteht beim Insassen ein enormes Spannungsverhältnis zwischen der Kultur »draußen« und der Kultur »drinnen« (vgl. Goffman 1973). Eine derartige Insassenkultur lässt sich in Bezug auf die totale Institution Justizvollzugsanstalt auch als Gefangenensubkultur bezeichnen.

Innerhalb einer totalen Institution spielen sowohl direkte als auch weniger direkte Angriffe auf das Selbst der Insassen eine immense Rolle.

a) Direkte Angriffe auf das Selbst

Unter direkten Angriffen auf das Selbst werden Erniedrigungen, Degradierungen, Demütigungen und Entwürdigungen des Ichs verstanden. Diese geschehen systematisch, wenn auch zum Teil vom Aufsichtspersonal unbeabsichtigt (vgl. Goffman 1973).

Von großer Bedeutung ist hier der Umstand, dass der Insasse rund um die Uhr von der Welt »draußen« getrennt ist. Diese Trennung oder Schranke stellt eine extreme Beschränkung des Selbst dar. Schließlich bekommt der Insasse innerhalb der totalen Institution die Rolle des Insassen zugewiesen; einstige Rollen, die der Insasse »draußen« innehatte (die Rolle des Ehemannes, des Vaters, des Vereinsmitglieds etc.) werden in den Hintergrund gedrängt. Neben diesem Rollenverlust stirbt der Insasse einen so genannten »bürgerlichen Tod«. Dies bedeutet, dass er über eine gewisse Zeit hinweg oder aber für immer bestimmte Rechte aberkannt bekommt (über Geld verfügen, Schecks ausschreiben etc.) (vgl. Goffman 1973).

Bereits zu Beginn wird der Neuankömmling zu einem Objekt gemacht, das in der totalen Institution problemlos gehandhabt werden kann. Dies geschieht durch diverse Aufnahmeprozeduren, welche einen Akt des Ent- und Bekleidens darstellen: Der Insasse muss seine Fingerabdrücke abgeben, sich entblößen zur Leibesvisitation, seine Habseligkeiten werden abgenommen und eingelagert; stattdessen bekommt er standardisierte, uniforme Ersatzstücke zugewiesen. Zudem kommt es zum Verlust des vollen Eigennamens, was eine extreme Verstümmelung des Selbst darstellen kann (vgl. Goffman 1973).

Ebenfalls sind bereits zu Beginn oftmals »Gehorsamstests« an der Tagesordnung. Dadurch soll der Insasse von Anfang an zur Kooperation mit dem Aufsichtspersonal gebracht werden. Wenn sich ein Insasse nicht fügt, dann hat er solange mit Bestrafungen zu rechnen, bis er sich schließlich unterwirft (vgl. Goffman 1973).

Der Insasse verliert das Gefühl der Sicherheit. Er fürchtet, körperliche Gewalt nicht nur seitens seiner Mitinsassen, sondern auch seitens des Aufsichtspersonals erleiden zu müssen (vgl. Goffman 1973).

Eine Art der Demütigung sind diverse vom Aufsichtspersonal erzwungene Ehrerbietungen. Der Insasse kann gezwungen werden, bestimmte Bewegungen, Haltungen und Stellungen einzunehmen, die ein niedriges Eigenbild darstellen. Auch hat der Insasse um jede Kleinigkeit, beispielsweise die Erlaubnis, telefonieren zu dürfen, zu bitten (vgl. Goffman 1973).

Eine weitere Art der Entwürdigung ist die Tatsache, dass der Insasse niemals völlig alleine sein kann. Denn selbst, wenn er einzeln untergebracht ist, ist er doch stets in Hör- oder Sichtweite von anderen Menschen (vgl. Goffman 1973).

Verschiedenste Arten der Verunreinigung stellen weitere direkte Angriffe auf das Selbst dar. So herrscht eventuell der Zwang, Medikamente einnehmen bzw. Nahrung zu sich nehmen zu müssen. Bei Nichtbefolgung hat der Insasse mit intravenöser Medikamentengabe bzw. zwangsweiser Fütterung zu rechnen. Auch Klagen über unsauberes Essen, unsaubere Badegelegenheiten, schmutzige Handtücher etc. zählen zu physischen Verunreinigungen (vgl. Goffman 1973). »Wenn die Verunreinigung von einem anderen Menschen verursacht wird, so wird der Insasse zusätzlich durch einen erzwungenen zwischenmenschlichen Kontakt und folglich durch eine erzwungene soziale Beziehung besudelt.« (Goffman 1973: 37) Dies ist beispielsweise bei der Aufnahmeprozedur der Fall: Die persönliche Habe wird befingert, der Insasse wird durchsucht (bis hin zur Rektaluntersuchung). Auch während des Aufenthalts hat der Insasse immer wieder mit Durchsuchungen seines Körpers oder seiner Schlafstelle zu rechnen. Er ist also jederzeit einer möglichen Verletzung seiner Privatsphäre ausgesetzt. Eine weitere Verunreinigung kann für den Insassen der erzwungene Kontakt mit Mitinsassen sein, die er eigentlich ablehnt (z. B. gemeinsame Unterbringung von Insassen unterschiedlicher Ethnie). Des Weiteren stellen das Lesen der persönlichen Post und der öffentliche Charakter der Besuche eine verunreinigende Bloßstellung dar. Schließlich betritt hierbei ein Außenstehender die eigentlich intime Beziehung zwischen Insasse und Bezugsperson (vgl. Goffman 1973).

b) Weniger direkte Angriffe auf das Selbst

Neben all den oben genannten direkten Angriffen auf das Selbst der Insassen lassen sich in totalen Institutionen auch weniger direkte Angriffe auf das Selbst bzw. weniger direkte Demütigungen erkennen. Diese beschreibt Goffman als

»Zerstörung des formellen Verhältnisses zwischen dem handelnden Individuum und seinen Handlungen« (Goffman 1973: 43).

Eine jener Formen dieser Zerstörung ist das so genannte »Looping« (Rückkoppelung im Regelkreis): Beim Insassen werden aufgrund des Verhaltens des Personals Abwehrreaktionen hervorgerufen. Als nächstes richtet das Personal weitere Angriffe gerade gegen diese Abwehrreaktionen. Zu bedenken ist hierbei, dass sich der Insasse nicht, wie »draußen« üblich, zur Wehr setzen kann, indem er sich der Situation einfach entzieht. So kommt es, dass er sich gegenüber demütigenden Forderungen des Personals zwar wehrhaft verhält (Verstocktheit, Auflehnung etc.), jedoch diese Reaktionen wiederum Anlass für weitere Bestrafungen sind. Des Weiteren führt die Vermischung aller Lebensbereiche zum Effekt des »Loopings«. Im Leben »draußen« werden unterschiedliche Rollen (Arbeitnehmer, Vereinsmitglied etc.) und Zeugen (Arbeits-, Vereinskollegen etc.) voneinander getrennt. Dies ist in totalen Situationen aber nicht der Fall. Hier kann das Verhalten des Insassen in einer bestimmten Situation ihm in einem ganz anderen Kontext erneut vorgeworfen werden (vgl. Goffman 1973).

Eine weitere »Zerstörung des formellen Verhältnisses zwischen dem handelnden Individuum und seinen Handlungen« (Goffman 1973: 43) lässt sich vage als Reglementierung und Tyrannei beschreiben: »Draußen« steht die Richtigkeit der Handlungen eines erwachsenen Menschen nur in bestimmten Situationen zur Diskussion (z. B. am Arbeitsplatz). Er muss nicht ständig Angst haben, kritisiert oder sanktioniert zu werden. Das Leben als Insasse hingegen ist geprägt von etlichen Vorschriften, die es zu befolgen gilt. Bei Nichteinhaltung dieser Vorschriften drohen dem Insassen Sanktionen und Reglementierungen. Aufgrund der vielen Vorschriften und Bestimmungen wird dem Insassen die Möglichkeit genommen, seinen Bedürfnissen uneingeschränkt nachzugehen. Beispielsweise muss er auch bei geringfügigen Handlungen erst um Erlaubnis bzw. um Material bitten (telefonieren, Brief aufgeben, sich rasieren etc.). Es kommt zu einer massiven Verletzung seiner Selbstbestimmung und Handlungsfreiheit. Auch wird der Insasse in eine unterwürfige, demütige Rolle versetzt. Dadurch, dass der Insasse oftmals auf die Genehmigung seitens des Personals angewiesen ist, hat das Personal zudem die Gelegenheit, das Handeln des Insassen immer wieder zu unterbrechen (vgl. Goffman 1973).

Die obigen Ausführungen haben die diversen Formen der Angriffe auf das Selbst bzw. der Demütigungen und Entwürdigungen des Ichs verdeutlicht. Dabei ist festzuhalten, dass diese sehr häufig folgendem Zweck dienen: Eine Vielzahl von Menschen soll auf beengtem Raum mit geringem Aufwand an Mittel überwacht werden (vgl. Goffman 1973).

c) Privilegiensystem

Nachdem die Bindung an das bürgerliche Selbst enorm beschädigt wurde, soll ein für totale Institutionen typisches Privilegiensystem der persönlichen Reintegration dienen. Dabei können drei Elemente des Privilegiensystems ausgemacht werden:

- »Hausordnung« (diverse Vorschriften, Regeln, Verordnungen): Der Insasse soll sich und sein jetziges Leben an der Hausordnung orientieren.
- Privilegien (bei Gehorsam): Der Insasse kann sich Vergünstigungen verdienen. Nicht zu vergessen ist, dass diese Vergünstigungen »draußen« als selbstverständlich angesehen werden. Das Wiedererlangen solcher Vergünstigungen scheint einen reintegrativen Effekt auf den Insassen zu haben, er stellt eine Verbindung mit etwas Verlorenem von »draußen« wieder her.
- Strafen (bei Verstöße): Zum Teil werden dem Insassen zeitweilig oder dauernd zuvor verdiente Privilegien wieder entzogen.

Wie bereits erwähnt, ist die Anwendung von Privilegien und Strafen typisch für totale Institutionen. Im bürgerlichen Leben »draußen« findet sich ein Privilegiensystem in dieser Form nicht. Innerhalb einer totalen Institution dient es dazu, die Insassen zur Kooperation zu veranlassen, auch wenn sie im Grunde wenig Anlass dazu haben (vgl. Goffman 1973).

Dies lässt sich auch als primäre Anpassung an eine Organisation bezeichnen: Das bedeutet kurz gesagt, der Mensch verhält sich – unterstützt durch das Verheißen von Belohnungen und das Androhen von Bestrafungen – kooperativ gegenüber der Organisation. Er ist und tut das, was von ihm seitens der Organisation verlangt wird (vgl. Goffman 1973).

d) Sekundäre Anpassung

Nun ist es jedoch so, dass innerhalb einer totalen Institution der so genannten sekundären Anpassung eine viel größere Bedeutung zukommt. Goffman versteht unter diesem Begriff

> »ein Verhalten, bei welchem das Mitglied einer Organisation unerlaubte Mittel anwendet oder unerlaubte Ziele verfolgt, oder beides tut, um auf diese Weise die Erwartungen der Organisation hinsichtlich dessen, was er tun sollte und folglich was er sein sollte, zu umgehen. Sekundäre Anpassung stellt eine Möglichkeit dar, wie das Individuum sich der Rolle und dem Selbst entziehen kann, welche die Institution für es für verbindlich hält« (Goffman 1973: 185).

Als Beispiele für sekundäre Anpassung seien folgende genannt:

- verbotene Genüsse bzw. erlaubte Genüsse auf verbotene Art und Weise erlangen (Alkohol selbst herstellen, Suchtmittel schmuggeln etc.),
- kollektives Hänseln des Personals (Rufen von Parolen, Trommeln auf Geschirr, Auspfeifen etc.).

Mithilfe der sekundären Anpassungsmechanismen gewinnt der Insasse das Gefühl einer gewissen Kontrolle über sein Leben zurück. Solch ein Gefühl der Selbstbestimmung ist gerade in totalen Institutionen, in denen das Leben der Insassen zumeist fremdbestimmt ist, von enormer Bedeutung. Das Vorhandensein sekundärer Anpassungsmechanismen deutet zudem auf das Vorhandensein informeller sozialer Kontrolle unter den Insassen hin. Dieser informellen sozialen Kontrolle ist es beispielsweise zu verdanken, dass die sekundäre Anpassung eines Insassen nicht von einem anderen Insassen dem Aufsichtspersonal gemeldet wird. Natürlich gibt es hierbei unter den Insassen verschiedene soziale Typologien, wie den »Petzer«, den »Kriecher«, den »anständigen Kerl« etc. Ebenfalls begründet durch sekundäre Anpassungsmechanismen kommt es zur Bildung einer rudimentären, weitgehend informellen Schichtung unter den Insassen. Diese Schichtung existiert aufgrund der unterschiedlichen Verfügung über Schwarzhandelsgüter (vgl. Goffman 1973).

e) Fraternisation

Typisch für totale Institutionen ist die Fraternisation unter den Insassen. Aufgrund des gemeinsamen Gefühls, ungerecht behandelt zu werden, tun sie sich zu einer Schicksalsgemeinschaft zusammen und bilden eine Gegenkultur gegen das System. Daneben entstehen noch andere differenzierte Bindungen, wie beispielsweise eine gewisse Solidarität auf klar begrenztem Gebiet (eine Station/Baracke) oder Cliquenbildung. Jedoch ist die totale Institution mitunter bemüht, derartige Bildungen von Primärgruppen zu untergraben. Die Solidarität dieser Gruppen fürchtet sie nämlich als Nährboden verbotener Handlungen (vgl. Goffman 1973).

f) Bewältigungsstrategien

Die vielerlei Demütigungsprozesse (Angriffe auf das Selbst) und das strikte Privilegiensystem stellen für den Insassen außergewöhnliche Lebensbedingungen dar. Um mit diesen Bedingungen fertig zu werden, gibt es laut Goffman fünf verschiedene Bewältigungsstrategien:

- »Rückzug aus der Situation«: Der Insasse zeigt an nichts Interesse und geht keine Interaktionen ein (bekannt unter »Regression« in psychiatrischen Kliniken und »Knastpsychose« in Gefängnissen).
- »Kompromissloser Standpunkt«: Der Insasse bedroht bewusst die Institution und verweigert die Kooperation mit dem Personal.
- »Kolonisierung«: Der Insasse baut sich, soweit dies die besonderen Umstände zulassen, eine stabile und relativ zufriedene Existenz auf.
- »Konversion«: Der Insasse übernimmt das amtliche Urteil über seine Person und spielt die Rolle des »perfekten Insassen«, seine Haltung ist diszipliniert, moralistisch und monochrom.

Welche Strategie zur Bewältigung angewendet wird, kann sich im Laufe des Aufenthalts ändern. Zudem können auch mehrere Strategien gleichzeitig angewendet werden. Jedoch wendet nur eine geringe Anzahl an Insassen obige Strategien in großem Umfang an, meist kommt folgende Bewältigungsstrategie zum Einsatz:

- »Ruhig Blut bewahren«: Dies ist eine Kombination aus sekundärer Anpassung, Loyalität gegenüber den Mitinsassen, Kolonisierung und Konversion. Der Insasse ist stets versucht, Schwierigkeiten zu vermeiden (z. B. hält er sich in Gesellschaft seiner Mitinsassen an die Sitten der Gegenkultur; wenn er allein mit dem Personal ist, verhält er sich gefügig) (vgl. Goffman 1973).

3.6.2 Plädoyer zur Abschaffung des Jugendstrafvollzugs

> »Wenn ein Jugendlicher oder auch ein Erwachsener ein Verbrechen begeht und wir ihn laufen lassen, so ist die Wahrscheinlichkeit, dass er wiederum ein Verbrechen begeht, geringer, als wenn wir ihn bestrafen« (von Liszt 1905b).

Immer wieder werden erschütternde Missbrauchsfälle in Jugendstrafanstalten bekannt. Die wohl schwerste Tat aus der jüngsten Zeit war 2007 der Foltermord in der Justizvollzugsanstalt Siegburg. Drei Jugendliche haben dort in einer Gemeinschaftszelle einen Mitgefangenen stundenlang in grausamster Weise gefoltert und letztendlich aufgehängt. Der Landtag Nordrhein-Westfalen setzte daraufhin eine Enquetekommission ein, die »Neue Wege der Resozialisierung straffällig gewordener Jugendlicher und Heranwachsender« erarbeiten sollte. Als in einer Anhörung von Sachverständigen von einem Mitglied der Kommission die Frage nach dem gewünschten Vorgehen gestellt wurde, lautete die Antwort, »dass man den Jugendstrafvollzug nicht reformieren möge, sondern ihn abschaffen, da er strukturell nicht reformierbar ist.«

Im Folgenden werden einige Argumente für die Abschaffung des Jugendstrafvollzugs angeführt.

(1) Ein zentrales Problem des Jugendstrafvollzugs liegt in seiner doppelten Funktion, die sich mit Erziehung und Strafe umschreiben lässt. Seit 01.01.2008 gilt als Bundesrecht der neu gefasste § 2 Abs. 1 Jugendgerichtsgesetz (JGG). Hier heißt es:

> »Die Anwendung des Jugendstrafrechts soll vor allem erneuten Straftaten eines Jugendlichen oder Heranwachsenden entgegenwirken. Um diese Ziel zu erreichen, sind die Rechtsfolgen und unter Beachtung des elterlichen Erziehungsrecht auch das Verfahren vorrangig am Erziehungsgedanken auszurichten«.

Auch nach dem Urteil des Bundesverfassungsgerichts und den Jugendstrafvollzugsgesetzen der Länder soll der Verurteilte im Jugendstrafvollzug dazu erzogen werden, künftig ein Leben ohne Straftaten in sozialer Verantwortung zu führen. Das Ziel ist also Legalbewährung; es soll mittels erzieherischer Gestaltung des Jugendstrafvollzuges erreicht werden.

Erziehung ist in der Tat die richtige Antwort, wenn es beim Aufwachsen junger Menschen zu Anpassungsschwierigkeiten und Normbrüchen kommt. Das Instrument Jugendstrafvollzug kann pädagogischem Handeln keinen adäquaten Raum bieten. Dass der Jugendstrafvollzug keine Erziehungseinrichtung ist, wird schon bei der Betrachtung des Personals deutlich. Die größte Berufsgruppe, die zugleich auch die meisten Kontakte mit den Insassen hat, ist der allgemeine Vollzugsdienst. Gerade diese Mitarbeiter haben keine pädagogische Ausbildung, sind also für die Frage der Erziehung nicht hinreichend qualifiziert. Ihr

Hauptaugenmerk liegt bei der Aufrechterhaltung der Sicherheit und Ordnung, die zunächst alles dominiert.

Gerhard Deimling sprach bereits 1969 von der Funktionsuntüchtigkeit des Jugendstrafvollzugs und fuhr dann fort:

>»Die effektive Leistung des heutigen Jugendstrafvollzugs besteht darin, die jungen Gefangenen für die Dauer ihrer Strafverbüßung von der Außenwelt weitgehend zu isolieren und – im günstigen Fall! – die schädlichen Wirkungen der Gefangenschaft auf ein Mindestmaß zu reduzieren. Die Erziehung als das bildende, konstruktive und korrigierende Element der staatlichen Strafe bleibt damit gegenüber dem an sich legitimen Zwang unwirksam« (Deimling 1969: 287).

Die Mitarbeiter(innen) eines Forschungsprojektes unter Leitung von Horst Schüler-Springorum kamen zu folgendem Ergebnis:

>»Als wesentliches Ergebnis der Untersuchung können wir festhalten, dass es nicht allein die 14-/15-Jährigen sind, für die der Strafvollzug die denkbar schlechteste staatliche Sanktion ist, sondern dass gerade die jüngsten Strafgefangenen am ungeschütztesten, am nachhaltigsten und folgenschwersten den deprivierenden Auswirkungen des Gefängnisses ausgesetzt sind« (Albrecht u. a. 1983).

Horst Viehmann (1995: 21 f), ehemals Referent für das Jugendstrafrecht im Bundesjustizministerium stellt fest, dass »nahezu einhellig unter Experten die Erziehungsfähigkeit vollstreckter Freiheits- und Jugendstrafe bezweifelt wird und die Zweifel größer werden, je länger die Verbüßungsdauer ist«. Und er fährt fort:

>»Die unterstellten positiven Wirkungen der Kriminalitätsverhinderung stellen sich eben nicht ein. Für künftiges rechtstreues Verhalten bestrafter junger Menschen haben vollstreckte Freiheitsstrafen eher gegenteilige Effekte, wirken eher kriminalitätsverfestigend ... Die Rückfallgefahr nach der Entlassung wird größer! Die Gefährlichkeit des Täters nimmt zu! Je länger, desto entsozialisierter.«

Ähnlich wie Viehmann formulieren dies auch Kersten/Wolffersdorff-Ehlert (1980: 390) wenn sie feststellen, dass im Jugendstrafvollzug »die Folgen der Haftstrafe die Bedingungen für eine soziale Existenz des Gefangenen außerhalb des Gefängnisses praktisch mit jedem Tag verschlechtern«.

Joachim Walter (1993), ehemals Leiter der Jugendvollzugsanstalt Adelsheim (Baden-Württemberg), stellt fest, dass der Jugendstrafvollzug keine pädagogische Institution im eigentlichen Sinne des Wortes ist. Er verweist auf die von Goffman (1972) beschriebene »Totale Institution« mit ihrem gestaffelten Autoritätssystem, das die Insassen nahezu umfassend bevormundet und vereinnahmt. Die fundamentale Trennung zwischen Insassen und Aufsichtspersonal geht im Prinzip soweit, dass es jedem Bediensteten gestattet ist, jeden Gefangenen zu disziplinieren. Auf die Aufzählung weiterer Merkmale der »Totalen Institution«, die alle letztlich darauf anzielen, die Identität des Menschen zu beschädigen, soll an dieser an dieser Stelle verzichtet werden. Verhaltensregeln werden in der »Totalen Institution« grundsätzlich nicht pädagogisch gesehen und bewertet. Sie dienen, der oben schon genannten Aufrechterhaltung der Sicherheit und Ordnung. Walter kommt deshalb zu dem Schluss, dass der Jugendstrafvollzug eher ein Disziplinierungsinstrument als eine pädagogische Einrichtung darstellt.

An anderer Stelle führt Walter (2011: 703) aus:

> »Um soziales Lernen zu stimulieren, sollte der gekonnte, gewaltfreie Umgang mit Problemen und Konflikten im Alltag der Jugendstrafanstalt erfahrbar und erlernbar sein. Das ist aber eher selten der Fall, denn das Leben im Strafvollzug ist meist total reglementiert. Übernahme von Verantwortung für sich selbst und andere wird in der ›totalen Institution‹ des Gefängnisses, bei gleichzeitiger Vollversorgung, von den Gefangenen nicht verlangt; sie wird ihnen sogar weitgehend unmöglich gemacht. Wie soll Verantwortung gelernt werden, wenn sie im Vollzugsalltag kaum erlebt werden kann?«

Erziehung ist bekanntermaßen ohne Beziehung nicht möglich. Nur dort wo Beziehung gelingt, hat Erziehung eine Chance. Für die Erziehungswissenschaft hat die Strafe in der Erziehung nur dort ihren Platz, wo sie erstens in die Beziehung von Erwachsenen und Kindern integriert ist, wo sie zweitens die Grundlage dieser Beziehung nicht zerstört und wo sie drittens die Möglichkeit der Auseinandersetzung mit der Verfehlung nicht blockiert (Müller 1993). Diese Kriterien treffen auf die Jugendstrafe gar nicht und auf die Disziplinierungsmaßnahmen innerhalb des Vollzugs kaum zu. Die Erziehungswissenschaft steht mit Recht der Strafe eher ablehnend gegenüber, denn Strafe erzeugt Angst vor der Bestrafung und steuert damit das Verhalten – wenn überhaupt – auf der untersten Stufe der Moral.

Erstaunlich ist, dass selbst das Justizministerium Baden-Württemberg die erziehungsfeindlichen Grundbedingungen des Strafvollzugs einräumt. Für Rüdiger Wulf (2004), Referent im oben genannten Ministerium, ist der jetzige Jugendstrafvollzug kein guter Ort für Jugendliche.

(2) Es ist immer wieder erstaunlich, wie resistent sich die Kriminalpolitik gegenüber den Erkenntnissen der Kriminologie erweist. Der Glaube, dass mit härteren Strafen Kriminalität zurückgedrängt werden kann, ist ein Irrglaube. Die Sanktionsforschung spricht hier eine klare Sprache.

Ein sehr ernstzunehmendes Argument, das für die Abschaffung des Jugendstrafvollzugs spricht, ist die enorme Rückfallquote. Wenn man sich die Ergebnisse der Sanktionsforschung anschaut, wie sie Jehle, Heinz und Sutter 2003 in einer umfassenden Studie für alle Sanktionsformen nach dem Jugendgerichtsgesetz (Erziehungsmaßregeln, Zuchtmittel, Jugendstrafe) vorgelegt haben, so ist zu konstatieren, dass der Jugendstrafvollzug, gefolgt vom Jugendarrest, die höchste Rückfallquote aufweist. So werden nach einer verbüßten Jugendstrafe 78 Prozent der Entlassenen erneut rückfällig und 45 Prozent kehren gar wieder in den Strafvollzug zurück. Die so genannten ambulanten Maßnahmen, die wohl auch dem Gedanken der Erziehung sehr nahekommen, sind weit erfolgreicher. Es hat sich gezeigt, dass die in der Praxis vielfältig erprobten ambulanten Maßnahmen wie Soziale Trainingskurse oder der Täter-Opfer-Ausgleich den Jugendarrest und die Jugendstrafe weitgehend ersetzen können, ohne dass sich damit die Rückfallgefahr erhöht.

Wolfgang Heinz (1996) stellt fest, dass auf Jugendkriminalität verschärft zu reagieren, das Problem regelmäßig verschärft. Die in der Praxis immer noch übliche Sanktionierung nach dem »Prinzip des Strengerwerdens« hat, so Heinz weiter, »im besten Fall keine, im schlimmsten Fall einen negativen Effekt auf die Legalbewährung«.

Dieter Dölling (1989) kommt zu dem Ergebnis, dass »nach kriminologischen Erkenntnissen von Sanktionsverschärfungen weder unter spezial- noch unter generalpräventiven Gesichtspunkten eine Reduzierung von Jugendkriminalität zu erwarten ist«.

Für Spiess (2004b: 34) besteht kein Zweifel daran, dass Resozialisierungsmaßnahmen außerhalb des Vollzugs wirksamer sind. »Wenn die Bewährung in Freiheit«, so Spiess, »das Ziel der Behandlung Straffälliger ist, so kann der Strafvollzug dieses Problem nicht lösen, er ist selbst Teil des Problems und schafft einen nicht unerheblichen Teil der Probleme, deren Lösung er zu sein vorgibt.«

(3) Der Jugendstrafvollzug ist eine Institution, die physisch wie psychisch Gewalt ausübt, die, hierarchisch gegliedert, den Jugendlichen an den untersten Platz verweist. Diese gesellschaftliche Position kennt er bereits. Diese Erfahrung hat mit dazu beigetragen, dass er heute so ist, wie er ist. Gewalt, Diskriminierung, Ausgegrenztsein und Ausgegrenztwerden sind alltägliche Erfahrungen der Jugendlichen in allen Lebensbereichen. Der Jugendstrafvollzug verfehlt nicht nur die angestrebte kriminalpräventive Wirkung. Durch seine Ausgestaltung als strafende und totale Institution kommt es vielmehr zu Gewalt- und Deprivationserfahrungen der Jugendlichen, die abweichendes Verhalten eher verfestigt.

Aus Untersuchungen zur Subkultur im Strafvollzug weiß man, dass die Welt der Insassen nicht gewaltfrei ist. Insassenhierarchien scheinen insbesondere auf Gewalt aufgebaut. So weist etwa Hürlimann (1993) nach, dass unter den von ihm beschriebenen drei Führertypen – Gewaltführer, Aufgaben-Führer, Sozial-Führer – der Gewalt-Führer, jedenfalls in der von ihm untersuchten Jugendvollzugsanstalten Rockenberg (Hessen), häufiger anzutreffen war als in der Erwachsenenanstalt Butzbach (Hessen): Von den Gewalt-Führern, so Hürlimann, sei ein negativer Einfluss auf das soziale Klima in der Wohngruppe zu erwarten und sie setzen offenbar andere Gefangene verbal und physisch unter Druck und agieren insgesamt aggressiv.

Walkenhorst (2007: 83) beschreibt die Situation im Jugendstrafvollzug wie folgt:

»Gewalttätige Subkulturen, Überlastung des Personals, die gewaltaffine Struktur des Gefängnisses, extreme Konzentration hochproblematischer Menschen auf engstem Raum, Drogenkonsum, Geschäftemacherei und aggressive Schuldeneintreibung vor dem Hintergrund allgegenwärtiger Verknappung alltäglicher Verbrauchsgüter, vielfach unausgefüllte Zeit und Langeweile, ein großes Dunkelfeld ausgeübter, aber nicht bekannt gewordener oder auch ignorierter Gewaltausübung sind ebenso Kennzeichen des (Jugend-) Vollzuges wie sicher auch all seine engagierten Bemühungen um die Integration der jungen Inhaftierten.«

Wenn es auch noch keine umfassende Untersuchung zur Gewalt im Strafvollzug gibt, so zeigen alle vorliegenden Erhebungen, dass die Gewalt im Jugendstrafvollzug deutlich über der des Erwachsenenvollzugs liegt. Dies wird in Hell- und Dunkelfeldstudien bestätigt (vgl. Suhling/Rabold 2013, Baier/Bergmann 2013).

Auch Walter (2013: 168) geht in seinem Tätigkeitsbericht als Justizvollzugsbeauftragter des Landes Nordrhein-Westfalen, vor dem Hintergrund persönlicher Gespräche mit Gefangenen, Ehrenamtlern und Seelsorgern auch von höheren Gewaltzahlen im Jugendvollzug aus.»Die höheren Gewaltzahlen im Jugendstrafvollzug«, so Walter,»sind angesichts des Alters der Inhaftierten plausibel und erweisen einmal mehr die Notwendigkeit, Gewalt nicht mit disziplinarischer Gewalt zu ›brechen‹, sondern vielmehr den Kreislauf der Gewalt mit besseren erzieherischen Ansätzen zu durchbrechen«.

(4) Auch wenn es engagierte Bemühungen im Strafvollzug gibt, so kommt man nach eigener beinah 40-jähriger Auseinandersetzung mit dem Jugendstrafvollzug – in Theorie und Praxis – zu der Ansicht, dass der Jugendstrafvollzug strukturell nicht reformierbar ist. Es bleibt nur, für seine Abschaffung zu plädieren. Mag sein, dass man die Abschaffung des Jugendstrafvollzugs nicht fordern kann, ohne sich zu überlegen, wie Schritte dahin aussehen könnten. Die feste Überzeugung bleibt aber, dass sich der Erziehungsgedanke mit dem staatlichen Anspruch auf Strafe nicht vereinbaren lässt. Und wenn dem so ist, so muss man sich entscheiden, ob man der Strafe oder der Erziehung das Wort reden will. Wenn man sich für die Erziehung entscheidet, so ist die Jugendhilfe der Experte.

Die Anregung ist daher, darüber nachzudenken, ob und inwieweit vorhandene und noch zu entwickelnde (stationäre) Förderangebote der Jugendhilfe den Jugendstrafvollzug mit seinen strukturellen Defiziten auf Dauer ablösen könnte, wurde von der Enquetekommission »Prävention« des Landtags Nordrhein-Westfalen (2010) im vorgelegten Bericht als eine visionäre Position bezeichnet.

So »visionär« scheint diese Position nicht zu sein. Schon der Wiener Psychoanalytiker und Leiter von Erziehungsheimen und Erziehungsberatungsstellen August Aichhorn führte in seiner Schrift »Psychoanalyse und Erziehung« im Jahr 1934 aus:

> »Wir wagen zu behaupten, dass der jugendliche Rechtsbrecher vor allem der Möglichkeit bedarf, dass ihm fehlende Stück seiner Entwicklung nachzuholen und dass dies durch Fürsorgeerziehung, nicht aber durch den Strafvollzug vermittelt werden kann. Dass die Fürsorgeerziehung in ihrer heutigen Entwicklung noch nicht in der Lage ist, den Strafvollzug überflüssig zu machen, ändert nichts an unserer Behauptung. Es kann nur eine Frage der Zeit sein, bis durch den Ausbau der Fürsorgeerziehung die strafgerichtliche Verurteilung jugendlicher Rechtsbrecher nicht mehr notwendig erscheinen wird« (Aichhorn 1969).

Das derzeit bestehende System von Jugendhilfe und Jugendstrafrecht muss sicherlich überdacht werden. Jugendhilfeeinrichtungen sind besser als der Jugendstrafvollzug in der Lage, auch straffällig gewordenen Menschen gerecht zu werden.

Seit 10 Jahren gibt es in Baden-Württemberg den Jugendstrafvollzug in freien Formen. Gefangene, die bestimmte Kriterien hinsichtlich Haftdauer, Vorgeschichte und Motivation erfüllen, erhalten die Erlaubnis, ihre Strafe in einer Einrichtung der Jugendhilfe zu verbüßen und werden dorthin verlegt. Es handelt sich dabei meist um Heime, die von einem freien Träger der Jugendhilfe geführt werden. Sie kennen keine Vorkehrungen gegen Entweichung, haben sich bereit erklärt, ausgewählte Jugendstrafgefangene aufzunehmen und sind von der Justizbehörde dafür zugelassen. Durch ein intensives, gruppenpädagogisch orientiertes Erziehungs- und Trainingsprogramm sollen die Jugendlichen gefördert und zu einem gesetzestreuen Lebenswandel befähigt werden. Am Entlassungstag kehren sie in die Jugendstrafanstalt zurück und werden von dort entlassen. Niemand wird sagen können, dass sich diese Form des Jugendstrafvollzugs nicht bewährt hätte. Christian Biendl (2005: 137f.) kommt in seiner Studie zu folgendem Ergebnis: »Die Umsetzung durch das Projekt Chance ist sehr gelungen. Es werden Haftschäden vermieden und eine positive Atmosphäre geschaffen, in der konstruktiv an Veränderungen gearbeitet werden kann. Dadurch werden gute Voraussetzungen für eine spätere Legalbewährung geschaffen.« Wenn zunächst seitens des Justizministeriums nur unter 18-jährige Jugendliche für diese Form des Strafvollzugs vorgesehen waren, so konnte auf Grund des Erfolgs die Altersgrenze nach oben verschoben werden, so dass mittlerweile auch heranwachsende Gefangene aufgenommen werden. Zwischenzeitlich gibt es nun auch in Nordrhein-Westfalen, Brandenburg und in Sachsen Jugendhilfeeinrichtungen, die den Strafvollzug in freien Formen durchführt.

Es wäre wünschenswert, dass das Modell »Jugendstrafvollzug in freien Formen« – siehe hierzu § 7 (1) des Jugendstrafvollzugsgesetz Baden-Württemberg – ein Modell ist, das eine Perspektive eröffnet, langsam den konkret existierenden Jugendstrafvollzug überflüssig zu machen beziehungsweise ihn so unter Legitimationsdruck zu setzen, dass er sich ändern beziehungsweise öffnen oder ganz verschwinden muss.

Die Kritik von Scherr (2007: 70), dass beim Jugendstrafvollzug in freien Formen die Einrichtungen der Jugendhilfe als ein integratives Element des Strafvollzugs fungiert und damit die Jugendhilfe die Notwendigkeit des Jugendstrafvollzugs anerkennt, ist sicherlich berechtigt. Man sollte jedoch den Strafvollzug in freien Formen als eine Durchgangsstation zum endgültigen Verzicht auf den Jugendstrafvollzug betrachten.

Dem Erziehungsbedarf, den jugendliche Straftäter anzeigen, kann die Jugendhilfe in der Form der Heimerziehung gerecht werden. Schon heute bekommen Jugendliche die jugendrichterliche Weisung, in einem Heim zu wohnen, und die Heimerziehung zeigt sich dieser Klientel gegenüber durchaus gewachsen.

Einrichtungen der Erziehungshilfe arbeiten in vielfachen Formen erfolgreich mit straffälligen Jugendlichen, beispielsweise in der Untersuchungshaftvermeidung, bei intensivpädagogischen Maßnahmen oder wie oben schon angedeutet bei Hilfen nach den §§ 10 und 12 Jugendgerichtsgesetz, zusammen. Dabei handelt es sich nicht nur um »leichtere Fälle« delinquenten Verhaltens von Jugendlichen. Dies belegt nicht zuletzt eine im Auftrag des Bundesverbands katholischer Einrichtung und Dienste der Erziehungshilfen (BVkE) durchgeführten Auswertung der Evaluationsstudie erzieherische Hilfen. »Straffällige Klientel stellt mit einem Anteil von 44 Prozent keine Ausnahme in den teilstationären/ stationären Hilfen zur Erziehung dar. Sie weisen eine hohe Defizitbelastung bei gleichzeitig geringen Ressourcen aus. Trotz dieser schwierigen Ausgangslage werden positive Effekte erreicht« (Macsenaere/Knab 2004).

Der BVkE und die Katholische Bundes-Arbeitsgemeinschaft Straffälligenhilfe (KAGS) stellen in ihrer Broschüre »Erziehung hat Vorrang! Delinquente Jugendliche zwischen Jugendhilfe und Justiz (2008: 30) fest:

»Die Institutionen der stationären Erziehungshilfen sehen sich selbst in der Lage, auch mit den Jugendlichen zu arbeiten, die bisher im Jugendstrafvollzug untergebracht sind. Es gibt keinen überzeugenden Erfahrungssatz des Inhalts, dass Jugendstrafgefangene desintegrierter wären als Jugendliche in stationärer Erziehungshilfe oder dass die Erstgenannten pädagogisch grundsätzlich nicht durch stationäre Erziehungshilfe erreicht werden könnten. Die Jugendhilfe arbeitet bereits heute in vielfachen Formen genau mit dieser Klientel – Straffälligkeit ist kein diagnostisches Kriterium, das die allgemeine Jugendhilfeklientel von den zu Jugendstrafe verurteilten Personen unterscheidet.«

(5) Ein Blick ins Ausland zeigt, dass auf den Jugendstrafvollzug durchaus verzichtet werden kann. So wurde etwa in Dänemark der Jugendstrafvollzug schon 1973 abgeschafft. In Norwegen geschah dies 1975, und Schweden verzichtet auf den Jugendstrafvollzug seit 1980. In sehr seltenen Ausnahmefällen werden jedoch auch gegenüber Jugendlichen Freiheitsstrafen verhängt, die dann im Erwachsenenvollzug, meist in kleinen offenen Anstalten, vollstreckt werden (Dünkel 1990, S. 531).

In der Schweiz kann man sehen, dass die stationäre Jugendhilfe auch Jugendlichen Angebote machen kann, die straffällig geworden sind. Warum kann die Schweiz auf einen Jugendstrafvollzug, wie wir ihn kennen, verzichten und wir nicht? Bei weniger als fünf Prozent lautet die Strafe auf unbedingte Einschließung. Die bei weitem häufigste Strafe der Einschließung lautet auf 14 Tage.

Auch heranwachsende Straftäter werden in der Schweiz wesentlich seltener inhaftiert – auch bei schwerwiegenden Straftaten. Der Arxhof (Basel-Land) beispielsweise als Maßnahmezentrum für junge Erwachsene bietet ohne Sicherheitsvorkehrungen, d. h. völlig offen, ein therapeutisches Milieu (Sozialpädagogik, Ausbildung, Psychotherapie) für Personen mit teils erheblichen Gewaltdelikten (einschließlich Vergewaltigungen, Mord und Brandstiftung) und Suchtproblemen, von denen mehr als die Hälfte einen ungesicherten Aufenthaltsstatus aufgrund ihrer Staatsangehörigkeit besitzen.

(6) Johannes Fest (2011, S. 16) nennt einige Gründe, warum Gefängnisse abzuschaffen sind. Für ihn ist das Gefängnis eine menschenunwürdige, inhumane Institution,

- weil schon das längerfristige Einsperren von Menschen deren Würde verletzt,
- weil Gefängnisse notwendigerweise entwürdigende und erniedrigende Situationen implizieren,
- weil die Gefangenschaft unerträgliche Auswirkungen auf Dritte (z. B. Kinder, Partner, Eltern, Freunde etc.) hat,
- weil die Gefangenschaft Nebenfolgen hat, die weit über den Entzug der Bewegungsfreiheit hinausgehen (man denke an die Bestrafung der Sexualität der Gefangenen),
- weil eine »grausamst inhumane Seite des Strafvollzugs« in der Gewalt und Erniedrigung besteht, welche Gefangene sich gegenseitig antun,
- und weil deshalb die Gefängnisstrafe (wie vor ihr die Todesstrafe) eine verrohende Wirkung auf die ganze Gesellschaft hat.

Neben der Forderung der Abschaffung des Jugendstrafvollzugs können weitere kriminalpolitischen Vorstellungen wie folgt aussehen:

- Die Heraufsetzung der Strafmündigkeit auf 16 Jahre.
- Der Jugendarrest als Zuchtmittel als auch der neu eingeführte »Warnschussarrest« (§ 16 a JGG) sind ersatzlos zu streichen.
- Jugendstrafe kann nicht wegen »schädlicher Neigung« ausgesprochen werden. Dies darf nur bei der Schwere der Schuld erfolgen.
- Die Jugendstrafe darf fünf Jahre nicht übersteigen.
- Die Jugendstrafe darf nur in einer Jugendhilfeeinrichtung vollstreckt werden, die in der Regel als offene Einrichtung geführt wird.
- Die Sicherungsverwahrung im Jugendgerichtsgesetz ist abzulehnen.
- Die Untersuchungshaftvermeidung nach §§ 71, 72 JGG ist auszubauen und auf die Heranwachsenden auszudehnen (Nickolai 2007a).

3.6.3 Vom Doppel- zum Tripel-Mandat Sozialer Arbeit und dem professionellen Selbstverständnis von Sozialarbeitern im Strafvollzug

Das Doppelte Mandat stellt als ein professionstypisches Modell in der Sozialen Arbeit einen Dauerbrenner dar, der immer wieder verschiedene Differenzierungen erfahren hat. In den Handlungsfeldern der Sozialen Arbeit von der Kinder- und Jugendhilfe, etwa in der Arbeit des Jugendamts mit den Frühen Hilfen, bis zur Arbeit mit behinderten Menschen, etwa im betreuten Wohnen, lassen sich typische Grundstrukturen dieser Problematik, mit unterschiedlichen Aufträgen ausgestattet zu sein, erkennen. Im Betreuungsalltag einer stationären Jugendhilfeeinrichtung, in einer Strafanstalt wie auch in niederschwelligen sozialen Einrichtungen geht es um die widersprüchlichen Bedeutungen eines doppelten oder mehrfachen Mandats, die es zu bewältigen gilt. Es geht zum einen hier um das individuelle Wohl der Klienten, aber es geht auch um das Gemeinwohl. Der Begriff »Mandat« bedeutet Auftrag oder auch Befehl. Doppeltes Mandat soll ausdrücken, dass die Soziale Arbeit mit Beauftragungen durch zwei oder mehr verschiedene Auftraggeber konfrontiert ist und in ihrem Handeln angemessen damit umgehen muss. Auf der einen Seite ist dies, vermittelt über entsprechende Institutionen, der Sozialstaat, und auf der anderen Seite sind dies die Nutzerinnen und Nutzer der Sozialen Arbeit. Beide Seiten richten unterschiedliche Erwartungen an die Professionellen (Dallmann/Volz 2013).

Zunächst gilt ein Blick der ersten Formulierung des Doppelten Mandats als einer typischen Grundstruktur der Sozialen Arbeit. Der Begriff des Doppelten Mandats wurde 1973 von Böhnisch und Lösch im Zusammenhang einer zunehmenden Professionalisierungswelle Sozialer Arbeit zu Beginn der 1970er Jahre entwickelt. Sie bezeichneten damit das besondere Spannungsfeld, das sich aus den widersprüchlichen Aufgaben der Sozialen Arbeit ergab. Sozialarbeiter/Sozialpädagogen leisteten demnach eine Hilfestellung bei der gesellschaftlichen Integration von Subjekten unter Berücksichtigung ihrer Bedürfnisse und Interessen und übten gleichzeitig soziale Kontrolle hinsichtlich der Einhaltung gesellschaftlicher Normvorstellungen aus (Böhnisch & Lösch 1973: 28). Nach dem Verständnis von Böhnisch und Lösch ergaben sich diese widersprüchlichen Aufgaben einerseits aus dem professionellen Selbstverständnis (Hilfefunktion) und andererseits aus Verpflichtungen gegenüber den bürokratischen Strukturen der Träger wie den gesellschaftlichen Erwartungen an die Soziale Arbeit: Sie soll die Subjekte normalisieren und an gesellschaftliche Verhältnisse anpassen. Es wird demnach auch von einer Kontroll- und Normalisierungs-Funktion der Sozialen Arbeit gesprochen.

Soziale Arbeit soll gleichzeitig personale Nähe und Beziehung, ein Vertrauensverhältnis mit den Klienten herstellen, nötigenfalls aber auch Sanktionen androhen, mitteilen und durchführen helfen. Es ist insofern wenig verwunderlich, dass Sozialarbeiter häufig erleben, wie sehr das Vertrauensverhältnis zum Klienten durch den zweiten Auftrag des doppelten Mandats, der sozialen Kontrolle, gestört wird. Der Spagat zwischen solch unterschiedlich-konträren Rollenanforderungen ist gemäß der beiden Mandate konfliktträchtig und muss entsprechend häufig schiefgehen. In der Geschichte der Entstehung der Sozialen Arbeit findet sich dazu auch ein historisches Modell, das die beiden Aufgaben differenzierte und noch auf unterschiedliche Funktionsträger aufteilte. In dem sogen. Straßburger Modell von 1905, einem kommunalen Armenpflegesystem, das in der Nachfolge des Elberfelder Modells entstand und große Verbreitung im Deutschen Reich fand, gab es zwei Arten von Funktionsträgern mit ihren unterschiedlichen Rollen. Einmal waren dies die ehrenamtlichen Armenpfleger, die in den Stadtbezirken im direkten persönlichen Kontakt mit armen Familien und den Hilfsbedürftigen standen. Sie leisteten vor Ort im persönlichen Bezug die praktische Hilfe. Dazu kamen in dem damals neu geschaffenen Verwaltungsamt die hauptamtlich angestellten Verwaltungsbeamten, die ihrerseits eine kontrollierende (polizeiliche) und aktenführende Aufgabe hatten (vgl. Sachße/Tennstedt 1980).

Das Doppelte Mandat scheint in einer besonderen Weise die Situation der Sozialen Arbeit im Strafjustizsystem abzubilden. Dies soll hier eingehender thematisiert werden. Die Menschen, mit denen Soziale Arbeit es beruflich zu tun hat, stehen unter richterlicher oder staatsanwaltschaftlicher Aufsicht. Lindenberg (2014) weist darauf hin, dass die Sozialarbeiter und Sozialarbeiterinnen zu den Menschen gehören, die die straffällig gewordenen Menschen zu beaufsichtigen haben und in ihren Entscheidungsmöglichkeiten einschränken müssen; sie helfen nicht nur, sondern sie tragen bei zur Bestrafung der Armen (Wacquant 2009). Dieser Konflikt, so Lindenberg, ist nicht aufzulösen.

Sozialarbeiterinnen und Sozialarbeiter haben es aber nicht nur mit dem Doppelten Mandat zu tun, sondern sie verorten sich selbst mit ihren Vorstellungen und Interessen im Feld der Auseinandersetzung zwischen diesen Ansprüchen (Dallmann/Volz 2013).

Noch komplexer und wohl auch treffender wird dieser Zusammenhang, wenn man mit Silvia Staub-Bernasconi (2007a) nicht von einem doppelten, sondern von einem Tripelmandat der Sozialen Arbeit ausgeht, was auch dem aktuellen fachlichen Diskurs entspricht. Soziale Arbeit, die den Anspruch erhebt, eine Profession zu sein, muss das Doppelmandat zu einem Tripelmandat erweitern. Das dritte Mandat, so Staub-Bernasconi (2007a), setzt sich aus folgenden Elementen zusammen:

- eine – für alle Professionen geltende – inter- und transdisziplinäre, wissenschaftliche Beschreibungs- und Erklärungsbasis im Hinblick auf ihren Gegenstand, in unserem Fall »Soziale Probleme«, und damit wissenschaftsbegründete Arbeitsweisen oder Methoden;
- eine ethische Basis (Berufskodex), auf welche sich die Professionellen in ihren Entscheidungen unabhängig vom gerade herrschenden Zeitgeist, vom Druck des Trägers wie der Adressat(inn)en berufen können und welche die zentralen Fragen der Profession als solche regelt (Verantwortungsübernahme mittels kollegialer Selbstkontrolle);
- und schließlich im Fall der Sozialen Arbeit die in ihrem Berufskodex explizit erwähnten Menschenrechte als ein Legitimationsbasis, die über legale Gesetze und bindende Verträge, Aufträge und Arbeitsbündnisse hinausweisen und, wenn nötig, eigenbestimmte Aufträge ermöglichen; als regulative Idee bieten die Menschenrechte die Möglichkeit, Probleme (Diagnose) und Auftrag nicht nur aus legalistischer oder vorgeschriebener Vertrags-, sondern zusätzlich aus menschenrechtlicher Perspektive zu durchdenken, sich sowohl von den möglichen Machtinteressen und Zumutungen der Träger, fachfremden Eingriffen anderer Professionen wie der Vereinnahmung durch illegitime Forderungen durch die Adressat(inn)en kritisch zu distanzieren.

Mit Verweis auf das UN-Manual Social Work and Human Rights weist Staub-Bernasconi (2007) darauf hin, dass sich die Profession Sozialer Arbeit im Zweifelsfall auf die Seite ihrer Klientel und mithin gegen die Organisation stellen muss. Dass man sich dabei Ärger, Drohungen, Entlassungen und in vielen Staaten der Weltgesellschaft sogar Verfolgung und Inhaftierung einhandeln kann, ist nicht von der Hand zu weisen.

Das Doppelmandat (Hilfe und Kontrolle) und das Tripelmandat (Wissenschaftsorientierung, Berufskodex, Menschenrechte) bilden, so Schilling/Zeller (2010:274), mit den fünf berufsethischen Grundprinzipien des Deutschen Berufsverbandes für Soziale Arbeit (DBSH) zusammen das Berufsmandat mit wiederum fünf Hauptaspekten: Hilfeleistung, Kontrollfunktion, Wissenschaftsorientierung, Erklärungstheorien, Berufskodex (berufsethische Prinzipien und Menschenrechtsinstrumente).

In diesen fünf berufsethischen Prinzipien werden neben den allgemeinen Grundsätzen beruflichen Handelns das Verhalten gegenüber Klienten, das Verhalten gegenüber Berufskolleginnen und Berufskollegen, das Verhalten gegenüber Angehörigen anderer Berufe, das Verhalten gegenüber Arbeitgeber und Organisationen und nicht zuletzt das Verhalten gegenüber der Öffentlichkeit erläutert.

Wie weit nun die Strafvollzugsrealität von den berufsethischen Prinzipien entfernt ist, soll deutlich werden, indem das geforderte Verhalten der Sozialen Arbeit gegenüber den Klienten im Folgenden dargestellt wird.

Die Mitglieder des DBSH ...

- achten die Privatsphäre und Lebenssituation der Klienten. Die Mitglieder des DBSH erkennen, respektieren und fördern die individuelle Ziele, die Verantwortung und Unterscheidung der Klientel und setzen die Ressourcen der Dienststelle dafür ein.
- informieren ihre Klientel über Art und Umfang der verfügbaren Dienstleistung sowie über Rechte, Verpflichtungen, Möglichkeiten und Risiken der sozialen Dienstleistungen und schließen darüber einen Kontrakt. Eine vorzeitige Beendigung dieses Kontraktes ist nur in Ausnahmefällen zulässig. Dies erfolgt, wie die Verlängerung des Kontraktes, dessen Unterbrechung oder eine Vermittlung an andere Fachstellen ausschließlich im Benehmen mit der Klientel.
- wahren in ihren beruflichen Beziehungen oder Verpflichtungen Rechte, Güter und Werte der Klientel.
- nutzen ihre Beziehungen zur Klientel nicht zum ungerechtfertigten Vorteil. Sie gestalten ihre Beziehungen zur Klientel ausschließlich berufsbezogen.
- respektieren die Lebenssituation und Unabhängigkeit der beteiligten Menschen, bemühen sich um Verständnis und führen die Dienstleistung im Rahmen eines Kontraktes gewissenhaft und zuverlässig aus.
- sind verpflichtet, anvertraute persönliche Daten geheim zu halten. Sie geben diese Daten nur weiter, wenn sie aus gesetzlichen Gründen offenbart werden müssen. Personen, deren Daten weitergegeben werden, sind darüber zu unterrichten.
- erheben und speichern nur jene Daten und Fakten, die für die Durchführung und Rechenschaft über die Intervention nötig sind. Die Verpflichtung zur Geheimhaltung besteht auch nach Abschluss der beruflichen Beziehung.
- ermöglichen der Klientel angemessenen Zugang zu allen sie betreffende Aufzeichnungen. Wenn Klientinnen/Klienten Zugang zu den Unterlagen erhalten, muss ausreichend Sorge dafür getragen sein, dass die der Verschwiegenheit unterliegenden Informationen über Dritte geschützt sind.
- für die kein Zeugnisverweigerungsrecht besteht, bemühen sich um die Befreiung von der gesetzlichen Zeugnispflicht, wenn ihre Aussagen das Vertrauensverhältnis zur Klientel gefährden und dem keine ernstliche Gefährdung Dritter entgegensteht.

Wenn im Strafvollzug der Umgang mit dem Doppelten Mandat schon eine gewisse Brisanz beinhaltet, so stellt sich mit Blick auf das dritte Mandat die Frage, ob Soziale Arbeit im Strafvollzug überhaupt möglich ist. Soziale Arbeit im Strafvollzug leistet einerseits soziale Hilfe und hat andererseits Funktionen und Aufgaben, die über die Soziale Arbeit hinausgehen. Soweit Sozialarbeiter spezifische Kontrollaufgaben erfüllen und an anderen strafvollzugsspezifischen Aufgabenerfüllungen mitwirken, sollen sie, so Cornel, dies gegenüber den Gefangenen transparent machen (2009b: 310). Dies gelte auch für diagnostische Aufgaben, Berichte und Entscheidungen, in die nicht allein ihre fachliche Kompetenz fließt.

Es stellt sich die grundsätzliche Frage, ob Sozialarbeiter im Strafvollzug arbeiten sollen. Mit ihrer Tätigkeit im Vollzug sind sie auch Teil eines strafenden Systems. Der Strafvollzug ist eine Institution, die physisch wie psychisch Gewalt ausübt, die, hierarchisch gegliedert, Strafgefangene an den untersten Platz verweist. Eine gesellschaftliche Position, die viele Insassen bereits kennen. Alle von Goffman (1972) aufgezählten Merkmale der »Totalen Institution«, zu der auch die Gefängnisse zählen, zielen darauf ab, die Identität des Menschen zu beschädigen.

Sozialarbeiter kommen in dieser Institution in nicht unerhebliche Rollenkonflikte. Nach Aussage jugendlicher Strafgefangener erscheint Soziale Arbeit im Vollzug als eine Instanz, die sanktioniert, moralisiert, etikettiert und stigmatisiert, gefesselt an die Institution, deren Werte und Imperative durchsetzt. Cyrus, die hierüber in der Monatsschrift für Kriminologie 1982 mit der Überschrift »Die sind eben für Papierkrieg da« publiziert hat, führt dieses negative Bild der Sozialen Arbeit im Strafvollzug im Wesentlichen darauf zurück, dass die Soziale Arbeit in das anstalteigene Sanktions- und Privilegiensystem eingebunden ist, sie sich zu stark an anstaltsinternen Werten und Normen wie Ordnung, Pünktlichkeit usw. orientiert und ihre Arbeit bürokratisiert hat.

Besonders problematisch ist, wenn Sozialarbeiter Abteilungsleiter, Vollzugsleiter oder Teilanstaltsleiter werden. Hier wird Soziale Arbeit noch stärker Träger der Sicherheit und Ordnung, der obersten Maximen im Strafvollzug. Wenn der Vollzugsleiter wegen fehlender Zellenordnung, wegen schlechter Leistung im Arbeitsbetrieb oder schlechtem Verhalten in der Wohngruppe einen Ausgang oder Hafturlaub ablehnt, so sind dies Gründe, die sich ein Sozialarbeiter nicht zu eigen machen möchte. Ausgang und Urlaub dienen der Aufrechterhaltung der sozialen Beziehungen und sind deshalb nicht mit Blick auf das Arbeitsverhalten oder gar wegen der fehlenden Zellenordnung zu verweigern. Geradezu fatal finden wir es, wenn Sozialarbeiter auch Disziplinarbefugnis haben und so dann Freizeitsperren und Arrest verhängen. Es ist dann nicht verwunderlich, wenn Sozialarbeiter im Vollzug von Strafgefangenen als eine strafende Instanz wahrgenommen werden. Soziale Arbeit ist aber unserer Auffassung nach ein helfender, kein strafender Beruf.

Diesem Dilemma lässt sich begegnen, wenn Soziale Arbeit als aufsuchende Soziale Arbeit wie wir sie in Baden-Württemberg, etwa im Bereich Sucht, kennen, gedacht wird. So bieten Sozialarbeiter einer Suchtberatungsstelle in der Vollzugsanstalt Freiburg nicht nur Beratung an, sie vermitteln auch in Therapieeinrichtungen. Da sie nicht im Strafvollzug beschäftigt sind, genießen sie großes Vertrauen bei den Inhaftierten. Warum sollen nicht auch Sozialarbeiter, angestellt bei freien Trägern, Angebote für den Strafvollzug bzw. für die Insassen vorhalten können? Sozialarbeiter könnten Hilfsangebote machen, wobei der Betroffene entscheidet, ob er die Hilfe annimmt. So bietet etwa die Anlaufstelle für Haftentlassene des Bezirksvereins für soziale Rechtspflege in Freiburg Sprechstunden in der Anstalt an, um dann gemeinsam mit dem Gefangenen zu überlegen, wie es nach der Entlassung weitergehen kann. Die Idee der freien Trägerschaft hätte auch den Charme, dass sie ihre Hilfe schon vor dem Aufenthalt im Vollzug anbieten können. Das würde Durchgängigkeit bedeuten, was heißen soll, dass die Hilfe von derselben Person, unabhängig ob vor der Verhandlung, während des Vollzugs oder nach dem Vollzug, erfolgen könnte. Ein unschlagbarer Vorteil dieser freien Straffälligenhilfe ist in ihrer Verschwiegenheit zu sehen. Die persönliche Beziehung zwischen Helferinnen/Helfern und Betroffenen als Grundlage der Sozialen Arbeit setzt gegenseitiges Vertrauen voraus, ohne das nichts geht.

Fazit

Diese Ausführungen zum Doppel- und Triple-Mandat sollten hinreichend klären, dass sich darin theoretische Entfaltungen einer Entwicklung spiegeln, mit denen sich das jeweilige Verständnis der Mandatierungen unterschiedlicher Autoren ausdrückt. Zunächst haben Böhnisch/Lösch 1973 den Begriff des Doppelten Mandats nachhaltig in die Fachdiskussion, wie festzustellen ist, eingebracht. Staub-Bernasconi erweiterte das Modell zum Triple-Mandat (2007). Schilling/Zeller schließlich gehen mit ihrem integrativen Modell am weitesten, indem sie das Doppelmandat (hier: Hilfe und Kontrolle) und das Tripelmandat (Wissenschaftsorientierung, Berufskodex, Menschenrechte) mit den fünf berufsethischen Grundprinzipien des Deutschen Berufsverbandes für Soziale Arbeit (DBSH) und dem Berufsmandat zusammenführen (Schilling/Zeller 2010). Letztlich erscheinen diese Modelle als differenzierte und fachlich geeignete Ausdrucksformen, um einer komplexen und widersprüchlichen gesellschaftlichen Realität reflexiv Ausdruck zu verleihen. Die Grenzen einer fachlichen Autonomie der Sozialen Arbeit als Profession werden durch diese Mandate und in der Reflexion fachlicher Entscheidungen des Sozialarbeiters deutlich.

Der professionelle Sozialarbeiter mag an fachlichen Argumenten in seinem Feld reflektieren und prüfen, welchem Modell einer theoretischen Differenzierung der Mandate er in der kritischen Reflexion seines beruflichen Handelns zuneigt und was für ihn die angemessene Entscheidung zum fachlich Möglichen bedeutet. Die aufgezeigte historische Entwicklung der Modelle ist auch Ausdruck einer Professionsentwicklung, die Bezug nimmt auf zum Teil widersprüchliche Beauftragungen, die es gilt, in der Rolle als Sozialarbeiter/Sozialpädagoge zu bewältigen. Daraus resultieren professionelle Anforderungen, die der Sozialarbeiter in und mit seinen Entscheidungen feld- und fallbezogen berücksichtigen und professionell reflektieren muss.

Hier wurden zu dem Handlungsfeld der Strafjustiz detaillierte Überlegungen formuliert, die zu dem Schluss kommen, dass insbesondere das Tripelmandat in der Straffälligenhilfe und hier insbesondere im Strafvollzug eine professionelle, auf Hilfe ausgerichtete Soziale Arbeit fast unmöglich macht. Besonders problematisch wird es dann, wenn Sozialarbeiter in Anstaltsleitungsfunktionen gehen und so, strukturell betrachtet, noch deutlicher Teil eines strafenden Systems werden.

4 Kriminalitätstheorien

Der Begriff Theorie wird sehr unterschiedlich verwendet (vgl. z. B. Tittle 1997). Dewe und Otto verstehen darunter ein »System von intersubjektiv überprüfbaren, methodisch gewonnenen, in einem konsistenten Zusammenhang formulierten Aussagen über einen definierten Sachverhalt« (Dewe/Otto 2001: 1968).

> »Mit einer Theorie wird versucht, die Wirklichkeit systematisch und nach bestimmten Prinzipien zu beobachten und zu erklären, indem Gesetzmäßigkeiten und Schlussfolgerungen formuliert und Vorhersagen getroffen werden« (Sandberg 2012: 25).

In diesem Kapitel stehen Modelle zur Beschreibung und Erklärung von »Kriminalität« im Mittelpunkt, auch wenn sie strengen Kriterien an eine Theorie nicht ganz entsprechen sollten.

Eine Behandlung aller verfügbaren Theorien schließt sich schon aufgrund der gewaltigen Anzahl aus (vgl. z. B. Feltes/Fischer 2014). »Es gibt eine kaum übersehbare Zahl an Theorien oder Modellen zur Entstehung von Kriminalität« (Höynck 2014: 52).

Hinzu kommen zahlreiche Theorien, die sich mit »abweichendem Verhalten« im Allgemeinen[3], mit konkreten Formen von »Kriminalität« oder bestimmten Tätergruppen befassen.

Die meisten der hier thematisierten Theorien sind Theorien mittlerer Reichweite, die nicht den Anspruch haben, allgemeine Theorien zu sein, die das Phänomen in seiner Komplexität ganz erklären wollen (Oberlies 2013).

Die Theorien lassen sich unterschiedlichen wissenschaftlichen Disziplinen wie Psychologie und Soziologie, aber auch Biologie, Ökonomie oder Politologie zuordnen, die jeweils ihre ureigene Perspektive mit einbringen (Höynck 2014). Auch lassen sie sich verschiedenen Theorieschulen zuordnen (Lindenberg 2014). Heute gängige Theorien bauen auf einem jahrhundertealten Wissensbestand und einer langen Tradition theoretischer Konzepte auf, grenzen sich von älteren Theorien ab oder erweitern sie. Theorien sind aber auch »Kinder ihrer Zeit« und geprägt von Zeitgeist, Weltanschauungen, sozialen Bewegungen und jeweils als problematisch empfundenen Situationen (Dollinger/Raithel 2006). Dies alles erschwert eine Klassifizierung und Einteilung in Theoriegruppen beträchtlich (Lamnek 2001).

---

3 Der Begriff des abweichenden Verhaltens (auch Devianz) wird in der Soziologie bevorzugt und bezieht sich auf alle Verhaltensweisen, die sozialen Normen widersprechen. ›Kriminalität‹ stellt damit einen Sonderfall abweichenden Verhaltens dar, den Verstoß gegen strafrechtliche Normen (vgl. z. B. Schwind 1995, Jeffery 1960).

Im folgenden Kapitel werden Theorien anhand zentraler Konzepte und Erklärungsstrategien unterschieden, wobei diese Gliederung nicht immer ganz trennscharf ist. Es wird also nicht der sonst häufig zu findenden Differenzierung nach Disziplinen und Schulen oder der Unterscheidung zwischen eher sozialstrukturellen und eher individuumszentrierten Ansätzen gefolgt (vgl. z. B. Höynck 2014, Peters 1997, Lamnek 2001, Schneider 1997, Dollinger/Raithel 2006, Albrecht 2005).

Jeder Versuch, Theorien in ein strenges Klassifikationsschema zu pressen, ist problematisch und führt zu Verzerrungen (vgl. Cohen 1968a, Jeffery 1960). Jede Einteilung ist zwangsläufig eine Vereinfachung (Dollinger/Raithel 2006). Dies trifft auch für die hier gewählte Unterscheidung zu.

Auswahlkriterium für die behandelten Theorien ist ihre Bedeutung für die Kriminologie sowie ihre potentielle Relevanz für Soziale Arbeit und Straffälligenhilfe. Die Auseinandersetzung mit den Stärken und Schwächen beschränkt sich teilweise auf eine plakative Kurzkritik. Dabei wird auch auf die empirische Bestätigung eingegangen. Ein besonderer Fokus wird auf die praktische Bedeutung der Theorien, insbesondere für die Soziale Arbeit gelegt.[4]

4.1 Kriminalität von pathologischen und andersartigen Täter(inne)n

Warum begeht eine Person »Straftaten«? Warum wird jemand »kriminell«? Diese Fragen lassen sich denkbar heterogen beantworten.

Eine mögliche Antwort besteht darin, »Straftäter(innen)« als böse, unmoralisch oder krank zu betrachten. Wer Straftaten begeht, unterscheidet sich demnach grundlegend von normalen, gesetzestreuen Bürgern. Es wird eine klare Trennlinie zwischen gut und böse, gesund und krank gezogen, zwischen »uns« und den Anderen, Gefährlichen, »Kriminellen«. »Straftäter [werden] als eine völlig andersartige Spezies bedrohlicher, gewalttätiger Individuen behandelt, für die wir keinerlei Mitgefühl empfinden können« (Garland 2008: 251).

Garland spricht in diesem Zusammenhang von einer »Kriminologie des Anderen, des bedrohlichen Außenseiters, des angsteinflößenden Fremden« (ebd.: 253, vgl. auch Böhm 2007). Dieser Kriminologie sind heterogene Erklärungsansätze zuzuordnen, deren Gemeinsamkeit es ist, »den Verbrecher als psychisch, kulturell, rassisch andersartig, als Fremden, als Bestie sehen« (Hess 2007: 12).

---

4 Die Darstellung von Theorien zu Zusammenhängen zwischen Geschlecht/Gender und ›Kriminalität‹ oder Kriminalisierung war in diesem Rahmen nicht möglich.

4.1.1 Dämonologische Erklärung

Schon vor der Entstehung von Kriminalitätstheorien im eigentlichen Sinne wurde eine solche Sichtweise vertreten. Bis ins 18. Jahrhundert hinein wurden »Verbrechen« dämonologisch erklärt. Das Böse in der Welt wurde auf Mächte aus dem Jenseits, auf diabolische Einflüsse zurückgeführt. »Übeltäter« hatten sich demnach mit dem Teufel eingelassen, von Gott und seinen Geboten abgewandt. Eine Unterscheidung zwischen Sünde und »Kriminalität« wurde nicht getroffen, Hexerei und Gotteslästerung im gleichen Schema betrachtet wie Raub oder Mord. Als Ausgangspunkt fungierte die Annahme, dass sich alle Spielarten des Unmoralischen, Bösen und Sündigen der irdischen Einflussnahme verschließen und nicht aus dem Diesseits heraus zu erklären sind (vgl. z. B. Lamnek 2001, Eifler 2002, Giesen 1983).

> Schon seit der Aufklärung gilt diese Betrachtungsweise allerdings als überholt (vgl. z. B. Lamnek 2001, Eifler 2002). Dennoch spielt die Vorstellung vom unerklärlichen Bösen im Alltagsverständnis von »Kriminalität« durchaus noch eine Rolle (vgl. z. B. Böhm 2007, Pilgram/Prittwitz 2004). Archaische Vorstellungen vom Bösen werden etwa im Kontext von Terrorismus wiederbelebt (Scheerer 2003).

4.1.2 Anthropologische Schule und neue biologische Ansätze

Auch die sogenannte anthropologische Schule der Kriminologie unterscheidet grundsätzlich zwischen »Kriminellen« und »Normalen« (Kunz 2010). Seit dem späten 19. Jahrhundert werden Besonderheiten von »Verbrecher(inne)n« mit Hilfe naturwissenschaftlicher Methoden erforscht. Dabei wurden v. a. biologische Unterschiede identifiziert, die das menschliche Verhalten determinieren (Lamnek 2001, Jeffery 1960).

Begründet wurde diese Schule von Lombroso, der von der Existenz »geborener Verbrecher« ausging, die anhand äußerer Merkmale erkennbar sind.

> »Diebe haben im allgemeinen sehr bewegliche Gesichtszüge und Hände; ihr Auge ist klein, unruhig, oft schielend; die Brauen gefältet und stoßen zusammen; die Nase ist krumm oder stumpf, der Bart spärlich, das Haar seltener dicht, die Stirn fast immer klein und fliehend, das Ohr oft henkelförmig abstehend« (Lombroso 1894: 229).

Verbrecher galten als Atavismen, als Rückfall in eine frühere, unzivilisierte Stufe der Evolution des Menschen (Lamnek 2001, Person 2005). Menschen mit diesen Merkmalen werden über kurz oder lang unweigerlich »Straftaten« begehen (Person 2005). Schon Lombroso ging aber davon aus, dass nicht alle »Straftäter(innen)« zu diesem besonders problematischen Typus zählen. Lombroso verweist auch auf Kriminaloide mit weniger ausgeprägten physischen Merkmalen, auf Leidenschafts- und Gelegenheitsverbrecher (Christianson 1977).

> Lombrosos Modell beruht auf empirischen Vergleichsstudien, die heutigen Qualitätskriterien nicht entsprechen. Seine Thesen wurden schon früh hinterfragt, seine Befunde galten schon bald als widerlegt (Lamnek 2001, Schneider 1977b, Cohen 1968a).
>
> »Seine Arbeiten können wegen ihres stereotypisierenden biologischen Determinismus heute nur noch wissenschaftshistorisch gelesen werden und haben – auch wenn inzwischen Tendenzen der Re-Biologisierung unübersehbar sind – keine aktuelle Relevanz« (Klimke/Legnaro 2016: 2).
>
> Die Grundannahme eines grundsätzlichen Unterschieds zwischen »Kriminellen« und normalen Menschen, der sich auch an körperlichen Besonderheiten festmachen lässt, spielte aber noch lange eine gewichtige Rolle (Schneider 1977b) und erlebt gerade eine Renaissance (vgl. z. B. Klimke 2010).

Im 20. Jahrhundert wurde ein Zusammenhang zwischen »Kriminalität« und *Konstitutionstypen*, d. h. typischen Formen des Körperbaus, hergestellt. Dabei wurde jedem Konstitutionstypus nicht nur ein bestimmtes psychisches Temperament zugewiesen, sondern auch eine Neigung zur Begehung von bestimmten Delikten (Lamnek 2001, vgl. auch Kretschmer 1977, Eysenck 1977). Eine erhöhte »kriminelle« Belastung wurde athletisch gebauten Menschen zugeschrieben (vgl. z. B. Knecht 2003).

> Kritisch ist anzumerken, dass mit Stereotypen gearbeitet wird, die Forschungsmethoden Mängel aufweisen, die Erklärungen tautologisch erscheinen und die entstandenen Klassifikationen von geringem Erkenntniswert sind. Konstitutionstypen gelten als Kriminalitätstheorie in Deutschland seit Jahrzehnten als überholt, sind in anderen Ländern aber noch eine gängige Erklärung (Lamnek 2001, Schneider 1977b).

Aktuell richtet sich das Forschungsinteresse auf den Einfluss von Chromosomen, Neurotransmittern und Hormonen.

- Der Verdacht, dass ein überzähliges X- oder Y-Chromosom bei Männern mit »Kriminalität« in Verbindung steht, ließ sich nicht erhärten (vgl. z. B. Schwind 1995, Lamnek 2008). Aktuell gilt das Interesse dem Zusammenhang zwischen »Kriminalität« und bestimmten Gen-Ausprägungen, die für den Hormonspiegel und die Ausschüttung von Neurotransmittern relevant sind (vgl. z. B. Piefke/Markowitsch 2010, Fishbein 1998).
- Neurotransmitter werden mit »Kriminalität« in Verbindung gebracht. Insbesondere Abweichungen im Dopamin-, Serotonin- und Noradrenalin-Haushalt gelten dabei als »kriminogen« oder gewaltfördernd (vgl. z. B. Roth 2001, Piefke/Markowitsch 2010).
- Untersuchungsgegenstand sind nach wie vor Zusammenhänge zwischen Hormonen und menschlichem Verhalten. Sowohl männliche wie auch weib-

liche Geschlechtshormone wurden mit »Kriminalität« in Verbindung gebracht (vgl. z. B. Köhler 2012). In jüngster Zeit gilt die Aufmerksamkeit vor allem Androgenen und insbesondere dem Zusammenhang zwischen Testosteron und Gewalt (vgl. z. B. Piefke/Markowitsch 2010).

> Bei »Gewalttäter(inne)n« wurden genetisch bedingte Variationen der Neurotransmitter festgestellt (Kreissl/Steinert 2010). Es existiert aber kein »Kriminalitätsgen« oder Aggressionsgen, das für ein bestimmtes Verhalten verantwortlich wäre: Beteiligt ist immer eine Vielzahl von Genen, die interagieren (Fishbein 1998, Vila 1998, Lamnek 2008).
> Nachweisen lassen sich Korrelationen zwischen dem Spiegel von Neurotransmittern und Emotionen, Aggressivität, Impulsivität oder Drogenkonsum. Auch hier sind die Kausalitäten unklar (Roth 2001, Fishbein 1998, Lamnek 2008).
> Studien haben bei gewalttätigen »Straftäter(inne)n« einen deutlich erhöhten Testosteron-Spiegel nachgewiesen. Untersuchungen zur Allgemeinbevölkerung sind weniger aussagekräftig, auch ist die Kausalität unklar (Roth 2001, Lamnek 2008).

In den letzten Jahren liefern die *Neurowissenschaften* Hinweise auf den Einfluss von Hirnfunktionen und neuronaler Erregung. Lokalisiert wurden Hirnareale, die mit Emotionen, Verhalten und bestimmten Wesenszügen assoziiert sind (Lamnek 2008, Bauer 2006). Eine besondere Rolle spielen demnach präfrontaler Cortex und Amygdala (vgl. z. B. Roth 2001). Hirnverletzungen in Folge von Krankheit oder Unfällen werden mit Gefühlsblindheit und Veränderungen der Persönlichkeit in Verbindung gebracht (vgl. z. B. Piefke/Markowitsch 2010).

Angenommen wird auch, dass ein untererregtes autonomes Nervensystem mit einem höheren Bedürfnis nach externer Stimulierung einhergeht, das schwierig zu befriedigen ist (Fishbein 1998).

Empathiefähigkeit wird mit der Funktion von Spiegelneuronen in Verbindung gebracht. Diese werden auch aktiv, wenn eine Handlung nur beobachtet wird. Sie ermöglichen das intuitive Verstehen der Handlungen anderer Personen und sind Voraussetzung für Empathie und Mitleid. Sie entwickeln sich durch individuelle Zuwendung und spiegelnde Rückmeldungen von Bezugspersonen in der frühen Kindheit (Bauer 2006, Lamnek 2008).

Einige Neurowissenschaftler gehen soweit, den freien Wille des Menschen als Illusion abzutun und somit auch Schuld und strafrechtliche Verantwortung in Frage zu stellen (Roth 2001, Piefke/Markowitsch 2010, vgl. auch Kunz 2010, Eifler 2010a, Lamnek 2008). Es wird davon ausgegangen, dass physiologische Vorgänge die eigentliche Ursache für »kriminelles« Handeln sind. Mentale Prozesse, wie Bewertungen und Entscheidungen, werden auf neurologische Prozesse reduziert, soziales Handeln unmittelbar auf diese körperlichen Abläufe zurückgeführt (Eifler 2010a).

4.1 Kriminalität von pathologischen und andersartigen Täter(inne)n

> Im Tierversuch kann durch die Stimulation bestimmter Hirnareale Aggression künstlich erzeugt werden (Fishbein 1998, Markowitsch/Piefke 2010).
> Studien belegen in Einzelfällen bei Hirnverletzungen oder krankheitsbedingten Schädigungen Gefühlsblindheit und Veränderungen der Persönlichkeit (vgl. z. B. Piefke/Markowitsch 2010, Weber-Papen 2012, Lamnek 2008). Gerade bei »Gewalt- und Wiederholungstäter(inne)n« ließen sich Hirnanomalien feststellen (Roth 2001, Piefke/Markowitsch 2010).
> Die Wirkung von Spiegelneuronen ist empirisch gut belegt (Bauer 2006, Lamnek 2008).
> Das Libet-Experiment wies nach, dass im Hirn schon Aktivitäten zu messen sind, bevor Menschen bewusst eine Entscheidung treffen. Der Nachweis, dass freier Wille eine Illusion ist, wurde damit aber nicht erbracht (Roth 2001). Die Annahme, dass ein Großteil von Handlungen im Alltag ohne reflexive Bewusstseinsleistung abläuft, ist durchaus plausibel. Hier erscheint es auch sinnvoll, neurokognitive Mechanismen zu analysieren (Kreissl/Steinert 2010).

Nachdem biologische Kriminalitätserklärungen zumindest im deutschsprachigen Raum lange Zeit ein Schattendasein führten (vgl. z. B. Kunz 2004a, Ostendorf 2010e), erfreuen sie sich inzwischen wieder einer großen Popularität (vgl. z. B. Kreissl/Steinert 2010, Kunz 2010, Höynck 2014). So wird sogar von einem »biological turn« gesprochen (Klimke 2010: 218).

Die Annahme einer völligen Determination menschlichen Verhaltens durch biologische Merkmale, wie sie etwa von Lombroso vertreten wurde (Person 2005, Cohen 1968a), wird inzwischen abgeschwächt: Nicht alle Personen mit bestimmten Merkmalen verhalten sich automatisch »kriminell«. Bestimmte Merkmale haben eine »kriminogene« Wirkung, sind also mit einer größeren Wahrscheinlichkeit von Straftaten verbunden (Böllinger 2010a).

Ob und in welchem Umfang eine Person Straftaten begeht, hängt demnach nicht nur von angeborenen oder erworbenen biologischen Faktoren ab, sondern auch von Umweltfaktoren (Fishbein 1998, Piefke/Markowitsch 2010, vgl. z. B. auch Ostendorf 2010e, Lamnek 2008). So gilt das Gehirn als besonders soziales Organ, das stark von Umwelteinflüssen geprägt ist (Piefke/Markowitsch 2010, Lamnek 2008, Kreissl/Steinert 2010). Auch wird davon ausgegangen, dass Gene teilweise erst durch Umwelteinflüsse aktiviert werden und zwischen Genen und Umweltfaktoren komplexe Wechselbeziehungen bestehen (vgl. Kunz 2010, Lautmann 2010, vgl. auch Fabricius 2010, Asendorpf 2010). Besonders problematische Verhaltensweisen sind zu erwarten, wenn negative biologische Faktoren mit problematischen Umwelteinflüssen zusammenfallen (vgl. z. B. Roth 2001, Piefke/Markowitsch 2010).

> Die Annahme einer biologischen Bestimmbarkeit des Bösen übt offensichtlich einen großen Reiz aus (Kunz 2010). Verändert hat sich seit der Zeit

Lombrosos nicht der Grundgedanke, sondern nur das Instrumentarium und die Art der biologischen Andersartigkeit, die »Kriminelle« auszeichnen soll.

»Im Rückblick scheint eine kontinuierliche ›Verinnerlichung« jener körperlichen Zeichen feststellbar, die die Seele bzw. den Charakter lesbar machen: Vom Schädel über die Nervenzelle des Gehirns bis zur Drüse, deren Sekrete den Blutchemismus des gesamten Körpers regulieren, verschwinden die eigentlichen Erklärungsinstanzen wieder im Körper selbst« (Person 2005: 244).

Auch neuere Ansätze folgen aber dem Archetypus des gefährlichen, andersartigen Menschen (Althoff 2010).

Die Frage nach dem Einfluss der Gene und der Rolle von Umweltfaktoren lässt sich wohl nicht abschließend beurteilen. Zwillings- und Adoptionsstudien liefern Hinweise darauf, dass genetische Faktoren für das Verhalten und strafbare Handlungen durchaus eine Rolle spielen (vgl. z. B. Fishbein 1998, Lamnek 2008, Schwind 1995). Die Aussagekraft der Ergebnisse ist aufgrund der angewandten Methoden aber begrenzt (vgl. z. B. Lautmann 2010, Cohen 1968a, Hoeck-Gradenwitz 1977).

Biologische Annahmen zur Entstehung von »Kriminalität« stützen sich auf empirische Studien (Kunz 2010). Enorme Datensammlungen liegen vor, können aber allenfalls einen Zusammenhang zwischen biologischen Variablen und »kriminellem« Verhalten aufzeigen. In vielen Fällen ist die Datenlage nicht eindeutig. Korrelationen sagen noch nichts über eine kausale Beziehung zwischen körperlicher Auffälligkeit und »Kriminalität« aus (vgl. z. B. Eifler 2010a, Bauer 2006, Kunz 2010, Lamnek 2008). Einfache Kausalzusammenhänge sind nicht anzunehmen (vgl. Klimke 2010, Kreissl/Steinert 2010).

Dass die gleichen biologischen Faktoren für so unterschiedliche Phänomene wie interpersonelle Gewalt, Steuerhinterziehung und Anbau illegaler Drogen verantwortlich sein sollen, überzeugt wenig (Althoff 2010, vgl. schon Cohen 1968a). Was als »Kriminalität« betrachtet wird und welche Straftatbestände definiert sind, ist historisch variabel und kulturabhängig und daher nicht rein biologisch erklärbar (Kunz 2010, Giehring 2010, Fishbein 1998, Lamnek 2008, Althoff 2010). Viele Aussagen beziehen sich nur auf spezielle Phänomene, die etwa mit Aggression oder fehlender Empathie verbunden sind, behaupten also erst gar nicht, abweichendes Verhalten oder »Kriminalität« im Allgemeinen zu erklären (vgl. z. B. Höynck 2014, Piefke/Markowitsch 2010).

Nicht auszuschließen ist, dass die erfassten biologischen Faktoren weniger mit der Begehung strafbarer Handlungen in Verbindung stellen, sondern vielmehr mit einem erhöhten Kriminalisierungsrisiko verbunden sind (Fishbein 1998, Sack 2016).

Die scheinbar leichte Diagnostizierbarkeit objektiver Tatsachen (Klimke 2010) macht den Reiz dieser Ansätze aus. Biologische Ansätze können aber nicht erklären, warum sich Menschen mit problematischen körperlichen Merkmalen nicht durchweg abweichend verhalten (vgl. z. B. Kunz 2010). Wird das Spektrum möglicher Auffälligkeiten sehr breit angelegt, dürfte bei jeder Person eine solche Auffälligkeit festzustellen sein, so dass die Erklärung ins Leere läuft. Werden nur einige wenige Auffälligkeiten als Risikofaktoren betrachtet, werden sich viele Personen ohne entsprechende Auffälligkeit finden, die dennoch straffällig werden (Lamnek 2008).

Es erscheint wenig plausibel, menschliches Verhalten als völlig biologisch bestimmt zu betrachten und das Individuum auf seinen Körper zu reduzieren (vgl. z. B. Kreissl/Steinert 2010, Lamnek 2008, Eifler 2010a). Gleichzeitig ist es auch nicht überzeugend anzunehmen, dass Biologie oder der Körper gar keine Rolle spielen. Auch Willensakte und geistige Tätigkeiten sind keine rein geistigen Vorgänge, sondern untrennbar mit physiologischen Aktivitäten verbunden (Roth 2001, Kreissl/Steinert 2010).

Ansätze, die »Kriminalität« auf biologische oder medizinische Faktoren zurückführen, implizieren einen ganz eigenen Umgang mit »Kriminalität« und abweichendem Verhalten (vgl. z. B. Vila 1998).

Wird von vollständiger Determination durch biologische Merkmale ausgegangen und werden Menschen als Spielbälle ihrer biologischen Anlagen betrachtet, dann trifft einzelne »Täter(innen)« keine Schuld für ihr Verhalten (Hess 2010, Lamnek 2008). Ihnen könnte nicht länger vorgeworfen werden, dass ihnen eine alternative Handlung möglich gewesen wäre. »Hinter diesem Vorwurf steht das so genannte Schuldstrafrecht: Keine Strafe ohne persönliche Schuld« (Ostendorf 2010d). Damit wäre Bestrafung nicht gerechtfertigt (Fishbein 1998, Giehring 2010). Dagegen wird argumentiert, dass strafrechtliche Verantwortung ein soziales Konstrukt ist, das auf juristischen Absprachen und gesellschaftlichen Vereinbarungen beruht. Es wird einfach grundsätzlich davon ausgegangen, dass Menschen verantwortlich sind und daher auch zur Verantwortung gezogen werden können, mit neurologischen Prozessen hat das dann wenig zu tun (Althoff 2010, Oberlies 2013, Hess 2014, Roth 2001, Merkel 2008).

Deterministische Ansätze legen es nahe, (zukünftige) »Straftäter(innen)« frühzeitig zu identifizieren und – soweit möglich – zu therapieren (Böllinger 2010a, Hess 2010). Die Hoffnung auf schnelle, effektive medikamentöse Heilung (Höynck 2014) macht biologisch orientierte Theorien attraktiv. Die Therapierbarkeit von physischen Auffälligkeiten wird dabei aber sehr unterschiedlich eingeschätzt und hängt vom Störungsbild ab (vgl. z. B. Böllinger 2010a, Dreßing 2010, Piefke/Markowitsch 2010, Bauer 2006). In einem medizinischen Behandlungsmodell käme der Sozialen Arbeit nur eine Hilfsfunktion zu (Höynck 2014).

Sinnvoll erscheinen auch Maßnahmen, die Straftaten durch vorbeugende Sicherung der »Täter(innen)« zum Schutz der Allgemeinheit verhindern (Kunz 2010, Böllinger 2010a, vgl. auch Böhm 2007). Die vorbeugende Neutralisierung zukünftiger »Straftäter(innen)« könnte auch schon in der Kindheit ansetzen (Klimke 2010, Piefke/Markowitsch 2010, kritisch dazu Hess 2010). Schutzmaßnahmen erscheinen geradezu unvermeidlich, wenn es bereits zur Straftat gekommen ist. Hier wäre insbesondere an die Maßregel der Sicherungsverwahrung zu denken, die dabei geeignete Behandlungsangebote beinhalten sollte (Merkel/Roth 2010).

Körperliche Anomalien führen nicht in allen Fällen zu abweichendem Verhalten. Sichere Prognosen zu Gefährlichkeit und zukünftigen Straftaten sind nach wie vor nicht möglich (vgl. Egg 2012, Pfäfflin/Lamott 2010). Die Gefahr, potentiell gefährliche Personen im Zweifelsfall zum Schutz der Allgemeinheit in Verwahrung zu nehmen, ist groß, eine Tendenz zur »Übersicherung« droht (Giehring 2010: 3).

Denkbar wäre auch eine Verhinderung von Straftaten durch verstärkte Überwachung potentieller »Täter(innen)« (Kunz 2010). Hess (2010) kann frühzeitiger Beratung, Überwachung und Aufmerksamkeit für gefährdete und potentiell gefährliche Personen sogar etwas Positives abgewinnen.

Auch Giehring (2010) erhofft sich eine positive Veränderung von Einstellungen gegenüber »Täter(inne)n«, weniger aggressive Tendenzen und eine Aufwertung von Unterstützung und Hilfe. Andere Autoren befürchten, dass Erziehung und Resozialisierung durch reines Wegsperren gefährlicher Individuen ersetzt werden, dass es zu einer Rationalisierung von Sicherungsmaßnahmen kommt, dass Zweckrationalität sich verselbständigt und eine Logik des Sachzwangs die gesellschaftliche Bewältigung sozialer Probleme ersetzt (Klimke 2010, Böllinger 2010a).

Raum für Soziale Arbeit lassen nur jene Theorien, die »nur« von »kriminogenen« biologischen Faktoren ausgehen. Eine erhöhte »kriminelle« Neigung kann durch Umweltfaktoren kompensiert werden, »ein protektives soziales Umfeld kann ausgleichend auf ungünstige genetische Dispositionen wirken« (Piefke/Markowitsch 2010: 47). Hier könnte das Aufgabenfeld der Sozialen Arbeit also in einer Verbesserung des sozialen Umfeldes und gezielter Förderung von Personen mit erhöhter »krimineller« Neigung liegen. Als sozial ungünstige Faktoren gelten etwa Gewalt und Missbrauch im Elternhaus, Armut, emotionale oder soziale Deprivation, mangelhafte Erziehung und Schulbildung oder Suchtmittelkonsum (Piefke/Markowitsch 2010). Darüber hinaus wären in der Kindheit Bedingungen dafür zu schaffen, dass Kinder sich angemessen entwickeln, dass etwa Spiegelneuronen entwickelt und genutzt werden (Bauer 2006).

Ein deterministisches Selbstbild bei Straffälligen erscheint nicht wünschenswert. Sich als Spielball physischer Merkmale und Prozesse zu betrachten, ist eine gute Ausrede für eigenes Fehlverhalten (vgl. z.B. Giehring 2010) und hat wenig mit dem Menschenbild eines sozial eingebundenen Individuums mit Fähigkeit zur Autonomie zu tun, von dem Soziale Arbeit ausgeht (DBSH 2014). Angenommen wird, dass sich eine Person so oder auch anders verhalten könnte (Oberlies 2013). Das Augenmerk der Sozialen Arbeit richtet sich daher vor allem auf psychosoziale Grenzen und Bedingungen des Handelns. Körperliches wird weitgehend ausgeblendet. Dabei erscheint es durchaus plausibel, physiologische Faktoren in die Betrachtung von sozialem Handeln einzubeziehen: Der Mensch ist ein körperliches Wesen, biologische und soziale Faktoren schließen sich nicht aus. Körper und Soziales sind Aspekte einer jeden Handlung, begrenzen und ermöglichen sich gegenseitig (Kunz 2010, Kreissl/Steinert 2010).

Die Betrachtung von »Kriminalität« als Folge von »Krankheit« erscheint auf den ersten Blick vielleicht recht human und mitfühlend (Cohen 1968a). »Die Gesundung eines Kranken anzustreben, entzieht sich jeder Kritik« (Neumann/Schroth 1980: 29). Eine solche Rahmung legitimiert aber Reaktionen, die massive Eingriffe bedeuten, als Heilung oder Hilfe für den Kranken aber gerechtfertigt erscheinen. Auch wenn Kranken kein Schuldvorwurf gemacht werden kann, bedeutet die Pathologisierung eine massive Stigmatisierung und moralische Herabstufung. Es handelt sich keinesfalls um eine objektive, wertneutrale Beschreibung (Neumann/Schroth 1980). Nicht ohne Grund würden viele »lieber für schlecht oder moralisch defekt als für seelisch krank gehalten werden« (Cohen 1968a: 69).

4.1.3 Kriminalpsychologische Ansätze

4.1.3.1 »Kriminelle« Persönlichkeit

Auch einige psychologische Theorien gehen von einer Andersartigkeit von »Straftäter(inne)n« aus. Straffällige unterscheiden sich demnach in ihrer Persönlichkeit von gesetzestreuen Personen, sie weisen ungünstige Merkmale auf, die mit einer stärkeren »kriminellen« Neigung verbunden sind.

Merkmale wie geringe Frustrationstoleranz, Impulsivität und Risikoneigung gelten als »kriminogen«. Auch Gegenwartsorientierung, niedriger IQ, negatives Selbstkonzept, Erregbarkeit oder externale Kontrollüberzeugung werden mit verstärkter Kriminalitätsneigung in Zusammenhang gebracht (vgl. z. B. Kunz 2004a, Kaiser 1996, Fishbein 1998, Micus 2002).

Nach Eysenck weisen »Straftäter(innen)« höhere Werte von emotionaler Unabhängigkeit (Psychotizismus), Extraversion und emotionaler Labilität (Neurotizismus) auf. Dies erschwert es ihnen, konformes Verhalten zu erlernen. Die ungünstigen Persönlichkeitsmerkmale werden dabei auch auf biologische Faktoren zurückgeführt (Eysenck 1977, vgl. auch Lamnek 2001, 2008, Kunz 2004a).

Stark diskutiert wird der Einfluss von Aggressivität. Der Begriff bezeichnet in der Regel eine über verschiedene Situationen hinweg bestehende Verhaltensneigung, teilweise wird diese als Merkmal der Persönlichkeit betrachtet (vgl. z. B. Myers 2014, Marneros 2007, Asendorpf 2007). Die Argumentation ist einfach: Aggressive Menschen neigen zu Aggression, diese kann auch Formen annehmen, die gegen Strafnormen verstoßen. Menschen, die Gewaltdelikte begehen, weisen grundsätzlich eine erhöhte Aggressivität auf (vgl. z. B. Wahl 2013, Höynck 2014).

Kritisch ist anzumerken, dass Persönlichkeitsunterschiede in aller Regel anhand von Insassen des Strafvollzugs und einer Vergleichsgruppe erhoben wurden. Sie treffen also nur auf eine ganz bestimmte Gruppe von Personen zu, die wegen strafbarer Handlungen zu einer stationären Sanktion verurteilt wurden (Lamnek 2001, Cohen 1968a).

Darüber hinaus stimmen die jeweils als relevant identifizierten Persönlichkeitsmerkmale nicht überein (Lamnek 2001, vgl. auch Schuessler/Cressey 1950, Waldo/Dinitz 1967). Die Erklärung über Persönlichkeitsmerkmale ist daher zu unsystematisch (Schneider 1977b). In der Regel wird nicht erläutert, wieso bestimmte Persönlichkeitsmerkmale eine »kriminogene« Wirkung haben sollen (Höynck 2014). Es überzeugt nicht, eine isolierte Handlung als Ausdruck der Persönlichkeit zu betrachten (Erikson 1978). Erklärt wird auch nicht, wie Persönlichkeitsmerkmale entstehen und warum nicht alle Personen mit bestimmten Merkmalen gleichermaßen auffällig werden (Lamnek 2001, vgl. auch Cohen 1968a). Viel spricht dafür, dass Persönlichkeitsmerkmale stark von der Art des Delikts abhängen. Je nach Delikt werden Straftaten eher von extrovertierten oder aber von introvertierten Personen begangen (Schneider 1977b).

Kriminalpsychologie Ansätze, die auf besondere Merkmale von »Straftäter(inne)n« abheben, lassen sich als »theorielos und wenig erklärungskräftig« (Lamnek 2001: 93) und als veraltet und gescheitert bezeichnen (Höynck 2014, Schneider 1977a). In Alltagstheorien dürften sie aber nach wie vor eine große Rolle spielen.

Folgt man der Annahme einer kriminogenen Persönlichkeit, kann Soziale Arbeit durch eine positive Beeinflussung sozialer Faktoren dazu beitragen, dass sich eine vorhandene (persönlichkeitsbedingte) »kriminelle« Neigung nicht in konkreten Straftaten ausdrückt.

Wo biologische Faktoren die Persönlichkeit bestimmen, kann versucht werden, diese medikamentös zu beeinflussen (Eysenck 1977, Lamnek 2008). Persönlichkeit gilt nach gängiger Meinung aber als (auch) von Umwelteinflüssen geprägt (Fishbein 1998, vgl. z. B. auch Cervone et al. 2005). Somit lässt sich durch Beeinflussung der Umwelt auch die Entwicklung »kriminogener« Persönlichkeitsmerkmale beeinflussen. Mit zunehmendem Alter stabilisiert sich die Persönlichkeit, sie ist also insbesondere in der Kindheit und der Jugendphase durch Erziehung noch stark beeinflussbar. Auch im weiteren Lebensverlauf sind Veränderungen aber prinzipiell möglich (vgl. z. B. Asendorpf 2007).

In der Sozialen Arbeit ist die Zuschreibung von Persönlichkeitsmerkmalen nicht unüblich. Diese stellen eine bequeme Erklärung für strafbare Handlungen dar, die dann auf individueller Ebene bearbeitet werden können (vgl. Höynck 2014). Das macht diesen Erklärungsansatz aber nicht plausibler.

4.1.3.2 »Kriminalität« aufgrund psychischer Krankheit

»Kriminalität« wird außerdem mit einer ganzen Reihe von psychischen Erkrankungen in Verbindung gebracht. So wird teilweise die Position vertreten, dass ein Großteil der schweren »Kriminalität« von Personen mit gravierenden psychischen Störungen begangen wird (vgl. z. B. Böllinger 2010b).

Abweichendes Verhalten wird mit bestimmten Persönlichkeitsstörungen in Verbindung gebracht.

- Bei der Diagnose der *antisozialen oder dissozialen Persönlichkeitsstörung* spielen strafbare Handlungen eine entscheidende Rolle.[5] Diagnosekriterien sind u. a. die Missachtung der Rechte anderer, die Unfähigkeit, sich an soziale Normen anzupassen, oder eine Diskrepanz zwischen herrschenden sozialen Normen und eigenem Verhalten (vgl. z. B. Remschmidt et al. 2001, Saß et. al. 1998). Wer sich dauerhaft normabweichend verhält, und insbesondere wiederholt »straffällig« wird, leidet demnach unter dieser Persönlichkeitsstörung.
- Das lange als veraltet geltende Krankheitsbild des Psychopathen (Baumann 2010, Müller 1973, Hare/Neumann 2008) erlebt gerade unter der Bezeichnung *Psychopathy* eine Renaissance (Böllinger 2010b, Pollähne 2010). »Psychopathy« spielt in der Praxis bereits eine beträchtliche Rolle, ist aber kein in ICD 10 oder DSM-V erfasstes Krankheitsbild (vgl. z. B. Nedopil/Müller 2012). Hare benennt als Merkmale von Psychopathen u. a. oberflächlichen Charme, übersteigertes Selbstwertgefühl, Bedarf an Stimulation, pathologisches Lügen, manipulatives Verhalten, Mangel an Schuldgefühl, oberflächliche Gefühle, Mangel an Empathie, unzureichende Verhaltenskontrolle, Impulsivität, Verantwortungslosigkeit, »Jugendkriminalität« und »kriminelle« Vielseitigkeit (Hare 2003, vgl. auch Habermeyer/Herpertz 2005, Pollähne 2010). Grundsätzlich wird hier aber davon ausgegangen, dass Psychopathie nicht automatisch Straffälligkeit bedeutet und viele Psychopathen etwa in Führungspositionen der Wirtschaft erfolgreich sind (vgl. Babiak/Hare 2007).
- Die *Störung des Sozialverhaltens*, ist laut ICD-10 über häufiges Streiten mit Erwachsenen, Grausamkeit gegenüber anderen Menschen oder Tierquälerei, Destruktivität gegenüber Eigentum, Feuerlegen, Stehlen, häufiges Lügen, Schulschwänzen oder Weglaufen von zu Hause definiert. Diese Verhaltensmuster müssen bereits in der Kindheit oder Jugendphase auftreten und über das alterstypische Maß hinausgehen (Remschmidt et al. 2001).

Bei weiteren psychischen Erkrankungen wird Straffälligkeit als *Symptom* betrachtet und zu Diagnosezwecken herangezogen. Eindeutig ist der Zusammen-

---

5 Im ICD-10 der WHO ist von dissozialer Persönlichkeitsstörung (F 60.2) die Rede (Remschmidt et al. 2001), im DSM-V wird der Begriff der antisozialen Persönlichkeitsstörung verwendet (Falkai/Wittchen 2015).

hang zu strafbaren Handlungen etwa bei Störungen der Impulskontrolle wie Pyromanie und Kleptomanie (ebd.). Störungen der Sexualpräferenz wie Voyeurismus, Exhibitionismus und Pädophilie beziehen sich auf sexuelle Vorlieben, deren Umsetzung strafbar sein kann (ebd.). Auch die Borderline-Störung wird mit »Kriminalität« in Verbindung gebracht (vgl. Böllinger 2010b, Remschmidt et al. 2001). Bei ADS und ADHS wird ein Bezug zu »Delinquenz« vermutet (vgl. z. B. Bogerts et al. 2011, Fishbein 1998, Böllinger 2010b).

> Kriminalität und abweichendes Verhalten werden in der Psychologie im Rahmen allgemeiner Konzepte untersucht. Es liegt keine einheitliche Theorie vor, sondern eine Vielzahl von Erklärungsansätzen oder - fragmenten (Lamnek 2008).
>
> Die Erklärung von abweichendem Verhalten über bestimmte Krankheitsbilder setzt sich dem Vorwurf der Zirkularität aus: »Straftaten« werden demnach begangen, weil eine Person »krank« ist. Die Person gilt als krank, weil sie wiederholt »Straftaten« begeht, sich dazu gezwungen sieht oder zumindest darüber phantasiert (vgl. z. B. Pollähne 2010, Höynck 2014). Besonders deutlich ist dies bei dissozialen/antisozialen Persönlichkeitsstörungen und Psychopathie, die explizit über »delinquente« Verhaltensweisen definiert sind (Höynck 2014, Huchzermeier 2012, Baumann 2010, Pollähne 2010, Oberlies 2013, Peters 2010). Gleiches gilt für die Störung des Sozialverhaltens, deren Diagnosekriterien sich wie eine Definition intensiverer »Jugendkriminalität« lesen. Derartige Krankheitsbilder sind nicht Ursache von »Kriminalität«, sondern beschreiben dasselbe Phänomen schlicht in einem anderen systemischen Kontext und mit anderen Vokabeln (Oberlies 2013).
>
> Unzureichend geklärt ist, wie häufig psychische Erkrankungen und »Kriminalität« gemeinsam auftreten (vgl. z. B. Lamnek 2001). Nicht erklärt werden außerdem Straftaten von psychisch gesunden Personen, die wohl den Großteil aller begangenen Delikte ausmachen (Lamnek 2001, vgl. auch Ostendorf 2010e, Schneider 1977a).
>
> Auch die Entstehung von psychischen Erkrankungen ist unzureichend geklärt. Als Ursachen werden neben Umwelteinflüssen oft physiologische Faktoren angenommen. Die Erklärung folgt in der Regel einem bio-psycho-sozialen Krankheitsmodell (vgl. z. B. Möller/Laux 2013, vgl. auch Lamnek 2001, Klimke 2010, Pollähne 2010).
>
> Bezugsrahmen von Psychologen und Medizinern sind einschlägige Diagnosehandbücher wie ICD-10 oder DSM-V. Anhand dieser weltweit anerkannten Diagnosesysteme können Diagnosen nach relativ transparenten und einheitlichen Kriterien gesellt werden. Diese Diagnosen und die entsprechenden Krankheitsbilder sind aber keine natürlichen Entitäten, sondern Konstruktionen, das Ergebnis von Aushandlungsprozessen (Dittmannn 2012). Ob ein Verhalten als krank gilt oder als bewusste Handlung, ist das Ergebnis historisch variabler Interpretationen. »›Krankheit‹ ist […] eine soziale Kennzeichnung und keineswegs natürlicherweise als medizinisches Faktum gegeben. … Daher ist das Bemühen, eine Verhaltensweise als Folge von Krank-

heit zu definieren, in sich selbst ein konflikthafter und politischer Sachverhalte« (Gusfield 2016: 75). Begrifflichkeiten und anerkannte Diagnosen sind historisch variabel. Krankheitsbilder fallen weg, neue werden erfunden. Während »delinquentes« Verhalten von jungen Menschen früher als Verwahrlosung thematisiert wurde, ist heute eben von Dissozialität die Rede (Reinke/Schierz 2010). Klassifikationssysteme haben vor allem die Funktion, die Stellung von Experten zu bestätigen und sind Grundlage für institutionelle Einordnungsprozeduren (Kreissl 2011).

Der Erkenntnisgewinn dieser Konzepte für die Soziale Arbeit ist eher bescheiden (vgl. z. B. Höynck 2014). »Kriminalität« wird als Ausdruck oder Symptom einer anerkannten Krankheit gedeutet und erscheint damit nicht mehr als gezieltes Handeln, sondern als krankheitsbedingtes Verhalten. Dabei sind die Grenzen zwischen »bad« und »mad«, zwischen »Kriminalität« und Schuldfähigkeit auf der einen Seite und Krankheit und fehlender Verantwortung auf der anderen, fließend und schwer zu bestimmen (Dittmann 2012).

Die aktuell verwendeten Krankheitsbegriffe sind dabei alles andere als unanfechtbar (Dittmann 2012). Werden überhaupt Aussagen zur Entstehung der Störung getroffen, so wird zumeist auf eine Vielzahl möglicher Ursachen verwiesen. Häufig werden biologische Faktoren einbezogen (vgl. z. B. Roth 2001, Pollähne 2010, Fishbein 1998). Ähnlich vielseitig sind die empfohlenen Therapiemöglichkeiten Psychopathie oder Psychopathy galt eine Zeit lang gar als untherapierbar (vgl. Pollähne 2010, Kunz 2010, Lohner/Pecher 2014, Huchzermeier 2012). Die angewendeten Behandlungsmethoden und Vorgehensweisen können sich zumeist nicht auf empirische Bestätigungen ihrer Wirkung stützen. Im forensische Bereich überwiegt gut Gemeintes und die Orientierung am Einzelfall (Oberlies 2013).

Für die Behandlung psychischer Störungen oder psychischer Erkrankungen reklamieren andere Disziplinen, v. a. Medizin und Psychologie, ihre Zuständigkeit (vgl. z. B. Lohner/Pecher 2014, Höynck 2014). Die Diagnose einer psychischen Störung ist damit ein gutes Argument, die Verantwortung für einen Fall auf Therapeuten abzuwälzen (Höynck 2014).

Schwere Pathologien werden oft in stationären Einrichtungen der Psychiatrie, bei Bezug zu Straffälligkeit in forensischen Einrichtungen behandelt. Hier sind inzwischen interdisziplinäre Teams an der Tagesordnung, in denen ganz selbstverständlich auch Vertreter der Sozialen Arbeit Aufgaben übernehmen (vgl. z. B. Bosshard et al. 2010). Hier deckt die Soziale Arbeit im Rahmen der Behandlung traditionell die soziale Komponente ab und ist insbesondere für die Gestaltung sozialer Außenkontakte und die Arbeit an Netzwerken verantwortlich (vgl. z. B. Sommerfeld et al. 2016, Lohner/Pecher 2014).

Die Kategorisierung von Störungen zerteilt die Realität in bearbeitbare Stücke und ermöglicht einheitliche Diagnosen (Kreissl 2011). Sie geschieht aber weder zu juristischen noch sozialarbeiterischen Zwecken (Dittmann 2010). Der Sozialen Arbeit geht es nicht primär um die Zuordnung von Auffälligkeiten zu psychischen Störungsbildern (vgl. z. B. Ludwig 2014). Sie muss aber mit psychologischen und psychiatrischen Diagnosen umgehen (Ludwig 2014), was entsprechende Grundkenntnisse wie auch eine kritische Haltung gegenüber Diagnosen voraussetzt.

Im Kontext psychischer Erkrankungen prallen widersprüchlich Annahmen aufeinander. Sind erkrankte Personen eher das Produkt biologischer Ausstattung oder sozialer Bedingungen, sind sie fremdbestimmte Wesen oder eigenständig handelnde Subjekte, geht es um die Behandlung von Defiziten symptombelasteter Menschen, um eigendynamische Prozesse oder eine Randständigkeit, die sich nicht »wegtherapieren« lässt? (vgl. z. B. Bosshard et al. 2010). Hier gilt es sich zu positionieren.

Die Pathologisierung von Menschen kann dazu führen, dass diese ihr Selbstbild verändern und die Rolle von Kranken und Andersartigen übernehmen (Schneider 1977b). Die Selbstdarstellung als Kranke kann gezielt als Strategie genutzt werden (Gusfield 2016).

Eine Behandlung psychisch kranker »Straftäter(innen)« erscheint auf den ersten Blick alternativlos und gerechtfertigt: Kranken wird geholfen, eine erfolgreiche Heilung nutzt auch der Gesellschaft als ganzer. »Feindselige Empfindungen gegenüber Kranken sind nicht legitim. Die kranke Person ist nicht verantwortlich für ihre Handlungen. Sie wird von den Konsequenzen entlastet, die dieselbe Handlung bei einem Gesunden hätte.« (Gusfield 2016: 75, vgl. auch Schmidt-Semisch/Schorb 2011). Mit der Rolle des Kranken sind aber auch ganz besondere Erwartungen verbunden: So haben Kranke an ihrer Heilung und den entsprechenden Therapien mitzuwirken (Gusfield 2016). Wer also nicht therapiewillig ist, verletzt die zugeschriebene Rolle und erfährt deswegen möglicherweise weitere Repressionen. »Straftäter(innen)«, bei denen psychische Erkrankungen und Störungen diagnostiziert werden, können in der Praxis nicht mit weniger Stigmatisierung und Verachtung rechnen (vgl. z. B. Erikson 1978). Straffällige werden vielleicht nicht mehr als »Sünder(innen)« betrachtet, aber als völlig andere Wesen (Klimke 2010).

Als Behandlungsideologie kritisiert wird die Annahme, dass die Mehrheit der »Straftäter(innen)« behandlungsbedürftig ist und daher eine Anpassung durch Therapie notwendig ist. Schneider bezeichnet dies zurecht als unehrlich, inhuman und ineffektiv (Schneider 1977). Behandlungen sind häufig eingriffsintensiver als Strafen. Die Unterbringung in einer psychiatrischen Anstalt bedeutet nicht weniger Repression als die im Gefängnis: Rechtsstaatliche Garantien sind eingeschränkt, die Reaktion ist nur scheinbar wohlwollender (Smaus 1990). Auch die stationäre Psychiatrie ist eine totale Institution im Sinne von Goffman[6] und bewirkt Rollenverluste und massive Veränderungen des Selbstbildes (vgl. z. B. Dellwing 2014).

---

6 ▶ Kap. 3.6.1.

Aufgabe Sozialer Arbeit muss es sein, auf Stigmatisierungen und negative Folgen der Diagnose psychischer Erkrankungen (vgl. z. B. Schulze 2004) und insbesondere die Konsequenzen der Unterbringung in stationären Einrichtungen aufmerksam zu machen. Auch gilt es kritisch zu hinterfragen, in welchem Verhältnis Straffälligkeit und diagnostizierte psychische Erkrankungen stehen (vgl. z. B. Haller 2010). Im Straf- oder Maßregelvollzug an Gefährlichkeitsprognosen mitzuwirken erscheint angesichts der Unsicherheit der Prognose und der möglichen Konsequenzen ausgesprochen heikel (vgl. z. B. Nedopil 2005, Haller 2010, Cornel 2002a).

4.1.4 Allgemeine psychologische Theorien

Zur Erklärung von »Kriminalität« und den besonderen Merkmalen von »Kriminellen« lassen sich auch psychologische Theorien zu frühkindlichen Bindungen oder Entwicklungsprozessen heranziehen. Straffälligkeit wird dabei mit einer ungünstig verlaufenden Entwicklung in Verbindung gebracht.

So geht die *Bindungstheorie* von Bowlby und Ainsworth davon aus, dass Kinder mit unsicherer oder gar desorganisierter Bindung sich später aggressiver und auffälliger verhalten. Abweichendes Verhalten lässt sich damit auf ungünstige frühkindliche Bindungserfahrungen zurückführen, die das weitere Leben prägen (Bowlby 1946, vgl. auch Strauss/Schwark 2008, Ostendorf 2010e). Frühe Bindungsstörungen führen zu Bindungsunsicherheiten und Abwehrreaktionen. Insbesondere die fehlende Fähigkeit zu Mentalisierungen wird als problematisch angesehen (Böllinger 2010 b). Gemeint ist damit die Fähigkeit, die »innere psychische Welt bei sich und anderen wahrzunehmen« und so dem eigenen und fremdem Verhalten einen Sinn zu geben (Kirsch 2014: 12).

Empirische Untersuchungen liefern Hinweise auf massive Bindungsstörungen und negative Bindungserfahrungen bei Personen, die schwere Delikte begangen haben (Ross et al. 2002). Damit ist aber noch keine Kausalität bewiesen (Strauss/Schwark 2008).

Kohlberg beschreibt Moralentwicklung als Abfolge von Ebenen und Stufen. Jede Entwicklungsstufe zeichnet sich durch einen eigenen Modus zur Begründung moralischer Entscheidungen aus (Kohlberg 1995). Die Entwicklung zu einer höheren Moralstufe wird u. a. von Gelegenheiten zur Rollenübernahme, einer moralischen Atmosphäre des Umfeldes und dem Durchspielen kognitivmoralischer Konflikte begünstigt (ebd.). Angenommen wird, dass Straffällige in ihrer moralischen Entwicklung zurückbleiben und nur die präkonventionelle Ebene oder die Stufe 3 der konventionellen Ebene erreichen (Hermann 2000, Brumlik 1993, Oberlies 2013). Erst die 4. Stufe wird als abstrakte System-Perspektive mit Sozialreife in Verbindung gebracht (Köhnken et al. 2012, Hommers/Levand 2001).

Neben dem Modell von Kohlberg existieren Modelle anderer Autoren, etwa von Piaget und Eisenberg (vgl. z. B. Siegler et al. 2011, Oberlies 2013).

> Dem Modell von Kohlberg wird vorgeworfen, dass es nicht vollständig empirisch gesichert ist (vgl. z. B. Eisenberg 1982, Köhnken et al 2012), dass es nicht zwischen moralischen Fragen und sozialen Konventionen differenziert und kulturelle Unterschiede nicht berücksichtigt (z. B. Siegler et al 2011). Auch wird der Annahme widersprochen, dass nach dem Erreichen einer bestimmten Stufe nur noch auf diesem Niveau argumentiert wird (Siegler et al. 2011).
> Grundsätzlich ist der Zusammenhang zwischen moralischer Urteilsfähigkeit und Normbrüchen umstritten (vgl. z. B. Brumlik 1993, Eisenberg 1982). Abstrakte moralische Orientierungen und Entscheidungen in konkreten Situationen sind nicht gleichzusetzen (vgl. z. B. Micus 2002). Moralisches Handeln setzt auch eine entsprechende Motivation voraus (Oberlies 2013). Darüber hinaus müssen Straftaten subjektiv gar nicht als moralisch relevant betrachtet werden.
> Studien liefern Hinweise darauf, dass Straffällige in ihrer moralischen Entwicklung nicht dem Durchschnitt von Gleichaltrigen entsprechen (Hermann 2000, Brumlik 1993).

Auch das *Entwicklungsmodell von Erikson*, das die Entwicklung von Identität und Persönlichkeit beschreibt, lässt sich für Kriminalitätserklärungen nutzen. Es baut auf den fünf Phasen der psychosexuellen Entwicklung nach Freud auf (orale, anale, phallisch/ödipale, Latenz- und genitale Phase) und erweitert diese um drei Phasen, die das Erwachsenenalter betreffen. Für jede Phase werden bestimmte Ziele, eine besondere psychosoziale Modalität, typische Aktivitäten und Aufgaben benannt. Darüber hinaus sind in jeder Phase bestimmte Bezugspersonen relevant. Fehlen diese Bezugspersonen, gestaltet sich die Beziehung zu diesen unbefriedigend oder können wichtige Erfahrungen nicht gemacht werden, hat dies negative Auswirkungen auf die Entwicklung. Für Erikson ist die menschliche Entwicklung eine Abfolge von Konflikten und Krisen, die im Idealfall erfolgreich durchlaufen und zeitgerecht gelöst werden (Erikson 1998).

> Das Modell liefert Ursachen für mögliche Störungen in der Entwicklung und damit auch Hinweise auf mögliche Ursachen von abweichendem Verhalten (vgl. z. B. Martin/Martin 2003). Es stellt aber keine Kriminalitätstheorie im eigentlichen Sinne dar. Die Beschreibung der Identitätsentwicklung wird teilweise als veraltet kritisiert (vgl. z. B. Kraus 1996).

Die genannten psychologischen Theorien zählen zum Grundwissen der Sozialen Arbeit und werden daher hier nicht genauer beschrieben. Ein praktischer Nutzen ist nicht von der Hand zu weisen.

Die Bindungstheorie liefert Hinweise darauf, wie problematische Bindungserfahrungen vermieden und ihre Folgen therapiert werden können. Frühkindliche Bindungen lassen sich durch gezielte Hilfeangebote für junge Mütter beeinflussen. So kann verhindert werden, dass problematische Bindungserfahrungen von einer Generation zur nächsten übertragen werden (Rosner/Gavranidou 2002). Auch problematische Bindungsrepräsentanzen bei Erwachsenen gelten grundsätzlich als therapierbar. Die Behandlung von »Straftätern(innen)« wird dabei aber als relativ schwierig beschrieben (Ross et al. 2002) und fällt nicht in den Zuständigkeitsbereich der Sozialen Arbeit.

Kohlbergs Modell hilft nachzuvollziehen, nach welchen Kriterien »Straftäter(innen)« Entscheidungen treffen und beurteilen, ob bestimmte Delikte moralisch vertretbar sind. Mit dem »Just-community«-Konzept hat Kohlberg selbst ein Modell entwickelt, das die Moralentwicklung innerhalb des Strafvollzugs fördern und negativen Folgen des Vollzugs entgegenwirken soll (vgl. z. B. Weyers 2011, Neubacher 2002, Brumlik 1993). Durch demokratische Mitbestimmung im Vollzug soll moralisches Lernen ermöglicht, der Sinn von Regeln und Sanktionen vermittelt werden. Voraussetzung für eine moralische Weiterentwicklung dürften aber nicht nur reale Mitbestimmungsmöglichkeiten und das Durchspielen moralischer Dilemmata sein, sondern auch soziale Beziehungen und darin erfahrene Anerkennung (Brumlik 1993).

Das Entwicklungsmodell von Erikson kann bei der Analyse der Lebensgeschichte einzelner »Straftäter(innen)« hilfreich sein. Es trägt dazu bei, problematische Lebensabschnitte und nicht erfolgreich abgeschlossene Entwicklungsschritte zu identifizieren (vgl. z. B. Fuest 2014, Kirchberg 2014, John 2014). »Kriminalität« an sich kann es nicht erklären.

4.1.5 Multifaktorenansätze

Von Unterschieden zwischen »Kriminellen« und nicht straffälligen Personen gehen auch die sogenannten Multifaktorenansätze aus. Dabei überwinden sie die Grenzen wissenschaftlicher Disziplinen, verbinden individuelle Faktoren mit sozialen Aspekten, berücksichtigen sowohl Anlage- als auch Umwelteinflüsse (Lamnek 2001). Darüber hinaus wird auch die Persönlichkeit des »Täters«/der »Täterin« berücksichtigt (Schneider 1977a). Erklärung dieser Art werden auch als biopsychosoziale Modelle bezeichnet (vgl. z. B. Höynck 2014).

Die Ansätze beruhen auf empirischen Studien, in denen Straffällige und Vergleichsgruppen untersucht und Faktoren identifiziert wurden, die mit Straffälligkeit korrelieren. Die so identifizierten Merkmale werden dann u. a. zur Prognose von Straffälligkeit genutzt (Lamnek 2001, vgl. auch Egg 2012). Dabei wird eine induktive Vorgehensweise gewählt: Aus Beobachtungen wird auf Gesetzmäßigkeiten geschlossen (Eifler 2010a).

- Besonders bekannt geworden sind die zahlreichen Studien des Ehepaars *Glueck*. In Vergleichsuntersuchungen identifizierten sie zahlreiche Variablen, die mit »Kriminalität« assoziiert sind. So unterscheiden sich »Kriminelle« anhand des familiären und persönlichen Hintergrundes, körperlicher Beschaffenheit, Gesundheit, Intelligenz sowie Temperament und Charakterzügen von gesetzestreuen Personen (Glueck/Glueck 1963).
- Die für Deutschland bedeutsame *Tübinger Jungtäter-Vergleichsuntersuchung* identifizierte als »kriminalitätsfördernde« Faktoren die Vernachlässigung des Arbeits- und Leistungsbereichs sowie familiärer und sonstiger sozialer Pflichten (Göppinger 1983). Straffälligkeit wird mit fünf Syndromen in Verbindung gebracht: dem sozio-scolaren Syndrom, dem Syndrom mangelnder beruflicher Angepasstheit, dem Freizeit-Syndrom, dem Kontakt-Syndrom und dem Syndrom familiärer Belastung. Straffällige zeichneten sich durch ein fehlendes Verhältnis zu Geld und Eigentum, unstrukturiertes Freizeitverhalten, fehlende Lebensplanung, ein inadäquat hohes Anspruchsniveau, mangelnde Realitätskontrolle und geringe Belastbarkeit aus (vgl. z. B. Bock 2007). Es wird davon ausgegangen, dass nicht äußere Umstände an sich, sondern das Verhalten im Alltag, selbstgewählte Bezüge und der Lebensstil einer Person den entscheidenden Unterschied zwischen »Kriminellen« und der Vergleichsgruppe ausmachen (vgl. z. B. Feltes/Fischer 2014).

In Deutschland finden sich nach wie vor zahlreiche Befürworter eines Multifaktorenansatzes (vgl. z. B. Ludwig 2014). Begründet wird die Einbeziehung unterschiedlicher Faktoren mit der Komplexität von »Kriminalität«.

»Kriminalität lässt sich nicht mit einer einzigen Theorie erklären. Dafür ist das Kriminalitätsbild zu vielschichtig. [...] es bedarf also verschiedener Zugänge zum Thema. Wir folgen heute einem Mehrfaktorenansatz, um ›Kriminalität‹ zu erklären. Häufig sind mehrere Ursachen/Begründungen für die einzelne Straftat heranzuziehen« (Ostendorf 2010e: 11).

Auch im Ausland sind Multifaktorenansätze noch weit verbreitet. Wilson und Herrnstein (1985) gehen etwa davon aus, dass sich »Täter(innen)« von »konformen« Personen anhand physischer Merkmale, Intelligenz und Persönlichkeit unterscheiden lassen und »Kriminalität« auch einen starken Schichtbezug aufweist.

Zunehmend werden auch strafbare Handlungen im Dunkelfeld erfasst (vgl. z. B. Stelly/Thomas 2001), sind Studien als Längsschnittstudien angelegt (vgl. z. B. Mischkowitz 1990) oder setzen bereits vor der ersten registrierten Straftat an (vgl. z. B. Boers 2009). In neueren Studien spielen auch Resilienz und protektive Faktoren eine wichtige Rolle (vgl. z. B. Egg 2012, Boers 2013, Beelmann/Raabe 2007).

Multifaktorenansätze neueren Datums gehen nicht mehr von einer Determination aus, sondern nur noch von einer erhöhten »kriminellen« Neigung oder kriminogenen Faktoren, die durch positive Aspekte und gezielte Maßnahmen ausgeglichen werden können (vgl. z. B. Stelly/Thomas 2007). Auch werden zunehmend die kognitive Verarbeitung sozialer Einflüsse und Wechselwirkungen zwischen Persönlichkeit und Umfeld berücksichtigt (Kunz 2004a).

> Fürsprecher(innen) von Multifaktorenansätzen loben die komplexe Einschätzung von Sozialisationsinstanzen und Entwicklungsprozessen, die ausgewogene Gesamtbetrachtung der Lebenssituation und den Lebensweltbezug, die interdisziplinäre Ausrichtung, die Betrachtung unterschiedlicher Funktionsebenen und Funktionsbereiche, die lebenslange Perspektive sowie die Vorstellung vom »Täter(inne)n« als aktiven Personen in einer dynamischen Umwelt (Ludwig 2014).
>
> Dies wiegt aber nicht die erheblichen Schwächen dieser Ansätze auf.
>
> Multifaktorenansätze versuchen anhand empirisch ermittelter Faktoren »Kriminelle« von anderen Menschen zu unterscheiden. Die Betonung der Empirie geht dabei aber auf Kosten der Theorie (Schneider 1977a). Durch die induktive Vorgehensweise entsteht keine Theorie im Sinne eines deduktiv-nomologischen Erklärungsmodells, bei der Gesetzmäßigkeiten anhand von Beobachtungen im Feld überprüft werden (Eifler 2010a). Komplexität soll auf einfache naturwissenschaftliche Ursache-Wirkungs-Mechanismen reduziert werden (Schneider 1977a). Statistische Beziehungen dürfen aber nicht mit kausalen Zusammenhängen verwechselt werden (Höynck 2014). Nur, weil viele Hartz-IV-Empfänger wegen Eigentums- und Vermögensdelikten verurteilt wurden, gilt der Umkehrschluss nicht, dass Einkommensarmut »Delinquenz« verursacht (Oberlies 2013). Insofern tragen Multifaktorenansätze wenig zur Erklärung von »Kriminalität« bei. Ob und wie identifizierte Merkmale von überführten »Straftäter(inne)n« mit kriminalisierten Handlungen oder ihrer Strafverfolgung zusammenhängen, bleibt völlig offen (vgl. z. B. Eifler 2002, Lamnek 2001).
>
>> »Die meisten Ansätze dieser Art nehmen implizit oder explizit an, daß jeder Faktor in sich selbst die Eigenschaft enthalte, Kriminalität zu schaffen oder zu verhindern; sie nehmen sozusagen für die einzelnen Faktoren eine fixe Größe von kriminellem oder anti-kriminellem Potential an« (Cohen 1968b: 222).
>
> Multifaktorenansätze sind somit keine Theorien im eigentlichen Sinne, sie werden von Cohen sogar als »Verzicht auf die Suche nach einer Theorie« kritisiert (Cohen 1968b: 221).
>
> Die Ansätze sind auffallend unbestimmt. Ein Sammelsurium monokausaler Faktoren soll »Kriminalität« erklären. Ein Faktor kann sich auf unterschiedliche Formen von »Kriminalität« unterschiedlich auswirken, ähnliche Verhaltensweisen können auf vollkommen unterschiedliche Faktoren zurückgeführt werden (von Weber 1977, Lamnek 2008). Auffällig ist die Einbeziehung biologischer Faktoren und der ihnen zugestandene Stellenwert. Gleichzeitig spielen sozialstrukturelle Ursachen meist keine oder nur eine untergeordnete Rolle. Die Ansätze haben eine individuell-pathologische Orientierung (Lamnek 2001, 2008, Eifler 2010a, Althoff 2010).

Kritisiert wird auch der Ansatz, »Böses auf Böses« zurückzuführen, also das unerwünschte Phänomen abweichenden Verhaltens auf Faktoren zurückzuführen, die ebenfalls negativ bewertet werden (Cohen 1968b, Dollinger/Raithel 2006). Übersehen wird dabei, dass Negatives auch aus Faktoren entstehen kann, die für gut gehalten werden, und Gutes aus als negativ bewerteten Faktoren (Matza 1973). Die Einbeziehung von Faktoren verrät viel über die Normalitätsannahmen und Werte der Forschenden und wenig über verhaltensbestimmende Faktoren der Erforschten (Lamnek 2001).

Bei älteren Studien ist die Auswahl von Untersuchungs- und Kontrollgruppe problematisch. Werden Unterschiede zwischen Inhaftierten und Verurteilten und der »normalen Bevölkerung«, festgestellt, haben diese möglicherweise weniger mit dem Verhalten der Untersuchungsgruppe als mit der Arbeitsweise der Strafverfolgungsinstanzen zu tun (Höynck 2014, Schneider 1977a). Häufig liefern die Ansätze keine Erklärung für Veränderungen im Verhalten und Brüche im Lebenslauf (vgl. z. B. Feltes/Fischer 2014). Rein defizitorientierte Ansätze können nicht erklären, warum Menschen auch unter ausgesprochen negativen Umweltbedingungen nicht immer »delinquent« werden (Oberlies 2013). Das Element der Resilienz muss berücksichtigt werden (Ludwig 2014).

Wohl mangels besserer Alternativen liegen Multifaktorenansätze zahlreichen Prognose- und Behandlungsverfahren zugrunde (Lamnek 2001). So ist das Verfahren der idealtypisch vergleichenden Einzelfallanalyse (MIVEA) aus der Tübinger Jungtäter-Vergleichsuntersuchung abgeleitet (Bock 2007). Viele gängige Prognoseverfahren beruhen letztendlich auf Studien, in denen Straffällige mit nicht strafrechtlich aufgefallenen Personen oder »Rückfalltäter(innen)« mit nicht Rückfälligen verglichen wurden (vgl. z. B. Egg 2012). Auch für intuitive Prognosen, die auf Alltagstheorien beruhen, dürften die Annahmen aus Multifaktorenansätzen eine große Rolle spielen (Dollinger/Raithel 2006). Merkmale, die gehäuft bei verurteilten »Straftäter(inne)n« vorkommen, sind schon aus logischen Gründen allenfalls als statistische Risikofaktoren und nicht als Grundlage für Individualprognosen geeignet. Hier besteht aber auch der Verdacht, dass sie eher mit Kriminalisierung als mit »Kriminalität« korrelieren könnten. Auch als Grundlage für Präventionsansätze sind Multifaktorenansätze damit ungeeignet (Höynck 2014).

In der Sozialen Arbeit existiert nach wie vor ein Diskurs, der nicht gesellschaftliche Bedingungen für Problemlagen und Hilfsbedürftigkeit in den Mittelpunkt stellt, sondern individuelle Unangepasstheit oder Unzulänglichkeit. Dieser ist mit pathologisierenden Konzepten, etwa den Multifaktorenansätzen, durchaus kompatibel (Scherr 2012). Sozialwissenschaftlich orientierte Perspektiven der Sozialen Arbeit dagegen sind nur schwer mit der individualisierenden Erklärung der Multifaktorenansätze zu vereinbaren.

In der Praxis mag das Spektrum von typischen Merkmalen und »kriminogenen« Faktoren reizvoll erscheinen. Sich darauf stützende Erklärungen der

»Kriminalität« von Personen oder Gruppen können aber keine wissenschaftliche Gültigkeit beanspruchen. Sammlungen von Risikofaktoren und Alltagswissen sind klärungsbedürftiger und problematischer, als es auf den ersten Blick erscheint (Dollinger/Raithel 2006).

Dennoch sind sie für die Straffälligenhilfe wichtig: Es ist anzunehmen, dass die empirisch untersuchten und identifizierten Merkmale von Straffälligen allgemein verbreitete Vorstellungen von »Kriminalität« und »Kriminellen« widerspiegeln, mit denen sich Soziale Arbeit auseinander zu setzen hat.

4.2 Kriminalität als bewusste Entscheidung rationaler Täter(innen)

Werden Menschen also »kriminell«, weil sie anders sind als die Mehrheit der Bevölkerung? Auch eine konträre Erklärung von »Kriminalität« blickt auf eine lange Tradition zurück: Jeder verhält sich demnach in bestimmten Situationen »kriminell«. Menschen begehen »Straftaten« ganz einfach deshalb, weil sie sich davon einen Vorteil versprechen.

Hier wird nicht zwischen »Kriminellen« und braven Bürgern unterschieden. Auch »Straftäter(innen)« sind rational handelnde Individuen (vgl. z.B. Böhm 2007, Singelnstein/Stolle 2007).

4.2.1 Klassische Schule

Dem Zeitalter der Aufklärung ist die Vorstellung zu verdanken, dass Menschen grundsätzlich frei, gleich, rational und verantwortlich sind. Jeder Mensch strebt nach Genuss und Vergnügen und versucht gleichzeitig, Schmerz und Leid zu vermeiden (Lamnek 2001).

Ende des 18. Jahrhunderts entsteht die an diesem Menschenbild orientierte klassische Schule der Kriminologie. »Kriminalität« wird als Handeln vernunftbegabter Menschen betrachtet, die Kosten und Nutzen verschiedener Handlungsoptionen abwägen (Lamnek 2001, Jeffery 1960).

Prinzipiell kann sich jeder unter bestimmten Bedingungen abweichend verhalten. Insofern stehen nicht einzelne »Täter(innen)«, sondern die »Tat« und ihre gesellschaftlichen Bedingungen im Mittelpunkt der Betrachtung (Lamnek 2001). Für »Kriminalität« werden etwa von Beccaria unvernünftige Gesetzgebung und defizitäre Rechtsprechung verantwortlich gemacht (Kunz 2004a). Bentham führt »Kriminalität« auf allgemeine menschliche Bedürfnisse zurück: Nicht die Motive sind abzulehnen, sondern nur deren Folgen (Geis 1960).

> Die Grundannahmen der klassischen Schule haben bis heute einen großen Einfluss auf die Betrachtung von »Kriminalität« und Strafe (vgl. z. B. Curti 1999, Lamnek 2001). Auffällig ist die wertneutrale Betrachtung von Delikten und Normverstößen. Motive und Handlungen werden nicht an sich verurteilt, negativ bewertet werden nur die Handlungsfolgen für den Einzelnen und insbesondere die Gesellschaft (Geis 1960). Auch werden gesellschaftliche Bedingungen für abweichendes Verhalten mitberücksichtigt (Lamnek 2001).
> Kritisch ist anzumerken, dass diese Theorien eher reaktiv als ätiologisch orientiert sind (Lamnek 2001). Sie behandeln Ursachen von »Kriminalität« nur am Rande (Geis 1960, Reiner 2016) und differenzieren nicht zwischen Delikten (Lamnek 2008). Bemängeln lässt sich die Überbetonung menschlicher Willensfreiheit (Geis 1960, Reiner 2016) und die Annahme, dass alle Menschen nach den gleichen Rationalitätsprinzipien Entscheidungen treffen (Lamnek 2008).

Die klassische Schule bemühte sich stark um Reformen des Rechtssystems. Der Schutz des Einzelnen vor überstrengem und willkürlichem staatlichem Handeln spielte eine große Rolle (Jeffery 1960, Lamnek 2001).

Es wird davon ausgegangen, dass Sanktionen oder deren Androhung die Entscheidungen von potentiellen »Täter(inne)n« beeinflussen, dass insofern durch Strafe eine präventive Wirkung erzielt werden kann (Jeffery 1960, vgl. z. B. auch Eifler 2002). Jeder Handlung geht eine Kosten-Nutzen-Kalkulation voraus. Der Mensch strebt nach Befriedigung seiner Bedürfnisse und will Negativerlebnisse vermeiden. Sanktionen stellen dem (Kurzzeit-)Nutzen abweichenden Verhaltens hohe (Langzeit-)Kosten gegenüber (Lamnek 2008: 99).

Was die Strafbemessung angeht, finden sich unterschiedliche Empfehlungen: Strafe sollte primär vom Delikt und seiner Schwere oder der Motivation der »Täter(innen)« oder ihrer Strafsensibilität abhängen (vgl. Jeffery 1960, Bentham 1833, Geis 1960). Einigkeit besteht darüber, dass Strafen umso schärfer ausfallen müssten, je ungewisser sie sind (Geis 1960).

Von größerer Bedeutung für die Soziale Arbeit sind die genannten Ausschließungsgründe: Abzulehnen sind demnach alle Strafen, die mehr Übel hervorrufen als die verhinderte Tat. Nicht gerechtfertigt sind Strafen, die grundlos erfolgen, unwirksam, unprofitabel oder nicht effizient sind (Bentham 1993). Auf die deutsche Sanktionspraxis angewendet, erscheint damit ein erheblicher Anteil verhängter Sanktionen nicht legitim. Dies lässt sich als Argumentationshilfe hin zu einer rationaleren und humaneren Sanktionspraxis nützen.

Es wird auch nicht nur an Strafen und Abschreckung gedacht. Eine mögliche Präventionsmaßnahme liegt nach Bentham auch darin, Wünsche und Begierden auf Verhaltensweisen umzuleiten, die mit öffentlichen Interessen kompatibel sind (Geis 1960). Es müssten also sozial akzeptierte Formen ge-

> sucht werden, bestimmte Bedürfnisse zu decken. Aufgabe Sozialer Arbeit wäre es, zunächst die Motivation zu analysieren, die zu strafbaren Handlungen geführt hat und nicht immer direkt am Delikt erkennbar ist. Dann müssten zusammen mit den Betroffenen Formen der Bedürfnisbefriedigung gesucht werden, die nicht zu sozialen Sanktionen führen.

4.2.2 Neoklassische Theorien

Die Grundannahmen der klassischen Schule erleben in der zweiten Hälfte des 20. Jahrhunderts eine Renaissance (vgl. z. B. Curti 1999): Neue Theorien greifen altbekannte Überlegungen auf.

»Kriminelles« Verhalten wird als Ergebnis rationaler Entscheidungen von »Täter(inne)n« betrachtet. Gewählt wird es immer dann, wenn es ihnen lohnend und nutzbringend erscheint und etwa materiellen Gewinn, soziale Anerkennung oder positive Emotionen verheißt. »Straftäter(innen)« werden nicht als defizitäre oder problembelastete Wesen betrachtet, sondern als vernunftbegabte Personen mit freiem Willen. Da sich »Straftäter(innen)« für die Begehung von »Straftaten« entscheiden, sind sie für ihr Tun auch voll verantwortlich. Strafbare Handlungen folgen den gleichen Entscheidungskalkülen wie alle anderen Handlungen auch (Karstedt/Greve 1996, vgl. auch Otto 2004, Hess 2010).

Das *ökonomischen Modell* von G.S. Becker folgt dem Menschenbild des homo oeconomicus: Menschen sind bemüht, den eigenen Nutzen zu maximieren und sich auf verschiedenen Märkten eine optimale Ausstattung zu verschaffen, sie haben konstante Präferenzen, orientieren sich am eigenen Nutzen, sind von materiellen Anreizen geprägt (Becker 1982, vgl. z. B. auch Deutschbein/Frerichs 2010, Lamnek 2008).

Nach Becker ist der ökonomische Ansatz zur Analyse menschlichen Verhaltens generell geeignet. Spezielle Theorien seien nicht erforderlich (Becker 1968, 1982). Angenommen wird also, dass auch »kriminelles« Verhalten Ergebnis von Kosten-Nutzen-Analysen ist. Die Entscheidung für oder gegen eine »Straftat« hängt von der angedrohten Strafe, der Verurteilungswahrscheinlichkeit und dem durch legale und illegale Aktivitäten erzielbaren Einkommen ab. Durch Bestrafung können die Kosten von »kriminellem« Verhalten erhöht, durch Sozialpolitik der Nutzen von legalen Alternativen beeinflusst werden (Becker 1982, vgl. z. B. auch Kunz 2004a, Lamnek 2008).

Auch die *Rational Choice-Theorie* betrachtet »Kriminalität« als absichtsvolle Handlung aufgrund einer rationalen Entscheidung (vgl. z. B. Eifler 2002). »Wie alles menschliche Handeln richtet sich auch normabweichendes Verhalten an dem relativen Nutzen aus, und entsprechend tut ein Täter, was er tut, weil er den Nutzen dieser Tat für den relativ größten hält« (Karstedt/Greve 1996: 172). Dem liegt das Menschenbild des »Situational Man« (Garland 1997: 190) zugrunde, eines relativ rationalen, selbstinteressierten Individuums, das unbeeinflusst von einem moralischen Kompass oder Über-Ich-Kontrollen ist, dafür aufmerksam für »kriminelle« Gelegenheiten und empfänglich für situative Verführungen (Garland 1997). Die Theorie geht aber nur von einer eingeschränkten Rationalität von Alltagsentscheidungen aus: Das Abwägen von Kosten und Nutzen erfolgt unter Zeitdruck und aufgrund von beschränkter Information (Cornish/Clarke 1986). Darüber hinaus verkalkulieren sich »Straftäter(innen)« zuweilen bei ihren Berechnungen, treffen also irrationale Entscheidungen (vgl. Roth 2001).

»Straftäter(innen)« lassen sich von günstigen Gelegenheiten zu Straftaten verleiten (Eifler 2004). »Kriminelle« Ereignisse (Crime) sind auf Gelegenheiten zurückzuführen, die den »Täter(inne)n« als günstig erscheinen (Cornish/Clarke 1986, Eifler 2004). Die »kriminelle« Neigung einer Person (Criminality) ist auf eine grundsätzliche Entscheidung zurückzuführen, sich bei entsprechender Gelegenheit »kriminell« zu verhalten (Cornish/Clarke 1986, vgl. auch Gilling 1997).

Auch nach Wilson/Herrnstein (1985) können sich Menschen für oder gegen Straftaten entscheiden. Die Tatbegehung wie auch die Nichtbegehung sind mit Gewinnen und Verlusten, Belohnungen und Strafen verbunden. Je größer der *Nettonutzen* der Tat im Vergleich mit dem Nettonutzen des Tatverzichts ist, desto eher ist mit der Tatbegehung zu rechnen. Dabei beinhaltet der Nettonutzen von »Kriminalität« nicht nur materiellen Gewinn, sondern auch weniger greifbaren Nutzen, wie emotionale oder sexuelle Befriedigung, Anerkennung durch Peers, die Begleichung einer alten Rechnung oder die Durchsetzung (subjektiver) Gerechtigkeit. Grundsätzlich spielen bei der Kalkulation des Nettonutzens Wahrscheinlichkeiten eine große Rolle. Eine Tat mit sicherem Erfolg wird höher bewertet als eine mit weniger sicherem; eine sichere Bestrafung wird mehr gefürchtet als eine unsicherere. Menschen unterscheiden sich in der Art, Risiken zu berechnen, haben einen unterschiedlichen Zeithorizont. Spontan begehbare Straftaten sind attraktiv für Menschen, für die bereits ein kleiner schneller Gewinn attraktiv ist, verglichen mit weit entfernten Belohnungen.

Der Theorie der *Routineaktivitäten* zufolge ist mit einer »Straftat« immer dann zu rechnen, wenn ein(e) motivierte(r) »Täter(in)« auf ein geeignetes Objekt trifft und es an Kontrolle oder Schutz des Objekts fehlt (vgl. z.B. Eifler 2002, 2004, Karstedt/Greve 1996). Gelegenheitsstrukturen werden dabei von gesellschaftlichen Routinen bestimmt (Eifler 2004). So bieten sich in reinen Wohngebieten aufgrund der Berufstätigkeit der Bewohner Tatgelegenheiten für Tageswohnungseinbruch. Teure und immer leichtere elektronische Geräte erleichtern deren Diebstahl oder Raub. Wo sich günstige Tatgelegenheiten bieten, wird sich auch ein(e) »Täter(in)« finden, der/die bereit ist, diese zu nutzen (Cohen/Felson 1979). Die Theorie der Routine-Aktivitäten verbindet also Mikro- und Makroperspektive (vgl. Cohen/Felson 1979, Karstedt/Greve 1996).

Instrumentelle und ökonomistische Erklärungen von »Kriminalität« wurden lange zurückgewiesen, entsprechen aber inzwischen vor dem Hintergrund des Neoliberalismus dem Zeitgeist (Cremer-Schäfer 2004). Den Theorien wird aufgrund ihrer Flexibilität und Allgemeinheit ein erhebliches Erklä-

rungspotential attestiert (Lamnek 2008, Gottfredson/Hirschi 1990). Komplexe Strukturen sind im Rahmen der Theorien auf einfache Annahmen reduzierbar (Lamnek 2008).
Neoklassischen Theorien betonen die Bedeutung von Entscheidungen und Gelegenheiten. Sie entsprechen insofern dem Alltagsverständnis, dass Gelegenheit Diebe macht (Eifler 2004, Karstedt/Greve 1996).
Auch verzichten sie konsequent auf eine Pathologisierung von »Straftäter(inne)n«. Den Theorien gemeinsam ist das Modell des »Reasoning Criminal« (vgl. z. B. Eifler 2010a), eines »Tätertyps«, der sich für »kriminelles« Handeln entscheidet, es absichtlich ausführt und auch unterlassen könnte, also einen freien Willen hat. Vernünftige Überlegungen lassen ihm »kriminelles« Handeln vorteilhaft erscheinen (Eifler 2010a).
Das Modell des »Homo Oeconomicus« des ökonomischen Ansatzes wird als unrealistisch und zu abstrakt abgelehnt (vgl. z. B. Karstedt/Greve 1996). Menschen agieren nicht immer zweckrational und nutzenmaximierend, menschliches Verhalten ist nicht durchweg egoistisch oder von stabilen Präferenzen geprägt, im Alltag verhindern unvollständige Informationen und unbekannte Risiken rationale Entscheidungen, auch wird meist nur eine begrenzte Anzahl von Alternativen berücksichtig, Menschen schätzen bereits Erreichtes höher ein, fürchten Risiken und überbetonen naheliegende Folgen und nicht jeder verfügt über die kognitiven Kompetenzen für rationale Entscheidungen (vgl. Lamnek 2008, Deutschbein/Frerichs 2010, Karstedt/Greve 1996, Roth 2001, Karstedt 2001).
Kritisieren lässt sich am ökonomischen Modell auch, dass »Kriminalität« als Alternative zu einer konformen Karriere konzipiert wird und bei der Abwägung von Kosten und Nutzen monetäre Aspekte im Vordergrund stehen bzw. alle denkbaren Einflussfaktoren in ökonomisches Kalkül übersetzt werden (vgl. z. B. Lamnek 2008, Karstedt/Greve 1996). Auch wird dem Modell ökonomischer Imperialismus und Reduktionismus vorgeworfen (Lamnek 2008), da es jegliches menschliches Verhalten ökonomisch erklärt und fordert, jegliche Form von Politik und sozialer Kontrolle anhand ökonomischen Kriterien zu bewerten.
Der Rational Choice-Ansatz geht von einem weniger abstrakten und idealisierten Modell aus (Dollinger/Raithel 2006). Kritik erfahren aber gerade diese Zusatzannahmen zur beschränkten Rationalität von alltäglichen Entscheidungen: Wenn Menschen Entscheidungen treffen, die unvernünftig erscheinen, liegt das eben an fehlenden Informationen oder falschen Berechnungen. Wenn sie etwas tun, das irrational oder sinnlos erscheint, haben sie sich irgendeinen subjektiven Nutzen versprochen, der sich dem Beobachter gerade verschließt (Karstedt/Greve 1996, Lamnek 2008). Mit rational ist dann nur doch gemeint »daß Personen das, was sie glauben, um ihrer Ziele willen tun zu sollen, auch tatsächlich tun (sofern sie können), daß sie also rational in dem Sinne handeln, daß sie den Weg, den sie im Moment für den richtigen halten, auch beschreiben; man könnte dies die innere Folgerichtigkeit oder die Konsistenz der Entscheidung und der Handlung nennen« (Kar-

stedt/Greve 1996: 185). Eine solche Argumentation ist unwiderlegbar und tautologisch (Karstedt/Greve 1996, Kreissl 2003, Wilson/Herrnstein 1985, Kunz 2004a, Lamnek 2008).

Kritisiert wird auch die fehlende Berücksichtigung situativer Einflüsse auf Entscheidungen und subjektiver Wahrnehmungen von Kosten und Nutzen (Eifler 2004). Grundsätzlich lässt sich mit der Theorie aber auch eine subjektive Komponente der Situationswahrnehmung vereinbaren.

Während die Rational Choice-Theorie gerade für die Erklärung von Wirtschaftskriminalität sehr gut geeignet ist (Kunz 2004a), sind Straftaten, bei denen Steuerungsfähigkeit oder Verhaltenskontrolle herabgesetzt sind oder ganz ausfallen, nur schwer erfassbar. So ist sie zur Erklärung von planlosen, ziellosen Straftaten, wie z. B. »Jugendkriminalität«, ungeeignet (Bock 2007).

Gegen die Theorie der Routine-Aktivitäten lässt sich einwenden, dass tatgeneigte oder motivierte »Täter(innen)« als Bestandteil der Theorie nicht näher bestimmt und einfach vorausgesetzt werden (Höynck 2014). Auf der Makroebene ist der Zusammenhang zwischen gesellschaftlichen Routinen und Gelegenheitsstrukturen sehr plausibel. Auf der Mikroebene kann nicht erklärt werden, warum viele Tatgelegenheiten ignoriert und nicht genutzt werden (Karstedt/Greve 1996). Dennoch ist die Theorie wegen ihrer einfachen Konzeption auf ein sehr breites Spektrum an Kriminalitätsformen anwendbar.

Als Alternative zu streng rationalen Annahmen zu menschlichen Entscheidungen werden weniger voraussetzungsvolles Modell von Rationalität empfohlen (Deutschbein/Frerichs 2010). Denkbar ist etwa eine Variante des Modells des Homo Oeconomicus, die zusätzlich davon ausgeht, dass Menschen sich an Normen und Werten und den Erwartungen gegenüber der Umwelt orientieren, ihre Ressourcen nutzen und kreativ neue Handlungswege entwerfen können (vgl. z. B. Lamnek 2008). Kriminologische Modelle des rationalen Handelns sind im Vergleich dazu zu undifferenziert und greifen neue sozialwissenschaftliche Ansätze nur rudimentär auf (Karstedt/Greve 1996).

Einige Autoren gehen davon aus, dass Handeln je nach Situation von anderen Faktoren bestimmt wird. In Situationen mit großen Kosten, wenn etwa ein hohes Entdeckungsrisiko besteht, werden sich Menschen entsprechend des Rational-Choice-Modells verhalten und Kosten und Nutzen abwägen. In Situation mit geringem Kostendruck, wenn also eine Gelegenheit sehr günstig ist, bestimmen primär Persönlichkeitsmerkmale das Verhalten (Lamnek 2008, Mensch 2000).

Was die empirische Überprüfbarkeit neoklassischer Ansätze im Allgemeinen angeht, finden sich widersprüchliche Aussagen. So ist von fraglichem empirischem Gehalt, aber auch von einer Fruchtbarkeit für weitere Untersuchungen die Rede (Karstedt/Greve 1996). Elemente der Theorie, wie Präferenzen, sind nur schwer messbar. Bereits durchgeführten Untersuchungen werden Mängel in der Überprüfung der Hypothesen nachgesagt (Lamnek 2008).

Sollen genaue Prognosen über Verhalten getroffen werden, ist eine große Anzahl von Zusatzannahmen nötig. Aus der spartanischen Eleganz des Grundgedankens wird im Forschungsalltag dann eine unübersichtliche Vielfalt (Karstedt/Greve 1996).

Den Theorien zufolge müsste sich durch situative Maßnahmen, die günstige Tatgelegenheiten verhindern, »Kriminalität« reduzieren lassen. Studien zur Wirkung solcher Maßnahmen kommen aber zu uneinheitlichen Ergebnissen (Eifler 2004, Stolle 2015, Wehrheim 2003). Gegen die Theorien sprechen auch die Befunde zur abschreckenden Wirkung von Strafdrohungen.[7] Verhalten wird wenig von der Höhe angedrohter Sanktion beeinflusst. Im Vergleich dazu spielen informelle Sanktionen und moralische Überzeugungen eine größere Rolle (Karstedt/Greve 1996). Normen und moralische Verpflichtungen lassen sich in die Theorie aber allenfalls als kalkulierbare Sanktionsrisiken und Kosten integrieren (Karstedt/Greve 1996).

»Täter(inne)n« wird einerseits zu viel, andererseits zu wenig Rationalität unterstellt. So wird übersehen, dass »Täter(innen)« Kosten oft gar nicht wahrnehmen. Nicht berücksichtigt wird auch, dass »Täter(innen)« ihre Aktivitäten verlagern können, ihre Strategien auf veränderte Situationen anpassen können, dass sie auch nach der Tatbegehung rational handeln und den Tatnachweis dadurch erschweren können. Nicht berücksichtigt werden auch nicht intendierte Effekte und komplexe Interaktionen (Karstedt/Greve 1996).

Klassische und neoklassische Theorien sind hervorragend mit der Logik des Strafrechts zu vereinbaren: Eine »Straftat« liegt dann vor, wenn der Tatbestand eines Strafgesetzes erfüllt wurde, dies rechtswidrig geschah und auch Schuld vorliegt. Es muss unterstellt werden, dass eine Person das Unrecht ihres Tuns erfasst hat und anders hätte handeln können. Damit setzt Strafe die von diesen Theorien angenommene Willens- und Handlungsfreiheit immer schon voraus (vgl. z. B. Roth 2001, Peters 1993).

Die Theorien stützen den Abschreckungsgedanken. »Kriminelle« Handlungen werden unwahrscheinlicher oder ganz verhindert, wenn sie mit großer Wahrscheinlichkeit zu Sanktionen führen und diese so schwer sind, dass die Kosten (Sanktionierung) den Nutzen der Straftat überwiegen. Die Erhöhung der Kosten von Devianz durch härtere Strafen oder eine größere Sanktionswahrscheinlichkeit ist also eine plausible Schlussfolgerung (Becker 1998, Dollinger/Raithel 2006, Eifler 2002, 2004, Lamnek 2008, Garland 2016). Entscheidend ist dabei die subjektive Wahrnehmung durch potentielle »Straftäter(innen)«: Diese müssen über drohende Strafen informiert sein (Lösel 1987). Schon geringe Strafen können abschreckend wirken, wenn die Entdeckung der Tat befürchtet wird. Bei geringem subjektivem Entdeckungs-

---

7 ▶ Kap. 5.3.2.

risiko sind dagegen erhebliche Strafhöhen nötig, um eine abschreckende Wirkung zu erzielen (Dölling et al. 2006, Lamnek 2008). Zentral ist also das Prinzip »Fair and certain punishment« (Von Trotha 1987, 14).

Denkbar wäre auch eine Verhaltensbeeinflussung durch informelle Sanktionen, auch wenn sich die Theorien selbst auf formelle Sanktionen konzentrieren (Lamnek 2008).

Sinnvoll erscheinen auch Maßnahmen, die legale Alternativen zu Straftaten attraktiver erscheinen lassen. Kann durch legale Arbeit oder durch staatliche Transferleistungen mehr Einkommen erzielt werden, verändert das den Entscheidungsprozess potentieller »Täter(innen)«. Die Motive für Straftaten sind aber nicht nur finanzielle Vorteile (Dollinger/Raithel 2006).

Mit dem Konzept der Resozialisierung sind die Theorien nicht vereinbar. Straffälligkeit wird als Ergebnis bewusster Entscheidungen vernünftiger Akteure betrachtet. Es ist keine Nach-Sozialisierung oder gar Therapie erforderlich (vgl. z. B. Hess 2007).

Ein Aufgabenfeld der Sozialen Arbeit könnte darin liegen, Straffälligen zu rationaleren Entscheidungen zu verhelfen, etwa die langfristigen Konsequenzen von Straffälligkeit zu vermitteln und über mögliche Sanktionen und deren Wahrscheinlichkeiten zu informieren (Höynck 2014, Dollinger/Raithel 2006, Karstedt/Greve 1996). Die prinzipielle Bereitschaft, bestimmte Straftaten zu begehen, dürfte auch durch die Vermittlung von Werten oder die Verdeutlichung der Tatfolgen für das Opfer grundsätzlich zu beeinflussen sein (vgl. z. B. Siegel 2011). Dadurch könnten die psychischen Kosten von Straftaten erhöht werden.

Die Theorien regen dazu an, den subjektiven Sinn von strafbaren Handlungen zu analysieren: Der »Täter«/die »Täterin« hat sich einen Nutzen davon versprochen. Dies ist insbesondere bei unverständlich oder absurd erscheinenden Delikten eine hilfreiche Ausgangsposition (Karstedt/Greve 1996). Dabei lassen die Theorien aber unklar, welche Kriterien in den Entscheidungsprozess eingeflossen sein könnten (Höynck 2014). Für die Aufarbeitung konkreter Straftaten liefern sie daher kein konkretes Analyseraster.

Praktisch umsetzen lassen sich die Theorien in Form situativer Prävention, die gezielt bei Gelegenheiten für Straftaten ansetzt (Eifler 2002, Lösel 1987, Lehne/Schlepper 2007, Hess 2007, Shearing 1997, Garland 2016). Die Situation muss so verändert werden, dass die Wahrscheinlichkeit für unangenehme Konsequenzen steigt und die von angenehmen Konsequenzen verringert wird. Zu diesem Zweck können Kosten erhöht, Nutzen verringert oder der Aufwand erhöht werden (Eifler 2004). Neuere Ansätze bemühen sich auch, Provokationen oder allzu sichtbare Gelegenheiten zu vermindern oder Entschuldigungen auszuschalten (vgl. z. B. Siegel 2011). Diese Präventionsform hat den Vorteil, deutlich kostengünstiger zu sein als repressive Maßnahmen (Lamnek 2008). Situative Prävention zur Vermeidung von Gelegenheiten ist aber im Rahmen der Straffälligenhilfe nicht zu leisten. Einbruchschutz in Wohn- oder Geschäftsgebäuden, Registrierung von Fahrrädern oder die Videoüberwachung öffentlicher Plätze hat mit Sozialer Arbeit wenig zu tun.

Im Rahmen von kommunaler Kriminalprävention ist durchaus ein Betätigungsfeld der Sozialen Arbeit zu sehen. Neben situativer Prävention werden auch andere Präventionsformen eingesetzt, etwa die Förderung von informeller sozialer Kontrolle oder Maßnahmen zur Unterstützung potentieller »Täter(innen)«. In kriminalpräventiven Räten sind daher regelmäßig auch Träger Sozialer Arbeit vertreten (Heinz 2005).

Darüber hinaus erscheint es sinnvoll, das Verhalten potentieller Opfer zu beeinflussen, etwa durch Aufklärung oder Trainingsprogramme (vgl. z. B. Lösel 1987). Gerade im Bereich der Gewaltprävention sind potentielle Opfer und Zeugen Zielgruppe vieler Programme (vgl. z. B. Kilb 2012).

Kriminalität wird tendenziell als ein Risiko betrachtet, das zum Alltag gehört. Dieses Risiko ist einzuberechnen, der Alltag entsprechend anzupassen. Verantwortlich dafür ist jeder Einzelne, der sich bemühen muss, Gelegenheiten und damit eine Viktimisierung zu vermeiden (vgl. z. B. Böhm 2007, Lehne/Schlepper 2007, Garland 2016). Damit droht aber auch die Gefahr, die Kosten für Sicherheit zu privatisieren und Opfer aufgrund fehlender Sicherheitsvorkehrungen für ihre Viktimisierung (mit)verantwortlich zu machen (vgl. z. B. Karstedt/Greve 1996).

Abzuleiten ist aus neoklassischen Theorien ein amoralischer, sachlicher Umgang mit Devianz, der auf die Senkung der Wahrscheinlichkeit von »Kriminalität« abzielt Es geht nicht um die Bekämpfung von »Kriminalität«, sondern darum, dieses allgemeine Lebensrisiko zu managen (Peters 2004, Krasmann 2000). Neoklassische Theorien laden dazu ein, kriminalpolitische Debatten zu versachlichen und zu entmoralisieren (Singelnstein/Stolle 2007, Feeley/Simon 1994, Karstedt 2007). Denkbar ist es, »Kriminalität« wie anderen Alltagsrisiken auch mit einer »Versicherungslogik« zu begegnen. Im Mittelpunkt steht dann nicht mehr Verantwortung und Schuld, sondern das Feststellen eines Schadensfalles. Auf moralische Empörung und staatliche Strafe wird zugunsten einer Kompensation verzichtet (Schmidt-Semisch 2005).

Neoklassische Theorien rechtfertigen aber auch eine Ausweitung sozialer Kontrolle. Wenn von allen Menschen Straftaten zu erwarten sind, dann gilt es nicht, Individuen zu kontrollieren, sondern Risiken und Situationen zu managen. Das impliziert auch, Risikopopulationen gezielt zu kontrollieren (Singelnstein/Stolle 2007, Pilgram/Prittwitz 2004).

Rationalität wird in klassischen und neoklassischen Theorien »Straftäter(inne)n« unterstellt und wäre auch von Kriminalpolitik zu erwarten. Aufwändige und kostenintensive Maßnahmen erscheinen wenig sinnvoll, wenn sie nicht general- oder spezialpräventiv wirken und damit dazu beitragen, Kosten und Schäden durch »Kriminalität« zu reduzieren (Becker 1968, 1998, vgl. auch Böhm 2007). Karstedt und Greve (1996) sprechen diesbezüglich von einem ökonomischen Abolitionismus, also einer ökonomisch begründeten Forderung, strafrechtliche Sanktionen zurückzudrängen oder einzuschränken. Angesichts hoher Rückfallquoten und beträchtlicher Kosten lässt sich die ökonomische Theorie als Argumentation gegen den Strafvollzug und für alternative Sanktionen zweckentfremden. Aus der Sicht von Becker sind bei solventen »Täter(inne)n« Geldstrafen die beste Option (Becker 1968, Lamnek 2008).

Ökonomische Überlegungen spielen nicht nur in der Kriminalpolitik eine Rolle, sondern auch die Soziale Arbeit sieht sich vermehrt der Anforderung ausgesetzt, kostengünstig und effizient zu arbeiten. Rationalisierung klingt nach sinnvollem Einsatz begrenzter Ressourcen und rationaler, gut begründeter Vorgehensweise. Ganz unproblematisch ist dies aber nicht. Rein zweckorientiertes Handeln ist mit der Gefahr verbunden, dass Hierarchien von Zwecken festgelegt werden, dass das betriebswirtschaftliche Kosten-Nutzen-Kalkül alle anderen Motive und Intentionen verdrängt. Auch liegt nahe, Menschen nur noch als Kostenfaktor zu berücksichtigen (Cremer-Schäfer 2002).

4.2.3 Psychologische Varianten

Theorien zur Entscheidungsfindung bei »Straftäter(inne)n« stützen sich teilweise explizit auf psychologische Modelle. Hier spielen *Wert-Erwartungs-Theorien* eine große Rolle (vgl. z. B. Dollinger/Raithel 2006). Verhalten wird erklärt über den Wert, den eine Person einem bestimmten Zweck oder Ziel beimisst, und über die Wahrscheinlichkeit, mit der dieses Ziel erreicht wird (Tolman 1952, Dollinger/Raithel 2006, Karstedt/Greve 1996).

Nach Esser ist jede(r) Handelnde mit einer klar definierten Anzahl von Handlungsalternativen konfrontiert. Gleichzeitig verfügt er/sie über eine klare definierte, konsistente und vollständige Präferenzordnung für alle denkbaren Folgen der Handlungen. Er/sie kann also deren Erwünschtheit eindeutig beziffern. Auch kann er/sie die Wahrscheinlichkeit aller künftigen Ereignissen beurteilen. Damit lassen sich Entscheidungen voraussagen. Ein(e) Handelnde(r) wählt jene Alternative aus, die den aus Präferenzen und Wahrscheinlichkeiten gebildeten erwarteten Nutzen maximiert (Esser 1999, Roth 2001, Lamnek 2008).

Dabei ist die Entscheidungslogik von den jeweiligen Risiken abhängig.

> »Wenn die Konsequenzen des Tuns unübersichtlicher und teurer werden, dann werden die Menschen vorsichtiger und ›berechnender‹. Gibt es dagegen klare Fronten und ist mit Vorsicht, Nachdenken und ›rationaler‹ Kalkulation nicht viel zu gewinnen, dann kann man ungestraft seinen Affekten folgen. Mehr noch: Dann wird es oft buchstäblich lebenswichtig, nicht lange zu überlegen was man tut« (Esser 1999: 319).

Entscheidungen fallen auch individuell unterschiedlich aus. Eine andere Person hätte aus denselben Prämissen möglicherweise andere Konsequenzen gezogen (Karstedt/Greve 1996).

Die *Theorie des überlegten Handelns* von Fishbein und Ajzen führt Verhalten auf Intentionen zurück. Diese Intentionen werden durch Einstellungen und

Bewertungen bezüglich des fraglichen Verhaltens bestimmt. Als weiterer Faktor spielen die Einstellungen der Bezugsgruppe und von ihr ausgehender sozialer Druck eine Rolle und beeinflussen die Intention. Auch in diesem Modell sind Bewertungen und Eintrittswahrscheinlichkeiten von möglichen Folgen wichtig (Lamnek 2008).

Die *Theorie des geplanten Verhaltens* stellt eine Weiterentwicklung des Ansatzes dar. Ajzen geht davon aus, dass zusätzlich der Eindruck, das Verhalten grundsätzlich beherrschen zu können, zu berücksichtigen ist. Die subjektiv wahrgenommene Verhaltenskontrolle beeinflusst die Entstehung einer Intention oder Motivation. Kommt eine Person zur Einschätzung, dass sie ein Verhalten nicht beherrschen kann, wird die Ausführung damit auch direkt verhindert (Lamnek 2008, Dollinger/Raithel 2006).

Entscheidungstheorien versuchen, Entscheidungsprozesse zu operationalisieren und in mathematische Gleichungen zu überführen (vgl. z. B. Dollinger/Raithel 2006).

Wert-Erwartungs-Theorien berücksichtigen im Gegensatz zu den neoklassischen Ansätzen auch Normen und moralische Vorstellungen. Das moralisch richtige Verhalten kann so aufgrund subjektiver Einschätzungen als die beste Alternative erscheinen. Normen beeinflussen Verhalten nicht (nur) über kalkulierbare Verluste und Gewinne, sondern auch über Emotionen und grenzen schon vorab den Bereich denkbarer Alternativen ein (Karstedt/Greve 1996). Die Rationalität des Akteurs muss auch nicht mit der anderer Menschen oder mit objektiven Rationalitätskriterien übereinstimmen (Lamnek 2008). Nicht erfasst werden aber soziale Interaktionen und strategische Wechselbeziehungen (Lamnek 2008).

Kritisch lässt sich anmerken, dass die Theorie des überlegten Handelns voraussetzt, dass das abweichende Verhalten vollständig vom Akteur kontrollierbar ist und er auch umfassend über mögliche Folgen und ihre Wahrscheinlichkeiten informiert ist (Lamnek 2008, Dollinger/Raithel 2006).

Die Theorie des geplanten Verhaltens ist eine der meistzitierten sozialpsychologischen Theorien der Gegenwart. Berücksichtigt wird auch die Einschätzung der eigenen Fähigkeiten zur Ausführung der Handlung (vgl. Eifler 2002). Die Theorie kann Verhalten mit unterschiedlicher willentlicher Kontrolle erklären und kommt mit wenigen Annahmen aus (Dollinger/Raithel 2006). Strittig ist die empirische Bewährung. Während Dollinger und Raithel (2006) die Meinung vertreten, dass die Theorie für ein breites Spektrum an Verhalten empirisch bewährt ist, kritisiert Lamnek (2008), dass die Konzepte zu unklar sind, um sie empirisch zu untersuchen.

Wert-Erwartungstheorien legen es nahe, nicht nur die Wahrscheinlichkeit von Sanktionen zu erhöhen oder über mögliche Konsequenzen zu informieren, sondern auch auf die Vermittlung von Werten und Normen zu setzen. Ein schlechtes Gewissen macht abweichendes Verhalten weniger attraktiv.

> Darüber hinaus spielen Bewertungen von Bezugspersonen und informelle soziale Kontrolle eine gewichtige Rolle. Sinnvoll ist es also, das Umfeld einzubeziehen. Wenn keine Bindungen zu Personen mit konformen Einstellungen bestehen, sollten neue Kontakte angeregt und gefördert werden.

4.3 Jugendtypische Kriminalität

Eine weitere Erklärungsstrategie bezieht sich auf das Alter von »Täter(inne)n«. »Straftaten« werden demnach begangen, weil eine Person in einem kritischen Alter ist, weil sie jung ist.

Für diese Straftaten von Jugendlichen existiert mit »Delinquenz« sogar ein eigener Begriff. Dieser bezieht sich zumeist auf Delikte im leichten und mittleren Bereich, die als altersbedingt gelten. Der Begriff »Delinquenz« gilt als moralisch weniger abwertend: Der Begriff »Kriminalität« soll vermieden und dadurch Stigmatisierung verhindert werden (Schneider 1998, Plewig 2001).

Die Betrachtung von Jugend als eigenständiger Lebensphase zwischen Kindheit und Erwachsenenalter ist historisch eine recht junge Erfindung des späten 19. und frühen 20. Jahrhunderts (Anhorn 2011, von Trotha 1982).

Jugend gilt als Phase des Lernens, des Ausprobierens, des langsamen Hineinwachsens in gesellschaftliche Rechte und Pflichten (v. Trotha 1982). Dabei wird allgemein davon ausgegangen, dass die Jugendphase von bio-psycho-sozialen Momenten der Entwicklung geprägt ist (Anhorn 2011).

Jugend wurde und wird aus der Perspektive der älteren Generation als grundsätzlich problematisches Alter wahrgenommen. Schon Shakespeare klagte: »Ich wollte, es gäbe gar kein Alter zwischen zehn und dreiundzwanzig, oder die jungen Leute verschliefen die ganze Zeit; denn dazwischen ist nichts, als den Dirnen Kinder schaffen, die Alten ärgern, stehlen, balgen« (Shakespeare 1839: 241). Als problematisch betrachtet wird die jugendtypische Mischung aus Risikofreudigkeit, Tatendrang, moralischer Unreife und fehlender Selbstkontrolle (vgl. z. B. schon Aschaffenburg 1923, Mischkowitz 1995).

Es erscheint grundsätzlich problematisch, »Jugend« als homogene Gruppe zu betrachten. Jugendliche jeder Generation identifizieren sich mit unterschiedlichen Jugendkulturen, zeigen ausdifferenzierte Verhaltensstile (vgl. z. B. Peters 1989).

4.3.1 Normale Jugendkriminalität

Dass ein Zusammenhang zwischen »krimineller« Auffälligkeit und Lebensalter besteht, zählt zu den unbestrittenen Tatsachen in der Kriminologie (vgl. z. B. Eifler 2002, Heinz 2008b).

Auch für die Öffentlichkeit ist »Jugendkriminalität« ein wichtiges Thema, wobei die Wahrnehmung ausgesprochen verzerrt ist und die Gefährlichkeit von »Jugendkriminalität« deutlich überschätzt wird (Dollinger/Schmidt-Semisch 2011, Heinz 2008).

Weitestgehend anerkannt ist, dass »Straftaten« von Jugendlichen alterstypisch sind und zur normalen Entwicklung in dieser Altersphase dazugehören (Ostendorf 2010b, BMI/BMJ 2006). Hell- und insbesondere Dunkelfeldstudien belegen die statistische Normalität von Straffälligkeit oder kriminalisierbarem Verhalten im Jugendalter (Dollinger/Schmidt-Semisch 2011, Sonnen 2003, Ostendorf 2010b, BMI/BMJ 2006).

> »Zu den gesicherten Befunden der Kriminologie gehört, dass Verstöße gegen Strafrechtsnormen im Jugendalter nicht von einer kleinen Außenseitergruppe, sondern von fast allen Jugendlichen begangen werden. Zumindest in seiner gelegentlichen und bagatellhaften Form sind derartige Verstöße ein – im statistischen Sinne – ›normales‹ Phänomen dieser Entwicklungsphase [...] Im statistischen Sinne ist es danach ›normal‹, zu ›delinquieren‹, aber ›anormal‹, deshalb erwischt und strafrechtlich verfolgt zu werden« (Heinz 2008 c: 7).

Auch die Ubiquität und Episodenhaftigkeit von »Jugendkriminalität« ist weitestgehend anerkannt: Strafbares Verhalten von Jugendlichen findet sich in allen sozialen Schichten und Regionen und ist alles andere als ein neues Phänomen. In der Regel handelt es sich nur um eine vorübergehende Erscheinung, die sich mit zunehmendem Alter und damit verbundener Reife von selbst »auswächst« (Dollinger/Schmidt-Semisch 2011, Sonnen 2003, Ostendorf 2010b, BMIBMJ 2006).

Als weiteres Merkmal von »Jugendkriminalität« wird regelmäßig auch ihre Bagatellhaftigkeit genannt (vgl. z. B. Heinz 2008b). Verglichen mit Erwachsenenkriminalität begehen Jugendliche deutlich leichtere Delikte (Spiess 2012).

Empirisch belegt ist, dass »Jugendkriminalität« häufig einen Gruppenbezug aufweist (vgl. z. B. Streng 2016). Delikte werden in der Gruppe oder aufgrund der (gewünschten) Zugehörigkeit zu einer Gruppe begangen. Gruppenzwang, Mutproben und Abgabe der Verantwortung an die Gruppe spielen hierbei eine Rolle (Ostendorf 2010e).

Als Ursachen des Phänomens »Jugendkriminalität« werden Besonderheiten des Jugendalters angenommen, insbesondere die damit verbundenen körperlichen, psychologischen und sozialen Veränderungen (vgl. z. B. Plewig 1986, Sonnen 2003). Typische Merkmale des Jugendalters sind mit »kriminellen« Risiken verbunden.

- So macht der *Wechsel sozialer Bezugsgruppen* und die starke Orientierung an der Gleichaltrigen-Gruppe empfänglich für gruppendynamische Einflüsse. Es kann zur Suche nach Halt in einer Subkultur kommen. Auch Kontakte zu Drogen oder Sekten sind möglich (Walter 2005, vgl. auch Goldberg/Trenczek 2014, Sonnen 2003, Ostendorf 2010e).
- Jugend ist außerdem als *Lebensabschnitt des Lernens und der Horizonterweiterung* zu verstehen. Dies ist mit mangelnder Souveränität und Selbstbeherrschung verbunden sowie mit moralischen Defiziten bei der Achtung der

Sphäre anderer (Walter 2005, vgl. auch Goldberg/Trenczek 2014). Normen und Regeln müssen durch »Learning by doing« erst erlernt werden (Ostendorf 2010e: 11).

- Jugend ist darüber hinaus als Zeit der *kritischen Auseinandersetzung mit Bestehendem* und der Innovation zu betrachten (Walter 2005, Peters 1989, Goldberg/Trenczek 2014). Normen werden hinterfragt, eigene moralische Einstellungen entwickelt (vgl. auch Sonnen 2003, Goldberg/Trenczek 2014). »Beim Austesten von Toleranzgrenzen wird häufig provoziert und überzogen« (Goldberg/Trenczek 2014: 265).

Junge Menschen leben in einer Situation der Verunsicherung. Im Fremd- und Selbstbild sind sie teils Jugendliche, teils aber bereits Erwachsene. Diese Verunsicherung kann positiv als Entwicklungsraum genutzt werden. Sie birgt aber auch die Gefahr des Scheiterns (Matt 1995).

Als zentrale Entwicklungsaufgaben in der Jugendphase werden »die Herstellung von Autonomie, sozialer Integration und Identitätsbildung« (BMI/BMJ 2006: 357) genannt. Zentrale Themen sind außerdem das Selbstwertgefühl und die Entwicklung einer Lebensperspektive, die Sinn verspricht (vgl. z. B. Sonnen 2003, Goldberg/Trenczek 2014). Zu den Entwicklungsaufgaben des Jugendalters gehört auch die Ablösung von bisherigen Bezugspersonen und die zunehmende Unabhängigkeit und Verselbständigung. In Beruf, Partnerschaft und sozialem Umfeld werden neue Rollen übernommen und eingeübt (Goldberg/ Trenczek 2014, Sonnen 2003, Ostendorf 2010e). Auch die Auseinandersetzung mit der eigenen Sexualität und die Übernahme von Geschlechtsrollen gehören zu den Aufgaben (Goldberg/Trenczek 2014). Die Bewältigung dieser Vielzahl an Entwicklungsaufgaben ist Voraussetzung für eine gelingende weitere Entwicklung und soziale Integration (Goldberg/Trenczek 2014).

In der Jugendphase finden konfliktreiche Sozialisations- und Reifungsprozesse statt. Erwartungen anderer und eigene Wünsche müssen ausbalanciert werden (Papendorf 1988). »Widersprüchliche normative Erwartungen der Familie, Gruppe, Erwachsenenwelt stoßen auf persönliche Interessen und Wünsche (Papendorf 1988).

Die Jugendphase ist nach Greenberg (1977) durch ein besonders starkes Auseinanderklaffen kulturell geschätzter Ziele und verfügbarer Mittel gekennzeichnet. Auch für Jugendliche gelten trotz begrenzter Mittel ökonomische Ziele. Respekt, Freundschaft, aber auch Bildungserfolg sind darüber hinaus mit ökonomischen Ressourcen verknüpft (vgl. auch Mischkowitz 1995, vgl. auch Peters 1989, Vila 1998).

Auch findet sich teilweise die Annahme, dass Jugendliche aktuell mit neuen Herausforderungen fertig werden müssen, welche frühere Generationen nicht belastet haben. Sonnen (2003) verweist etwa auf die Zumutung einer orientierungslosen Gesellschaft, in der traditionelle Leitbilder verloren gegangen sind, auf die Abschreibung (für die Arbeitswelt) überflüssiger Personen, auf Individualisierung und Pluralisierung von Lebenschancen, auf einen ordnenden und strafenden Staat, der aber kein Garant für Lebensqualität mehr ist, und auf vielfältige Risiken, bei denen etwa an Terrorismus, Klimawandel und Globalisierung zu denken wäre (vgl. auch Goldberg/Trenczek 2014, Beck 1986, BMI/BMJ 2001). Ostendorf (2010e) thematisiert mehr Gefährdungen, weniger Freiräume, mehr Gelegenheiten zur »Kriminalität« und weniger Hilfen und Schutz durch die Einbindung in ein festes Sozialgefüge. Leistungsanforderungen haben im Vergleich mit früheren Generationen von Jugendlichen zugenommen. Bildung und Ausbildung garantieren keinen sicheren Arbeitsplatz mehr (Goldberg/Trenczek 2014). »Die Lebensphase Jugend ist zu einem Abschnitt der strukturellen Unsicherheit und Zukunftsungewissheit geworden« (Albert et al. 2010: 38). Hinzu kommt, dass sich die Jugendphase ausgeweitet hat. Die Pubertät beginnt statistisch früher, Ausbildungsphasen und wirtschaftliche Abhängigkeit dauern länger (Goldberg/Trenczek 2014, BMI/BMJ 2001b). Diese neuen Entwicklungen lassen nicht erwarten, dass sich der Zusammenhang zwischen Jugendphase und »Delinquenz« abschwächen wird.

Von Jugendlichen begangene Straftaten sind oft Ausdruck jugendtypischer Motivationen. Sie werden aus Neugier und Spielerei begangen, aus Übermut und Abenteuerlust, aus Prestigestreben und Imponiergehabe oder auf der Suche nach dem unerreichbaren sozioökonomischen Status von Erwachsenen (Goldberg/Trenczek 2014). »Delinquenz« zielt bei Jugendlichen häufig einfach auf Spaß, Spannung und »Action« ab (Matt 1995).

Der Annahme, dass »Jugendkriminalität« häufig auftritt und andere Ursachen als »Erwachsenenkriminalität« hat, folgt auch der Gesetzgeber und hat daher ein besonderes Jugendstrafrecht (JGG) geschaffen, das explizit am Erziehungsgedanken orientiert ist (§ 2 JGG, vgl. z. B. Ostendorf 2010g). Das Bundesverfassungsgericht formulierte die folgende Begründung:

> »Die Ausgangsbedingungen und Folgen strafrechtlicher Zurechnung sind bei Jugendlichen in wesentlichen Hinsichten andere als bei Erwachsenen. Jugendliche befinden sich biologisch, psychisch und sozial in einem Stadium des Übergangs, das typischerweise mit Spannungen, Unsicherheiten und Anpassungsschwierigkeiten, häufig auch in der Aneignung von Verhaltensnormen, verbunden ist. Zudem steht der Jugendliche noch in einem Alter, in dem nicht er selbst, sondern auch andere für seine Entwicklung verantwortlich sind. Die Fehlentwicklung, die sich in gravierenden Straftaten eines Jugendlichen äußert, steht in besonders dichtem und oft auch besonders offensichtlichem Zusammenhang mit einem Umfeld und Umständen, die ihn geprägt haben. Für das Jugendstrafrecht und den Jugendstrafvollzug gewinnt daher der Grundsatz, dass Strafe nur als letztes Mittel und nur als ein in seinen negativen Auswirkungen auf die Persönlichkeit des Betroffenen nach Möglichkeit zu minimierendes Übel verhängt und vollzogen werden darf, eine besondere Bedeutung« (BVerfG 2006).

4.3.2 Problematische Formen der »Jugendkriminalität«

4.3.2.1 Typisierung von Jugendkriminalität

Ist »Jugendkriminalität« also immer normal, alterstypisch und unproblematisch? Von der normalen »Jugendkriminalität« wird häufig die »Kriminalität« von »Intensivtäter(inne)n« oder »Mehrfachauffälligen« unterschieden (vgl. z. B. Reinke/Schierz 2010). Während die einmalige oder gelegentliche Begehung leichter Delikte wie Diebstahl, Sachbeschädigung, Urheberrechtsverletzungen oder Beförderungserschleichung normal und ubiquitär ist, gilt dies für schwerere Delikte oder eine besondere Delikthäufigkeit nicht mehr (Goldberg/Trenczek 2014). Angenommen wird, dass »Intensivtäter(innen)« mehr und schwerere Delikte begehen und bei ihnen »Jugendkriminalität« in eine »kriminelle Karriere« mündet.

Dabei werden Begriffe wie »mehrfach Auffällige«, »Rückfalltäter(innen)«, »Intensivtäter(innen)« oder »Karrieretäter(innen)« verwendet. Sie sind unscharf und werden sehr unterschiedlich definiert: Dabei spielt je nach Autor oder Institution die Häufigkeit von Delikten, der Zeitraum der Straftatbegehung oder auch die Schwere der Delikte eine Rolle (vgl. z. B. Goldberg/Trenczek 2014, Deutscher Bundestag 2009).

Empirisch belegt ist, dass ein kleiner Anteil von Jugendlichen für einen großen Anteil der registrierten »Kriminalität« verantwortlich ist. Zwischen 5–10% der Jugendlichen einer Alterskohorte sind für die Hälfte aller registrierten Delikte dieser Altersgruppe verantwortlich. Bei schweren Delikten liegt der Anteil noch höher (Oberlies 2013, Goldberg/Trenczek 2014, Heinz 2008). Auch diese besonders häufig registrierten Jugendlichen sind aber in aller Regel nur über einen begrenzten Zeitraum auffällig (vgl. z. B. Höynck 2014). Nur eine kleine Gruppe junger Menschen begeht über Jahre hinweg »kriminelle« Delikte, teilweise bis in das mittlere und spätere Erwachsenenalter hinein (Höynck 2014, Ostendorf 2010b, BMI/BMJ 2006). Allenfalls in diesen Fällen lässt sich »Jugendkriminalität« als Einstieg in eine »kriminelle Karriere« betrachten.

»Mehrfachtäter(innen)« weisen nach bisherigen Erkenntnissen auch keine besondere Deliktstruktur auf und neigen auch nicht dazu, immer schwerere Delikte zu begehen. Die Palette begangener Delikte wird breiter, eine zunehmende Spezialisierung ist nicht belegt (Goldberg/Trenczek 2014, Lösel 1987).

Die Differenzierung zwischen normaler und problematischer »Jugendkriminalität« findet sich auch in der Typisierung von Moffitt wieder. Sie unterscheidet zwei Typen von jugendlichem Fehlverhalten:

- *Adolescent-limited antisocial behavior* ist entwicklungsbedingt und auf die Pubertät beschränkt. Lebensgeschichtliche Ereignisse wie Familiengründung oder Berufseinstieg beenden die Straffälligkeit (Moffitt 1993).
- *Life-course persistent antisocial behavior* beginnt früh und endet nicht mit Ende der Pubertät. Ursachen sind neurologische Auffälligkeiten und ungünstige Umwelteinflüsse. Lebensgeschichtliche Ereignisse verstärken abweichendes Verhalten noch, da Ressourcen zu ihrer Bewältigung fehlen (Moffitt 1993, vgl. auch Althoff 2010, Vila 1998, Feltes/Fischer 2014).

Das Modell von Moffitt hat weltweit Beachtung gefunden, erfuhr aber auch massive Kritik. So wird kritisiert, dass das Modell für beide Gruppen eine völlig unterschiedliche Ätiologie verwendet wird (vgl. z. B. Anhorn 2011). Die Aufspaltung zwischen einer riesigen Gruppe von episodenhaft abweichenden Jugendlichen und einer quantitativ marginalen, qualitativ aber umso bedrohlicheren Gruppe von persistent abweichenden Jugendlichen wird grundsätzlich hinterfragt (Anhorn 2011).

»Es ist von einem Kontinuum auszugehen, an dessen Ende die massenhafte und gelegentliche Begehung von Straftaten durch junge Menschen steht, quasi der Pol der Normalität, und an dessen anderem Ende sich die nur selten auftretende, länger andauernde und gehäufte Begehung schwerer Straftaten befindet« (BMI/BMJ 2006: 357 f).

Die Typologie stützt sich zwar auf eine großangelegte Studie, widerspricht aber empirischen Befunden, nach denen »Kriminalität« (im Hellfeld) sehr unterschiedliche Verläufe nehmen kann. Sie beginnt zu unterschiedlichen Zeitpunkten, entwickelt sich kontinuierlich oder mit abruptem Wechsel, endet zu unterschiedlichen Zeitpunkten. Eine Unterscheidung zwischen zwei Typen erscheint wenig sinnvoll (Grundies 2013, Sampson/Laub 2003, vgl. auch Von Wolffersdorff 2008, Ostendorf 2010b, Höynck 2014, Feltes/Fischer 2014). Prognosen sind nicht möglich. Die Dauer der Straffälligkeit ist nicht schon in der Jugendphase prognostizieren. Selbst »bei jugendlichen Intensivtätern [kann es] im Erwachsenenalter zu ganz unterschiedlichen Entwicklungen kommen […], die mit ihrer (kriminellen) Biographie in der Kindheit und Jugend allein nicht erklärt werden können« (Walter 2004: 80). Die schlichte Annahme, dass wer früh beginnt, auch lange »kriminell« bleibt (Oberlies 2013), lässt sich nicht halten (Goldberg/Trenczek 2014). Narrative Muster, die eine lebenslange Persistenz »krimineller« Neigungen suggerieren, sind grundsätzlich kritisch zu betrachten (vgl. z. B. Kunz 2004b).

4.3.2.2 Risikofaktoren

Warum manche Jugendliche nur über einen kurzen Zeitraum wenige, leichte Delikte begehen und andere länger aktiv sind, häufiger auffällig werden und/oder auch schwere Delikte verüben, wird mit unterschiedlichen Theorien und Konzepten erklärt.

In der Literatur finden sich Hinweise auf zahlreiche Risikofaktoren, bei denen mit vermehrtem Problemverhalten von Jugendlichen und auch strafbaren Handlungen zu rechnen ist (vgl. z. B. Reinke/Schierz 2010, Heinz 2008b). Die genannten Faktoren sind teilweise als Merkmale von »Intensivtäter(inne)n« empirisch belegt.

- Es wird zum einen auf *individuelle Merkmale* verwiesen. Persönlichkeitsmerkmale wie Unabhängigkeit, geringer Selbstwert, externe Kontrollüberzeugungen sollen sich negativ auswirken. Große Bedeutung wird sozialen Fähigkeiten, wie Empathiefähigkeit und Affekt- und Selbstkontrolle zugewiesen.

Beides wird als Schutzfaktor betrachtet. Dagegen gelten Impulsivität oder ein unbeständiges Temperament als Risikofaktoren. Stärkere »Kriminalität« soll mit geringer Leistungsorientierung einhergehen (BMI/BMJ 2006, Steffen 2008, Ostendorf 2010b, Petersen/Ebata 1987). Teilweise wird auch von einer Bedeutung psychischer Störungen ausgegangen, etwa einem Zusammenhang zwischen ADHS und »Delinquenz« (Rossi 2010).

- Intensive Straffälligkeit wird auf die Beziehung zu den *Eltern* und deren Erziehungsverhalten zurückgeführt. Als problematisch betrachtet werden fehlende emotionale Unterstützung und Ablehnung, ein rigide-autoritärer Erziehungsstil oder inkonsistentes Erziehungsverhalten. Klare Regeln, Kontrolle und Aufsicht werden dagegen als günstig erachtet. Gewalterfahrungen in der Familie oder wechselnde Bezugspersonen werden problematisiert (Oberlies 2016, Asendorpf 2010, Steffen 2008, Heinz 2008b, Nickolai 2010).
- Als zentraler Faktor wird die Beziehung zu *Gleichaltrigen* betrachtet. Von Einstellungen und Verhalten der Peergroup hängt die Wahrscheinlichkeit ab, dass sich ein Gruppenmitglied abweichenden verhält (Petersen/Ebata 1987, Thornberry 1987, Dollinger/Raithel 2006, Steffen 2008, Kersten 1995).
- Darüber hinaus wird Misserfolg in *Schule* und *Ausbildung* oder Schulverweigerung als problematisch betrachtet (Ostendorf 2010b, Petersen/Ebata 1987, Steffen 2008, Heinz 2008b, Kersten 1995, Nickolai 2010, Steffen 2008).
- Auch das *Freizeitverhalten* gilt als Risikofaktor. Problematisiert wird etwa unstrukturiertes Freizeitverhalten außerhalb der Familie, Alkohol und Drogenkonsum oder intensives Computerspielen (Goldberg/Trenczek 2014, Steffen 2008, Nickolai 2010, BMI/BMJ 2001).
- Eine Rolle spielt auch das *frühere Verhalten* des Jugendlichen selbst. Weitere Normverletzungen sind bei Jugendlichen zu erwarten, die bereits stark in Problemverhalten verwickelt sind und nur wenig Verhalten zeigen, das normativen Erwartungen entspricht (Petersen/Ebata 1987, Thornberry 1987, Schneider 2010).
- Eine besondere Bedeutung wird auch *Einstellungen und Werten* zugeschrieben. Problematisiert werden gewaltlegitimierende Männlichkeitsnormen oder eine positive Einstellung zu Delikten (Thornberry 1987, Steffen 2008).
- Als besonders wichtiger Risikofaktor gilt außerdem das *männliche Geschlecht* (vgl. z. B. Kersten 1995): »Jugendkriminalität ist meist männlich« (Heinz 2016).
- Auch werden geringes *Einkommen* und soziale *Marginalisierung* der Herkunftsfamilie als Risikofaktoren genannt (vgl. z. B. Kersten 1995, BMI/BMJ 2001b), welche die Sozialisation durch objektive soziale Belastungen negativ beeinflussen können. Es wird davon ausgegangen, dass »Jugendkriminalität« vermehrt in sozial benachteiligten Vierteln auftritt (Arbeitsstelle Kinder- und Jugendkriminalitätsprävention 2015, BMI/BMJ 2001).
- Auch *Migrationshintergrund* und die damit verbundenen Integrationsprobleme werden erwähnt (Heinz 2008b, BMI/BMJ 2001b).

> Die Erklärung über Risikofaktoren ist unbefriedigend. Genannt wird eine Vielzahl von Faktoren, die mit einer intensiveren »Jugendkriminalität« zusammenhängen könnten. Strittig ist die relative Bedeutsamkeit derartiger Risikofaktoren. Größere Einigkeit besteht darüber, dass die Kumulation von Risikofaktoren die Wahrscheinlichkeit massiver und länger anhaltender »Kriminalität« deutlich erhöht (Ostendorf 2010b). Die Logik ist teilweise sehr einfach: Je mehr Risikofaktoren vorliegen, desto eher ist mit intensiver »Jugendkriminalität« zu rechnen (vgl. z. B. Loeber 1990). Wie sich einzelne Faktoren konkret auf »Kriminalität« auswirken, wird nicht erläutert, sondern in der Logik von Multifaktorenansätzen argumentiert.
>
> Unklar ist auch, ob derartige Merkmale wirklich Ursachen für intensivere »Jugendkriminalität« darstellen. Es ist durchaus plausibel, dass negative Lebensumstände und defizitäre Sozialisation sich negativ auf Handlungskompetenzen auswirken und somit strafbare Handlungen begünstigen. Sie könnten aber auch Resultat von auffälligem Verhalten, Faktor in einer Wechselbeziehung oder Ursache für selektive Kriminalisierung sein (Goldberg/Trenczek 2014).

4.3.2.3 Theoretische Erklärungen und Ansätze

Neben bloßen Aufzählungen von Faktoren finden sich auch theoretisch gestützte Argumentationen.

Besonders ausführlich thematisiert wird der Gruppenbezug von »Jugendkriminalität«. Empirisch ist eindeutig belegt, dass Jugendliche, die »delinquenten« Cliquen angehören oder »delinquente« Freunde haben, mehr »kriminalisierbare« Handlungen begehen (Dunkelfeld) und häufiger mit Straftaten auffallen (Hellfeld) als Gleichaltrige, die keiner oder einer konformen Gruppe angehören (vgl. z. B. Kersten 1986, Dollinger/Raithel 2006). Massivere Formen der »Jugendkriminalität« wären demnach auf Kontakte zu »delinquenten« Peers und abweichende Gruppen zurückzuführen.

Die Bedeutung der Peergroup wird häufig entwicklungspsychologisch begründet und darauf verwiesen, dass die Gruppe für Jugendliche von zentraler Bedeutung ist, dass Jugendliche etwa dort ihr Selbstbild entwerfen und ausprobieren, dass die Gruppe Anerkennung und soziale Identität bietet (Dollinger/Raithel 2006). Es wird argumentiert, dass »delinquente« Gruppen von ihren Mitgliedern die Bereitschaft verlangen, Risiken zu übernehmen und an »delinquenten« Aktivitäten teilzunehmen. Gehört ein Jugendlicher exklusiv einer »delinquenten« Gruppe an, ist er eher bereit, solchen Forderungen zu entsprechen, da die Gruppe mitunter die einzige Ressource für den Aufbau einer sozialen Identität und zur Deckung sozialer Bedürfnisse wie Wertschätzung ist (Dollinger/Raithel 2006). Darüber hinaus werden die Gruppe und ihre Aktivitäten auch als Gelegenheitsstruktur betrachtet (Matt 1995).

4 Kriminalitätstheorien

Die *Social-Disability-These* von Short und Strodtbeck geht davon aus, dass »delinquente« Jugendbanden aus Jugendlichen bestehen, die unfähig zur normalen Rollenerfüllung sind. Banden werden als Rückzugsgebiete für geschädigte Jugendliche betrachtet. Ihre Mitglieder stammen aus desorganisierten Familien, in denen emotionale Bedürfnisse nicht befriedigt wurden und sie gehäuft Frustrationserfahrungen gemacht haben. Aufgrund dieser defizitären Sozialisationsbedingungen sind sie unfähig zu situationsadäquatem Verhalten, weisen ein erhöhtes Aggressionsverhalten und soziale Unsicherheit auf. Auch in den Banden sind nur sehr eingeschränkt befriedigende emotionale Beziehungen möglich. Es kann aber Status erzielt und Unsicherheit kompensiert werden (Lamnek 2001). Individuelle Defizite verhindern, dass sich Jugendliche unproblematischen Freundeskreisen anschließen und führen dadurch zu massiver »Jugendkriminalität«. Ähnlich defizitär betrachtet Yablonski Jugend-Gangs und ihre Mitglieder (vgl. z. B. Lamnek 2001).

> Auch bei der Social-Disability-These handelt es sich um eine Theorie mit stark pathologisierendem Charakter. Erklärungskraft kann sie nur für eine kleine, besonders defizitäre Gruppe von Jugendlichen beanspruchen.

Die Beobachtung ausgeprägter psychosozialer Belastungsfaktoren bei besonders auffälligen Jugendlichen legt eine Erklärung mit Hilfe von *Stresstheorien* nahe (Dollinger/Raithel 2006). Am verbreitetsten ist das transaktionale Stressmodell nach Lazarus, dass sowohl die Beziehung zwischen Person und Umwelt umfasst als auch kognitive Bewertungen und emotionale Reaktionen (Dollinger/Raithel 2006). Was von einer Person als stresshaft erlebt wird, ist unterschiedlich und hängt von subjektiven Bewertungen ab. Nach Lazarus lassen sich analytisch drei kognitive Bewertungsprozesse unterscheiden. In einer primären Bewertung wird zunächst die Bedeutung eines Ereignisses oder einer Situation für das eigene Wohlbefinden eingeschätzt. Die sekundäre Bewertung bezieht sich auf die verfügbaren Bewältigungsressourcen. Aufgrund der Ergebnisse dieses Bewertungsschritts kann es dann zu einer Neubewertung des Ereignisses oder der Situation kommen (Lazarus/Folkman 1984, Dollinger/Raithel 2006).

Stress wird auch unterschiedlich bewältigt. Unterscheiden lassen sich etwa verhaltensorientierte oder intrapsychische Bewältigungsformen, es sind konforme wie abweichende Formen der Bewältigung möglich (Dollinger/Raithel 2006). Die Art der Bewältigung hängt von individuellen und umfeldbezogenen Ressourcen ab (Petersen/Ebata 1987, Dollinger/Raithel 2006). Abweichendes Verhalten ergibt sich aus einer Konstellation aus psychosozialen Belastungen und fehlenden Ressourcen zur Bewältigung (Dollinger/Raithel 2006, vgl. auch Goldberg/Trenczek).

Grundsätzlich gelten sowohl kritische Lebensereignisse als auch chronische Belastungen und schwierige Übergänge im Lebenszyklus als Stressoren (Dollinger/Raithel 2006). Aufgrund der zu bewältigenden Entwicklungsaufgaben sind die psychosozialen Belastungen in der Jugendphase generell groß. Sie können im Einzelfall auch überfordern. Von Bedeutung ist die Anzahl von Erwartungen, ihr Timing und das zeitliche Zusammentreffen von Veränderungen (vgl. z. B. Petersen/Ebata 1987, Dollinger/Raithel 2006). Kommen weitere Stressoren hinzu, etwa aufgrund von sozialstrukturellen Bedingungen oder kritischen Lebensereignissen, sind Überlastungen noch wahrscheinlicher (Dollinger/Raithel 2006, Hurrelmann 2004).

> Empirisch nachweisbar sind massive soziale Problemlagen und reduzierte Teilhabemöglichkeiten bei Jugendlichen mit häufigen Gerichtskontakten (vgl. z. B. Goldberg/Trenczek 2014). Das abweichende Verhalten lässt sich dann als unangemessene Bewältigung dieser Belastungen interpretieren. Gegen eine Erklärung mit Hilfe von Stresstheorien ist aber einzuwenden, dass diese zu einer individualistischen Argumentation tendieren. Stressoren können aber auch sozialstrukturell bedingt und damit nicht individuell beeinflussbar sein. Devianz wird durch fehlende Bewältigungskapazitäten einer Person nur unzulänglich erklärt: Lebensgesellschaftliche Logik und soziale Komplexität werden dabei ausgeblendet (Dollinger/Raithel 2006).

Dem Unterschied zwischen unauffälligen, sozial integrierten Jugendlichen und besonders belasteten Mehrfachauffälligen steht die Beobachtung entgegen, dass es häufig zu einer Art von »*Doppelleben*« kommt: Gut integrierte Jugendliche sind am Wochenende in »delinquentes« Verhalten verwickelt (vgl. z. B. Matt 1995).

> »Sie sind angepasst in der Woche, leisten ihre Arbeiten, sind motivierte Lehrlinge, haben z. T. ausgeprägte Arbeitstugenden sowie Pläne für die Weiterqualifikation nach Abschluß ihrer Ausbildung, am Wochenende hingegen wird ›auf den Putz gehauen‹, action gesucht, zu der kriminalisierbares Verhalten gehören kann« (Matt 1995: 155).

Das Doppelleben endet, wenn junge Menschen gelernt haben, die Bedeutung einzelner Lebensbereiche für ihre Biographie einzuschätzen (Matt 1995).

> Das Konzept des Doppellebens stellt keine Theorie im eigentlichen Sinne dar und beschreibt auch nur eine Teilgruppe von Jugendlichen. Als Gegenmodell zur Annahme von »Delinquenz« aufgrund von Belastungen hat es aber seine Berechtigung.

Auch problematisches Verhalten von Jugendlichen, das soziale Normen überschreitet, lässt sich als funktional betrachten (vgl. z. B. Petersen/Ebata 1987, Silbereisen/Kastner 1985).

Die *Theorie des Problemverhaltens* von Jessor (2016) geht davon aus, dass es absichtsvoll und zielorientiert ist und damit verschiedene psychosoziale Ziele verfolgt werden können. So kann »Delinquenz« ein Mittel zur Erreichung ansonsten unerreichbarer Ziele sein, ein Ausdruck von Opposition gegenüber Erwachsenen und der konventionellen Gesellschaft oder auch ein Copingmechanismus zur Bearbeitung von Angst oder Misserfolgen. Strafbare Handlungen können Zugang zu bestimmten Peergruppen schaffen oder Ausdruck der Solidarität oder Identifikation mit Subkulturen sein, sie können der Bestätigung wichtiger Attribute der persönlichen Identität dienen oder den Übergang in neue Positionen verdeutlichen (Jessor 2016, Petersen/Ebata 1987).

Böhnisch (2010) betrachtet abweichendes Verhalten als *Bewältigungsverhalten* vor dem Hintergrund von gesellschaftlicher Desintegration und individueller Krisenerfahrungen. Wird die biografische Handlungsfähigkeit bedroht, kann dies mit dem Verlust von Selbstwert, sozialem Rückhalt, Orientierung und Integration einhergehen. Fehlen legale Möglichkeiten der Bewältigung kann abweichendes Verhalten dazu eingesetzt werden, die eigene Handlungsfähigkeit zu erhalten oder wiederherzustellen (Böhnisch 2010, vgl. auch Schneider 2014b). Auch Thiersch (2007) betrachtet regelverletzendes Verhalten als Bewältigungsverhalten. Abweichende Verhaltensformen sind demnach »als Ausdruck der Anstrengung, mit seinem Leben zurande zu kommen oder als Bewältigungsversuch« zu verstehen.

»Es sind vielleicht die falschen Mittel, es sind vielleicht falsche Vorgaben, es sind falsche Muster, aber es steckt in ihnen die Anstrengung, mit den Verhältnissen zurande zu kommen. […] Also abweichendes, schwieriges Verhalten als Ausdruck der Anstrengung, sein Leben zu bewältigen, gerade auch da, wo es schwierig, für einen selbst unglücklich und für die Gesellschaft unglücklich ist, als Versuch, mit den Grundbedürfnissen nach Geborgenheit, Sinn, Produktivität, Sich-selbst-erfahren, Anerkennung zurande zu kommen« (Thiersch 2007: 4).

> Die Betrachtung von »delinquentem« Verhalten als subjektiv sinnvoll grenzt sich positiv von pathologisierenden Konzepten ab. Welche Funktion(en) eine Straftat für einen Jugendlichen hat, ist dabei nicht immer eindeutig erkennbar. Dass sich menschliches Verhalten als subjektiv sinnvoll und als Versuch der Problemlösung betrachten lässt, ist so richtig wie banal. Die Annahme, dass auffällige Jugendliche sich in besonders problematischen Situationen um eine Problemlösung bemühen, müsste noch empirisch belegt werden.
>
> »Jugendkriminalität« kann auch objektiv betrachtet funktional und entwicklungsfördernd sein. »Hier fachgerecht unterscheiden zu können, stellt besondere Anforderungen an den diagnostischen Kompetenzen der Fachleute« (Goldberg/Trenczek 2014: 265).

> Die Erklärungsansätze für intensivere »Jugendkriminalität« stellen ein wildes Sammelsurium dar. Unterschiedliche Erklärungsansätze stehen unvermittelt nebeneinander (Reinke/Schierz 2010). Die empirische Bestätigung ist unbefriedigend (Höynck 2014).
>
> Zugrunde gelegt werden häufig Daten, die sich nur auf das Hellfeld der registrierten »Jugendkriminalität« beziehen (Reinke/Schierz 2010). Damit droht eine Verwechslung von Ursachen von strafbaren Handlungen und Ursachen von Kontakten zu Strafverfolgungsinstanzen.

4.3.2.4 Fazit

Über die Entstehung »krimineller Karrieren« bei jungen Menschen oder die Beendigung von »Delinquenz« existiert erstaunlich wenig empirisch belegtes Wissen (vgl. z. B. Mischkowitz 1995).

> »Viel Wissen wurde über die Wirkungslosigkeit von Strafen bei diesem Personenkreis, aber wenig Wissen über die Hintergründe der ›delinquenten‹ Persistenz zusammengetragen. Der Kenntnisstand zur Erklärung von Episodenhaftigkeit bzw. Kontinuität hat das Niveau von Alltagstheorien kaum verlassen« (Mariak/Schumann 1992: 335).

Fest steht aber, dass bei der überwältigenden Mehrheit junger »Straftätet(innen)« »Delinquenz« mit dem Übergang ins Erwachsenenalter endet.

Der Ausstieg bzw. das Herauswachsen aus »delinquenten« Aktivitäten wird unterschiedlich erklärt. So wird vermutet, dass die Erlangung beruflicher Qualifikationen, der Auszug aus dem Elternhaus, das Eingehen längerfristiger Beziehungen und die allmähliche Lösung von der Peer-Group eine Rolle spielen (vgl. z. B. Matt 1995). Auch zunehmende Selbstkontrolle und moralische Kompetenz werden genannt (Mischkowitz 1995). Heranwachsende erkennen die Auswirkungen »delinquenten« Verhaltens auf andere Lebensbereiche, haben mehr zu verlieren (Greenberg 1977, Matt 1995).

> »Strafbare Handlungen sind nicht generell ein Hinweis auf weitere Belastungen oder Entwicklungsdefizite. Delinquenz ist nicht per se Indikator einer dahinterliegenden Störung oder eines Erziehungsdefizits. Im Prozess des Normlernens ist eine zeitweilige Normabweichung in Form von strafbaren Verhaltensweisen zu erwarten. Dies hängt mit zentralen Entwicklungsaufgaben des Jugendalters, nämlich der Herstellung sozialer Autonomie, sozialer Integration und Identitätsbildung, zusammen. Damit ist Normübertretung ein notwendiges Begleitphänomen im Prozess der Entwicklung einer individuellen und sozialen Identität« (BMI/BMJ 2006: 357).

Dunkelfeldstudien belegen, dass »Jugendkriminalität« gerade kein Unterschicht- oder Randgruppenphänomen ist. Ubiquität »gilt unabhängig von der Schichtzugehörigkeit, ja man kann sogar entgegen den Daten aus der bekanntgewordenen ›Kriminalität‹, gemäß denen die Unterschicht überrepräsentiert ist, bei einzelnen Delikten gelegentlich eine höhere Belastung von Mittelschichtangehörigen feststellen« (Sessar 1984: 28 f).

Jugend ist aufgrund der zu bewältigenden Entwicklungsaufgaben einfach eine sehr anspruchsvolle und auch anstrengende Lebensphase. Kritisch sind Rollenunsicherheit und Statusungewissheit, große Schwankungen und leichte Beeinflussbarkeit des Selbstbildes, Leistungsprobleme und Symptome der Überforderung, Probleme der Lebensorientierung und Konfliktbewältigung (Goldberg/Trenczek 2014).

4.3.3 Kriminalisierung von Jugendlichen

»Jugendkriminalität« lässt sich auch mit einem ganz anderen Fokus betrachten: Nicht das Verhalten von Jugendlichen ist demnach erklärungsbedürftig, sondern der strafrechtliche Umgang damit, die häufige Kriminalisierung von Jugendlichen.

Eine besondere Rolle wird hier der öffentlichen Wahrnehmung von Jugendlichen zugewiesen. *Deutungsmuster und Diskurse* über Jugendliche prägen formelle wie informelle Kontrolle.

Im aktuellen öffentlichen Diskurs über Jugendliche und »Kriminalität« ist die Rollenverteilung klar. Jugendliche gelten als »Täter(innen)«, nicht als Opfer. Daraus ergibt sich, dass ihnen gegenüber nicht Hilfe und Unterstützung, sondern Kontrolle und Disziplinierung angemessen erscheinen (Anhorn 2011). Es dominiert die Ansicht, dass Jugendliche erzogen, zurechtgebogen, in ihre Grenzen gewiesen werden müssen (vgl. z. B. Reinke/Schierz 2010).

Die einseitige Wahrnehmung von Jugend als grundsätzlich problematischem, defizitärem und gefährlichem Status hat Tradition. Jugendliche werden als das Andere, Wilde, Primitive konstituiert in scharfer Abgrenzung vom Selbstbild der Erwachsenen als produktiv, rational, autonom, selbstdiszipliniert und moralisch. Halbstarke oder jugendliche Flegel gelten als gefährliche Gruppe, die regelmäßig gegen Strafgesetze verstößt und der zurecht die besondere Aufmerksamkeit unterschiedlichen Institutionen gilt (Von Trotha 1982, Anhorn 2011, Kreissl 2011).

Mit Debatten über »Jugendkriminalität« können Wahlen geworden werden. »Jugendkriminalität« ist offensichtlich besonders geeignete für kriminalpolitische Debatten und punitiven Populismus (Sack 2011). Jugendliche sind das Ideale Objekt moralischer Kreuzzüge und Kriminalisierungskampagnen, da sie »sowohl äußerst sichtbar als auch strukturell schwach« (Cohen 2016b: 98) sind.

Jugendliche werden auch gerne zu Sündenböcken für allgemeine Probleme gemacht, obwohl die eigentlichen Ursachen andere sind. Im Diskurs über »die Jugend« können unter der Hand gesellschaftliche Unordnung, Unsicherheit und Ängste thematisiert werden. Er ist Ausdruck von skeptischen Gegenwartsdiagnosen, nostalgischen Verklärungen der Vergangenheit und sorgenschweren Zukunftsprognosen (Anhorn 2011 Viehmann 1993, vgl. auch Sonnen 2003).

Denkbar sind aber auch ganz andere Diskurse über Jugendliche. So existiert auch die Annahme, dass Jugendlichen ein psychosoziales Moratorium zu gewähren ist. Jugendliche erhalten Aufschub, müssen erwachsene Rolle und Verpflichtungen noch nicht erfüllen, ihnen wird eine Phase des Experimentierens und Erprobens zugestanden. Damit ist auch Akzeptanz eines gewissen Maßes an »Kriminalität« verbunden. Wieviel Freiraum Jugendlichen zugestanden wird und wie auf Regelverstöße reagiert wird, wäre demnach kulturell und historisch variabel (Erikson 2003, vgl. auch von Trotha 1982). Auch die Idee eines Schonraumes ist mit vermehrter sozialer Kontrolle, vor allem im informellen Bereich verbunden, Entlastungen und Freiheiten werden mit kontinuierlicher Kontrolle erkauft (v. Trotha 1982: 269).

Teilweise findet sich auch eine Idealisierung von Jugend als Zeit der Innovation, der positiven Veränderung, der Lebensfreude (vgl. z. B. Anhorn 2011).

Es existiert außerdem ein alternativer Expertendiskurs, der Jugendliche nicht als Bedrohung der Gesellschaft betrachtet, sondern davon ausgeht, dass Jugendliche durch die Gesellschaft in ihren Entwicklungschancen bedroht werden (vgl. z. B. Ostendorf 2011, Breymann et al. 1999). In der öffentlichen Wahrnehmung ist dieser Gegendiskurs aber nicht sonderlich erfolgreich.

Zu beobachten sind also sowohl Idealisierungen und Dämonisierungen. Beide Betrachtungsweisen haben kaum Bezug zur Lebenswirklichkeit (Anhorn 2011).

Während Kinder erzogen und Erwachsene bestraft werden, nehmen Jugendliche eine Zwischenposition ein. Sie sind keine Kinder mehr, aber noch keine Erwachsenen und daher Objekt von Strafe und Erziehung (Müller 1993). Wo andere Sozialisationsinstanzen, insbesondere die Eltern, abweichendes Verhalten nicht verhindern konnten, steht ein am Erziehungsgedanken orientiertes Jugendstrafrecht zur Verfügung (BVerfG 2003). Die mit der Anwendung des Jugendstrafrechts beauftragten Instanzen bearbeiten auftragsgemäß dann auch eine große Anzahl von Fällen von »Jugendkriminalität«.

Autoren mit einem interpretativen Verständnis von Wirklichkeit betonen, dass Verhalten von Jugendlichen erst durch die *strafrechtliche Bearbeitung* zur »Delinquenz« wird. Der Begriff »delinquentes Verhalten« sei daher irreführend, da nicht durch das Verhalten selbst, sondern erst durch Reaktionen der Instanzen sozialer Kontrolle »Delinquenz« und »Jugendkriminalität« entsteht (Sack 2016).

> »Die Relation zwischen dem Recht als sozialer Institution und dem Verhalten des Rechtsbrechers wird in dem Begriff ›delinquentes Verhalten‹ unzulässig zusammengedrängt. Die Frage nach dem Warum eines ›delinquenten Verhaltens‹ verleugnet die Tatsache, daß die Gesellschaft einen beträchtlichen Rechtsapparat in finanzieller, personeller und institutioneller Hinsicht aufwendet, der erst die Frage zu entscheiden hat, welches konkrete Verhalten als delinquent oder kriminell zu gelten hat. In diesem Prozeß spielen die Motivationen, Interessen und Verhaltensweisen einer Reihe von Personen und Institutionen hinein, die im Dunkeln bleiben, wenn man erst an dem Endprodukt dieses langen Weges ansetzt, d. h. bei der getroffenen Entscheidung, daß ein Verhalten als delinquent zu betrachten und zu behandeln sei « (Sack 2016: 109).

Damit wird auch ein grundsätzlicher Unterschied zwischen »delinquenten« und »nichtdelinquenten« Jugendlichen oder zwischen normaler »Jugendkriminalität« und besonders problematischen Formen zurückgewiesen. Zu untersuchen ist der Prozess der Strafverfolgung gegen Jugendliche, der erst das soziale Konstrukt der »Jugendkriminalität« produziert (Sack 2016).

Angenommen wird, dass strafbare Handlungen von Jugendlichen besonders häufig registriert werden. Wie ist es also zu erklären, dass Verhalten von Jugendlichen häufig entdeckt, angezeigt, kriminalisiert und sanktioniert wird?

Die Anzeigequote steht sicher in Zusammenhang mit der öffentlichen Wahrnehmung von Jugendlichen. Veränderungen der Anzeigebereitschaft spiegeln die Sensibilisierung bezüglich »Jugendkriminalität« und aktuelle öffentliche Debatten wieder (vgl. z. B. Steffen 2008).

Darüber hinaus wird die Kriminalisierungsrate auch auf besondere *Merkmale strafbarer Handlungen* von Jugendlichen zurückgeführt.

- Straftaten Jugendlicher spielen sich häufig im öffentlichen Raum ab (vgl. z. B. Goldberg/Trenczek 2014, Kersten 1995). Dies macht sie sichtbar und leicht zu registrieren.
- Die Delikte geschehen spontan. Häufig ist Alkoholeinfluss im Spiel (Goldberg/Trenczek 2014, Matt 1995, Spiess 2012, Heinz 2008c). Das Verhalten ist nicht gut durchdacht, Entdeckungsrisiken werden nicht einberechnet.

- Die Tatbegehung ist eher simpel, dilettantisch und unprofessionell (Goldberg/Trenczek, Spiess 2012, Heinz 2008c). Das Verhalten ist damit leicht als »Kriminalität« erkennbar und leicht ein Tatnachweis zu führen. Während die Komplexität von Wirtschaftskriminalität Polizei und Staatsanwaltschaft eher überfordert, sind ein Straßenraub oder eine Discoschlägerei relativ klare Sachverhalte, die mit einer Verurteilung erfolgreich abgeschlossen werden können (vgl. z. B. Spiess 2012).

Auch die weitere *Interaktion* der Instanzen der Strafverfolgung mit jugendlichen »Straftäter(inne)n« unterscheidet sich. Jugendliche sind deutlich geständnisbereiter und kooperativer gegenüber der Polizei. Sie haben eine geringere Handlungskompetenz, kennen ihre Rechte nicht. Auch werden sie seltener durch einen Verteidiger vertreten. Ihre Beschwerdemacht ist deutlich geringer (Heinz 2003, Goldberg/Trenczek 2014). Dies erklärt, warum Delikte Jugendlicher seltener im Dunkelfeld bleiben.

Angenommen wird auch, dass nicht alle Jugendlichen gleichermaßen von Kriminalisierung betroffen sind. Auch bei Jugendlichen bleiben die meisten Straftaten im Dunkelfeld (vgl. z. B. Goldberg/Trenczek 2014).

Die Instanzen der Strafverfolgung erfassen nur einen Bruchteil möglicher Delikte, es findet ein *Ausfilterungsprozess* statt (Heinz 2003). Schon die Polizei konzentriert sich demnach auf eine Teilgruppe von Jugendlichen. Entscheidend sind dabei die Herkunft aus einer zerrütteten Familie, eine negative Haltung gegenüber Autoritäten, schlechte schulische Leistungen, die Zugehörigkeit zu einer ethnischen Minderheit, eine einkommensschwache Familie oder eine schlecht beleumundete Nachbarschaft. Vermehrte polizeiliche Aufmerksamkeit gegenüber dieser Gruppe bedeutet auch ein größeres Kriminalisierungsrisiko (Smaus 1986 b, Lamnek 2008, Albrecht/Karstedt-Hemke 1987).

Im weiteren Verlauf des Strafverfahrens setzt sich der Selektionsprozess fort (Heinz 2003). Jugendliche mit den genannten Merkmalen werden aufgrund von Fehlverhalten auch eher mit schweren stationären Sanktionen bestraft. Die Verurteilung zu Jugendarrest hängt etwa eher von sozialen Merkmalen als von der Schwere des Delikts und der Zahl der Vorverurteilungen ab (Sonnen 2003).

Die mit »Jugendkriminalität« in Verbindung gebrachten Risikofaktoren, die sich bei sanktionierten Mehrfachauffälligen vermehrt finden, wären in dieser Logik nicht als Ursachen von »Kriminalität«, sondern als Folge der Strafverfolgung zu betrachten bzw. als Kriterium, an dem sich die selektive Strafverfolgung orientiert (Goldberg/Trenczek 2014). Gewalt in der Familie, schulische Schwierigkeiten oder frühe Verhaltensauffälligkeiten würden demnach dazu führen, dass normales Verhalten von Jugendlichen kriminalisiert wird.

4.3 Jugendtypische Kriminalität

> Dass öffentliche Diskurse die Wahrnehmung Jugendlicher und den Umgang mit Normverstößen Jugendlicher prägen, ist sehr plausibel. Empirisch nachweisen lassen sich Veränderungen der Anzeigebereitschaft aufgrund von öffentlichen Debatten (vgl. z. B. Heinz 2003, Anhorn 2011, Sack 2011).
> Ein Bezug zwischen der Kriminalisierungsrate und Merkmalen von Delikten bzw. dem Verhalten Jugendlicher gegenüber Instanzen der Strafverfolgung liegt nahe, ist aber kaum empirisch nachweisbar.
> Dunkelfeldstudien belegen, dass zwar die Begehung von Straftaten statistisch normal ist, nicht aber die strafrechtliche Sanktionierung (BMI/BMJ 2006). Es findet also ein Selektionsprozess statt, der wohl nicht nur mit Merkmalen der Tat zu tun hat. Dunkelfeldstudien belegen aber auch, dass Delikthäufigkeit und -schwere durchaus mit sozialen Kriterien zusammenhängen (vgl. z. B. Albrecht/Howe 1992). Was als »Kriminalität« in den Kriminalstatistiken auftaucht wäre damit sowohl auf unterschiedliches Verhaltensneigungen, als auch auf unterschiedliche »Kriminalität« zurückzuführen.

Bei normaler, episodenhafter, jugendtypischer »Kriminalität« erscheinen staatliche Reaktionen überflüssig oder sogar schädlich (vgl. z. B. Peters 1997a, Sessar 1984, Albrecht/Karstedt-Hemke 1987, Mitglieder der Redaktion 2002). »Das Beste, was man gegen Jugenddelinquenz tun kann, läßt sich in einem Wort von sieben Buchstaben sagen: weniger« (Wilkins 1967: 183, zitiert nach Peters 1989: 176). Schur fordert deshalb: »Laßt Jugendliche, wo immer möglich, allein« (Schur 1973: 155 zitiert nach Peters 1989: 176).

Straftaten junger Menschen sind in aller Regel nicht Symptom erzieherischer Defizite. Eine sozialarbeiterische Intervention ist damit auch nicht erforderlich (Sonnen 2003, Goldberg/Trenczek 2014). Auch der lange verbreiteten Einstiegsthese, dass »Jugendkriminalität« häufig den Beginn einer »kriminellen« Karriere bedeutet, ist eindeutig zu widersprechen (Müller/Otto 1986). Beide Annahmen sind aus der Praxis wohl noch immer nicht ganz verschwunden (Goldberg/Trenczek 2014, Müller/Otto 1986, Cornel 2002b). Hier ist Aufklärungsarbeit angezeigt.

Aufgabe der Sozialen Arbeit muss es in Anlehnung an § 1 SGB VIII sein, Jugendliche in ihrer »Entwicklung zu fördern«, »Benachteiligungen zu vermeiden« oder sie vor »Gefahren für ihr Wohl zu schützen«, wobei gerade auch im Strafverfahren und seinen Konsequenzen solche Gefahren zu sehen sind. Ziel muss daher vor allem die Entdramatisierung von Fehlverhalten und Entkriminalisierung sein (vgl. zur Rolle der JGH z. B. Sonnen 2003).

»Kriminalität« wurde bei »Mehrfachtäter(inne)n« in der Vergangenheit als Symptom für besondere Belastungen und Problemlagen gewertet (vgl. z. B. Kersten 1986). Dies drückt sich etwa im Titel eines älteren DVJJ Sammelbandes »Mehrfach Auffällige – Mehrfach Betroffene« (1990) aus. Dabei wurde aus (negativ bewerteten) Merkmalen registrierter Mehrfachtäter(innen) auf Belastungen geschlossen, die irgendwie mit »Kriminalität« zu tun haben. Dass nur bei Mehrfachauffälligen überhaupt erwogen wird, sozialarbeiterisch zu intervenieren (Sonnen 2003), ist bereits als Fortschritt zu betrachten. Denkbar erscheint es, hier konstruktive, problemlösende Hilfen anzubieten (Mitglieder der Redaktion 2002). Ziel könnte die Vermittlung von Handlungskompetenzen und Coping-Strategien sowie die Unterstützung bei der Bewältigung besonderer Problemlagen sein (vgl. z. B. Lösel 1987, Petersen/Ebata 1987, Dollinger/Raithel 2006). Sinnvoll ist es auch, funktionsfähige soziale Netzwerke aufzubauen, die Rückhalt und soziale Unterstützung bieten (Dollinger/Raithel 2006). Zur Vermeidung von zusätzlichen Belastungen sind alle Maßnahmen erfolgversprechend, die sozioökonomische Lebenslagen beeinflussen und Deprivationen verhindern (Dollinger/Raithel 2006). Zweckmäßig kann es im Einzelfall auch sein, planbare Entwicklungsaufgaben, etwa einen Schulwechsel, aufzuschieben, um Überforderung zu vermeiden (Petersen/Ebata 1987). Für die Entwicklung eines eigenen Normsystems sind Vorbilder und ein geeigneter Rahmen des Lernens und Erprobens wichtig (Papendorf 1988). Das Augenmerk sollte nicht auf biografischen Belastungen, sondern eher auf aktuellem Hilfebedarf und Unterstützungsmöglichkeiten, auf der Schaffung positiver Lebensbedingungen und Zukunftsoptionen liegen (Goldberg/Trenczek 2014).

Aus Sicht der Sozialen Arbeit ist Straffälligkeit nur der Anlass für Maßnahmen. Es geht in der Sozialen Arbeit nicht um Probleme, die ein Jugendlicher macht, sondern um die, die er hat (vgl. zu Niemeyer: Schneider 2014b). Ziel muss es sein, die Entwicklung von Jugendlichen zu fördern und negative Einflüsse zu vermeiden (§ 1 SGB VIII).

Problematisch erscheint, dass mehrfachauffällige Jugendliche im Vorfeld von Jugendhilfe und anderen Unterstützungssystemen nicht erreicht wurden und der Hilfebedarf erst im Zusammenhang mit ihrer Straffälligkeit in den Blick gerät (Goldberg/Trenczek 2014). Als Reaktion auf ihre Straffälligkeit werden dann nicht nur die notwendigen Maßnahmen der Hilfe und Unterstützung eingeleitet, sondern in aller Regel auch Sanktionen verhängt, die zu mehr Kontrolle und weniger Chancen führen. Noch problematischer ist es, wenn das Jugendstrafrecht als Lösung für jene Fälle genutzt wird, an denen Jugendhilfe oder Schulen gescheitert sind (vgl. z. B. von Wolffersdorff 2008). »Strafrecht kann und darf weder Ersatz noch Lückenbüßer sein für Kinder- und Jugendhilfe, für Sozial- und Integrationspolitik« (Heinz 2008c: 16 f).

Zu bedenken ist auch, dass der Prozess der Kriminalisierung durch individuelle Behandlung oder Erziehung nicht behoben werden kann und in vielen Fällen sogar verstärkt wird. Entscheidend ist es, verzerrte Kommunikation, Zuschreibungen und Stigmatisierungen zu korrigieren (Cornel 2002d).

Eine professionelle Perspektive zeichnet sich durch die Trennung von Delikt und Person aus (Böhnisch 2016).

Wird abweichendes Verhalten als Bewältigungsverhalten interpretiert, muss die Botschaft hinter dem Verhalten erfasst werden.

»Nur wenn ich etwas verstanden habe, wenn ich weiß, warum etwas so ist, wie es ist, wenn ich, wie in unserem Fall, verstehe, warum Jugendliche ausflippen und ein nicht mehr hinnehmbares Verhalten zeigen, kann ich (vielleicht) hilfreich sein« (Nickolai 2010: 211 f).

Ziel muss es sein, mit legalen Mitteln oder funktionalen Äquivalenten den Selbstwert zu stärken und soziale Integration zu ermöglichen (Böhnisch 2010, vgl. auch Schneider 2014b).

Die Unterteilung jugendlicher »Straftäter(innen)« in Fälle normaler »Jugendkriminalität« und eine persistente Gruppe ist grundsätzlich skeptisch zu beurteilen. Während bei normaler »Jugendkriminalität« Normalisierung und Entdramatisierung sinnvoll erscheinen und auf den natürlichen Prozess des »Aging Out«, des Herauswachsens vertraut werden kann, findet bei der Gruppe, der eine persistente »Kriminalität« zugeschrieben wird, eine Pathologisierung, Kriminalisierung und Dramatisierung statt. Dieser Gruppe gegenüber erscheinen auch stigmatisierende, ausschließende, repressive Sanktionen legitim, die lange verpönt waren (Anhorn 2011, Lindenberg 2014). Dem muss sich Soziale Arbeit entziehen. Auch bei »Mehrfach- oder Intensivtäter(inne)n« sind Veränderungen von Verhaltensmustern jederzeit möglich (Höynck 2014, Walter 2004). Die Vorstellung von hoffnungslosen Fällen oder »persistent offenders« sollte endgültig aus der Praxis verbannt werden (Höynck 2014). Gerade bei Mehrfachauffälligen ist Ausgrenzung und Aufschaukelungsprozessen entgegenzuwirken (Sonnen 2003).

Verständlich ist der Wunsch, durch objektive Verfahren die weitere Entwicklung junger Straftäter zu prognostizieren und Aussagen darüber zu treffen, ob und in welchem Umfang mit weiteren Straftaten zu rechnen ist (Höynck 2014)). Zur Entwicklungen entsprechender Verfahren wurden große Bemühungen unternommen, die aber nicht von Erfolg gekrönt waren. Es ist nicht möglich, Jugendliche vorab zu identifizieren, bei denen intensivere und länger andauernde »Jugendkriminalität« zu erwarten ist (Goldberg/Trenczek 2011, vgl. auch Deutscher Bundestag 2009, Heinz 2008b). Es lassen sich zwar rückblickend Faktoren feststellen, die bei besonders auffälligen Jugendlichen gehäuft vorkommen. Prospektiv lassen sich diese Faktoren aber nicht zu Voraussagen nutzen (Goldberg/Trenczek 2014, Cornel 2002b, Oberlies 2013).

»Eine noch so ›beeindruckende‹ Karriere eines jungen Straftäters oder einer Straftäterin bedeutet nicht, dass er oder sie nicht doch ›die Kurve kriegen‹ kann. Es gibt keine Möglichkeit, eine individuelle Prognose über etwaige künftige Straftaten zu erstellen. Alle Rückfalluntersuchungen und Statistiken beziehen sich immer auf eine Gruppe von Menschen. Man kann zwar z. B. sagen, dass von einer bestimmten Gruppe von zehn jungen Menschen, die wiederholt und erheblich aufgefallen sind, nur ein kleiner Teil – vielleicht nur zwei oder drei – es mit den entsprechenden Hilfen schaffen werden, künftig keine Straftaten zu begehen. Man kann jedoch nicht sagen, welche das sind. Das bedeutet, dass jedem die Chance einzuräumen ist, zu den zwei oder drei zu gehören, und allen sind dieselben Angebote zu machen. Niemand darf ›abgeschrieben‹ werden« (Klippstein 2008: 29).

Als Mittel zur Prävention gelten der Ausbau von wohlfahrtsstaatlichen Erziehungs-, Freizeit- und Hilfsangeboten sowie individuelle Hilfe und Unterstützung für Jugendliche (Reinke/Schierz 2010). Grundsätzlich gilt bei allen Bemühungen kriminalpräventiver Art die Gefahr der Stigmatisierung im Blick zu behalten (Cornel 2002b).

Mit »Jugendkriminalität« ist nicht nur die Soziale Arbeit befasst, sondern auch die Justiz. Die Zusammenarbeit zwischen Justiz und Sozialer Arbeit ist alles andere als reibungslos. Wo beide miteinander zu tun haben, ist die Justiz der mächtigere Akteur, die Einfluss- und Artikulierungsmöglichkeiten der Sozialen Arbeit sind begrenzt (Dollinger/Schmidt-Semisch 2011). Soziale Arbeit tritt oft als Bittstellerin gegenüber der Justiz auf, etwa wenn sie neue Projekte mit alternativen Reaktionen auf »Jugendkriminalität« anbietet. Die Strafjustiz gewährt dann »Delinquenten« wie Helfern eine Chance, die jederzeit widerrufen werden kann (Cornel 2002b). Auch alternative Sanktionen sind von der Strafjustiz geprägt: Diese definiert die Art des Tätigwerdens, weist die Klientel zu, nimmt Einfluss auf die Methoden und akzeptiert nur solche mit ausreichend repressiven Anteilen (Cornel 2002b). Daher sind Angebote ohne justizförmigen Zugang sinnvoll (Cornel 2002b).

Inzwischen wird ein Großteil von Strafverfahren gegen Jugendlichen im Rahmen von Diversion eingestellt (vgl. z. B. Ostendorf 2010g, Heinz 2006, Spiess 2015). Diversion ist einem förmlichen Strafverfahren mit verhängter Sanktion im Einzelfall vorzuziehen, steht aber einer grundsätzlichen Entkriminalisierung leichter Delikte von Jugendlichen entgegen und beinhaltet das Risiko, dass jene Jugendlichen, bei denen es zu einer formellen Verurteilung kommt, als noch problematischer wahrgenommen und entsprechend sanktioniert werden (Deichsel 1993).

Strafrechtliche Sozialkontrolle muss subsidiär bleiben. Informelle Reaktionen haben Vorrang vor formellen, ambulante Maßnahmen vor freiheitsentziehenden, unterstützende Leistungen der Jugendhilfe vor strafrechtlichen Maßnahmen (Goldberg/Trenczek 2014). Das lässt sich auch mit Erkenntnissen der Sanktionsforschung begründen. Es gibt »keine Gruppe von Straftätern, für die – in spezialpräventiver Hinsicht – eine Überlegenheit von Jugendarrest oder (unbedingter) Jugendstrafe im Vergleich zu ambulanten Reaktionen empirisch belegt worden wäre« (BMI/BMJ 2006: 666).

Der Erziehungsgedanke des Jugendstrafrechts ist alles andere als unproblematisch. Schon die Annahme, dass Unerzogenheit Ursache von »Jugendkriminalität« ist, lässt sich kritisieren (vgl. z. B. Deichsel 1993). Nicht weniger problematisch ist die These, dass durch eine enge Verbindung von Erziehung und Strafe (weitere) »Kriminalität« verhindert werden könne (Deichsel 1993). Zurecht bemängelt wird der vage Erziehungsbegriff im Jugendstrafrecht (Müller 1993, Dollinger/Schmidt-Semisch 2011). Auch ist zu hinterfragen, inwiefern Erziehung und Strafe kompatibel sind, inwiefern »Erziehung neben, trotz, und, oder, statt, durch als Strafe« möglich erscheint (Cremers 1986: 199). Obwohl das Jugendstrafrecht angeblich am Erziehungsgedanken ausgerichtet ist, wird Pädagogik hier dem Strafrecht unterworfen (vgl. z. B. Deichsel 1993, Goldberg/Trenczek 2014, Müller 1993). »Aus Sicht der Sozialen Arbeit verbietet sich (...) eine Pädagogisierung des Strafens, es bedarf vielmehr eines rationalen, vernünftigen Umgangs mit jungen Menschen, die Schwierigkeiten haben und machen« (Goldberg/Trenczek 2014: 278). Albrecht (2002) fordert daher eine völlige Trennung von Jugendhilfe und Strafrecht und eine Abkehr vom Erziehungsziel. Müller rät, die »unselige Allianz« (Müller 1993: 223) zwischen Justiz und Pädagogik aufzukündigen: Justiz sollte sich auf das Strafen konzentrieren, Pädagogik auf Erziehung und Hilfe für Jugendliche (Müller 1993).

Zurecht kritisiert wird, dass der Erziehungsgedanke teilweise als Legitimation für Strafen dient, die über eine schuldangemessene Strafe hinausgehen (Dollinger/Schmidt-Semisch 2011, Goldberg/Trenczek 2014, vgl. auch Müller 1993, Cremers 1986, Plewig 1986, Deichsel 1993, Ostendorf 2010g).

»Unter dem Eindruck der offenkundigen Nützlichkeit von Erziehung werden die limitierenden Prinzipien tatgebundener Strafzumessung beiseitegeschoben. Der staatliche Zwangsakt wird in der Überformung durch die wohlmeinende Intention, in seiner Umsetzung durch freundliche Sozialarbeiter und dank der pädagogischen Programmatik als solcher nicht mehr erkennbar« (Voß 1986: 83).

Gegen eine solche Schlechterstellung von Jugendlichen sollte sich Soziale Arbeit positionieren.

Erziehungswissenschaftlich belegt ist, dass Strafen nur dann eine positive Wirkung entfalten können, wenn ein emotionaler Bezug besteht.

»Die Strafe hat einen Ort in der Erziehung nur, wenn sie erstens in die Beziehung von Erwachsenen und Kindern integriert ist, wenn sie zweitens die Grundlagen dieser Beziehung nicht zerstört und wenn sie drittens die Möglichkeit der Auseinandersetzung mit der Verfehlung nicht blockiert« (Muller 1993: 221). Ein solcher ist im Rahmen eines Strafverfahrens generell nicht gegeben (vgl. z. B. Kuhn/Wortmann 1986).

Häufig wird die Annahme vertreten, dass Verhandlungen im Jugendstrafverfahren schnell erfolgen müssen: Nur dann können sie sozialisatorische Relevanz entfalten, bei längerer zeitlicher Distanz zwischen Fehlverhalten und Verhandlung ist letztere überflüssig oder sogar schädlich (Ludwig-Mayerhofer 1993, Lamnek 2008, Heinz 2008c). Das JGG sieht die kaum genutzte Möglichkeit eines vereinfachten Verfahren vor (§ 76 JGG), indem zur »Beschleunigung« des Verfahrens auch »von Verfahrensvorschriften abgewichen werden« darf (§ 78 III JGG). Die Verfahrensdauer von Jugendstrafverfahren (Statistisches Bundesamt 2016a) ist aus pädagogischer Sicht indiskutabel lang. Auch durch Diversion wäre grundsätzlich eine schnellere Reaktion möglich (Ostendorf 2010d).

Für ein vereinfachtes Verfahren spricht außerdem der Verzicht auf starre Abläufe und eine vereinfachte Kommunikation mit dem Gericht. Auch wird von einer geringeren Stigmatisierungsgefahr ausgegangen (Ludwig-Mayerhofer 1993, Streng 2016).

Problematisch erscheint, dass die Forderung einer schnellen Reaktion auch häufiger mit der eines möglichst frühen und konsequenten Eingreifens verbunden ist (vgl. etwa Heisig 2010). Frühe und konsequente Reaktionen sind für eine »kriminelle« Karriere aber eher förderlich als hemmend (Albrecht 1990, vgl. auch Prein/Schumann 2003).

Das deutsche Jugendstrafrecht bietet einen differenzierten Katalog von Reaktionen unterschiedlicher Eingriffsintensität (vgl. z. B. Ostendorf 2011). Die gängigsten Sanktionen im Rahmen des Jugendstrafrechts sind aber punitive Reaktionen: Am häufigsten verhängt wird die Auflage, Arbeitsleistungen zu erbringen. Auch Geldauflagen, Jugendarrest und Jugendstrafe nehmen einen beachtlichen Teil ein. Dabei ist teilweise auch eine eher stereotype Verhängung von Strafen in aufsteigender Intensität zu beobachten (Spiess 2015). Wo Sanktionen nicht den gewünschten Effekt zeigen, wird »mehr davon« gefordert (vgl. z. B. Klippstein 2008). Die mit großen Erwartungen eingeführten neuen ambulanten Sanktionen machen nur etwa 20% aller Verurteilungen nach JGG aus (Spiess 2015), ihre Wirkung ist bisher zu wenig systematisch erforscht (Oberlies 2013). Einige dieser Maßnahmen wie intensivpädagogische Maßnahmen im Ausland (vgl. z. B. Fischer/Ziegenspeck 2009) sind dabei auch von großer Eingriffsintensität. Auch ein sozialer Trainingskurs stellt durchaus eine eingriffsintensive Maßnahme dar, bei der Überbetreuung droht (vgl. z. B. Sonnen 2003). Wo Soziale Arbeit als Anbieterin alternativer Sanktionsform auftritt, ist grundsätzlich die Möglichkeit einer Ausweitung des Netzes sozialer Kontrolle zu berücksichtigen (Cornel 2002b).

Das jugendstrafrechtliche Instrumentarium ist absolut ausreichend, auch auf schwerste Straftaten zu reagieren (Mitglieder der Redaktion 2002). Forderungen nach härteren Sanktionen ist klar zu widersprechen, auch wenn dies der öffentlichen Wahrnehmung des Problems »Jugendkriminalität« widerspricht (vgl. z. B. Dollinger/Schmidt-Semisch 2011, Ostendorf 2011). »Von Sanktionsverschärfungen (ist) weder unter spezial- noch unter generalpräventiven Gesichtspunkten eine Reduzierung von ›Jugendkriminalität‹ zu erwarten« (Dölling 1989: 318, zitiert nach Heinz 2008 c: 14). Wo das Jugendstrafrecht irreführend als zu milde dargestellt wird, ist eine Klarstellung angezeigt. Begriffe wie »Kuschelpädagogik« oder »soziale(r) Schmusekurs« (von Wolffersdorff 2008: 20) sind weder der Praxis des Jugendstrafrechts noch der Sozialen Arbeit angemessen.

Insbesondere Jugendstrafvollzug als Rahmen von Erziehungsbemühungen ist abzulehnen (vgl. z. B. Papendorf 1988, Nickolai 2007b). Alle Bemühungen, im Rahmen von Jugendstrafe zu erziehen, sind »gescheitert« (Cornel 2002d: 231).

»Im Jugendstrafvollzug bestehen, wie bei allen Formen eines kasernierten Freiheitsentzuges, systematische Schranken für eine Reform in Richtung einer Erziehungs- oder Behandlungseinrichtung. Ein Gefängnis kann niemals zugleich eine wirksame Sozialisationseinrichtung sein« (Voß 1988: 157).

4.4 Kriminalität aufgrund gesellschaftlicher Strukturen

Warum begeht eine Person »Straftaten«? Die Frage lässt sich auch mit einem Hinweis auf gesellschaftliche Strukturen beantworten. »Straftaten« werden demzufolge begangen, weil die Gesellschaft ungerecht ist, Menschen chancenlos sind, sich benachteiligt fühlen. »Kriminalität« wird als individuelle Anpassung an problematische gesellschaftliche Verhältnisse betrachtet. »Die Wurzeln der Kriminalität müssen [...] in den Lebensäußerungen der Gesellschaft überhaupt gesucht werden« (Von Liszt 1905b: 441).

4.4.1 Anomietheorien

Der Begriff Anomie steht für die Normlosigkeit einer Gesellschaft, die Unverbindlichkeit von Normen. In einer anomischen Gesellschaft ist mit vermehrter »Kriminalität« zu rechnen (vgl. z.B. Eifler 2002, Lamnek 2001, Hermann 2003).

Geprägt wurde der *Anomiebegriff* von E. *Durkheim*, der damit u.a. das Abnehmen von Kollektivgefühl und Zusammenhalt in sich rasch verändernden, zunehmend arbeitsteiligen Gesellschaften beschrieb: Regeln verlieren an Einfluss, Handlungsziele werden unklar, das System kollektiv verankerter moralischer Überzeugungen versagt (Lamnek 2001, Eifler 2002, Kühnel/Schmidt 2002, Dollinger/Raithel 2006). Bei einem Zusammenbruch der Normen lebt das Individuum richtungs- und bindungslos (Fischer 1970). Anomie äußert sich durch einen sprunghaften Anstieg der »Kriminalität« (vgl. z.B. Hermann 2003). Eine derart erhöhte Rate an abweichendem Verhalten wird nicht mehr als normal betrachtet, »dieses Übermaß« dann als »krankhaft« bewertet (Durkheim 2016: 27).

Als Gegenbegriffe zur Anomie werden Synnomie (Adler 1983), Eunomia (Srole 1970) und vollständige Integration einer Gesellschaft (Parsons 1968) betrachtet.

Durkheim entwickelt keine Kriminalitätstheorie im eigentlichen Sinne. Es geht ihm primär um die Erklärung gesellschaftlichen Zusammenhalts. »Kriminalität« ist nur eine mögliche Begleiterscheinung von Anomie. Der Ansatz stellt einen Zusammenhang zwischen »Kriminalität« und sozialem Wandel

> sowie ökonomischen Veränderung her und kann damit Veränderungen in Kriminalitätsraten erklären (Rose 1970).

In der *Anomietheorie* von *Merton* ist die kulturelle Struktur der Gesellschaft von zentraler Bedeutung. »Die kulturelle Struktur können wir [...] definieren als den Komplex gemeinsamer Wertvorstellungen, die das Verhalten der Mitglieder einer gegebenen Gesellschaft oder Gruppe regeln« (Merton 1968: 292). Diese Struktur gibt verbindliche Werte vor, die für alle Mitglieder eine Gesellschaft oder bestimmte Gruppen als legitime Ziele fungieren. Derartige Ziele könnten etwa Status und Wohlstand sein. Die kulturelle Struktur definiert auch erlaubte Wege zum Erreichen der Ziele, gibt also in Form von Normen legitime Mittel vor (Merton 1986, Lamnek 2001).

> »Jede soziale Gruppe verbindet ihre kulturellen Ziele eng mit Vorschriften über die erlaubten Verfahrensweisen beim Streben nach diesen Zielen mit Regelungen, die in den Sitten oder Institutionen verankert sind« (Merton 2016: 250).

Im Idealfall besteht ein Gleichgewicht zwischen Zielen und Mitteln: Individuen erfahren sowohl aus der Erreichung der Ziele als auch aus der Verwendung institutionell vorgegebener Verfahrensweisen Befriedigung (Merton 1968). Ziele und Mittel können aber auch unterschiedlich gewichtet werden. In schlecht integrierten Kulturen werden die Ziele überbetont (Merton 1968, 1970, Pfeiffer/Scheerer 1979, Dollinger/Raithel 2006). Diese Überbetonung legt es nahe, illegitime Mittel anzuwenden (vgl. z. B. Messner 2003). Deshalb wird bereits dieses Missverhältnis mit Anomie in Verbindung gebracht (vgl. z. B. Peters 1989, Dollinger/Raithel 2006).

Relevant ist für Merton aber auch ein weiteres Element der Gesellschaftsstruktur: die soziale Struktur einer Gesellschaft, also die Gesamtheit der sozialen Positionen, der Beziehungen der Gesellschaftsmitglieder untereinander und der damit verbundenen Möglichkeiten und Zugangschancen. Die Sozialstruktur einer Gesellschaft bestimmt die objektiven Handlungsmöglichkeiten ihrer Mitglieder (Merton 1968, Lamnek 2001). Anomischer Druck entsteht, wenn zwischen der kulturellen und der sozialen Struktur ein Widerspruch besteht. Dies gilt insbesondere dann, wenn die kulturelle Struktur für alle Gesellschaftsmitglieder verbindliche Ziele vorschreibt, gleichzeitig aber aufgrund der Sozialstruktur nicht allen die zulässigen Mittel zur Erreichung dieser Ziele zur Verfügung stehen (Lamnek 2001, Dollinger/Raithel 2006, Pfeiffer/Scheerer 1979).

> »Die Sozialstruktur gerät [...] in Spannung zu den kulturellen Werten, indem sie wert- und normadäquates Handeln den Inhabern bestimmter Positionen in der Gesellschaft ohne weiteres ermöglicht, anderen dagegen erschwert oder unmöglich macht« (Merton 1968: 292).

Die Folge ist Anomie, »der Zusammenbruch der kulturellen Struktur«, der Normen und Werte einer Gesellschaft (Merton 1968: 292). Anomie tritt auf, »wo eine scharfe Diskrepanz besteht zwischen kulturellen Normen und Zielen einerseits und den sozial strukturierten Möglichkeiten, in Übereinstimmung hiermit zu handeln, andererseits« (ebd.).

Auf die Ziel-Mittel-Diskrepanz können Menschen unterschiedlich reagieren. Merton unterscheidet hier fünf Anpassungstypen (Merton 1968, 197 b, vgl. auch Lamnek 2001, Peters 1989).

- Im Zusammenhang mit »Kriminalität« ist insbesondere der Typus der Innovation relevant: Hierbei werden gesellschaftlich anerkannte Ziele mit neuen, nicht legitimen Mitteln erreicht. Damit lassen sich etwa verschiedene Formen von Eigentumsdelikten erklären. »Kriminell« verhält sich eine Person, weil ihr nur illegale Wege zur Erreichung allgemeingültiger Ziele zur Verfügung stehen.
- Von gewisser Bedeutung ist auch der Anpassungstyp des Rückzugs. Hier werden sowohl gesellschaftliche Ziele als auch vorgegebene Mittel abgelehnt. Rückzug ist relativ selten und verweist auf Menschen, die eigentlich nicht mehr der Gesellschaft angehören. Dieser Typus ist bei bestimmten Subkulturen wie etwa Punks zu beobachten, aber auch bei randständigen Einzelpersonen, etwa Obdachlosen.
- Der Anpassungstyp der Rebellion zeichnet sich dadurch aus, dass gesellschaftliche Ziele und Mittel nicht nur abgelehnt, sondern durch neue ersetzt werden, wie es etwa bei extremistischen Gruppierungen zu beobachten ist. Angestrebt werden grundlegende soziale Veränderungen.
- Ein weiterer Anpassungstyp wird als Konformität bezeichnet. Sowohl an gesellschaftlichen Zielen als auch den vorgeschriebenen Mitteln wird festgehalten. Gegebenenfalls werden eigene Erwartungen eben heruntergeschraubt. »Kriminalität« tritt nicht auf. In stabilen Gesellschaften ist dies der häufigste Typ.
- Vervollständigt wird die Typologie durch den Typ des Ritualismus: Hier wird an vorgeschriebenen Mitteln festgehalten, obwohl gesellschaftlich vorgegebenen Ziele bereits aufgegeben wurden. Das Befolgen von Normen widerspricht dem Konzept der »Kriminalität«, lässt sich aber als Form abweichenden Verhaltens betrachten.

Die beschriebenen Typen beziehen sich auf Verhaltensmuster und nicht auf unterschiedliche Persönlichkeiten (Merton 1968, Pfeiffer/Scheerer 1979). Anomischer Druck fördert zweckrationales, an eigenen Interessen orientiertes Verhalten (Merton 1970).

Merton betrachtet abweichendes Verhalten als »individuelle Anpassungsbestrebungen an gesellschaftliche Erfordernisse« (Lamnek 2001: 249).

> »Das Abweichen von institutionalisierten Erwartungen wird als Ergebnis des Auseinanderfallens von kulturell bedingten, grundlegenden Motivationen einerseits und der schichtbedingten beschränkten Verwirklichungschancen andererseits betrachtet. Die Kultur und die Sozialstruktur arbeiten hier gegeneinander« (Merton 2016: 248, vgl. auch Dollinger/Raithel 2006).

»Kriminalität« wird als normales und sinnvolles Verhalten betrachtet (Merton 1970, Pfeiffer/Scheerer 1979). Mit besonders hohen Raten abweichenden Verhaltens ist in einer Gesellschaft zu rechnen, die ein Gleichheitsideal hat, das sich in der Praxis aber als reine Ideologie entpuppt (Merton 1970).

»Unsere Gleichheitsideologie leugnet implizit, daß es Individuen und Gruppen gibt, die sich nicht am Wettbewerb um wirtschaftlichen Erfolg beteiligen. Sie definiert vielmehr die gleichen Erfolgssymbole für alle. Die Ziele kennen angeblich keine Schichtgrenzen, sie sind nicht an diese gebunden; die tatsächliche soziale Struktur jedoch kennt schichtspezifische Unterschiede im Zugang zu diesen Zielen« (Merton 2016: 259).

Der größte anomische Druck lastet daher auf den unteren Schichten der Gesellschaft, da die Kultur »an die Angehörigen der unteren Schichten miteinander unvereinbare Anforderungen [stellt]« (Merton 2016: 259).

Die Anomietheorie war eine Zeit lang vorherrschend, hat diese besondere Stellung inzwischen aber verloren (vgl. z. B. Matza 1973, Albrecht et al. 1988).

Positiv gewürdigt wird das Herausarbeiten von latenten Funktionen und Ironie: Gerade (amerikanische) Kardinaltugenden wie Ehrgeiz und Erfolgsorientierung führen dazu, dass ganze Gruppen Frustrationen erleben und ein Druck hin zu abweichendem Verhalten entsteht (Matza 1973). Kulturelle Werte können zu einem Verhalten führen, das im Widerspruch zu diesen Werten steht (Merton 2016).

Gelobt wird auch die rein soziologische Argumentationsweise. »Kriminalität« wird als normales Verhalten betrachtet, mit »Innovation« sogar ein wertfreier Begriff gefunden (Lamnek 2001).

Die Theorie legt ihren Schwerpunkt auf makrostrukturelle Einflüsse als Erklärungsfaktoren. Sie ist weniger ein Versuch, individuelles Fehlverhalten durch gesellschaftliche Anomie zu erklären, sondern betrachtet Anomie als wesentliche Bedingung von gesellschaftlichen Devianzraten (Dollinger/Raithel 2006). Merton will herausfinden, »auf welche Weise einige sozialstrukturelle Gegebenheiten bestimmte Personen in der Gesellschaft einem Druck aussetzen, sich eher abweichend als konform zu verhalten« (Merton 2016: 249).

Dabei ist seine Theorie aber deutlich mikrostruktureller ausgelegt als das Konzept von Durkheim, denn Merton thematisiert individuelle Anpassungstypen (Klimke/Legnaro 2016). Als Vertreter des Funktionalismus interessiert er sich aber nicht für eine detaillierte und nuancierte Darstellung von abweichendem Verhalten (Matza 1973).

Auch sein Konzept der Gesellschaft wird kritisiert. Die kulturelle Struktur werde verdinglicht, die Gesellschaft als weitgehend statisch betrachtet (Fischer 1970). Der Theorie wird vorgeworfen, dass sie von einheitlichen kulturellen Zielen für alle Mitglieder einer jeden Gesellschaft ausgeht (Rose 1970, vgl. auch Peters 1989, Eifler 2002) und bei widerstreitenden Normen an ihre Grenzen gerät (Fischer 1970). Merton selbst verweist aber darauf, dass Ziele unter Umständen auch nur von Mitgliedern bestimmter gesellschaftlicher Bereiche als legitim angesehen werden (Merton 1970, vgl. auch Szabo 1968), Teilsystemen mit gruppenbezogener Lebensweise, eigenständigen Interpretationen der sozialen Welt und besonderen subjektiven Bedeutungen wird aber kein besonderes Interesse gewidmet (Dollinger/Raithel

2006). Nicht erfasst wird, dass die Ziele einer Person keine Gemeinschaftsziele sein müssen (Rose 1970).

Mertons Theorie kann die erhöhte »Kriminalitätsrate« unterer sozialer Schichten und den Zusammenhang zwischen Teilhabechancen und »Kriminalität« erklären. Eine Erklärung von Mittel- und Oberschichtskriminalität wird dagegen nicht geliefert (vgl. z. B. Lamnek 2001, Eifler 2002, Schneider 1997, Höynck 2014).

Dass die Theorie nur geeignet ist, Eigentumskriminalität (vgl. z. B. Peters 1989) oder rationales und instrumentelles Verhalten zu erklären (vgl. zur Kritik Cohens Merton 1968), ist ein Missverständnis: Merton geht nicht davon aus, dass »Straftaten« immer subjektiv mit dem Motiv begangen werden, gesellschaftlich anerkannte Ziele zu erreichen (Merton 1968). Druck kann nach Merton (1968) ein beträchtliches Maß an Frustration und nichtrationalem Verhalten auslösen. Merton erhebt aber auch gar nicht den Anspruch, eine Theorie für alle Arten von abweichendem Verhalten zu entwickeln. Sein Ziel ist eine Theorie mittlerer Reichweite (Merton 1968, Klimke/Legnaro 2016). Auch räumt er selbst ein, dass die Theorie nicht geeignet ist, die Leidenschaftlichkeit und Zügellosigkeit subkultureller Jugendlicher zu erklären (Merton 1968).

Kritisiert wird auch, dass Merton das Ziel des materiellen Erfolges überbetont oder sogar als einzig relevantes Ziel betrachtet. Merton verweist aber darauf hin, dass er dieses Ziel nur als Beispiel immer wieder verwendet (Merton 1970a, b). Jedes in einer Kultur überbetonte Ziel kann demnach zu Anomie führen (Merton 1968).

Kritik wird bezüglich der verwendeten Begriffe geäußert, die nicht eindeutig sind und eine Operationalisierung erschweren (Lamnek 2001). Schon das Konzept der Anomie bleibt vage: Ist damit eine fehlende Balance von Zielen und Mitteln innerhalb der kulturellen Struktur gemeint oder das Auseinanderklaffen von kultureller und sozialer Struktur? (vgl. z. B. Dollinger und Raithel 2006). Rose (1970) kritisiert, dass die Ursachen und Wirkungen von Anomie leicht mit Anomie verwechselt werden können. Auch die fehlende Abgrenzung von Zielen und Normen wird bemängelt. Ist etwa der Besitz von Statusobjekten als gesellschaftliches anerkanntes Ziel zu betrachten oder als legales Mittel zur Erreichung des Zieles Status? Merton selbst weist darauf hin, dass die Unterscheidung zwischen Zielen und Normen eine analytische ist, dass beide Konzepte in der Praxis verschwimmen (Merton 1970, Rose 1970).

Monieren lässt sich, dass die Theorie von Einzelpersonen ausgeht, die eine Anpassung an das soziale System wählen: Interaktionen kommen nicht vor (Rose 1970). Kollektive Lösungen werden vernachlässigt (Lamnek 2001). Frustrationen entstehen aber aufgrund von relativer Deprivation, also der Wahrnehmung, in Vergleich zu einer Bezugsgruppe zu wenig Ausstattung und Chancen zu haben. Hier kommen subjektive Wertungen ins Spiel sowie die jeweilige Bezugsgruppe (Rose 1970, Pfeiffer/Scheerer 1979,

Fischer 1970). Auch gesellschaftliche Reaktionen auf Personen, die sich abweichend verhalten, werden nicht thematisiert (Rose 1970).

Das Modell der Anpassungstypen verzichtet auf eine empirische Beschreibung von Verhaltensmustern. Aufgrund logischer Schwächen wurde das Modell später auch mehrfach revidiert (Pfeiffer/Scheerer 1979). Kritisiert wird, dass das Modell suggeriert, dass normalerweise ein Zustand des Gleichgewichts erreicht wird, wahrscheinlicher sei, dass die meisten Menschen das Problem nicht lösen. Darüber hinaus seien die Typen wohl nicht gleichermaßen geeignet, Frustrationen zu befriedigen (Rose 1970). Auf einem Missverständnis beruht die Kritik, dass Menschen in der Realität gleichzeitig Innovatoren und Zurückgezogene sein können, »Verbrechen« begehen und Alkohol konsumieren können (Gottfredson/Hirschi 1990, Lamnek 2008). Die Anpassungstypen beziehen sich nicht auf Personen, sondern Verhaltensmuster, die situativ variieren können.

Der Typus der Konformität macht deutlich, dass anomischer Druck und gesellschaftliche Missstände nicht automatisch zu individuellem Fehlverhalten führen (Dollinger/Raithel 2006). Ob im Einzelfall Devianz oder »Kriminalität« auftritt und welche Form sie annimmt, kann Merton dagegen nicht prognostizieren. Offen bleibt auch, welche Form von Anpassung an bestehenden Druck gewählt wird. Merton deutet hier nur auf Persönlichkeitsstrukturen und den Einfluss der Sozialisation hin (vgl. z.B. Lamnek 2001, Pfeiffer/Scheerer 1979, Cohen 1968a, Peters 1989, Merton 1970b). Auch wird der Übergang zwischen Konformität und »Kriminalität« nicht als Prozess, sondern als Sprung konzipiert (Pfeiffer/Scheerer 1979, Rose 1970).

Differenzierte Untersuchungen der Anomietheorie unter Berücksichtigung aller Variablen sind selten (Lamnek 2001). Der theoretische Rahmen der Anomie macht es schwer, prüfbare Hypothesen hervorzubringen, die Operationalisierung ist schwierig (Rose 1970, Dollinger/Raithel 2006). Belegt sind Zusammenhänge zwischen dem sozioökonomischen Status einer Person und registrierter »Kriminalität«. In Dunkelfeldstudien relativiert sich die Bedeutung sozioökonomischer Faktoren beträchtlich (vgl. z.B. Eifler 2002, Dollinger/Raithel 2006). Die Anomietheorie ist empirisch aber auch nicht widerlegt (Dollinger/Raithel 2006).

Die *Theorie der differentiellen Gelegenheit* kann als Ergänzung zur Anomietheorie von Merton betrachtet werden. Auch »Kriminelle« wollen allgemein geteilte Ziele erreichen. Aber nicht nur der Zugang zu legitimen und legalen Mitteln ist aufgrund der Sozialstruktur ungleich verteilt, sondern auch der zu illegitimen und illegalen Mitteln. Voraussetzung für Straffälligkeit ist ein Zugang zu illegalen Mitteln, der nicht immer gegeben ist (Cloward 1968). Um illegitime Mittel anzuwenden, ist ein entsprechendes Lernumfeld erforderlich sowie eine geeignete Umgebung, das Erlernte umzusetzen (Lamnek 2001, Dollinger/Raithel 2006, Clinard 1970, Eifler 2004). Es kann zu einem doppelten Scheitern kommen, wenn weder legale noch illegale Mittel verwendbar sind (Clinard 1970).

> Der Gedanke einer illegitimen Chancenstruktur macht deutlich, dass abweichendes Verhalten voraussetzungsvoller ist, als von der ursprünglichen Anomietheorie unterstellt (Dollinger/Raithel 2006).

Das Modell von Merton wurde auch von anderen Autoren weiterentwickelt. So schlägt Dubin vor, zwischen der Akzeptanz von Werten und dem tatsächlichen Verhalten zu differenzieren. Zu unterscheiden sei auch zwischen einfacher und aktiver Ablehnung, Verhaltens- und Wertneuerungen, institutionellen Normen und Mitteln (Lamnek 2001, vgl. auch Clinard 1970). Harary führt neben der Ablehnung und Akzeptierung von Zielen und Mitteln auch die Möglichkeit der Indifferenz ein (Lamnek 2001, Fischer 1970). Opp erweitert das Modell, indem er neben gesellschaftlich definierten Zielen alle verhaltensrelevanten Ziele einer Person einbezieht. Auch bemüht er sich um eine begriffliche Abgrenzung zwischen Zielen und Normen. Einbezogen werden die Intensität von Zielen und Normen und sowohl legitime als auch illegitime Realisierungschancen (Lamnek 2001).

> Auch diesen frühen Erweiterungen gelingt es nicht, alle Schwächen der Theorie von Merton auszugleichen. Das Konzept der Anomie bleibt ungenau. Die Abgrenzung von Zielen und Normen bleibt diffus. Operationalisierungsversuche führen nur zu vermeintlicher Exaktheit. Ungeklärt bleibt, wie die Einstellungen zu Zielen und Mitteln entstehen oder wie genau sich die verfügbaren Mittel verteilen (Lamnek 2001). Kritisiert wird auch die fehlende Differenzierung zwischen der Legitimität und Legalität von Mitteln (Galliher 1988). Anomie wird von einer Vielzahl von Autoren als sensibilisierendes Konzept verwendet, ohne dass die Ausführungen klaren Theoriecharakter hätten (Dollinger/Raithel 2006)

Eine Weiterentwicklung der Anomietheorien stellt auch die *institutionelle Anomietheorie* von Messner und Rosenfeld dar. Diese unterteilt die Gesellschaft in vier institutionelle Strukturbereiche: Familie, Bildung, Politik und Wirtschaft. Jeder Institution kommt eine gesellschaftliche Funktion zu. So ist die Familie »zuständig« für Reproduktion und die Unterstützung hilfsbedürftiger Personen, die Institution Bildung für die Vermittlung von Normen und Werten, Politik für Überwachung und Steuerung kollektiver Ziele und die Wirtschaft für Produktion und Verteilung wirtschaftlicher Güter. Im Idealfall besteht ein ausgewogenes Verhältnis zwischen den Institutionen der Gesellschaft (Messner 2003). In modernen westlichen Gesellschaften ist aber die Institution Wirtschaft vorherrschend. In der Folge werden nichtökonomische Funktionen und Rollen entwertet, werden andere Funktionen im Konfliktfall ökonomischen Erwägungen geopfert, werden alle gesellschaftlichen Prozesse an ökonomische Erfordernisse angepasst (Messner 2003, Schneider 1997). Anomisch bedingte »Kriminalität« wird bereits durch die Überbetonung des Ziels des monetären

Erfolgs in modernen westlichen Gesellschaften und durch die geringe Begrenzung der Wahl der Mittel gefördert (Messner 2003). Die ökonomische Vorherrschaft untergräbt aber zusätzlich auch die institutionelle Kontrolle, die von anderen Institutionen ausgehen könnte (Messner 2003, Schneider 1997).

> Die institutionelle Anomietheorie ist im deutschsprachigen Raum noch relativ unbekannt (Schneider 2001).
> Sie nutzt das aktuelle Phänomen des Neoliberalismus und die Realität der Konsumgesellschaft zur Erklärung von »Kriminalität« und »abweichendem Verhalten«. Es liegen einige empirische Bestätigungen für den Ansatz (Messner, Schneider 1997), aber auch Gegenbelege vor (vgl. z. B. Hirtenlehner et al. 2010).
> Auch diese Theorie ist insbesondere zur Erklärung von Eigentumskriminalität geeignet.

Die *Desintegrationsthese* von Heitmeyer orientiert sich nur noch lose an den Anomiekonzepten von Durkheim und Merton und bemüht sich, deren Grundgedanken auf die gesellschaftliche Entwicklung der Bundesrepublik nach der deutschen Wiedervereinigung zu übertragen. Anomie wird nur noch auf Teilgruppen der Gesellschaft bezogen und als fehlende Balance eingespielter Verhältnisse zwischen dem Aspirationsniveau und den etablierten Zugangsregelungen gesellschaftlicher Funktionsbereiche betrachtet (Bohle et a. 1997). Ausgegangen wird von einer funktionell differentiellen Gesellschaft mit relativ unabhängigen Teilsystemen. Diese unterliegen weitreichenden Wandlungs- und Modernisierungsprozessen, die letztendlich zu einem Desintegrationsprozess führen können. Dabei laufen die Veränderungen einzelner Teilbereiche aber nicht synchron ab und sind komplex. Gesellschaftliche Integration kann auf verschiedenen Ebenen davon betroffen sein: Es kann zu Veränderungen der Sozialstruktur kommen, zu Verschiebungen bei Werten, Normen und Zielen und auch zur Umgestaltung sozialer Beziehungen (Bohle et a. 1997, Dollinger/Raithel 2006).

Erwähnt werden die folgenden möglichen Veränderungen:

- Die Differenzierung der Gesellschaft kann zu einer Strukturkrise führen, mit der Folge von Desintegrations- und Ausgrenzungsprozessen und Gefühlen der Ohnmacht oder Gleichgültigkeit.
- Die Pluralisierung von Werten und Normen kann in eine Regulationskrise münden, in der Normen delegitimiert und Werte kontingent werden.
- Die Individualisierung der Lebenswelt kann zu einer Kohäsionskrise führen, mit der Folge der Vereinzelung oder auch der kollektiven Abgrenzung (Heitmeyer 1997).

Heitmeyer (1997) geht davon aus, dass alle Krisen auf individueller und kollektiver Ebene mit Gewalt assoziiert sind: Gewaltpotential kann entfesselt, die Gewaltschwelle gesenkt, das Gewaltpotential gegen bestimmte Gruppen gerichtet werden (Heitmeyer 1997). Eine denkbare Folge ist auch, dass sich etwa die ökonomische Funktionslogik durchsetzt und sich damit materialistische Wertvorstellungen verbreiten (Dollinger/Raithel 2006).

> Gegen dieses Konzept lässt sich einwenden, dass die empirische Evaluation aufgrund der Komplexität so gut wie ausgeschlossen ist. Auch dieser Ansatz bietet keine Erklärung dafür, wann bei wem welche Form von Devianz auftritt (Dollinger/Raithel 2006).

Auf sozialstrukturellen Druck bezieht sich auch die *allgemeine Drucktheorie* von Agnew. Sie operiert mit dem Konzept »strain«, das sich mit Belastung, Spannung oder Druck übersetzen lässt. »Kriminelles« Handeln wird als Anpassung an belastende soziale Rahmenbedingungen betrachtet. Soziale Belastungen liegen dann vor, wenn die Erreichung positiver Ziele unmöglich erscheint, einer Person positiv bewertete Stimuli entzogen werden oder sie mit negativen Stimuli konfrontiert wird (Agnew 1985, vgl. auch Eifler 2002, Schneider 1997). Das Auftreten von »Delinquenz« und »Kriminalität« hängt dabei von der subjektiven Wahrnehmung dieser Belastungen und den verfügbaren Bewältigungsstrategien ab (Agnew 1985, vgl. auch Wolfgang/Stelly 2001). Abweichendes Verhalten stellt nur eine mögliche Reaktionsform auf Druck dar (Schneider 1997). Es wird implizit davon ausgegangen, dass zufriedene Menschen sich konform verhalten, einen Grund haben, sich an Normen zu halten (Peters 1989, Schneider 1997).

Bei »Straftäter(inne)n« wird vermehrt von unrealistischen Erwartungen und eher aggressiver Reaktionsweise auf sozialen Druck ausgegangen (Agnew 1985, Schneider 2014a). Darüber hinaus wird ein sich selbst verstärkender Kreislauf beschrieben: Sozialer Druck führt zu abweichendem Verhaltens, die Reaktionen darauf werden erneut als sozialer Druck interpretiert und mit abweichendem Verhalten reagiert (Agnew 1985).

> Die allgemeine Drucktheorie entspricht alltäglichen Vorstellungen über »Kriminalität«, ist dabei aber relativ einfach gestrickt. Einige empirische Untersuchungen scheinen die Theorie zu bestätigen (Schneider 1997).
> Sie ist im Gegensatz zu den meisten Theorien aus dem Umfeld der Anomietheorie geeignet, individuelles Verhalten zu erklären.

Während sich der Begriff »Anomie« auf den Zustand einer Gesellschaft bezieht, wird der Begriff »*Anomia*« auf Individuen bezogen und beschreibt deren unzureichende soziale Integration (Lamnek 2001, Kühnel/Schmidt 2002, vgl. auch Merton 1968). In älteren englischsprachigen Quellen ist die Verwendung der Begriffe uneinheitlich (vgl. z. B. Fischer 1970).

Der Begriff bezeichnet das individuelle Erleben der Diskrepanz zwischen Zielen und verfügbaren Mitteln (vgl. z. B. Eifler 2002) oder deren Folgen. Es geht also um den subjektiven Zustand von Individuen, um Einstellungen oder sogar persönlichkeitsähnliche Merkmale (Fischer 1970, Kühnel/Schmidt 2002.). Srole (1956) versteht unter Anomia ein Empfinden des Wegbrechens gesellschaftlicher Einbindung (vgl. auch Kühnel/Schmidt 2002). Dabei unterscheidet er fünf Dimensionen: politische Machtlosigkeit, soziale Machtlosigkeit, Zukunftspessimismus, Normverlust und Sinnlosigkeit sowie soziale Isolation (Srole 1956, 1970, vgl. auch Lamnek 2001). Anomische Menschen werden als Außenseiter und Nicht-Angepasste beschrieben, die das reibungslose Funktionieren der Gesellschaft stören (Fischer 1970).

Die verbale Ähnlichkeit zur Anomie impliziert noch keine Annahme über einen Zusammenhang. Die Entstehung von Anomia wird selten thematisiert (Fischer 1970). Teilweise wird Anomia als direkte Folge von (gesellschaftlicher) Anomie (Lamnek 2001, Kühnel/Schmidt 2002) oder nicht näher definierten sozialen Umständen (Fischer 1970) gedeutet. Manche Autoren gehen von Lernprozessen und dem Einwirken soziologischer wie psychologischer Faktoren aus (Fischer 1970, McClosky/Schaar 1970).

> Die Verwendung des Begriffs Anomie ist nicht einheitlich. Eine Gemeinsamkeit besteht darin, dass etwas Negatives gemeint ist (Fischer 1970). Durch den Bezug auf Einstellungen und Persönlichkeitsmerkmale verliert der Begriff seine gesellschaftskritische Intention und wird subjektivistisch gewendet (Fischer 1970). Die Entstehung von Anomia bleibt unklar (Fischer 1970) oder wird widersprüchlich erklärt. Möglich ist eine Zurückweisung durch die Gesellschaft oder eine Zurückweisung der Gesellschaft durch den einzelnen (Fischer 1970). Auch bleibt der Bezug zu abweichendem Verhalten und »Kriminalität« unklar. Kritisiert wird auch, dass in der Praxis die Unterscheidung von Anomie und Anomia schwer aufrechtzuerhalten ist (Rose 1970).
>
> Kritik wird auch an den Messinstrumenten geäußert. So könnte die Srole-Skala auch einfach allgemeine Unzufriedenheit messen (Fischer 1970). Nachweisen lässt sich, dass hohe Anomia-Werte mit geringem Status korreliert. Die Kausalitäten sind dabei unklar (Fischer 1970, Clinard 1970).

Bezüge zu Anomia wie auch sozialstrukturellen Faktoren weist das Konzept der *gruppenbezogenen Menschenfeindlichkeit* auf, das auf der Desintegrationsthese von Heitmeyer aufbaut. Es bezeichnet eine Abwertung bestimmter gesellschaftlicher Gruppen, denen ausgehend von einer Ideologie der Ungleichwertigkeit weniger Bedeutung und Rechte zugestanden werden (Dollinger/Raithel 2006). Gruppenbezogene Menschenfeindlichkeit richtet sich etwa gegen soziale Randgruppen, andere Ethnien oder Religionen (Heitmeyer 2012).[8] Zurückgeführt wird gruppenbezogene Menschenfeindlichkeit auf Veränderungsprozesse mo-

---

8 Gruppenbezogene Menschenfeindlichkeit umfasst Rassismus, Fremdenfeindlichkeit, Antisemitismus, Homophobie, Islamophobie, Etabliertenvorrechte, Klassischen Sexismus, die Abwertung von Menschen mit Behinderung, von Obdachlosen, von Sinti und Roma, von Asylbewerber(inne)n und von Langzeitarbeitslosen (Heitmeyer 2012).

derner Gesellschaften, etwa zunehmende Individualisierung und Pluralisierung von Lebensformen. Diese Modernisierungsprozesse stellen nicht nur eine Chance dar, sondern können auch zu Überforderung, Orientierungslosigkeit und Handlungsunsicherheit, also zu Anomia führen. Unsicherheit und Orientierungslosigkeit ist für die Betroffenen »nicht komfortabel« (Heitmeyer/Heyder 2002: 62). Die Orientierungslosigkeit Einzelner wird dann zum gesellschaftlichen Problem, wenn diese die Abwertung anderer gesellschaftlicher Gruppen als Mittel nutzen, Stabilität, Orientierung und Selbstwert zu finden (Hüpping 2006, vgl. auch Heitmeyer/Heyder 2002). Insofern lassen sich etwa »Hassverbrechen« auf die Orientierungslosigkeit von Modernisierungsverlierern zurückführen (vgl. z. B. Mansel 2006). Als Auslöser für gruppenbezogene Menschenfeindlichkeit werden verschiedene Faktoren auf der Mikro- und Makroebene betrachtet: Zur Erklärung herangezogen wurden etwa die Konzepte der sozialen Desintegration, relative Deprivation, Anomie, Autoritarismus und Flexibilitätszwang bzw. Bindungslosigkeit (vgl. z. B. Heitmeyer 2002, Legge/Mansel 2012, Mansel 2006).

Kritisch lässt sich anmerken, dass die Anzahl der Elemente des Syndroms sukzessive ergänzt und das Erklärungsmodell verändert wurde. Die berücksichtigten Faktoren sind nicht trennscharf: So wird Machtlosigkeit als Bestandteil von Anomia, aber auch als Subdimension sozialer Integration betrachtet (Kühnel/Schmidt 2002). Auch schließt das Konzept von gesamtgesellschaftlichen Prozessen auf intrapsychischen Sinn, es verkürzt Komplexität (Dollinger/Raithel 2006).

Die Verbreitung des Syndroms Gruppenbezogener Menschenfeindlichkeit und dessen mögliche Ursachen wurden ausgiebig untersucht (vgl. z. B. Heitmeyer 2012, Kühnel/Schmidt 2002, Heitmeyer/Heyer 2002). Zusammenhänge zwischen den einzelnen Elementen des Syndroms sind belegt (vgl. z. B. Heitmeyer 2002). Studien bestätigen auch einen starken Zusammenhang zwischen Gruppenbezogener Menschenfeindlichkeit und Anomia (Heitmeyer/Heyer 2002, Kühnel/Schmidt 2002).

Den Anomietheorien gemeinsam ist die Vorstellung, dass gesellschaftliche Phänomene für Abweichung verantwortlich sind. Der Umgang mit »Kriminalität« muss folglich bei der Gesellschaft ansetzen (Lamnek 2001, vgl. auch Höynck 2014, Dollinger/Raithel 2006). Je nach Theorie und Devianzform erscheinen aber spezifische Interventionsformen erfolgversprechend (Dollinger/Raithel 2006).

Anomie im Sinne von Durkheim kann verhindert werden, indem gesellschaftliche Veränderungen verlangsamt werden. Auch tragen vielfältige Formen der Kommunikation und Kooperation zwischen den Mitgliedern der Gesellschaft zur Vermeidung von Anomie und zur Stärkung des Kollektivgefühls bei (Raiser 1987, Cohen 1968a).

Anomischer Druck wäre nach der Erklärung von Merton durch Veränderungen der Sozialstruktur oder der gesellschaftlich verbindlichen Ziele zu beeinflussen (Merton 1968). Gesellschaftliche Widersprüche müssten beseitigt werden. Ziel muss nicht unbedingt eine egalitäre Gesellschaft sein, in der legitime Mittel allen zugänglich sind, Erfolg und Status also für alle erreichbar sind. Auch eine kulturelle Struktur, die für verschiedene gesellschaftliche Gruppe unterschiedliche Zielvorstellungen vorsieht, würde anomischen Druck reduzieren (Lamnek 2001). Erstrebenswert wäre aus sozialarbeiterischer Sicht eine Gesellschaft mit weitgehender Chancengleichheit. Diese könnte zum einen durch Veränderung rechtlicher Voraussetzungen erreicht werden (Dollinger/Raithel 2006). Sinnvoll erscheinen auch ökonomische Interventionen zur Umverteilung ökonomischer Mittel: Höhere Primäreinkommen und Sekundäreinkommen für alle erscheinen sinnvoll (Dollinger/Raithel 2006). Für Menschen in jeder Position muss es positive Anreize geben, an den Verpflichtungen der Gesellschaft festzuhalten (Matza 1973, Merton 1970). Eine entscheidende Rolle spielen dabei Maßnahmen der Sozialpolitik (Meyer 1998). Wohlfahrtsverbände und Berufsverbände der Sozialen Arbeit müssen sich hier auch weiterhin engagieren und effektive Öffentlichkeits- und Lobbyarbeit leisten. Grundsätzlich ist es auch denkbar, die Definition von Mitteln zur Erreichung gesellschaftlicher Ziele zu beeinflussen, das Spektrum anerkannter, legitimer Mittel langfristig zu erweitern (vgl. z. B. Cohen 1968a). Auch die Abkehr von rein materiellen Leitbildern und die Hinwendung zu differenzierteren Wertvorstellungen könnte anomischen Druck reduzieren (vgl. z. B. Reiner 2016, Schneider 1977 a). Neben Wohlstand und Besitz von Statusobjekten kann für alternative Vorstellungen von einem gelungenen Leben geworben werden.

Merton zufolge besteht ein Zusammenhang zwischen Anpassungstyp und Sozialisation. Durch eine Betonung von Normen lässt sich erreichen, dass häufiger der Typus der Konformität gewählt wird (Cloward 1968).

Aufgabe der Sozialen Arbeit muss es außerdem sein, Zugänge zu legalen Mitteln zu verschaffen, etwa durch Bildungsabschlüsse oder die Integration in den Arbeitsmarkt (vgl. z. B. Peters 1997a, Höynck 2014). Durch individuelle Hilfen sollte Straffälligen der Zugang zu staatlichen Leistungen ermöglicht werden. Ziel muss aber auch die infrastrukturelle Verbesserung von Lebenslagen sein (Kawamura 2002). So könnte auch auf der Ebene von Sozialräumen angesetzt werden, um Ressourcen zu erweitern und Nutzungschancen durch sozial schwache Gruppen zu erhöhen (Dollinger/Raithel 2006).

Die institutionelle Anomietheorie legt ein gut ausgebautes Sozialsystem nahe, dass allen Gesellschaftsmitgliedern ein zufriedenstellendes Auskommen beschert. Auch müsste der Einfluss des ökonomischen Sektors der Gesellschaft zurückgedrängt, die Institutionen Familie, Bildung und Politik in der öffentlichen Wahrnehmung aufgewertet werden. Davon würde letztendlich auch die Soziale Arbeit profitieren.

Aus Sicht der Theorie der differentiellen Gelegenheiten erscheint es sinnvoll, den Zugang zu illegalen Mitteln zu erschweren, indem etwa durch Jugendhilfemaßnahmen das Umfeld »gefährdeter« Jugendlicher verändert oder durch Gruppenarbeit Alternativen zu »kriminellen« Vorbildern geschaffen werden (vgl. z. B. Peters 1997a). Milieuwechsel können hilfreich sein (2001), erzwungene Milieuwechsel dürften sich dabei aber als kontraproduktiv und kaum mit ethischen Kriterien vereinbar erweisen. Grundsätzlich wären auch punitive Interventionen im Sinne der Theorie, bei denen durch Sanktionierung oder Sanktionsandrohung Handlungsmöglichkeiten beeinflusst werden (Dollinger/Raithel 2006).

Denkbar ist es auch, sozialen Druck durch Schaffung eines realistischen Anspruchsniveaus zu reduzieren (vgl. z. B. Peters 1997a). Darüber hinaus kann durch die Förderung von Copingfähigkeiten die Wahrscheinlichkeit verringert werden, dass subjektiv empfundener Druck in Form von »Kriminalität« bewältigt wird (Dollinger/Raithel 2006).

Desintegration kann durch Stärkung sozialer Bindungen und Integration in soziale Institutionen begegnet werden, aber auch durch Stärkung moralischer Werte und durch ökonomische Interventionen (Dollinger/Raithel 2006).

Anomia lässt sich prinzipiell durch alle Maßnahmen mit integrativem Charakter beeinflussen. Die Schaffung von Vertrauen, Lebenszufriedenheit und sozialer Identität wären hier als Ziele Sozialer Arbeit zu nennen (Zick/Küppe/Hövermann 2011).

Gegen gruppenbezogene Menschenfeindlichkeit und die damit verbundene Ideologie der Ungleichwertigkeit erscheinen Maßnahmen sinnvoll, die auf vermehrte Teilhabe und Mitbestimmung abzielen, demokratische Ideale und Menschenrechte vermitteln, gewaltfreie Konfliktlösungsmöglichkeiten schaffen (Kaske 2006). Eine positive Wirkung durfte auch die Herstellung persönlicher Kontakte zu Angehörigen anderer sozialer Gruppen haben (Zick/Küpper/Hövermann 2011). Darüber hinaus wird in diesem Zusammenhang auch der Verbesserung der Anerkennungsbilanz eine Bedeutung zugewiesen (Zick 2006).

4.4.2 Kriminalität aufgrund ungleicher Machtverteilung

Gesellschaftliche Strukturen stehen auch im Mittelpunkt einer anderen Erklärungsstrategie. Hierbei werden »Straftaten« darauf zurückgeführt, dass Menschen in einer Position sind, in der sie zu viel oder zu wenig Kontrolle oder Macht ausüben können.

Davon geht etwa die Theorie des *Kontroll-Gleichgewichts* aus. Tittle definiert Kontrolle als individuelle Fähigkeit, Handlungen und Umstände zu manipulieren. Ausgangspunkt ist die Grundannahme, dass jeder Mensch nach Autonomie und Freiheit und somit nach einem größtmöglichen Maß an Kontrolle strebt (Tittle 2004, vgl. auch Eifler 2002, Schneider 1997).

Für jeden Menschen lässt sich eine Kontrollratio berechnen: das Verhältnis zwischen ausgeübter Kontrolle und jener, der er unterworfen ist. Diese individuelle Kontrollratio ist zwischen den Extremen völliger Kontrolle bzw. Autonomie und völligem Fehlen von Kontrolle bzw. Repression einzuordnen (Tittle 2004, Eifler 2002, Schneider 1997). Abhängig ist die Kontrollratio einer Person sowohl von personenbezogenen Merkmalen als auch gruppenbezogenen Elementen (Eifler 2002).

»Straftaten« werden auf ein Kontrollungleichgewicht zurückgeführt: Gefährdet sind sowohl Personen mit erheblichem Kontrollüberschuss, als auch jene mit Kontrolldefiziten.

- Personen mit erheblichem Kontrollüberschuss müssen kaum mit negativen Reaktionen rechnen, wenn sie gegen strafrechtliche Normen verstoßen. Zu Straftaten kann es etwa kommen, wenn die als selbstverständlich wahrgenommen Machtfülle in Frage gestellt wird (Tittle 2004, vgl. auch Schneider 1997).
- Bei Personen mit starkem Kontrolldefizit kann »Kriminalität« als Mittel zum Ausgleich von Kontrollmängeln verwendet werden. Durch strafbare Handlungen werden Ohnmacht und mangelnder Selbstwert kompensiert (Tittle 2004).

Aus der Kontrollratio lässt sich nicht nur die Neigung zu strafbaren Handlungen ablesen, sondern auch die zu erwartende Form der »Kriminalität« (Eifler 2002). Bei erheblichem Kontrollüberschuss ist mit autonomen Formen zu rechnen, oft ausgesprochen sozialschädlichen Delikten, bei denen die »Täter(innen)« nicht sichtbar in Erscheinung treten. Dagegen sind bei Kontrolldefiziten repressive Formen der »Kriminalität« zu erwarten, die besonders sichtbar und daher stark der Strafverfolgung ausgesetzt sind.

> Die Theorie des Kontroll-Gleichgewichts kann sowohl die »Kriminalität« der Mächtigen oder die sogenannte »Makrokriminalität« als auch die »Kriminalität« unterprivilegierter Gruppen und die sogenannte »Straßenkriminalität« (Tittle 2004) erklären.
>
> Die Annahme, dass sich die Art der Straftat aufgrund der Kontrollbalance einer Person voraussagen lässt, wurde inzwischen revidiert (Eifler 2002). Kritisch ist nach wie vor anzumerken, dass die komplexe Theorie erst konkretisiert werden müsste, um sie empirisch zu überprüfen (Eifler 2002). Auch stellt sich die Frage, ob nicht jede Form von »Kriminalität« ein gewisses Maß an Macht und Kontrolle impliziert (Jasch 2014).

Eine ähnliche Argumentation findet sich bei anderen Autoren. Nach Messerschmidt hängt die Art der »Kriminalität« von der *Macht* oder *Ohnmacht* der »Täter(innen)« ab. Bei machtlosen Personen nimmt »Kriminalität« die Form von Widerstand oder Anpassung an die eigene Position an. Mächtige zeigen dagegen Formen von »Kriminalität«, die der Beherrschung und Kontrolle der

Machtlosen dienen (Messerschmidt 1988). Auch May setzt ein grundsätzliches Machtstreben des Menschen voraus. Wird das Erleben von Macht verhindert, werden alternative Wege gesucht. So verlagert sich die Suche nach Macht möglicherweise auf den Privatbereich und kann in zwischenmenschlicher Gewalt münden (vgl. zu May: Pfohl 1988). Gewalt geht aber auch von Personen mit Macht aus. »Menschen in bedeutenden Machtpositionen gebrauchen regelmäßig Gewalt oder Androhung von Gewalt, um ihr Vermögen, die Welt gemäß ihrem Willen zu gestalten, zu verteidigen« (Pfohl 1988: 128).

Auch Kersten vertritt die Annahme, dass die Machtposition des »Täters« die Form der »Kriminalität« bestimmt. Randständigen jungen Männern stehen nur Formen der »Kriminalität« zur Verfügung, die besonders sichtbar und mit hohem Risiko der Kriminalisierung verbunden sind (Kersten 1995).

Gewalttätigkeit wird teilweise auf *Ohnmacht* zurückgeführt. Das Gefühl der Ohnmacht wird durch gewalttätiges Handeln in Macht gewendet. Durch fehlende Anerkennung und Beschämung erzeugte Schamgefühle werden durch Gewalt unbewusst abgewehrt (vgl. z. B. Marks 2010).

Der Begriff der *Anerkennung* steht bei Honneth im Mittelpunkt der Betrachtungen, der davon ausgeht, dass jeder Mensch ein Bedürfnis nach Anerkennung hat. Dabei unterscheidet er drei Formen der Anerkennung: Liebe, Respekt und soziale Wertschätzung (Honneth 1994, Haker 2010).

- Mit Liebe ist die starke Gefühlsbindung in engen Beziehungen gemeint, die Anerkennung einer Person als Wesen mit all seinen Bedürfnissen. Erst diese Liebe schafft beim Einzelnen Selbstvertrauen (Honneth 1994, Borst 2003).
- Die Form von Respekt nimmt Anerkennung in der Gesellschaft an, wenn eine Person als vollwertiges Mitglied der Gesellschaft und als gleichberechtigte(r) Träger(in) von Rechten und Pflichten betrachtet wird. Die rechtliche Gleichstellung stellt eine kognitive Form von Anerkennung dar. Von ihr hängt die Selbstachtung einer Person ab (Honneth 1994, Borst 2003).
- Menschen wollen aber darüber hinaus auch als Individuen mit besonderen Fähigkeiten und Eigenschaften betrachtet werden, die einen wichtigen Beitrag für die Gemeinschaft leisten können. Hier geht es um Anerkennung in der Form von sozialer Wertschätzung und Solidarität. Von dieser Form der Anerkennung wird das Selbstwertgefühl geprägt (Honneth 1994, Borst 2003).

Erfahrungen von Missachtung stehen dem Bedürfnis von Anerkennung diametral entgegen. Auch hier lassen sich drei Formen unterscheiden. So steht der Erfahrung von Liebe der physische Übergriff entgegen, der Erfahrung von Respekt die soziale Exklusion und Diskriminierung, der sozialen Wertschätzung die Beleidigung und Entwürdigung (Honneth 1994, auch Borst 2003).

Honneth betrachtet soziale Konflikte nicht nur als Auseinandersetzungen um Chancen und Gruppeninteressen, sondern als moralisch bedingt. In diesen Konflikten geht es um wechselseitige Anerkennung der beteiligten Gruppen, um einen »Kampf nach Anerkennung« (Honneth 1994). Ursache ist die Erniedrigung und Missachtung von unterdrückten und randständigen Gruppen (Honneth

1994). Aus der Anerkennungstheorie nach Honneth lassen sich also Erklärungen für Konflikte zwischen sozialen Gruppen ableiten, die auch strafbare Handlungen umfassen können.

Darüber hinaus geht Honneth davon aus, dass Missachtungserfahrungen und Anerkennungsdefizite bei Kindern und Jugendlichen eine moralzerstörende Kraft haben. Sie bedrohen die persönliche Integrität. Letztendlich können sie zu Gewalt und Rassismus führen. Dieses Verhalten dient dann dazu, das Selbstkonzept zu verteidigen und Anerkennungsdefizite zu kompensieren (Honneth 1994, Popp 2015). Sutterlüty konnte bei gewalttätigen Jugendlichen Missachtungs- und Ohnmachtserfahrungen nachweisen. In den Biografien waren dann Wendepunkte zu finden, in denen aus Ohnmacht Macht wird, aus Opfern von Gewalt »Täter(inne)n« werden (Sutterlüty 2002).[9] Auch Greenberg führt bei Jugendlichen Straffälligkeit auf das erfolglose Streben nach Autonomie und herabwürdigende Erfahrungen zurück. Motiv für Delikte kann dann der Widerstand gegen Autoritäten sein (vgl. zu Greenberg Mischkowitz 1995).

> Die hier thematisierten Theorien und Ansätzen spielen im deutschsprachigen Raum bei der Erklärung von »Kriminalität« nur eine untergeordnete Rolle. Ihr Reiz liegt darin, dass sie von einem menschlichen Streben nach Anerkennung ausgehen und Ohnmachtserfahrungen problematisieren. Gerade mit Bezug auf »Jugendkriminalität« haben sie eine hohe Plausibilität.
> Die Ansätze können nicht als Theorien im eigentlichen Sinne betrachtet werden. »Kriminalität« wird teilweise, etwa bei Honneth, nur ganz am Rande behandelt. Zur empirischen Bestätigung ist wenig bekannt.

Kriminalität ließe sich dadurch verringern, dass erheblicher Kontrollüberschuss wie auch starke Kontrolldefizite vermieden werden. Niemand sollte zu viel oder zu wenig Macht haben. Veränderungen hin zu einer gerechteren und egalitären Gesellschaft sind nur langfristig zu erreichen. Hier ist das Engagement von Wohlfahrtsverbänden und Fachverbänden gefragt.

Die Kontrollratio einzelner Personen lässt sich durchaus beeinflussen. Zur Klientel der Sozialen Arbeit zählen normalerweise nicht Personen mit erheblichem Kontrollüberschuss, sondern eher solche mit Kontrolldefiziten. Diese Defizite können etwa durch die Förderung von schulischer Bildung und Ausbildung, die Stärkung sozialer Kompetenzen und diverse Integrationsmaßnahmen reduziert werden. Darüber hinaus lässt sich auch der Umgang mit

---

9 Nach Sutterlüty entwickeln sich dann Handlungsschemata der Gewaltausübung. Es bilden sich gewaltaffine Interpretationsregimes aus, also eine ganz besondere Wahrnehmung von Situationen, die von früheren Erfahrungen geprägt ist und Gewalt als angemessene Reaktionsweise erscheinen lässt. Darüber hinaus bilden sich intrinsische Gewaltmotive heraus, die Gewalt wird positiv erlebt als Überschreitung des Alltäglichen oder auch als Triumph, das Verhalten wird dadurch verstärk. Letztendlich entsteht auch eine Mythologie der Gewalt, in der Gewalt als äußerst effektives Mittel zu Respekt und Anerkennung glorifiziert wird (Sutterlüty 2002).

erlebten Kontrolldefiziten beeinflussen. Frustrationstoleranz und starkes Selbstwertgefühl verringern die Wahrscheinlichkeit repressiver »Kriminalität«. Autonomie lässt sich als Ziel in die Soziale Arbeit durchaus integrieren (vgl. z. B. Pers 1989). In diesem Zusammenhang dürfte Empowerment ein nützlicher Ansatz sein (Herriger 2014).

Die Theorie des Kontroll-Gleichgewichts berücksichtigt explizit Sanktionen als Zwänge, die Handlungsmöglichkeiten einschränken. Entscheidend ist dabei die subjektive Wahrnehmung solcher Zwänge (Eifler 2002). Sanktionen könnten sich außerdem kontraproduktiv auswirken, da sie das Kontroll-Gleichgewicht noch stärker in Richtung Kontrolldefizit verschieben.

Die Klientel der Sozialen Arbeit ist nicht gerade durch gesellschaftliche Macht gekennzeichnet. Macht gegenüber anderen existiert allenfalls im Privatbereich und häufig auch nur aufgrund körperlicher Überlegenheit. Alle Maßnahmen, welche die Autonomie steigern und Erfahrungen der Selbstbestimmung und Selbstwirksamkeit ermöglichen, erscheinen hier sinnvoll. Durch sie kann verhindert werden, dass Machtlose zu Gewalt oder anderen Formen von »Kriminalität« greifen.

Im Umgang mit Straffälligen ist Anerkennung von Bedeutung. Ohne Anerkennung entwickelt eine Person kein Selbstvertrauen, keine Selbstachtung und kein Selbstwertgefühl. Klienten muss das Gefühl gegeben werden, gleichberechtigte Interaktionspartner zu sein. Dazu gehört nach Haker (2010) auch, dass sie sich wie andere Menschen moralisch für ihr Handeln verantworten müssen und frei in ihrem Handeln sind. Diese Freiheit gilt es zu respektieren. Sinnvoll erscheint in diesem Zusammenhang also auch die Aufarbeitung von Schuld und Scham (Haker 2010).

Durch Wertschätzung und das Verschaffen von Erfolgserlebnissen können Selbstvertrauen und Selbstwertgefühl gestärkt werden.

4.5 Kriminalität als Ausdruck unterschiedlicher Werte und Normen

Warum verhält sich eine Person »kriminell«? Eine weitere Erklärungsstrategie geht von der Existenz unterschiedlicher Normen und Wertvorstellungen aus. Menschen begehen demnach »Straftaten«, weil sie dieses Verhalten für angemessen oder akzeptabel halten, weil es mit den von ihnen vertretenen Regeln und Moralvorstellungen übereinstimmt (vgl. z. B. Matza 1973).

4.5.1 Subkulturtheorien

Diese Argumentation liegt den Subkulturtheorien zugrunde. Sie betrachten Gesellschaften nicht als homogene Gebilde, in denen alle die gleichen Werte und Normen teilen. Vielmehr finden sich Subsysteme mit eigenen Wertvorstellungen und Verhaltenserwartungen (Lamnek 2001).

> »Unter einer Subkultur ist eine in sich geschlossene gesellschaftliche Teilkultur zu verstehen, die sich in ihren Werten, Normen, Bedürfnissen, Verhaltensweisen und Symbolen bzw. Stilisierungen von der gesellschaftlich dominierenden Kultur (meist Mittelschichtkultur) unterscheidet« (Dollinger/Raithel 2006: 85).

Was dem Strafrecht zufolge als »kriminell« gilt, kann innerhalb einer solchen Subkultur zulässig oder sogar gefordert sein. Abweichung wird so zum relativen Begriff. Menschen begehen »Straftaten«, weil sie sich konform zu den Normen ihrer Subkultur verhalten (Lamnek 2001, Dollinger/Raithel 2006).

Studien zu *Gangs* und Banden von Jugendlichen in den USA belegen, dass diese keineswegs ein normfreier Raum sind. So verweist etwa Whyte darauf, dass Slums nicht desorganisiert sind. Es existiert dort und auch in einzelnen Gangs ein konsistentes Normen- und Wertesystem, das allerdings nicht mit dem der Mainstream-Gesellschaft identisch ist (Whyte 2016, Lamnek 2001). Auch Trasher zufolge entwickeln Gangs gemeinsame Codes, Normen und Werte. Die Gang übt auch starke soziale Kontrolle aus: Normverstöße werden sanktioniert. Dabei befriedigt die Gruppe Gemeinschaftsbedürfnisse, bietet neue Erfahrungen, Spannung, Spaß und Romantik und ist oft die einzige Chance für ihre Mitglieder, Status zu erwerben (Lamnek 2001, Dollinger/Raithel 2006). Insofern ist es für Gangmitglieder wichtig, ganginterne Normen einzuhalten, auch wenn diese gegen allgemeine Normen verstoßen.

Die *Subkulturtheorie* nach *Cohen* macht eine Diskrepanz zwischen Klassengesellschaft und demokratischer Ideologie für die Entstehung von jugendlichen Subkulturen verantwortlich. Für alle Gesellschaftsmitglieder existieren die gleichen Ziele und Statuskriterien. Für Jugendlichen aus der Unterschicht ist der Zugang zu Status aber erschwert oder sogar unmöglich, was zu Spannung und Frustration führt (Cohen 1968a, vgl. auch Lamnek 2001, Peters 1989). Stehen keine legalen Wege zur Bewältigung dieser Spannungen zur Verfügung und ist auch ein Wechsel der Bezugsgruppe nicht möglich, kann es zu Zusammenschlüssen und einer kollektiven Lösung für Anpassungsprobleme in Form einer Subkultur kommen (vgl. z. B. Cohen 1968a). Es entsteht dann eine Subkultur mit eigenen Regeln oder Statuskriterien, in der Erfolge möglich sind. Entworfen wird dabei nicht einfach ein alternatives System, sondern eines, das Normen und Werte bewusst umkehrt (Cohen 1968a).

> »Die Kultur der Bande, an der sich der Junge aus der Unterklasse beteiligt, hat erstens die Funktion, ein System von Statuskriterien zu schaffen, an denen sich der Junge erfolgreich messen kann. Ihre zweite Funktion ist, an den Normen Vergeltung zu üben, unter denen sein Ich zu leiden gehabt hat, indem diese Kultur der Bande ›Tugend‹ und ›Verdienst‹ in Kategorien definiert, die den üblichen Normen entgegengesetzt sind« (Cohen 1961: 27).

4.5 Kriminalität als Ausdruck unterschiedlicher Werte und Normen

Die Subkultur rechtfertigt Feindseligkeit und vermindert Angst- und Schuldgefühle (Cohen 1968, Lamnek 2001). »Delinquenz« wird nicht als zielgerichtetes Verhalten betrachtet, sondern auch als irrationale Reaktion auf Frustrationserfahrungen (Dollinger/Raithel 2006). Der Anschluss an eine Subkultur ist dann besonders wahrscheinlich, wenn nur geringe emotionale Bindungen zu Personen bestehen, die Mittelschicht-Werte akzeptieren (Lamnek 2001). Die Zugehörigkeit zur Subkultur beinhaltet einen Lebensplan und die Verpflichtung auf eine Lebensweise, schließt dabei aber alternative Entwürfe aus (Cohen 2016a: 278).

Cohen unterscheidet verschiedene Arten »delinquenter« Subkulturen. Im Mittelpunkt steht die nicht-utilitaristische, negativistische und bösartige männliche Basis-Subkultur, die etwa durch Vandalismus, Bandenkämpfe oder auch Diebstähle auffällt (Cohen 2016a, Pfeiffer/Scheerer 1979). Davon unterschieden werden die Typen der konfliktorientierten Subkultur, die Subkultur der Rauschgiftsüchtigen, die Subkultur des halbprofessionellen Diebstahls, die »delinquente« Mittelklassen-Subkultur und die weibliche »delinquente« Subkultur (Cohen/Short 1968, Dollinger/Raithel 2006).

Eine alternative Erklärung zur Entstehung von Subkulturen stellt Millers Theorie der *Unterschicht-Kultur* dar. Darin wird davon ausgegangen, dass es eine eigenständige Kultur der Unterschicht mit jahrhundertealter Tradition gibt (Lamnek 2001, Pfeiffer/Scheerer 1979). Miller zufolge ist fast die Hälfte der US-Amerikaner von dieser Unterschichtkultur beeinflusst (Lamnek 2001). Die Wertvorstellungen der Unterschichtkultur lassen sich anhand sogenannter Kristallisationspunkte beschreiben, womit wichtige Lebensthemen gemeint sind, die emotional besetzt sind (Peters 1989).

- Es ist wichtig, nicht in Schwierigkeiten zu geraten. Zu vermeiden sind problematische Handlungsweisen dabei nicht primär wegen ihrer moralischen Bewertung, sondern der möglichen negativen Konsequenzen, etwa der Strafverfolgung.
- Als Tugend gelten Härte, physische Tapferkeit und Wagemut.
- Positiv bewertet wird auch geistige Wendigkeit und die Fähigkeit, andere zu übervorteilen.
- Wünschenswert ist außerdem eine Lebensführung, die Spannung, Risiko und Abwechslung beinhaltet.
- Menschen sind entweder vom Glück begünstigt oder von Pech verfolgt. Zielgerichtete Anstrengungen sind vergeblich.
- Geschätzt wird Autonomie und das Fehlen von Zwängen (Miller 1968).

Bei Jugendlichen kommen Status und Zugehörigkeit als wichtige Werte hinzu (Miller 1968, Lamnek 2001). Da Unterschichtjugendliche oft ohne feste männliche Bezugsperson in frauengeführten Haushalten aufwachsen, ist die männliche Peergruppe für die Entwicklung von Geschlechtsrollen und Verhaltensmustern von großer Bedeutung (Peters 1989, Dollinger 2006). Dort dominiert ein auf Härte fokussiertes Bild von Männlichkeit (Dollinger/Raithel 2006).

Gesetzesverstöße werden nicht begangen, um gezielt Mittelschichtnormen zu verletzen. Sie ergeben sich, weil das subkulturell erwartete Verhalten teilweise rechtliche Normen verletzt. Darüber hinaus gewährt der gesetzwidrige Weg zu subkulturellen Zielen oft eine schnellere und größere Belohnung bei geringem Einsatz (Miller 1968, vgl. auch Pfeiffer/Scheerer 1979, Dollinger/Raithel 2006).

Die Theorie des *Kulturkonflikts* befasst sich nicht mit Subkulturen innerhalb einer Gesellschaft, sondern mit interkulturellen Normkonflikten. Durch Migration kommen Menschen aus unterschiedlichen Kulturkreisen mit differierenden Normen und Werten in Kontakt (Lamnek 2001). Daraus kann sich ein unmittelbarer Normenkonflikt oder Außenkonflikt entwickeln, wenn Verhaltensweisen in Herkunfts- und Aufnahmekultur unterschiedlich bewertet werden (Sellin 1938 vgl. z. B. Michalowski 1988, Pfeiffer/Scheerer 1979). So werden Ehrenmorde oder auch Zwangsehen als Verhaltensweisen betrachtet, die gegen deutsche Strafgesetze verstoßen, aber in anderen Kulturen erlaubt oder sogar erwartet werden.

Davon zu unterscheiden sind mittelbare Normkonflikte oder Innenkonflikte. Diese beziehen sich auf einzelne Personen, die zwischen zwei kulturellen Systemen aufwachsen, also auf Migranten der zweiten oder dritten Generation. Unterscheiden sich etwa die familiären Normen von denen der Mehrheitsgesellschaft, erschwert dies generell die Internalisierung von Normen. Die ständige Konfrontation mit widersprüchlichen Normen kann zu Orientierungslosigkeit führen. Normen werden dann situativ verwendet und im Zweifelsfall die permissivere Norm gewählt (Sellin 1938, vgl. auch Bock 2007).

Nicht alle Subkulturen mit eigenen Normen und Werten weisen einen Bezug zu Straftaten auf. Oft unterscheiden sich Subkulturen nur in Lebensstil, Moden oder Symbolen von der Mehrheitsgesellschaft. Abgewichen wird zwar von Sitten und Gebräuchen, von Konventionen und Verhaltenserwartungen, nicht aber von strafrechtlichen Normen. Davon abzugrenzen sind Subkulturen, die aus einem Konflikt mit der Gesamtgesellschaft heraus entstanden sind und zentrale Normen ablehnen. In diesem Zusammenhang hat Yinger (1982) den Begriff der *Kontra- oder Gegenkultur* geprägt. Eine solche ist von einem Konflikt zwischen dem normativen System der Gruppe und dem der Gesamtgesellschaft geprägt. Gruppennormen sind nur mit Bezug auf das Verhältnis zwischen der Gruppe und der dominanten Kultur verständlich (vgl. Lamnek 2001). Die Werte und Normen einer Kontrakultur entscheiden sich in hohem Maße von denen der Gesamtgesellschaft (Dollinger/Raithel 2006).

Cloward und Ohlin gehen genauer auf die *Entstehungsbedingungen* »delinquenter« Subkulturen ein, zu denen sich Jugendliche zusammenschließen. Unterschieden wird zwischen der »kriminellen« Subkultur, zu deren Hauptaktivitäten Diebstähle gehören, der Konfliktsubkultur, in der Status über Gewaltanwendung erworben wird, und der Subkultur des Rückzugs, die durch Drogengebrauch gekennzeichnet ist. Welche Art von Subkultur entsteht, hängt letztendlich vom Umfeld ab und den damit verbundenen abweichenden Modellen und Lernmöglichkeiten sowie den Gelegenheiten, abweichende Rollen und Verhaltensmuster auszuüben (Lamnek 2001, Pfeiffer/Scheerer 1979, Cohen 1968a, Pfeiffer/Scheerer 1979, Clinard 1970).[10]

---

10 ▶ Kap. 4.4.1.

Subkulturtheorien verbinden in ihrer »Kriminalitätserklärung« Merkmale der Sozialstruktur mit mikrosoziologischen und sozialpsychologischen Aspekten (Lamnek 2001). Sie heben die Relativität von Normen hervor und beziehen auch die Verteilung von Macht und Ressourcen ein (Lamnek 2001). Betrachtet wird aber auch, wie sich diese makrostrukturellen Faktoren individuell auswirken und Spannungen dabei gelöst werden (Lamnek 2001).

Der Erklärungsanspruch von Cohen ist sehr begrenzt: Ihm geht es nur darum zu demonstrieren, dass auch eine rein soziologische Erklärung für das Verhalten von jugendlichen Bandenmitgliedern möglich ist (Cohen 2016). Dass die Theorie »noch sehr viel verfeinert und verbessert werden kann«, räumt er freimütig ein (Cohen 2016a: 277). Auch gibt er zu, dass die »Kriminalität« von Jugendlichen aus der Mittelklasse mit dem Grundgedanken der Theorie nicht erklärt werden kann. Er formuliert daher eine alternative Erklärung für diesen Personenkreis (Cohen 2016a).

Gut erklärt wird das häufig eher expressive als instrumentelle Verhalten von Jugendlichen in Cliquen und Banden (Pfeiffer/Scheerer 1979). Dass »Jugendkriminalität« wirklich »zur Hauptsache in der Teilnahme an »kriminellen« Subkulturen (Cohen 2016a: 270) besteht, muss aber hinterfragt werden. Erklärt wird nur die Straffälligkeit von Personen, die einer Subkultur angehören (Lamnek 2001). »Kriminalität« wird einfach auf die Anpassung an die falsche Gruppe zurückgeführt. Besondere Merkmale »krimineller« Handlungen darüber hinaus bleiben außen vor (Gottfredson/Hirschi 1990, Lamnek 2008). Kritisiert wird die Unterstellung individueller Frustrationserfahrungen. Demnach müsste jede/r Unterschichtjugendliche erst einmal selbst unter Mittelschichtnormen und Anpassungsproblemen leiden, eher er/sie sich einer Subkultur anschließt (Pfeiffer/Scheerer 1979).

Die Theorie der Unterschichtkultur erklärt nicht die Entstehung dieser Kultur. Auch bleibt der Zusammenhang zu »Kriminalität« vage (Peters 1989). Insofern lässt sich ein »Theoriedefizit« attestieren (Peters 1989: 59).

Die Argumentation von Cloward und Ohlin hat zirkuläre Züge: Voraussetzung für die Entstehung einer Subkultur ist die Existenz einer illegitimen Chancenstruktur, also eine bereits bestehende Subkultur (Pfeiffer/Scheerer 1979). Die Erklärungskraft ist auf Jugendliche aus ethnischen Minderheiten in US-amerikanischen Großstädten beschränkt (Clinard 1970).

An der Theorie des Kulturkonflikts lässt sich kritisieren, dass sie kulturelle Unterschiede überbetont. In der Regel dürften zentrale Normen, insbesondere auch strafrechtliche Regeln von Herkunfts- und Aufnahmekultur übereinstimmen. Das Konzept des mittelbaren Konflikts erlaubt es, die höhere Kriminalitätsbelastung der zweiten und dritten Einwanderergeneration zu erklären (vgl. z. B. Erbil 2008). Darüber hinaus lassen sich im Rahmen der Theorie sowohl Loyalitätskonflikte als auch Integrationsprobleme und Diskriminierungserfahrungen berücksichtigen (vgl. z. B. Hämmig 2000).

Subkulturtheorien beziehen sich hauptsächlich auf Banden männlicher Jugendlicher (Lamnek 2001). Was ihre Aussagekraft weiter einschränkt ist ihr

Bezug auf US-amerikanische Phänomene des 20. Jahrhunderts, die nur bedingt übertragbar sind (vgl. z. B. Lamnek 2001). Das Phänomen der Bandenbildung ist, vor allem bei Jugendlichen mit Migrationshintergrund, aus deutschen Großstädten aber durchaus bekannt (Ostendorf 2010b). Darüber hinaus lassen sich die Theorien auch auf aktuelle Phänomene wie extremistische Gruppierungen jeglicher Couleur anwenden. Obwohl die Argumentation historisch ist, sind die Beschreibungen also immer noch von Belang (Klimke/Legnaro 2016).

Unklar bleibt, wann eine bestehende Peergroup oder ein Bekanntschaftsnetz als Subkultur bezeichnet werden kann. Auch der Begriff der Kontrakultur trägt in der Praxis nicht immer zur eindeutigen Abgrenzung bei (Lamnek 2001). Unklar bleibt auch, ob Subkulturen generell persönliche Kontakte voraussetzen, wie dies bei Cohen beschrieben wird (Klimke/Legnaro 2016).

Es wird nicht deutlich, ob bestimmte Wertvorstellungen tendenziell zu vermehrten Straftaten führen. Es findet sich in der Literatur sowohl die Annahme, dass traditionell-religiöse Werte eine kriminalitätsvermindernde Wirkung haben, als auch die vom Zusammenhang zwischen patriarchal-religiösen Vorstellungen und der Befürwortung von Gewalt (Oberlies 2013). Auch wird behauptet, dass es neben subkulturellen Orientierungen vor allem hedonistisch-materialistische Wertvorstellungen sind, die mit einer größeren Kriminalitätsneigung verbunden sind (Hermann 2003, Raithel 2004).

Kritisch ist auch anzumerken, dass die Theorien hauptsächlich beschreibenden Charakter haben und nicht erklären können, wie die angesprochenen Subkulturen tatsächlich entstehen (Lamnek 2001, Peters 1989) oder wer sich diesen Subkulturen unter welchen Bedingungen anschließt (vgl. z. B. Lamnek 2001, Cohen 1968a). Unklar bleibt auch, wie unterschiedliche Häufigkeiten von »Kriminalität« bei den Mitgliedern einer Subkultur zu erklären sind (Lamnek 2001). Implizit wird wohl von einer intervenierenden Wirkung psychologischer Merkmale ausgegangen, die subkulturinterne Unterschiede erklärt (Dollinger/Raithel 2006).

Empirisch sehr gut belegt ist der Zusammenhang zwischen Freunden mit abweichenden Verhaltensweisen und Einstellungen und eigener »Kriminalität« (vgl. z. B. Warr 2002). Die empirische Bestätigung einzelner Subkulturtheorien ist dagegen eher gering (Lamnek 2001).

Im Strafverfahren wird unterstellt, dass auch Personen, die einer Subkultur angehören oder aus einem anderen Kulturkreis stammen, gültige Strafnormen kennen oder hätten kennen müssen (vgl. z. B. Heger 2013). Einfach nur Informationen über gesamtgesellschaftliche Normen zu liefern, stellt wohl keine sinnvolle Maßnahme dar (vgl. z. B. Sykes/Matza 1968).

Um die Entstehung von jugendlichen Subkulturen oder den Anschluss Jugendlicher an bestehende subkulturelle Gruppen zu verhindern, müssten Zugang zu Status geschaffen, die ökonomische Situation verbessert oder alternative Lösungen für Statusprobleme angeboten werden (vgl. z. B. Dollinger/

Raithel 2006). Hier erscheinen neben eher langfristig erreichbaren Veränderungen auf der Makro- und Meso-Ebene auch Maßnahmen der Einzelfallhilfe erfolgversprechend (vgl. z. B. Cohen 1968a).

Auch der Kontakt zu alternativen Bezugsgruppen mit konformem Wertesystem stellt eine Möglichkeit zur Reduktion von subkulturellen Einflüssen dar (z. B. Lamnek 2001, Cohen 1968a). Ein erzwungenes Herauslösen aus einem subkulturellen Kontext erscheint allerdings langfristig wenig erfolgversprechend. Es widerspricht auch eindeutig der Lebensweltorientierung der Jugendhilfe (vgl. z. B. Thiersch et al. 2012).

Durch Empowerment und die Vermittlung sozialer Kompetenzen kann die Bindung an und die Abhängigkeit von einer »delinquenten« Gruppe verringert werden (Dollinger/Raithel 2006). Das Individuum ist so zu stärken, dass er genug Autonomie entwickelt, sich von gruppenspezifischen Normvorstellungen zu lösen (Lamnek 2008).

Abweichende Werte und Normen von Einzelnen wie Gruppen sind durchaus beeinflussbar (vgl. z. B. Cohen 1968a). An der Vermittlung von Werten und Normen sind alle Sozialisationsinstanzen beteiligt. In der Jugendphase werden Gleichaltrige zur wichtigsten Bezugsgruppe, weshalb der »peer education« zunehmende Bedeutung zukommt (vgl. z. B. Heyer 2010). Darüber hinaus könnten etwa Massenmedien dazu genutzt werden, subkulturelle Normen zu beeinflussen (Lamnek 2001). Auch kann im Rahmen von Gruppenarbeit auf Werte und Normen bestehender subkultureller Gruppen eingewirkt werden (vgl. z. B. Cohen 1968a). Voraussetzungen dafür dürften aber eine tragfähige Beziehung und Authentizität sein.

Wo subkulturspezifische Werte »Kriminalität« begünstigen, können alternative Wege zu deren Erreichung aufgezeigt werden. Spannung, Risiko und Abwechslung sind etwa nicht nur durch illegale Gruppenaktivitäten möglich, sondern auch durch Formen der Erlebnispädagogik (vgl. z. B. Boeger/ Welling 2011).

Migrationsbedingten Kulturkonflikten könnte durch gezielte Förderung von Kindern und Jugendlichen mit Migrationshintergrund begegnet werden. Anstelle einer solchen Sonderbehandlung bietet sich interkulturelle Pädagogik an, die allgemein Kompetenzen für das Leben in einer multikulturellen Gesellschaft vermittelt (vgl. z. B. Glaser/Rieker 2006).

Gegenkulturen sind durchaus durch akzeptierende Formen der Sozialen Arbeit erreichbar (vgl. z. B. Krafeld 1993). Haben sich bereits Parallelgesellschaften herausgebildet, ist neben interkultureller Kompetenz teilweise auch entsprechende ethnische Zugehörigkeit, Religion oder politische Orientierung Zugangsvoraussetzung.

Strafvollzug erscheint als Antwort auf subkulturell bedingte Straffälligkeit kontraproduktiv, da dort eine eigene Subkultur mit abweichenden Werten zu finden ist. Status hängt innerhalb dieser Subkultur primär vom begangenen Delikt, der Haftdauer und der Hafterfahrung ab. Gewalt dient der Positionsbestimmung (vgl. z. B. Laubenthal 2010).

4.5.2 Neutralisierungstechniken

Menschen begehen »Straftaten«, weil sie andere Werte und Normen haben als der Gesetzgeber und die Mehrheitsgesellschaft? Denkbar ist auch, dass sich ihre Normen gar nicht nennenswert unterscheiden, dass Normen nur unterschiedlich angewendet werden.

Sykes und Matza gehen davon aus, dass jugendliche »Straftäter(innen)« allgemeingültige Normen und Gesetze kennen und zumindest teilweise befürworten. Sie sind keinesfalls überrascht, wenn ihr Verhalten als »Straftat« betrachtet und geahndet wird. Vielmehr zeigen Sie Schuld und Scham. Sie bewundern oder respektieren bestimmte gesetzestreue Personen, richten sich durchaus an der konventionellen Ordnung aus. Mithilfe besonderer Techniken, den sogenannten Neutralisierungstechniken, gelingt es den »Täter(inne)n« aber, ihr normverletzendes Verhalten zu rechtfertigen. So können sie, obwohl sie Normen prinzipiell anerkennen und verinnerlicht haben, in konkreten Situationen dagegen verstoßen (Sykes/Matza 1968, vgl. auch Lamnek 2001). Es wird davon ausgegangen, »daß ein großer Teil von Delinquenz auf einer im wesentlich anerkannten Rechtfertigung über abweichendes Verhalten, die vom Delinquenten, aber nicht vom Rechtssystem oder der ganzen Gesellschaft als gültig angesehen werden, beruht« (Sykes/Matza 1968: 365).

Normen sind generell situativ und interpretationsbedürftig. Schläge ins Gesicht einer anderen Person stellen nicht immer eine Körperverletzung dar, sondern können Teil eines sportlichen Wettkampfes, einer sadomasochistischen Sexualpraktik oder ein Fall von Notwehr sein. Junge »Straftäter(innen)« dehnen den Interpretationsspielraum aber über das übliche Maß hinaus aus. Es lassen sich dabei fünf Neutralisierungstechniken unterscheiden, mit deren Hilfe Gewissensbisse vermieden und Vorhaltungen abgewiesen werden können (Dollinger/Raithel 2006):

- Ablehnung der Verantwortung: Hier wird zwar eingeräumt, dass gegen eine Norm verstoßen wurde, aber intendiertes Handeln geleugnet und vielmehr auf einen ungewollten Reflex, einen Unfall, eine im Affekt oder im Zustand von Unzurechnungsfähigkeit begangene Tat verwiesen.
- Verneinung des Unrechts: Mithilfe dieser Technik werden die negativen Auswirkungen des eigenen Tuns in Abrede gestellt: Es ist nichts Schlimmes passiert, kein ernsthafter Schaden entstanden.
- Ablehnung des Opfers: Bestimmte Personen oder Gruppen werden aufgrund ihres Verhaltens oder ihrer Merkmale aus dem Geltungsbereich einer Norm ausgeschlossen. Das Opfer wird für das Geschehen verantwortlich gemacht, ist der eigentliche Übeltäter.
- Verdammung der Verdammenden: Hier wird die Moral und Rechtschaffenheit all jener in Frage gestellt, die das eigene Verhalten moralisch verurteilen oder an der Strafverfolgung beteiligt sind.
- Berufung auf höhere Instanzen: Der eigene Regelverstoß wird gerechtfertigt, weil damit ein positiv besetztes Ziel verfolgt wurde. Er geschah nicht aus Eigennutz, sondern im Interesse anderer (Sykes/Matza 1968, vgl. auch Lamnek 2001).

Eine spezifische Anwendung von Normen ist auch in anderen gesellschaftlichen Gruppen zu finden. So attestiert Frehsee (1991) der Mittelschicht die Neutralisierung und Bagatellisierung von Regelverstößen. Unrichtige Steuererklärungen werden etwa als Akt der Notwehr und als Ausgleich für ein ungerechtes Steuersystem gerechtfertigt. Angesichts beträchtlicher Regelverstöße geht Frehsee von einer Normerosion in der Mitte der Gesellschaft aus: Normen gelten nicht mehr als unbedingte Verpflichtung, sondern es wird autonom, an eigenen Interessen orientiert über sie verfügt. Normen werden nicht mehr kritiklos als Vorgaben akzeptiert, sondern situativ bewertet (vgl. auch Karstedt 1999).

Durchaus plausibel ist die Annahme, dass manche »Straftat« erleichtert wird, wenn Normen flexibel sind und einer Norm in einer konkreten Situation ihre Gültigkeit abgesprochen werden kann (Lamnek 2001, Janssen 1997). Durch die Anwendung von Neutralisierungstechniken reduzieren sich die psychischen Kosten der Tat (Dollinger/Raithel 2006).

Offen bleibt, wie stark gesellschaftliche Normen von »delinquenten« Jugendlichen tatsächlich internalisiert wurden und ob Neutralisierungstechniken eher innerpsychische Vorgänge oder Rechtfertigungsstrategien gegenüber Dritten beschreiben. Nicht explizit wird auch, ob es weitere Neutralisierungstechniken geben kann, welche Technik im Einzelfall weshalb gewählt wird oder welche Rolle kulturelle Erklärungsmuster spielen (Lamnek 2001). Die Theorie gilt als schwer analysierbar und empirisch überprüfbar. Empirisch belegen lässt sich aber, dass »Täter(innen)« im Einzelfall kriminalisierbare Handlungen mittels Neutralisierungstechniken rechtfertigen (Eifler 2002). Neutralisierungstechniken sind in Erzählungen über selbst verübte Straftaten nachzuweisen und auch die kritische Analyse eigener Rechtfertigungen lässt dieses Konzept sehr plausibel erscheinen.

Neutralisierungstechniken bilden die Grundlage für verschiedene Konzepte in der Arbeit mit Straffälligen, in denen es um die Aufarbeitung der Tat geht (vgl. z. B. Höynck 2014). Zur Beseitigung von Neutralisierungstechniken trägt die Konfrontation mit den Tatfolgen, etwa im Rahmen von Täter-Opfer-Ausgleich, bei (vgl. z. B. Rössner 1986). Denkbar sind prinzipiell auch konfrontative Techniken, wie sie etwa im Rahmen von Antigewalttraining praktiziert werden (vgl. z. B. Scherr 2002.).

Neutralisierungstechniken laden auch dazu ein, eigenes Verhalten und eigene Einstellungen zu reflektieren. So dürfte bei der Begründung repressiver Maßnahmen die Techniken der Ablehnung des Opfers oder der Berufung auf höhere Instanzen eine Rolle spielen.

4.6 Kriminalität als erlerntes Verhalten

Eine weitere mögliche Erklärung für das »kriminelle« Verhalten einer Person liefern Lerntheorien. Menschen verhalten sich demnach »kriminell«, weil sie dieses Verhalten erlernt haben. Einbruchsdiebstahl oder Drogenhandel setzt demnach genauso einen Lernprozess voraus wie Fahrradfahren oder Lesen.

Kriminologische Lerntheorien bauen auf allgemeinen psychologische Lerntheorien auf, (vgl. z. B. Lamnek 2001).

Klassisches Konditionieren geht von einer angeborenen Reiz-Reaktionskopplung aus, die durch Lernprozesse auf neue Reize übertragen werden kann. Bekannt sind Pawlows Experimente mit Hunden oder Watsons erfolgreiche Bemühungen, einem Kleinkind Angstreaktionen anzutrainieren (vgl. z. B. Wälte et al. 2011).

Der behavioristischen Theorie des *operanten Konditionierens* zufolge hängt die Wiederholung von Verhalten davon ab, ob es verstärkt oder bestraft wurde. Verhalten wird dann erneut gezeigt, wenn es mit positiven Ergebnissen verbunden war, wird dagegen eher vermieden, wenn es negative Folgen hatte (vgl. z. B. Lamnek 2001).

Die Theorie des *sozialen Lernens* oder *Lernens am Modell* wurde von Bandura geprägt, der in Experimenten das Erlernen von aggressivem und somit sozial unerwünschtem Verhalten untersucht hat. Erlernt wird dieses nicht nur durch das Ausprobieren entsprechender Verhaltensweisen, sondern auch durch Beobachtung. Beobachtetes Verhalten wird insbesondere dann übernommen und in geeigneten Situationen gezeigt, wenn es zu positiven Konsequenzen geführt hat (vgl. z. B. Eifler 2002, Schneider 1977).

> Bereits diese allgemeinen Lerntheorien liefern erste Hinweise auf das Erlernen von abweichendem Verhalten. Erneut »kriminell« verhält sich eine Person dann, wenn frühere Versuche erfolgreich oder mit etwas Angenehmem verbunden waren. »Kriminelles Verhalten« ist auch zu erwarten, wenn ein Verhaltensmuster schon beobachtet wurde, insbesondere wenn das Modell erfolgreich war.

»Kriminalität« ist nach kriminologischen Lerntheorien auf fehlgeleitete Lernprozesse zurückzuführen. Was gelernt wird, hängt von den Verhaltensmustern ab, mit der eine Person in Kontakt kommt. Die *Theorien des differentiellen Lernens* gehen – wie auch die Subkulturtheorien – von einer ausdifferenzierten Gesellschaft aus: Demnach existieren innerhalb der Gesellschaft Gruppen mit unterschiedlichen Werten, Einstellungen und Verhaltensweisen.

Für Lerninhalte ist das soziale Umfeld und nicht die einzelne Person mit ihren Charakteristika entscheidend (Lamnek 2001).

- Die *Theorie der differentiellen Kontakte* oder differentiellen Assoziation von Sutherland geht von der Existenz konkurrierender Situationsdefinitionen,

Normen und Wertvorstellungen in der Gesellschaft aus. Abweichendes Verhalten wird durch den Kontakt mit solchen Normen und Verhaltensmustern erworben. Es wird angenommen, »daß eine Person dann delinquent wird, wenn Gesetzesverletzungen begünstigende Einstellungen gegenüber den Einstellungen, die Gesetzesverletzungen negativ bewerten, überwiegen« (Lamnek 2001: 188). Entscheidend ist dabei die Häufigkeit, Dauer, Priorität und Intensität der Kontakte zu solchen Einstellungen (Sutherland 1968b).

Erlernt werden nicht nur die Techniken zur Ausführung von »Straftaten«, sondern auch Motive, Rationalisierungen und Einstellungen. Entscheidend ist die Interaktion v. a. in intimen persönlichen Gruppen (Sutherland 1968a, vgl. auch Lamnek 2001, Janssen 1997, Dollinger/Raithel 2006). Wurden entsprechende Verhaltensmuster und Einstellungen erlernt, werden sie in geeigneten Situation auch praktiziert (Sutherland 1968a, vgl. auch Lamnek 2001, Janssen 1997, Dollinger/Raithel 2006).

> »Ein Dieb mag von einem Obststand stehlen, wenn der Eigentümer abwesend ist, und dies bei Anwesenheit des Eigentümers unterlassen; ein Einbrecher mag eine Bank überfallen, wenn sie schlecht bewacht ist, dies aber unterlassen, wenn sie durch Wächter und Alarmanlagen gesichert ist« (Sutherland 1968a: 395 f).

Es ist nach Sutherland nicht die Persönlichkeit, sondern das Milieu, das soziale Umfeld, das für das Verhalten einer Person verantwortlich ist.

> »In einem Gebiet mit hoher Delinquenzrate wird ein ungezwungener, geselliger, aktiver und kräftiger Junge sehr wahrscheinlich mit den anderen Jungen in der Nachbarschaft in Kontakt kommen, delinquentes Verhalten von ihnen lernen und ein Gangster werden; in derselben Nachbarschaft wird der psychopathische Junge, der isoliert in sich gekehrt und träge ist, zu Hause bleiben, nicht mit den anderen Jungen in der Nachbarschaft in Kontakt kommen und nicht delinquent werden. In einer anderen Situation wird der gesellige, kräftige und aggressive Junge Mitglied einer Pfadfindergruppe und wird nicht in delinquentes Verhalten verwickelt werden. Die Kontakte einer Person werden determiniert durch den allgemeinen Zusammenhang« (Sutherland 1968a: 398).

- Eine Präzisierung der relevanten Lernprozesse liefert die *Theorie der differentiellen Verstärkung* von Akers und Burgess (1966). Gelernt wird demnach v. a. über operante Konditionierung, also Lernen am Erfolg. »Kriminelles« Verhalten wird wiederholt, wenn es verstärkt wurde, also z. B. mit materiellem Gewinn, Nervenkitzel, Aggressionsabbau oder sozialer Anerkennung verbunden war. Gelernt wird nicht nur in sozialer Interaktion, sondern auch in nicht-sozialen Situationen. Dennoch wird Bezugsgruppen eine große Bedeutung zugewiesen, da diese die Hauptquelle für Verstärkung sind (vgl. z. B. Lamnek 2001, Janssen 1997). Beziehungspersonen fungieren als Verhaltens-Modelle für eigenes Verhalten, belohnen und bestrafen das Verhalten einer Person und stellen Bewertungsmaßstäbe zur Verfügung (Eifler 2002, Schneider 1997).
- Eine weitere Ergänzung stellt *die Theorie der differentiellen Identifikation* dar. Gelernt wird danach von Personen, mit denen sich der Lernende identifiziert. Wer sich mit gesetzestreuen Personen identifiziert, wird deren Verhalten übernehmen und sein Tun aus deren Perspektive heraus hinterfragen.

»Kriminelles« Verhalten droht dagegen bei einer Identifikation mit Personen, die selbst »Straftaten« begehen oder befürworten (Glaser 1956, vgl. z. B. auch Lamnek 2001). »Eine Person verhält sich in dem Ausmaß kriminell, wie sie sich mit tatsächlich lebenden oder vorgestellten Personen identifiziert, aus deren Sichtweise kriminelles Verhalten annehmbar erscheint« (Glaser 1956: 440, zitiert nach Dollinger/Raithel 2006: 49).

> Es handelt sich bei den Theorien des differentiellen Lernens um relativ einfache, ja fast banale Lerntheorien (Pfeiffer/Scheerer 1979), die aber große Akzeptanz erfahren (Schneider 1997).
> Lerntheorien fragen weniger, »warum man kriminell wird«, sondern stellen eher »die Frage nach dem Wie« (Lamnek 2001: 254). Abweichendes Verhalten wird durch bereits existierende abweichende Einstellungen und Verhaltensmuster bei anderen erklärt, »Kriminalität« durch »Kriminalität«. Das erstmalige Auftreten einer bestimmten Verhaltensweise bleibt damit ungeklärt (Lamnek 2001, vgl. auch Pfeiffer/Scheerer 1979). Es wird aber erläutert, unter welchen Voraussetzungen »kriminelle« Rollen übernommen werden können, und dabei die Bedeutung des Milieus und des damit gegebenen Lernumfeldes betont (Pfeiffer/Scheerer 1979).
> Die Entstehung der differentiellen Struktur einer Gesellschaft wird nicht näher erklärt (Pfeiffer/Scheerer 1979). Offen bleibt auch, wie die Kontakte einer Person zustande kommen und welche Kontakte für eine Person attraktiv sind (Lamnek 2001, Eifler 2002, Cohen 1968a, Dollinger/Raithel 2006). Menschen werden als Gefangene ihres Milieus betrachtet (Matza 1973, Pfeiffer/Scheerer 1979). Dem kann die These der Selbstselektion entgegengehalten werden, wonach Freunde gezielt ausgesucht werden. »Delinquente« Freunde wären demnach eher Folge als Ursache von abweichendem Verhalten (Oberwittler 2004, Gottfredson/Hirschi 1990). Möglicherweise spielen beide Zusammenhänge eine Rolle: Menschen mit »Delinquenzneigung« suchen sich entsprechende Gruppen, in Gruppen findet aber auch eine entsprechende Sozialisation hin zu „Delinquenz" statt (Dollinger/Raithel 2006).
> Zu wenig beachtet wird auch die Interaktion zwischen dem Individuum und seinem Umfeld (Dollinger/Raithel 2006). Matza (1973) kritisiert die Annahme, dass Individuen automatisch ihr Verhalten anpassen, als Prinzip der »Ansteckung«. Menschen »bekommen« aber nicht »Abweichung«, wenn sie nur lange genug bestimmten Einwirkungen ausgesetzt sind. Ein Subjekt muss für eine solche »Infektion« auch anfällig sein (Matza 1973: 109 f).
> Nicht berücksichtigt wird auch die komplexe Rolle anderer für Selbstbild und Handeln. Die Theorie der differentiellen Identifikation beinhaltet aber immerhin die Idee einer Interaktion mit sich selbst zur Rationalisierung von Entscheidungen (Dollinger/Raithel 2006).
> Unklar bleibt, ob es individuelle Unterschiede in der Bedürfnisstruktur oder der Lernfähigkeit gibt (Lamnek 2001, 2008, vgl. auch Krämer 1992). Verwiesen wird stattdessen auf ganz normale Lernprozesse (Pfeiffer/Scheerer 1979). Die Bedeutung biographischer Erfahrungen und subjektiver Bewer-

tungen aktueller Umstände kann nach Dollinger/Raithel (2006) aber durchaus integriert werden.

Die Theorie der differentiellen Kontakte allein liefert keine hinreichende Erklärung für abweichendes Verhalten (Dollinger/Raithel 2006), da sie Lernprozesse nicht weiter präzisiert. Die ergänzenden Ansätze erweitern die Erklärungskraft. Während die Theorie von Sutherland noch auf das Lernen in persönlichen Beziehungen abhebt, berücksichtigen spätere Theorien auch andere Vorbilder oder das Lernen in nicht-sozialen Situationen (Dollinger/Raithel 2006). Damit können auch Medien und neue soziale Netzwerke berücksichtigt werden (vgl. Ostendorf 2010e).

Die Theorie der differentiellen Verstärkung erklärt Verhalten recht banal: Belohnung führt zur Wiederholung einer Handlung, Bestrafung zur Vermeidung. Damit ist aber nicht erklärt, warum auch bei einer erfolgreichen Tat z. B. nicht Raub auf Raub folgt. Keine Erklärung wird auch für multideliktisches Verhalten geliefert: »Täter(innen)« praktizieren unterschiedliche Deliktformen und probieren also auch neue aus (Lamnek 2008).

Zu wenig ausgeführt wird die Wirkung von Verstärkern und Sanktionen. Während die Lernpsychologie präzise zwischen positiver und negativer Verstärkung und zwischen zwei Typen von Bestrafung unterscheidet (vgl. z. B. Roth 2001), ist der Sprachgebrauch im Kontext kriminologischer Lerntheorien ungenau. Immerhin wird zwischen materiellen und sozialen Verstärkern unterschieden. Strittig ist, welcher Verstärkertyp besonders wirksam ist (vgl. z. B. Lamnek 2001, Fishbein 1998). Gottfredson und Hirschi (1990) kritisieren außerdem, dass sich Lerntheorien zu stark auf positive Sanktionen konzentrieren (vgl. auch Lamnek 2008).

Die Erklärungskraft der Lerntheorien ist bei bestimmten Tätergruppen und Deliktformen gering, etwa bei Verhaltensmustern, die allgemein abgelehnt werden, bei denen keine freie Entscheidung unterstellt werden kann oder die von isolierten »Täter(inne)n« begangen werden (vgl. z. B. Lamnek 2001). Lerntheorien sind aber durchaus geeignet, die Aneignung von Verhaltensweisen zu erklären, deren äußere Abläufe zum normalen menschlichen Verhaltensrepertoire gehören: So setzen viele Formen von körperlicher Gewalt kein Erlernen von Techniken voraus, wohl aber der entsprechenden Einstellungen und Bewertungen (vgl. z. B. Sutterlüty 2002).

Kriminologische Lerntheorien, insbesondere die Theorie der differentiellen Kontakte, werden durch zahlreiche empirische Studien gestützt (vgl. z. B. Eifler 2002, Schneider 1997). Zentrale Konzepte, wie das Überwiegen von bestimmten Definitionen, sind dabei aber nur schwer zu operationalisieren, einige Studien daher ungenau (Lamnek 2001, Pfeiffer/Scheerer 1979). Eindeutig belegt sind der Einfluss abweichender Freunde auf das Verhalten einer Person (vgl. z. B. Lamnek 2001, Warr 2002) und ein Zusammenhang zwischen Gewalterfahrungen in der Kindheit und späterer eigener Anwendung von Gewalt (vgl. z. B. Haas 2014).

Lerntheorien betonen die Bedeutung von Sozialisation und Erziehung (Lamnek 2001). Damit liegt ein Bezug zur Sozialen Arbeit und insbesondere zur Kinder- und Jugendhilfe auf der Hand. Nicht umsonst verweist § 1 SGB VIII auf das Recht junger Menschen »auf Erziehung zu einer eigenverantwortlich und gemeinschaftsfähigen Persönlichkeit« und die Aufgabe, Erziehungsberechtigte »bei der Erziehung [zu] beraten und [zu] unterstützen«.

Die Bedeutung von Lerntheorien ist in der Sozialen Arbeit anerkannt. Als besonders wichtig gilt das Lernen am Modell (Höynck 2014).

Lerntheorien bringen das jeweilige Lernumfeld in den Blick und legen daher eine Lebensweltorientierung aller Maßnahmen nahe (Janssen 1997). Sinnvoll erscheint die Gestaltung ökologischer Rahmenbedingungen, so dass das Erlernen konformen Verhaltens begünstigt wird (Dollinger/Raithel 2006).

Für das Erlernen abweichenden Verhaltens bei Jugendlichen spielt die Peer-Gruppe eine entscheidende Rolle. Ihr Einfluss ist zu berücksichtigen, wenn positive Lernprozesse angestoßen werden sollen (vgl. z. B. Höynck 2014). Durch sozialpädagogische Maßnahmen können Gruppenprozesse beeinflusst und ungünstige Entwicklungen verhindert werden (Dollinger/Raithel 2006). Möglichkeiten zur Identifizierung mit nichtkriminellen Personen und Gruppen machen konformes Verhalten wahrscheinlicher (Lamnek 2001).

Was gelernt wurde, kann auch wieder verlernt werden. Aufgabe der Sozialen Arbeit wäre es dann, Alternativen zu problematischen Verhaltensmustern zu vermitteln und zu verstärken. Insbesondere durch die Belohnung konformer Aktivitäten und Verhaltensmuster sind also positive Verhaltensänderungen zu erzielen (vgl. z. B. Cohen 1968a, Albee 1987).

Dabei ist es wichtig, die subjektive Sicht der »Täter(innen)« zu erfassen, die Attraktivität des abweichenden Verhaltens für sie nachzuvollziehen. Ähnliches Verhalten kann sehr unterschiedlich motiviert sein. Nur bei Erfassung des subjektiv gemeinten Sinns können erfolgversprechende Lernprozesse initiiert werden.

Aus Lerntheorien lässt sich durchaus eine verhaltensbeeinflussende Wirkung von Strafen ableiten. Nach der Theorie der differentiellen Verstärkung müsste ausbleibende Bestrafung die Wahrscheinlichkeit der Wiederholung von Verhalten erhöhen (Eifler 2002). Lamnek (2008) hält Interventionsverzicht daher aus lerntheoretischer Sicht für problematisch.

Wichtig ist aber die subjektiv wahrgenommene Sanktionswahrscheinlichkeit und -höhe, die wenig mit der tatsächlichen Sanktionspraxis zu tun haben kann (Lamnek 2001). Lerntheorien rechtfertigen also nicht automatisch harte Sanktionen. Vielmehr könnten harte Strafen auch zu einem ungewollten Lernprozess führen und vermitteln, dass Härte und Gewalt angemessene Reaktionen auf Verhalten anderer darstellen und der Stärkere seinen Willen auch gegen Widerstände durchsetzen kann. Außerdem ist zu berücksichtigen, dass Bestrafung ein Verhaltensmuster nicht auslöscht, sondern nur (vorübergehend) unterdrückt (Neumann/Schroth 1980, Sessar 1993, Roth

2001). Sessar (1993) assoziiert mit Bestrafung eine Nähe zu Dressur und dem Einschleifen von Verhaltensweisen. Strafe führt nur zur Vermeidung bestimmter Verhaltensmuster, Internalisierung von Normen sei dagegen nur im Diskurs möglich.

Noch kritischer zu betrachten sind formelle strafrechtliche Sanktionen. Nach der Theorie der differentiellen Verstärkung sind Reaktionen von Bezugspersonen am einflussreichsten. Missbilligende informelle Reaktionen im sozialen Nahfeld reichen also aus (Janssen 1997).

Grundsätzlich kann Strafvollzug als Strafe die Wiederholung »krimineller« Handlungen weniger wahrscheinlich machen. Gleichzeitig legen die Theorien des differentiellen Lernens aber auch nahe, das Lernmilieu im Strafvollzug kritisch zu betrachten. Nicht umsonst ist oft von der »Schule des Verbrechens« die Rede, in der neben neuen Techniken auch abweichende Einstellungen erlernt werden können (vgl. z. B. Nutz 2001, Schauz 2008, vgl. auch Erikson 1978). Das Gefängnis ist »dazu geeignet, Menschen ein Übel zuzufügen oder sie ›aus dem Verkehr zu ziehen‹, aber der denkbar schlechteste Ort zur Einübung konformen Verhaltens« (Voß 1988: 162). Die strukturelle Gewalt des Gefängnisses kann nicht vermitteln, dass Gewalt kein angemessenes Mittel zur Lösung von Konflikten ist (vgl. z. B. Peters 1989). Im subkulturellen Kontext kann Strafvollzug als positiver Verstärker wirken und den Status einer Person anheben. Nur bei einer Identifikation mit den Bediensteten und nicht mit anderen Insassen sind positive Lernprozesse denkbar (Janssen 1997, Lamnek 2001).

Bei wiederholtem Kontakt mit den Instanzen der Strafverfolgung wie auch Vertreter(inne)n der Sozialen Arbeit ist damit zu rechnen, dass erlernt wird, welches Verhalten als sozial erwünscht gilt und Strafverfahren sowie Strafvollstreckung positiv beeinflusst. So lernen »Kriminalisierte«, sich strategisch zu verhalten und etwa Veränderungen vorzutäuschen (vgl. z. B. Voß 1988, Becka 2016).

Lerntheorien legen auch nahe, ambulante Alternativen zum Strafvollzug zu hinterfragen, die sich der Gruppenarbeit bedienen. Soziale Trainingskurse und Antigewalttraining können der Vermittlung positiver Verhaltensmuster dienen. Straffällige kommen hier aber auch zwingend mit anderen Personen in Kontakt, die ähnlich problematische Verhaltensmuster zeigen (vgl. z. B. Janssen 1997).

4.7 Kriminalität aufgrund fehlender Kontrolle und Bindungen

4.7.1 Kontroll- und Bindungstheorien

Alle bisher diskutierten Theorien beschäftigen sich mit der Frage, warum Menschen »Straftaten« begehen. Die Fragestellung kann aber auch umgekehrt formuliert werden. Warum begehen manche Menschen bestimmte »Straftaten« nicht, obwohl damit doch ein erkennbarer Vorteil verbunden wäre? Erklärungsbedürftig ist dann nicht »Kriminalität«, sondern Konformität (Hirschi 1969, Janssen 1997).

Kontroll- und Bindungstheorien führen den Verzicht auf »Straftaten« auf äußere und innere Faktoren zurück. Eine Rolle spielen zum einen soziale Kontrolle, Interaktionen und Beziehungen zu anderen, diverse Bindungen des Einzelnen an die Gesellschaft. Wichtig sind aber auch innerpsychische Vorgänge, die Selbstbindung an verinnerlichte Normen (vgl. z. B. Lamnek 2001, Eifler 2002, Schneider 1997).

Die *Containment- oder Halttheorie* führt die Motivation zur Begehung einer »Tat« auf Druck- und Zugfaktoren zurück. Druckfaktoren, z. B. Chancenlosigkeit, Impulsivität oder Unzufriedenheit, erschweren konformes Verhalten. Zugfaktoren lassen »Kriminalität« attraktiv erscheinen. Hier kommen etwa positive Medienberichte, erfolgreiche »delinquente« Freunde oder auch schneller materieller Gewinn ins Spiel. Eine so entstandene Motivation wird nur dann nicht umgesetzt, wenn Eindämmungsfaktoren, bezeichnet als »Containment« oder »Halt«, dies verhindern (Lamnek 2001, Eifler 2002). Zu unterscheiden sind dabei innerer und äußerer Halt. Mit äußerem Halt ist die soziale Kontrolle durch die Gesellschaft und insbesondere durch zentrale Bezugspersonen gemeint. Positiv wirken sich dabei klare Verhaltenserwartungen, sinnvolle Rollen, sozialer Status, Anerkennung, Zuwendung und emotionale Beziehungen aus. Innerer Halt bezieht sich auf Selbstkontrolle bzw. die Fähigkeit, Verführungen zu widerstehen. Hier wird von einer günstigen Wirkung eines starken Ichs, eines positiven Selbstbildes, hoher Frustrationstoleranz, eines realistischen Aspirationsniveaus und einer positiven Einstellung zu sozialen Normen ausgegangen. Eine Person verhält sich »kriminell«, wenn sie zu wenig äußeren Halt erfährt und auch keinen inneren Halt besitzt (Lamnek 2001, Janssen 1997).

International große Bedeutung kommt der *Theorie der sozialen Bindungen* von Hirschi zu (vgl. z. B. Eifler 2002). Diese geht davon aus, dass zwischen dem Individuum und der Gesellschaft normalerweise eine starke Verbindung besteht, welche von strafbaren Handlungen abhält (Hirschi 1989, vgl. auch Janssen 1997, Schneider 1997). Dabei lassen sich vier Ausprägungen sozialer Bindungen unterscheiden:

- Mit *Attachment* ist die emotionale Bindung zu Bezugspersonen gemeint. Hier spielen bei Jugendlichen insbesondere die Eltern, aber auch Schule und

4.7 Kriminalität aufgrund fehlender Kontrolle und Bindungen

Peergroup eine Rolle. Aufgrund der Bindung zu konformen Personen fühlt sich der/die Einzelne zu konformem Verhalten verpflichtet. Menschen verhalten sich konform, um die Erwartungen von Bezugspersonen nicht zu enttäuschen (Janssen 1997). Je sensibler eine Person für die Einstellungen konformer Anderer ist, desto stärker wird sie von abweichendem Verhalten abgehalten. Diese emotionale Bindung stellt die wichtigste und grundlegendste Bindungsform dar (Eifler 2002).

- *Commitment* bezeichnet eine rationale Bindung an konventionelle Ziele und Zukunftspläne. Wer bereits etwas erreicht und somit etwas zu verlieren hat, etwa eine Arbeitsstelle, berücksichtigt dies in seinen Entscheidungen. Wer langfristige Ziele verfolgt, verzichtet diesen zuliebe auf kurzfristige Vorteile (Hirschi 1979, vgl. auch Janssen 1997, Eifler 2002).
- Mit *Involvement* ist die Einbindung in konventionelle Aktivitäten gemeint. Wer beruflich eingebunden ist und seine Freiheit in klar strukturierten Bezügen verbringt, hat demnach weder Zeit noch Gelegenheit, sich abweichend zu verhalten (Hirschi 1979, Janssen 1997).
- *Belief* bezieht sich auf den Glauben an konventionelle Werte und an die Verbindlichkeit von Normen, den Respekt gegenüber den Regeln der Gesellschaft. Stimmen die eigenen Vorstellungen von gut und böse oder richtig und falsch mit dem konventionellen Normensystem überein, ist abweichendes Verhalten nicht zu erwarten (Hirschi, 1979, Janssen 1997, Eifler 2002).

»Kriminell« verhält sich eine Person nur dann, wenn ihre sozialen Bindungen schwach ausgeprägt sind (Janssen 1997). In diesem Fall orientiert sie sich nur noch an eigenen Interessen (Hirschi 1979).

Die als *Theorie der geringen Selbstkontrolle* bekannt gewordene Theorie von Gottfredson und Hirschi trägt den offiziellen Titel »General Theory of Crime« (Gottfredson/Hirschi 1990). Sie erhebt den Anspruch, alle Formen von »Kriminalität« zu erklären (Hirschi 1989, vgl. auch Schneider 1997, Lamnek 2008). »Kriminalität« zeichnet sich demnach generell durch sofortige und leichte Belohnung, geringen Langzeitnutzen, geringe kognitive Anstrengungen und geringen manuellen Aufwand sowie die Übereinstimmung mit milieutypischen Männlichkeitsvorstellungen aus (Hirschi 1989). Sie ist mit Schmerz und Unbehagen für das Opfer verbunden, beinhaltet aber auch das Risiko des Schmerzes für den/die »Täter(in)«, wobei das Bestrafungsrisiko für diesen subjektiv gering ist (Hirschi 1989, vgl. auch Eifler 2002).

Hirschi und Gottfredson gehen davon aus, dass »Straftäter(innen)« Kosten und Nutzen abwägen und ihren eigenen Vorteil suchen (Karstedt/Greve 1996). Menschen mit »kriminellen« Neigungen treffen dabei aber spezifische Entscheidungen. Diese sind auf eine geringe Selbstkontrolle zurückzuführen: die mangelhafte Fähigkeit, Langzeitfolgen einzuplanen (Eifler 2002, Karstedt/Greve 1996).

»Nimmt man die Tat zum Ausgangspunkt, so werden Täter durch die Tendenz charakterisiert werden können, kurzfristige Befriedigung ohne Rücksicht auf langfristige Konsequenzen zu suchen. Charakteristisch ist für sie eine ungenügende Selbstkontrolle, die wir als zentrales Element dessen verstehen wollen, was positivistische Theorien als Kriminalität zu bezeichnen pflegen« (Hirschi 1989: 418).

»Straftäter(innen)« werden als impulsiv und gefühlsarm beschrieben, als eher physisch als geistig orientiert, seien wenig verlässlich und sorgfältig, dafür risikofreudig und abenteuerlustig, seien auf schnelle Bedürfnisbefriedigung aus und hätten eine geringe Frustrationstoleranz (Gottfredson/Hirschi 1990, vgl. auch Lamnek 2008, Eifler 2002, Schneider 1997, Dollinger/Raithel 2006). Bei Menschen mit ausgeprägter Selbstkontrolle ist dagegen die Wahrscheinlichkeit von Straftaten vergleichsweise gering (Gottfredson/Hirschi 1990).

Der Theorie zufolge ist Selbstkontrolle zum einen auf Veranlagung zurückzuführen. Entscheidender ist aber der Einfluss von Erziehung. Damit sich Selbstkontrolle in der frühen Kindheit entwickeln kann, muss kindliches Verhalten beaufsichtigt, Fehlverhalten erkannt und darauf angemessen reagiert werden (Gottfredson/Hirschi 1990, vgl. auch Eifler 2002, Dollinger/Raithel 2006). Später wird das so erreichte Maß an Selbstkontrolle zu einem stabilen Bestandteil der Persönlichkeit (Lamnek 2008, Vila 1998). Treffen Personen mit niedriger Selbstkontrolle auf günstige Gelegenheiten, sind »Straftaten« zu erwarten (Evans et al 1997, Dollinger/Raithel 2006).

»Kriminalität« ist damit nicht sozial verursacht, sondern auf Persönlichkeitsmerkmale zurückzuführen (Evans et al. 1997). Niedrige Selbstkontrolle führt nicht nur zu Straftaten, sondern auch zu ähnlichen Verhaltensweisen, etwa riskantem oder gegen allgemeine Konventionen verstoßendem Verhalten (Lamnek 2008, Evans et al. 1997).

Sampson und Laub legen ihr Augenmerk auf *informelle Kontrolle* und deren *Veränderungen im Lebenslauf* (Schneider 1997). Ihre Theorie wird als »Age Graded Theory of Informal Control« bezeichnet (Sampson/Laub 1993). Die Autoren gehen davon aus, dass Beziehungen, sofern sie mit großem Zusammenhalt und Vertrauen verbunden sind, soziales Kapitel beinhalten. Sie stellen Ressourcen zur Bewältigung kritischer Ereignisse dar, erleichtern die Verwirklichung von Zielen und bieten Informationspotential. Gleichzeitig schränken sie auch Handlungsoptionen ein, da sie mit wechselseitigen Verpflichtungen verbunden sind und bei Verletzung von Erwartungen Schaden nehmen können. Beziehungen sind daher mit sozialer Kontrolle verbunden und können »Kriminalität« verhindern. Je mehr soziales Kapital eine Person besitzt, je stärker ihre Beziehungen zu anderen sind, desto unwahrscheinlicher wird »Kriminalität« (Laub/Sampson 2003, vgl. auch Schneider 1997).

Die Theorie erhebt den Anspruch, sowohl die Entstehung von »Delinquenz« in der Kindheit als auch die Kontinuität bis ins Erwachsenenalter hinein sowie Veränderungen im Lebenslauf zu erklären.

- »Delinquentes« Verhalten entsteht in der Kindheit aufgrund von Persönlichkeitsmerkmalen und elterlichem Erziehungsverhalten (Laub/Sampson 2003, Vila 1998).
- Aufgrund von interaktiver und kumulativer Kontinuität kann frühe »Delinquenz« in »Erwachsenenkriminalität« münden. Mit interaktiver Kontinuität ist gemeint, dass Menschen weiterhin »Straftaten« begehen, weil frühere Beziehungen ihre aktuellen beeinflussen, weil strafbares Verhalten zu ablehnenden Reaktionen führt. Eine Rolle spielt auch, dass gesellschaftliche Reaktio-

nen auf Straffälligkeit (konforme) Handlungsmöglichkeiten beschränken, was als kumulative Kontinuität bezeichnet wird (Laub/Sampson 2003).
- Statuspassagen, etwa der Einstieg ins Berufsleben oder die Gründung einer Familie, können dagegen zum Abbruch einer »kriminellen« Karriere führen. Verändern sich im Lebenslauf Rollenerwartungen, Gelegenheitsstrukturen, soziale Einbindung und informelle soziale Kontrolle, hat das Auswirkungen auf konformes und »kriminelles« Verhalten. Derartige Übergänge haben das Potential zur Neuausrichtung, können Wendepunkte (Turning points) darstellen (Sampson/Laub 1993, Laub/Sampson 2003, vgl. auch Vila 1998, Schneider 1997).

Kontrolltheorien dominieren inzwischen die Betrachtung von abweichendem Verhalten (vgl. z. B. Garland 2008.). An die Stelle des Bildes eines »Delinquenten«, dessen Verhalten sozial verursacht ist, hat sich das des »Kriminellen« als eines Menschen durchgesetzt, der wegen fehlender Kontrolle gefährlich geworden ist (vgl. z. B. Cremer-Schäfer 2004). Die Kontrolltheorien gehen davon aus, dass Menschen zu ausgesprochen egoistischem und antisozialem Verhalten neigen und nur durch intensive Kontrollen davon abgehalten werden können (Garland 2016).

Die Containmenttheorie erklärt sowohl die Motivation zur Begehung von »Straftaten« als auch die Bedingungen der Umsetzung der Motivation. Kritisch anzumerken ist, dass ähnliche Aspekte der Persönlichkeit sowohl als individuelle Druckfaktoren als auch als Indiz für fehlenden inneren Halt betrachtet werden können. Auch ist die Annahme, dass in modernen Gesellschaften generell zu wenig äußerer Halt besteht, zu pauschal. Reckless entwickelte zur Überprüfung seiner Theorie ein skaliertes Messinstrument, das in den USA starke Verbreitung fand und zu Prognosezwecken genutzt wurde (Sack 2002).

Die populäre Theorie der sozialen Bindungen hat in den Theoriediskussionen der letzten Jahre eine große Rolle gespielt (vgl. z. B. schon Schneider 1997, Krämer 1992). Sie entspricht dem Alltagsverständnis von »Kriminalität« und ist insofern auf den ersten Blick ausgesprochen plausibel (vgl. z. B. Krämer 1992). Erklärt wird allerdings nicht, wie Bindungen entstehen (Krämer 1992, Schneider 1997). Auch wird kritisiert, dass Bindungen als dichotomes Merkmal betrachtet werden: Man hat sie oder eben nicht (Schneider 1997). Übersehen wird, dass nicht die Stärke der Beziehung zu Bezugspersonen ausschlaggebend ist, sondern deren Einstellungen, Wertorientierungen und Verhalten entscheidend sind (vgl. z. B. Krämer 1992). Enge Beziehungen zu Personen mit abweichendem Verhalten schützen nicht vor eigenen Regelverstößen. Kritisiert wird die Aufteilung in vier Bindungsarten: So wird etwa eine Verknüpfung von Commitment und Involvement empfohlen, eine Untergliederung nach Sozialisationsinstanzen oder die Einbeziehung von Massenmedien (Krämer 1992). Positiv gewürdigt wird dagegen die Anwendbarkeit der Theorie auf vielfältige Phänomene und unterschiedliche soziale

Schichten. Auch ist eine Anknüpfung an andere Theorien möglich (Krämer 1992).

Die Theorie wurde ausgiebig empirisch untersucht und dabei die Relevanz der vier Bindungsarten grundsätzlich bestätigt (Schneider 1997). Insbesondere der Zusammenhang zwischen leichter »Kriminalität« und fehlenden sozialen Bindungen ist gut belegt (z. B. Eifler 2002). Bei Jugendlichen ist die Relevanz der Bindung zu den Eltern empirisch nachgewiesen (vgl. z. B. Krämer 1992). Es existieren aber auch abweichende Einzelbefunde (Schneider 1997). So deuten Erkenntnisse einer deutschen Paneluntersuchung darauf hin, dass Zukunftsperspektiven und Tagesstruktur nicht generell kriminalpräventiv wirken (vgl. z. B. Matt 1995).

Die Theorie der Selbstkontrolle erklärt auf den ersten Blick plausibel die klassische »Jugendkriminalität« (Höynck 2014). Sie entspricht populären Vorstellungen von schlecht erzogenen, undisziplinierten und spontanen jugendlichen »Straftäter(inne)n« (Höynck 2014, Lamnek 2008). Angenommen wird, dass »Täter(innen)« mit »kriminellen« Neigungen nicht durch soziale Motive, sondern nur durch externe Kontrollstrukturen von Handlungen abgehalten werden können. »Kriminelle« werden als unsoziale psychopathische »Karriereverbrecher« dargestellt. Menschen mit hoher Selbstkontrolle können dagegen von sich aus Anforderungen entsprechen (Lamnek 2008). Im Gegensatz zu den klassischen und neoklassischen Ansätzen wird zwar von rationalen Entscheidungen und der Empfänglichkeit für äußere Einflüsse und Sanktionen ausgegangen, aber auch von grundlegenden Unterschieden im Rationalitätsstil und Entscheidungsverhalten von »Täter(inne)n« und konformen Personen (Karstedt/Greve 1996, Lamnek 2008).

Der Theorie der geringen Selbstkontrolle wird zurecht Tautologie vorgeworfen: Aus Merkmalen »krimineller« Handlungen wird auf solche von Menschen mit »kriminellen« Neigungen geschlossen, diese Neigungen dann zur Erklärung »krimineller« Handlungen herangezogen (Eifler 2002, Evans et al. 1997).

Kritisiert wird, dass die Theorie Konzepte älterer Theorien aufgreift und keine fundamental neue Erklärung liefert (Schneider 1997, Lamnek 2008). Moniert wird auch die Verwendung schwammiger Begriffe (Höynck 2014). So wird das zentrale Konzept der Selbstkontrolle nicht klar definiert, sondern nur beschrieben (Dollinger/Raithel 2006, Lamnek 2008). Schneider (1997) fordert daher Erweiterungen und Präzisierungen ein. Relativ unterbelichtet bleibt die Rolle von Tatgelegenheiten (Eifler 2002, Dollinger/Raithel 2006). Nicht ausreichend begründet werde, warum Selbstkontrolle als Persönlichkeitsmerkmal oder Verhaltensneigung betrachtet wird, die ab einem gewissen Alter wenig oder gar nicht mehr veränderlich ist (Höynck 2014). Auch bleibt unklar, warum nur konsequente Bestrafung in der Kindheit zu angemessener Selbstkontrolle führen soll (Lamnek 2008).

Zur Erklärung von Straftaten, die mit längerer Planung und komplexeren Abläufen verbunden sind, ist die Theorie wenig geeignet (Dollinger/Raithel 2006, Schneider 1997). Somit ist der Erklärungsanspruch als allgemeine

Theorie deutlich überzogen (Dollinger/Raithel 2006). Die Autoren selbst versuchen mit Hilfe der Theorie, empirisch gut belegte Zusammenhänge zwischen »Kriminalität« und Geschlecht, Alter oder auch ethnischer Herkunft zu erklären (vgl. z. B. Hirschi 1989, Lamnek 2008, Vila 1998). Das Ergebnis überzeugt nicht (Lamnek 2008).[11] Nicht plausibel erscheint auch, dass alle sozialen Faktoren, die bei Straffälligen festgestellt wurden, auf geringe Selbstkontrolle zurückzuführen seien (Evans et al. 1997).

Die Theorie ist stark an einem traditionellen gesellschaftlichen Normalentwurf orientiert (Lamnek 2008). So wird behauptet, dass Kinder von berufstätigen oder alleinerziehenden Mütter eine geringere Selbstkontrolle entwickeln (Lamnek 2008). Es besteht damit auch die Gefahr, dass Eltern und andere Sozialisationseinrichtungen für fehlende Selbstkontrolle und lebenslange »Kriminalität« verantwortlich gemacht werden (Dollinger/Raithel 2006).

Zum Grad der empirischen Bestätigung werden widersprüchliche Aussagen gemacht (vgl. Evans et al. 1995 vs. Eifler 2002, Höynck 2014, Dollinger/Raithel 2006). Das Konzept der Selbstkontrolle gilt als leicht zu testen, aber als zu eindimensionales Konstrukt, um wirklich »kriminelle« Gefährdung zu erfassen (Lamnek 2008).

Der Theorie von Sampson und Laub lässt sich vorhalten, dass sie sich auf Daten aus frühen Untersuchungen des Ehepaares Glueck stützt und daher nur die damals erhobenen Faktoren in ihre Theorie einbeziehen konnte (vgl. z. B. Schneider 1997, vgl. zur Datenquelle Feltes/Fischer 2014). Die Integration unterschiedlicher Konzepte zu einem Gesamtmodell ist durchaus gelungen.

Kontrolltheorien im Allgemeinen wurden häufig empirisch untersucht und auch bestätigt (Eifler 2002).

Die Lösung für das Problem abweichenden Verhaltens ist aus Sicht der Kontrolltheorien sehr einfach: mehr Kontrolle. Damit sind sowohl soziale Kontrolle als auch situative Kontrollmaßnahmen und mehr Selbstkontrolle gemeint (Garland 2016).

Kontrolltheorien eröffnen der Sozialen Arbeit ein weites Feld von Handlungsmöglichkeiten. Nicht formelle Kontrolle durch Polizei und Justiz steht im Mittelpunkt, sondern informelle Kontrolle im sozialen Nahbereich. Eine besondere Bedeutung kommt der Integration (potentieller) »Straftäter(innen)« zu. Daher sind ambulante Sanktionen stationären vorzuziehen und integrative Maßnahmen strafrechtlichen Reaktionen (Janssen 1997).

---

11 So wird die Altersverteilung auf eine biologische Konstante zurückgeführt, die Geschlechtsverteilung auf eine grundsätzlich höhere Selbstkontrolle bei Frauen und geschlechtsspezifische Erziehungseinflüsse, Unterschiede zwischen Ethnien ausschließlich auf unterschiedliche Erziehungsstile (Hirschi 1989, Vila 1998, Mischkowitz 1995, Lamnek 2008).

Kritisch ist anzumerken, dass Soziale Arbeit im Kontext der Kontrolltheorien eine systemstützende und - stabilisierende Funktion zukommt. Straffällige sollen dazu gebracht werden, sich der sozialen Ordnung anzupassen. Auch zielt die Intervention primär auf die Person der »Täter(innen)« ab, vom Umfeld wird keine Veränderung erwartet (vgl. Janssen 1997).

Aus den einzelnen Theorien sind unterschiedliche Schwerpunkte abzuleiten.

Die Containmenttheorie erlaubt verschiedene Ansatzpunkte. Dass eine Straftat attraktiver erscheint als ihre normkonformen Alternativen ist durch die Schaffung attraktiver Alternativen beeinflussbar. Erfolgversprechend erscheint auch, den äußeren und inneren Halt einer Person zu vergrößern. Wichtig sind hier Bezugspersonen, die klare Verhaltenserwartungen vermitteln, aber auch Anerkennung und emotionale Zuwendung. Unter derartigen Bedingungen ist auch mit der Entstehung von innerem Halt zu rechnen.

Auch die Theorie der sozialen Bindung ist anwendungsfreundlich. Soziale Bindungen sind zu fördern (Potentielle) »Straftäter(innen)« könnten in konventionelle Aktivitäten eingebunden werden, wie Schule oder Arbeit und strukturierte Freizeitaktivitäten. Zusammen mit ihnen sollten realistische Perspektiven für eine erstrebenswerte Zukunft entwickelt werden. Soziale Beziehungen zu konformen Personen sind zu fördern, da sie gegen »kriminelle« Versuchungen immunisieren (Janssen 1997). Die Vermittlung von Werten und Normen und das Hinarbeiten auf Einstellungsveränderungen stellen einen weiteren Ansatzpunkt dar (Höynck 2014). Derartige Veränderungen sind aber wohl nur bei Aufbau einer vertrauensvollen Beziehung erreichbar.

Da die Entstehung von Selbstkontrolle von einer konsequenten Erziehung abhängt, erscheinen Maßnahmen zur Unterstützung der elterlichen Erziehung sinnvoll: Wichtig ist Disziplin, verwiesen wird aber auch auf die Bedeutung emotionaler Wärme (Dollinger/Raithel 2006, Lamnek 2008). Auch Schulsozialarbeit in frühen Klassen könnte hier eine angemessene Erziehung unterstützen (vgl. z. B. Dollinger/Raithel 2006). Prävention muss früh einsetzen, um noch eine Wirkung erzielen zu können (Lamnek 2008).

Für das weitere Leben ergibt sich aus der Theorie der Selbstkontrolle wenig Handlungsspielraum für die Soziale Arbeit (Lamnek 2008). Selbstkontrolle ist der Theorie zufolge bei Jugendlichen oder Erwachsenen nicht mehr beeinflussbar. Allenfalls an der weiteren Voraussetzung für Straftaten, dem Vorliegen günstiger Gelegenheiten, kann angesetzt werden. Hier könnten diese »Täter(innen)« durch massive Kontrollen von Straftaten abgehalten werden (vgl. z. B. Dollinger/Raithel 2006, Karstedt/Greve 1996).

Besser mit Sozialer Arbeit zu vereinbaren ist die Theorie von Sampson und Laub. Konsequente Erziehung verhindert auch hier die Entstehung früher »Kriminalität«. Ist »Kriminalität« bereits aufgetreten, gilt es deren Kontinuität und Verfestigung entgegenzuwirken. So sind Reaktionen zu vermeiden, die den Handlungsspielraum einschränken. Darüber hinaus ist möglichst zu verhindern, dass Informationen über Fehlverhalten bekannt werden und weitere Beziehungen prägen. Generell sind intensive soziale Beziehungen zu fördern, da sie mit sozialem Kapital und informeller Kontrolle einhergehen (Vila 1998). Veränderungen, die sich auch auf soziale Beziehungen auswirken und damit das Potential zur Neuausrichtung haben, wären zu unterstützen. Dann besteht die berechtigte Hoffnung, dass eine »kriminelle« Karriere beendet wird.

Grundsätzlich erscheinen aus der Sicht der Kontrolltheorien alle Maßnahmen sinnvoll, welche mehr Teilhabe am gesellschaftlichen Leben versprechen (Höynck 2014).

4.7.2 Ökologische Ansätze

Der Begriff der sozialen Kontrolle spielt auch in ökologischen Ansätzen eine Rolle, in denen Auswirkungen der Umwelt auf menschliches Verhalten untersucht werden (vgl. z. B. Lamnek 2001).

Schon früh wurde festgestellt, dass »Kriminalität« regional unterschiedlich verteilt ist, und nach Erklärungen dafür gesucht. Einige Stadtviertel in den USA erwiesen sich geradezu als »Brutstätten von Delinquenz« (Lamnek 2008: 2017, vgl. auch Schwind 1995). Auch Tatorte sind nicht gleichmäßig verteilt (Lamnek 2001, Schwind 1995).

Untersuchungen der sogenannten Chicago School führten zur Erkenntnis, dass der Anteil an »delinquenten« Jugendlichen in der Bevölkerung weniger auf Merkmale des Raumes zurückzuführen ist als auf die soziale Zusammensetzung der Bevölkerung und die Art ihres Zusammenlebens (vgl. z. B. Lamnek 2008). Als Ursachen für ungleiche Kriminalitätsverteilungen wurden die Sozialstruktur, soziale Ungleichheit, soziale Kontrolle, Segregation, Subkulturen und soziale Netzwerke betrachtet (Lamnek 2008).

Die *Theorie der sozialen Desorganisation* geht davon aus, dass abweichendes Verhalten vor allem in desorganisierten Systemen entsteht. Als sozial organisiert gilt ein soziales System, wenn dessen Mitglieder in Normen und Werten übereinstimmen, wenn enger Zusammenhalt herrscht und sie in geordneter Weise interagieren (Schneider 1997). In desorganisierten Gebieten gibt es also kein gemeinsames Wertesystem und keine funktionierende Gemeinschaft. Betroffen sind urbane Viertel, die sich durch Anonymität und hohe Mobilität auszeichnen. Die Bewohner haben einen niedrigen sozioökonomischen Status, gehören unterschiedlichen Ethnien an, familiäre Probleme sind häufig. Die Folge sozialer Desorganisation ist dann, dass die Bewohner keine soziale Kontrolle über den öffentlichen Raum ausüben. Der Einfluss sozialer Regeln auf einzelne Bewohner nimmt ab, Jugendliche können sich ungestraft abweichend verhalten und subkulturelle Orientierungen an die nächste Generation Jugendlicher weitergeben (vgl. z. B. Schneider 1997, 2001, Eifler 2002, Lamnek 2008, Oberwittler 2004, Ohlemacher 1995).

Soziale Desorganisation entwickelt dabei teilweise eine Eigendynamik. Erste Anzeichen führen dazu, dass Bewohner mit besserer finanzieller Ausstattung wegziehen und problematische Gruppen nachziehen. Geschäfte und Firmen wandern ab, was den Niedergang beschleunigt. »Delinquenz« und Kriminalitätsfurcht führen zu einem Rückzug der verbleibenden Bewohner aus dem öffentlichen Raum, was zu noch mehr Anonymität führt und die soziale Kontrolle weiter reduziert (Schneider 1998). Dieser Prozess wird als »*Filtering Down*«-*Prozess* oder Spirale des Niedergangs bezeichnet (vgl. z. B. Schneider 1998, Schwind 1995).

Unter dem Oberbegriff der »Theorie der sozialen Desorganisation« ist eine Vielzahl weiterer Ansätze zu finden. Europäische Autoren betonen den Einfluss von sozialer Ungleichheit und Exklusion (Lamnek 2008). In neueren Ansätzen wird das Konzept der kollektiven Wirksamkeit verwendet, womit die Fähigkeit von Nachbarschaften gemeint ist, sich erfolgreich für das gemeinsame Wohl einzusetzen (Lamnek 2008). Auch wird die Bedeutung von sozialem Kapital betont (Schneider 2001). Angenommen wird, dass in segregierten Gebieten Sozialisationseffekte soziale Marginalisierung zementieren und tradieren. In sozialen Brennpunkten wandern Mittelschichtfamilien ab. Damit fehlen konforme Rollenvorbilder. Sozialer Druck und Imitationslernen führen zu einer weiteren Verbreitung von abweichenden Normen (Lamnek 2008).

Auch der *Broken-Windows-Ansatz* beschäftigt sich mit Voraussetzungen sozialer Kontrolle. Zentrale Bedeutung kommt dabei dem Begriff der »Ordnung« zu. Wo die soziale Ordnung intakt ist, findet auch soziale Kontrolle statt, wo sie gestört ist, droht »Kriminalität«. Als Zeichen von fehlender Ordnung in einem Gemeinwesen (Incivilities) gelten zum einen physische Auffälligkeiten, wie Vandalismus, Graffiti, Abfall oder baufällige Gebäude. Daneben werden aber auch Verhaltensauffälligkeiten wie Betteln, Herumlungern oder öffentlicher Konsum von Alkohol oder Drogen als derartige Zeichen wahrgenommen. Ordnungsstörungen haben der Theorie zufolge eine fatale Wirkung: Die Bewohner eines Gebietes fühlen sich unsicher, entwickeln Kriminalitätsfurcht und ziehen sich zunehmend zurück. Damit bricht die informelle soziale Kontrolle zusammen, was Straftaten begünstigt. Zeichen von Ordnungsstörungen werden auch von problematischen Personengruppen wahrgenommen: Ein instabiles Gebiet zieht »Straftäter(innen)« und andere Unsicherheit auslösende Gruppen an (Wilson/Kelling 1996, vgl. auch Hermann/Laue 2001, Dollinger/Raithel 2006, Schneider 1997, Dollinger 1987).

Der *Defensible-Space-Ansatz* von Newman geht davon aus, dass auch Menschen territoriales Verhalten zeigen, dass sie sozusagen ihr Revier verteidigen. Soziale Kontrolle setzt aber voraus, dass Menschen sich für ein Gebiet zuständig fühlen, dafür Verantwortung übernehmen (Newman 1996). Ob Räume verteidigt werden können, hängt von äußeren Merkmalen ab. Eine große Rolle spielen dabei Architektur und Bebauung. Als problematisch gelten Wohngebiete mit vielgeschossigen Bauten und zahlreichen Wohneinheiten auf jedem Stockwerk. Aufgrund der Anonymität beschränkt sich das Revierverhalten der Bewohner hier auf die eigene Wohnung, allgemein zugängliche Bereiche wie Treppenhäuser und Flure werden nicht erfasst. Kontrollieren lassen sich darüber hinaus nur Räume, die einsehbar sind oder wo sich Menschen aufhalten. Newman räumt ein, dass neben der baulichen Struktur auch die Sozialstruktur der Bewohner eine Rolle spielt: Höhere Kriminalitätsraten sind in Gebieten mit einkommensschwachen Personen und unvollständigen Familien zu erwarten (Newman 1996, vgl. auch Schwind 1995).

Innerhalb der neueren ökologischen Ansätze lassen sich idealtypisch *drei Schulen* unterscheiden:

- Design-Ökologie ist von kriminalpräventiven Absichten geprägt und zielt darauf ab, durch gestalterische Maßnahmen das Verhalten der Bevölkerung so zu beeinflussen, dass informelle soziale Kontrolle stattfindet.
- Kritische Ökologie berücksichtigt verstärkt ökonomische Bedingungen und die soziale Zusammensetzung der Bevölkerung.
- Systemische Ökologie stellt die sozialen Beziehungen der Bevölkerung in einem Quartier in den Mittelpunkt der Überlegungen (Eifler 2002).

Erkenntnisse zur regionalen Verteilung von »Kriminalität« sind nicht sonderlich hilfreich, solange sie auf der beschreibenden Ebene verbleiben (vgl. z. B. Schwind 1995). Die hier angesprochenen Ansätze haben aber alle erklärenden Charakter.

Ökologische Theorien wie die Theorie der sozialen Desorganisation verloren in der zweiten Hälfte des 20. Jahrhunderts an Bedeutung, wurden dann aber Ende des 20. Jahrhunderts wiederbelebt (Schneider 1997).

Am Konzept der sozialen Desorganisation lässt sich kritisieren, dass es sich am medizinischen Modell von Gesundheit und Krankheit orientiert: Hier ist es ein soziales System, das kränkelt, so dass die Stabilität und Überlebenschancen des Gemeinwesens gefährdet sind (vgl. Becker 1981, Matza 1973). In frühen Ansätzen wurde auch noch angenommen, dass sich Menschen in entsprechenden Vierteln mit »Kriminalität« und anderen Lastern quasi anstecken (Matza 1973, Lamnek 2008).

Positiv ist dagegen zu werten, dass nicht individuelles Handeln für die Häufigkeit abweichenden Verhaltens verantwortlich gemacht wird, sondern Merkmale eines Viertels oder einer Nachbarschaft (Dollinger/Raithel 2006). Auch die Verschiebung des Fokus von »Täter(inne)n« hin zu Tatörtlichkeiten erscheint durchaus produktiv (Feltes/Fischer 2014, Lamnek 2008).

Gegen die Annahme, dass es in gewissen Stadtvierteln keine verbindlichen Normen und Werte gibt, lässt sich einwenden, dass das Fehlen konventioneller Normen und Strukturen der Mittelschicht nicht bedeutet, dass das soziale Leben normlos wäre. Die fraglichen Viertel sind einfach nach eigenen Standards organisiert (vgl. z. B. Matza 1973, Simon 1993).

Viele Konzepte sind zu unpräzise. Studien, die positive Belege liefern, messen soziale Desorganisation teilweise auch über »Kriminalität« und Kriminalitätsfurcht, argumentieren damit aber tautologisch (Eifler 2002, Albrecht 1993, Schneider 1997). Problematisch erscheint auch, dass sozialstrukturelle Merkmale als direkte Ursache für individuelles Handeln betrachtet werden. Hier droht ein ökologischer Fehlschluss (Eifler 2002, Albrecht 1993).

Die implizite Annahme, dass Menschen nur durch Regeln und ein geordnetes Umfeld davon abgehalten werden, ihre negative Seite ungehemmt auszuleben, ist ebenfalls fragwürdig. Menschen werden damit als von Natur aus gefährlich betrachtet (Matza 1973). Wenn sie nicht zu Selbstdisziplinierung oder Selbstkontrolle fähig sind, sind dafür andere verantwortlich (Ohlemacher 1995).

Im Laufe der Zeit wurde mit sozialer Desorganisation eine Vielzahl von Aspekten verbunden. Der Einfluss der einzelnen Faktoren und ihre Interaktion sind bisher nicht abschließend geklärt (vgl. z. B. Lamnek 2008).

Der Broken-Windows-Ansatz stellt weniger eine Theorie dar als eine interventionsnah formulierte These zur Entstehung von »Kriminalität« (Dollinger/Raithel 2006). Übersehen wird die Bedeutung subjektiver Wahrnehmung bei der Deutung von Verhalten, Personen oder Zuständen als Zeichen von Ordnungsstörungen (vgl. z. B. Häfele 2013). Kritisieren lässt sich die Eskalationsannahme: Unscheinbare Störungen müssen nicht in massive »Kriminalität« münden (vgl. z. B. Dollinger/Raithel 2006).

Gegen den Defensible-Space-Ansatz lässt sich einwenden, dass er die kriminalitätsreduzierende Wirkung von städteplanerischen und architektonischen Kniffen doch deutlich überschätzt (vgl. z. B. Albrecht 1993). Für Deutschland konnte bei Kontrolle anderer Variablen, insbesondere der sozialen Zusammensetzung der Bevölkerung, keine nennenswerte Beziehung zwischen Defensible-Space-Kriterien in Stadtvierteln und Kriminalitätshäufigkeit festgestellt werden (vgl. z. B. Kube 2000, Albrecht 1993). Zur Analyse der Verteilung von »Kriminalität« im Raum wäre vermutlich auch ein weiteres Konzept von »Situationen« und situativen Einflüssen sinnvoll, das nicht nur auf soziale Kontrolle abhebt (LaFree/Birkbeck 1991). Zu undifferenziert sind bisher die theoretischen Aussagen zur Nutzung öffentlicher Räume und dem Einfluss auf Devianz (Dollinger/Raithel 2006).

Was die empirische Bestätigung ökologischer Ansätze angeht, sind Zusammenhänge zwischen der Kriminalitätsbelastung eines Gebietes und der sozialen Zusammensetzung seiner Bewohner nachgewiesen. Dies ist etwa für hohe Arbeitslosigkeit, die Häufung von Benachteiligungen oder hohe Ausländerquoten belegt. Auch für eine Beziehung zwischen der Qualität sozialer Netzwerke und der Kriminalitätsrate gibt es empirische Belege. Bestätigt werden auch Zusammenhänge zwischen »Kriminalität« und schlechter Infrastruktur (Eifler 2002, Feltes/Fischer 2014, Dollinger/Raithel 2006, Lamnek 2008). Die Erkenntnisse beziehen sich dabei aber auf das Hellfeld der »Kriminalität«, sie werden nur selten durch Dunkelfelddaten bestätigt (Dollinger/Raithel 2006). Belegt sind außerdem negative Karrieren und Abwärtsspiralen von Quartieren, die zu immer mehr »Kriminalität« und Kriminalitätsfurcht führen und dadurch die Problemlösungsfähigkeit der Gemeinschaft untergraben (Schneider 1997, Feltes/Fischer 2014). Ein direkter Zusammenhang zwischen Ordnungsstörungen und »Kriminalität« ist dagegen nicht nachgewiesen (Höynck 2014, Feltes/Fischer 2014). Von Verhalten, das als lästig und unangemessen beurteilt wird, kann nicht auf »Kriminalität« und Gewalt geschlossen werden (Cornel 2002d).

Kriminalitätsreduktion ist ökologischen Theorien zufolge nicht durch eine Veränderung von Personen, sondern nur von Orten oder Vierteln möglich (Feltes/Fischer 2014, Dollinger/Raithel 2006).
Auch ökologischen Ansätze bieten Anknüpfungspunkte für die Soziale Arbeit und spielen insbesondere für die Gemeinwesenarbeit eine große Rolle.
Wird Desorganisation für »Kriminalität« verantwortlich gemacht, gilt es den Zusammenhalt der Bewohner eines Viertels zu stärken (vgl. z. B. Dollinger/Raithel 2006). Die soziale Zusammensetzung in Wohngebieten spielt eine Rolle, einer Ghettoisierung und Konzentration problematischer Gruppen ist entgegenzuwirken (vgl. z. B. Sherman et al. 1998, Wehrheim 2003).
Prinzipiell erscheint auch eine Zusammenarbeit zwischen Sozialer Arbeit und Stadtplanern möglich, wodurch für Gebiete gesorgt werden könnte, deren Bebauung Defensible-Space-Kriterien entspricht. Schon problematischer erscheint die Umsetzung des Defensible-Space-Ansatzes, die darin besteht, öffentlichen Raum durch ganz reale Barrieren in privaten Raum umzudefinieren, etwa in Form von Zugangskontrollen zu Wohngebieten. Die Einrichtung von Sitzecken oder Spielplätzen zur Erhöhung sozialer Kontrolle ist dagegen unproblematisch (Newman 1996).
Probleme tun sich bei der praktischen Umsetzung des Broken-Windows-Ansatzes auf. Eine Unterbindung von Unordnung verhindert nach diesem Ansatz »Kriminalität« (Höynck 2014). Noch relativ unproblematisch erscheint es, darauf hinzuarbeiten, dass physische Zeichen von Ordnungsstörungen rasch beseitigt werden. Wie aber sollte auf Verhaltensweisen und Menschengruppen reagiert werden, die als Zeichen einer gestörten Ordnung interpretiert werden? Aus dem Broken-Windows-Ansatz wurde die Zero-Tolerance-Politik der New Yorker Polizei abgeleitet, die eine konsequente Bekämpfung aller Ordnungsstörungen beinhaltete und dazu führte, dass soziale Randgruppen aus dem öffentlichen Raum verdrängt und kriminalisiert wurden (vgl. z. B. Hess 1999a). Wilson und Kelling selbst empfehlen gegen »Bettler, Betrunkene, Süchtige, randalierende Jugendliche, Prostituierte, Herumhängende und psychisch Kranke« vorzugehen (Wilson/Kelling 1996: 122). Hier wird also die gezielte Stigmatisierung und Exklusion von Abweichenden als sinnvoll erachtet. Bezüglich Zero-Tolerance sind daher starke Bedenken anzumelden (Dollinger/Raithel 2006). Gerade Ordnungsstörungen im Sinne der Broken-Windows- Theorie sind beliebter Gegenstand von punitivem Populismus (Sack 2011).
Auch in Deutschland waren im Rahmen kommunaler Kriminalprävention schon problematische Tendenzen zu beobachten. Von Anwohnern und Geschäftsleuten wurde darauf gepocht, Ordnungsstörungen rigide zu unterbinden (Höynck 2014). In den Projekten setzen sich dabei zuweilen die Interessen wirtschaftlich starker und sozial einflussreicher Gruppen durch (vgl.

z. B. Groenemeyer 2003). Hier wäre eine Aufgabe der Sozialen Arbeit darin zu sehen, die Interessen von Randgruppen und sozial Schwachen einzubringen (vgl. z. B. Simon 2001). Darüber hinaus verspricht der Abbau sozialer Distanz, der persönliche Kontakt mit Angehörigen anderer gesellschaftlicher Gruppen eine Umbewertung von Zeichen für Ordnungsstörungen: Nicht jedes Graffiti kennzeichnet eine No-Go-Area, und nicht jeder Jugendliche bedroht als potentieller »Krimineller« die öffentliche Sicherheit (vgl. z. B. Häfele 2013).

Aus ökologischen Ansätzen kann grundsätzlich auch abgeleitet werden, fehlende informelle durch formelle Kontrolle oder technische Überwachungsmaßnahmen zu ersetzen. Anstelle von sozialpolitischen Maßnahmen erscheint also auch die Erhöhung der Entdeckungs- und Sanktionswahrscheinlichkeit sinnvoll. Dass orts- und kontextbezogene Überwachung lokale Verbesserungen bringen kann ist unstrittig. Zu befürchten ist aber eine Verlagerung (Dollinger/Raithel 2006). Mehr Bürgerbeteiligung, verbesserte Infrastruktur und Soziale Arbeit sind mehr Polizeistreifen und mehr Kameras auch eindeutig vorzuziehen.

4.8 Kriminalität als Produkt von Zuschreibungsprozessen

Die bisher behandelten Theorien befassen sich alle mit der Frage, warum Menschen »Straftaten« begehen oder dies unterlassen. Es handelt sich um ätiologische Theorien, um Erklärungen der Ursachen von »Kriminalität«. Eine ganz andere Fragestellung steht im Mittelpunkt der sogenannten Reaktionsansätze, Etikettierungs- oder Zuschreibungstheorien. Diese erklären v. a., warum bestimmte Verhaltensweisen als abweichend oder »kriminell« bezeichnet werden, wie die Zuschreibung dieses Etiketts funktioniert und welche Auswirkungen sie hat. Gegenstand ist nicht länger »Kriminalität« als gegebenes, beobachtbares Verhalten, sondern Kriminalisierung als interaktiver Prozess und soziale Reaktion (vgl. z. B. Peters 1997a, Lamnek 2001).

Ex existiert eine große Bandbreite solcher Ansätze. So lassen sich gemäßigte und radikalere Ansätze unterscheiden, Ansätze die eher die Mikro- oder Makroebene betrachten. Inhaltliche Schwerpunkte lassen eine Typisierung als Selektions-, Definitions-, Zuschreibungs- Verursachungs- oder Forcierungslabeling zu (Rüther 1975, vgl. auch Lamnek 2001).

4.8.1 Etikettierungstheorien mit ätiologischem Rest

Gemäßigte Versionen der Zuschreibungstheorien gehen davon aus, dass Zuschreibung Auswirkungen auf das weitere Verhalten hat, dass die Reaktion auf »abweichendes« Verhalten dieses nicht unterbindet, sondern forciert und verfestigt.

So wird von Tannenbaum die *Dramatisierung* von Fehlverhalten für das Auftreten abweichenden Verhaltens verantwortlich gemacht. Erst Reaktionen der Umwelt machen einer Person deutlich, dass sie sich von anderen unterscheidet, definieren sie als Abweichende, stempeln sie ab, weisen ihr einen besonderen Status zu (Tannenbaum 1979). Dies führt letztendlich zu einer Veränderung des Selbstbildes und der Übernahme der zugeschriebenen Rolle. Jemand verhält sich abweichend, weil er von anderen entsprechend bezeichnet und behandelt wird (Tannenbaum 1953, 1979, vgl. auch Lamnek 2001, Eifler 2002):

> »Der junge Delinquente wird schlecht, weil er als schlecht definiert wird und weil man ihm nicht glaubt, daß er gut ist. Die erste ›Dramatisierung des Bösen‹, die das Kind zum Zwecke seiner Sonderbehandlung von seiner Gruppe trennt, spielt eine größere Rolle, es kriminell zu machen, als jede andere Erfahrung. Es kann nicht oft genug betont werden, daß die gesamte Situation sich für das Kind ändert. Es lebt nach dieser ersten ›Dramatisierung des Bösen‹ in einer anderen Welt. Es ist etikettiert. Eine neue und bisher unbekannte Umgebung wird über es gestürzt. Der Prozeß des Kriminell Machens ist ein Prozeß des Etikettierens, des Definierens, des Identifizierens, des Absonderns, des Beschreibens, des Betonens, des Bewußt- und Selbstbewusstmachens; er wird als eine Art des Anregens, Nahelegens, Betonens und Hervorrufens eben der Züge angelegt, über die man sich beklagt [...] Die Person wird so, wie sie beschrieben wird« (Tannenbaum 1938, zitiert nach Schneider 1977a: 537).

Lemert thematisiert soziale Reaktionen unter dem Begriff der *Stigmatisierung*. Er definiert Stigmatisierung dabei als »Prozess, in dem bestimmte Personen sichtbar als moralisch minderwertig gebrandmarkt werden, wie etwa durch gehässige Bezeichnungen und Bewertungen oder durch öffentlich verbreitete Informationen« (Lemert 1975: 436). Stigmatisierungen sind ein Akt der Erniedrigung und Herabsetzung (Matza 1973). Sie verändern den sozialen Status einer Person und haben Auswirkungen auf ihr Selbstbild (vgl. z. B. Dollinger/Raithel 2006). Dabei müssen sie öffentlich werden, im Umfeld verbreitet werden, um diese Wirkung zu erzielen (Lemert 1975).

Eng mit dem Begriff der Stigmatisierung verbunden ist das Konzept der *moralischen Degradierung*. Grundlage einer solchen Degradierung ist die Behauptung, dass ein Mensch »nicht der ist, für den er sich ausgibt, sondern seinem tiefsten Wesen nach von niederer Art ist« (Garfinkel 2016: 142). Die Funktion einer solchen Degradierung ist die rituelle Vernichtung der beschuldigten Person: Eine Person wird zu einem neuen sozialen Objekt (Garfinkel 2016).

> »Der andere wird in den Augen seiner Beschuldiger buchstäblich eine von ihm verschiedene und neue Person. Es ist nicht so, daß neue Attribute dem alten ›Kern‹ hinzugefügt würden. Die Person wird nicht verändert, sie wird neu gebildet. Die frühere Identität erhält bestenfalls den Stellenwert des Scheins. In der sozialen Einschätzung dessen, was Wirklichkeit darstellt, erscheint die frühere Identität als Zufall, die neue Identität ist die ›Basiswirklichkeit‹ (Garfinkel 2016: 142 f).

Die Person wird »in den Augen des Publikums zu einer anderen« (Garfinkel 2016: 143), Vergangenheit, Gegenwart und Zukunft werden neu interpretiert (Garfinkel 2016). Dem Individuum wird eine neue Position, ein anderer Status zugeschrieben (Matza 1973, vgl. auch Goffman 1972, Smith 1976, Erikson 1978).

Ausschlaggebend ist, dass das punktuelle Verhalten einer Person als Hinweis auf einen abweichenden Charakter interpretiert wird (Cohen 1968a). Das diskreditierende Merkmal wird generalisiert, kennzeichnet die Identität der ganzen Person, (Keckeisen 1974) wird zum Master-Status (Becker 2014).

> »Wer vor einem Strafgericht erscheint und als ›Dieb abgestempelt‹ wird, hat vielleicht nicht mehr als einen flüchtigen Augenblick mit der Tätigkeit des Stehlens zugebracht […] Wenn also eine Gemeinschaft jemanden in die Klasse der Abweichler einordnet, dann sieht sie einige wenige bedeutsam Details aus dem Strom seines Verhaltens heraus und erklärt schließlich, diese Details zeigten, was für ein Mensch er ›wirklich« sei« (Erikson 1978: 17).

Der Begriff der *Etikettierung*, der der Theoriegruppe ihren Namen gibt, verweist auf soziale Kategorien, die u. a. auf Menschen oder ihr Tun angewendet werden. Nicht jede Etikettierung bedeutet eine Stigmatisierung. »Etiketten« können »moralisch oder sozial degradierend sein (›kriminell‹, ›krank‹) oder aufwerten (›tüchtig‹, ›intelligent‹), es können traurige Geschichten oder Erfolgsstories erzählt werden« (Cremer-Schäfer 1993: 101). Etikettierungstheorien richten den Blick auf negative Etiketten, auf Stigmatisierungen und ihre negativen Wirkungen (Quensel 2003).

Die Folgen von Stigmatisierungen werden mit dem Konzept der *sekundären Devianz* thematisiert. Während primäre Devianz vielfältige Ursachen hat, wird sekundäre Devianz auf Stigmatisierung und Rollenzuschreibung der Umwelt zurückgeführt (Lamnek 2001, Eifler 2002). Während die primäre Devianz eine einmalige oder vorübergehende Abweichung ist, stellt die sekundäre Devianz ein dauerhaftes, stabiles Phänomen dar (Lemert 1975). Primäre Devianz wird vom Umfeld übersehen oder zumindest nicht als charakteristisch für den Akteur betrachtet, bei sekundärer Devianz steht der Status als Abweichler im Mittelpunkt und es sind konventionelle Elemente von Charakter und Aktivitäten, die übersehen oder als untypisch betrachtet werden (Matza 1973).

Von sekundärer Devianz kann gesprochen werden, wenn abweichendes Verhalten oder die abweichende Rolle als Verteidigungs-, Angriffs- oder Anpassungsstrategie auf problematische Reaktionen der Gesellschaft bezogen sind (Lemert 2016, Schneider 1977 a). »Gemessen an seinen Handlungen, ist der sekundär Abweichende ein Mensch, dessen Leben und Identität von der Realität der Devianz bestimmt sind« (Lemert 1975: 434). Entscheidend ist dabei die Übernahme von Zuschreibungen ins Selbstbild und das daran angepasste Verhalten (vgl. z. B. Oberlies 2013).

Sekundäre Devianz wird als Ergebnis eines *Prozesses sich aufschaukelnder Aktionen und Reaktionen* betrachtet: Immer stärkere Reaktionen und Sanktionen führen zu Ressentiments seitens des Bestraften, zur Verstärkung des devianten Verhaltens und letztendlich zur Akzeptanz der abweichenden Rolle und deren Übernahme ins Selbstbild (Lamnek 2001, vgl. auch Peters 1997a, Albrecht/Karstedt-Hemke 1987).

Sekundäre Devianz wird durch Reaktionen von Bezugspersonen und Kontrollinstanzen (mit) verursacht (Lemert 1975, Pfeiffer/Scheerer 1979). Damit ist soziale Kontrolle Ursache abweichendes Verhalten und nicht einfach nur als Reaktion darauf zu betrachten (Lemert 1964, Lamnek 2001, Peters 1989). Sanktionen werden nicht als selbstverständlich betrachtet, sondern als erklärungsbedürftiger Übergriff: »[W]enn andere Menschen beschließen, daß eine Person ›non grata‹, gefährlich, nicht vertrauenswürdig oder moralisch abstoßend ist, dann tun sie ihr etwas an, oft etwas Unangenehmes, was anderen Personen nicht angetan wird« (Lemert 1975: 440). Als besonders problematisch gelten Sanktionen, die als ungerecht erlebt werden (Lemert 1975).

Auch Quensel (1970) skizziert in seinem *Verlaufsmodell* den Weg, der von einem kleinen Delikt zur »kriminellen« Karriere führt. Fallen Jugendliche wegen Delikten auf, droht ein Aufschaukelungsprozess: Auf informelle Sanktionen folgen offizielle, die Sanktionierten entwickeln eine wachsende Ablehnung gegenüber den Sanktionierenden und verstärken ihr abweichendes Verhalten, als »Rückfalltäter« werden sie immer härter sanktioniert, offiziell als »Delinquente« definiert beginnen sie, ihr Selbstbild anzupassen, eine abweichende Rolle zu übernehmen und sich einer Subkultur anzuschließen, durch eine Inhaftierung wird die abweichende Rolle endgültig fixiert. »Ein Jugendlicher wird zum ›Kriminellen‹ aufgrund eines fehlgeschlagenen, sich wechselseitig hochschaukelnden Interaktionsprozesses zwischen dem Jugendlichen und seiner sozialen Umwelt« (Quensel 1970: 380).

Dieser Ablauf ist nicht unabwendbar (Quensel 2003). Im Modell von Quensel können Delikte unbemerkt bleiben oder Ausgangsprobleme gelöst werden, auch kann das Umfeld problematische Entwicklungen auffangen und kompensieren (Quensel 1970, vgl. auch Deichsel 2014, Schneider 1977a). Auch für Lemert ist die Übernahme von Zuschreibungen ins Selbstbild *kein Automatismus* (Lemert 1975).

Stigmatisierungen führen nicht zwangsläufig zu Veränderungen des Selbstbildes. »Es wäre lächerlich zu behaupten, daß Räuber andere Leute einfach deshalb überfallen, weil irgend jemand sie als Räuber bezeichnet hat« (Becker 1981: 160 f). Wer stigmatisiert wird, muss sich aber mit dieser negativen Etikettierung auseinandersetzen. Die mit einer solchen Zuschreibung verbundenen Erwartungen machen es für die betroffene Person unmöglich, sich so zu verhalten, als ob nichts geschehen wäre. Etikettierungen können in direkter Interaktion aber akzeptiert oder zurückgewiesen werden (Keckeisen 1974, Dollinger/Raithel 2006).

Die Übernahme einer abweichenden Rolle hängt von der Eindeutigkeit der Rollendefinition ab, von Eigenschaften, Kenntnissen und Fähigkeiten zur Darstellung dieser Rolle und von der Motivation, die Rolle zu spielen (Lemert 1975).

> »Je glaubwürdiger und öfter eine Person erfährt, dass sie anormal ist, und je eher sie bereit ist, die negativen Zuschreibungen als ihre ›wirkliche‹ Identität gelten zu lassen, desto eher wird sie sich in der Folge deviant verhalten« (Dollinger/Raithel 2006: 80).

Abweichende Identitäten werden trotz des damit verbundenen niedrigen Rangs als relativ stabile Lösungen für Lebens- und Identitätsprobleme betrachtet

(Lamnek 1975). Grundsätzlich sind auch Selbststigmatisierungen denkbar (Kreissl 2003).
In Etikettierungstheorien spielt das Konzept der *sich selbst erfüllenden Prophezeiung* eine Rolle (vgl. z. B. Becker 2014, Erikson 1978, implizit auch Tannenbaum 1938). Zuschreibungen sind keine einfach so dahingesagten Bezeichnungen. Auch wenn sie im Moment der Stigmatisierung objektiv falsch sein sollten, werden sie sich tendenziell erfüllen.
Neben den bereits behandelten Auswirkungen auf das Selbstbild ist hier ein weiterer Aspekt von Bedeutung: Sanktionen und Stigmatisierungen schränken den *Handlungsspielraum* einer Person ein, beeinträchtigen soziale Teilhabechancen, führen zu sozialer Isolation und Exklusion. Normale Verhaltensweisen werden zunehmend erschwert oder sogar unmöglich (Becker 1981, 2014, Lamnek 2001, Peters 1989, Keckeisen 1974, Lemert 1975, Sack 2016). Abweichende Handlungen und die Reaktionen »wirken als soziale Sperren, welche [...] den Spielraum für die Wahl möglicher Alternativen verschieben« (Lemert 2016: 137).
Die Etikettierung als »kriminell« ist darüber hinaus mit verstärkter Aufmerksamkeit und Kontrolle der Instanzen sozialer Kontrolle verbunden. Damit steigt das Risiko, dass kriminalisierbares Verhalten in Zukunft wahrgenommen und entsprechend gedeutet wird (vgl. z. B. Matza 1973).
Gleichzeitig können Stigmatisierungen aber auch abweichende Handlungsmöglichkeiten eröffnen oder attraktiver erscheinen lassen. Es ist insbesondere eine engere Bindung an selbst abweichende Bezugspersonen oder eine Subkultur zu erwarten (vgl. z. B. Becker 2014, Tannenbaum 1938, vgl. auch Cohen 1968a, Sack 2016).
Auch dieser Exklusionsprozess ist nicht unumkehrbar. Eine Reintegration in die Gesellschaft wird als schwierig, aber nicht unmöglich betrachtet (vgl. z. B. Matza 1973).

> »Alkoholiker, Rauschgiftsüchtige, Kriminelle und andere Abweichende kehren gelegentlich trotz des Stigmas in das normale Leben zurück, und eine frühere Devianz kann in einigen Fällen in der konventionellen Welt zum Erfolg führen« (Lemert 2016: 137).

Etikettierungstheorien gehen davon aus, dass Menschen zu Außenseitern gemacht, zu »Kriminellen« abgestempelt werden (Becker 2014). Es ist dieser *Prozess* der Abstemplung, dem das eigentliche Interesse gilt. So will sich Becker »weniger mit persönlichen und gesellschaftlichen Merkmalen von verhaltensabweichenden Individuen beschäftigen als mit dem Prozess, der dazu führt, dass sie für Außenseiter gehalten werden, sowie mit ihren Reaktionen auf dieses Urteil« (Becker 2014: 32).
Interaktionen und Deutungen wird in Etikettierungstheorien eine besondere Rolle zugewiesen. Ausgehend vom symbolischen Interaktionismus wird angenommen, dass Situationsdeutungen ausgehandelt werden, dass in Interaktion ein sozial geteilter Sinn hergestellt wird (Keckeisen 1974). Die *subjektive Wahrnehmung* verschiedener Akteure kann sich deutlich unterscheiden. So verweist Becker (2014) auf unterschiedliche Perspektiven und Situationsdeutungen. Aus

der Perspektive von Außenseitern heraus erscheinen möglicherweise konforme Mitglieder der Gesellschaft als Außenseiter (Becker 1981, vgl. auch Matza 1973). Von Interesse sind die Perspektiven aller Beteiligten und der gesamte Prozess der Aushandlung von Bedeutungen (Henry/Milovanovic 1998).

Es wird davon ausgegangen, dass Akteure ihr Handeln (im Gegensatz zu bloßem Verhalten) immer mit einem subjektiven Sinn verbinden, wenn dieser auch nicht immer kommunizierbar oder intersubjektiv nachvollziehbar ist (Hitzler 2003). Das gilt auch für kriminalisierbare Handlungen (Galliher 1988). Unabhängig von diesem subjektiven Sinn kann dem Verhalten einer Person aber eine Handlungsintention unterstellt oder abgesprochen werden (Hitzler 2003). Einige Vertreter(innen) der Etikettierungstheorien richten ihr Interesse daher nicht nur auf die offizielle Bewertung von Handlungen als »Kriminalität« oder Abweichung, sondern versuchen auch dessen subjektiven Sinn für die Beteiligten zu erfassen, also die »zu untersuchenden Phänomene der Alltagswelt in den Bedeutungen zu erfahren, wie sie den interagierenden Personen selbst erscheinen und verhaltensrelevant sind« (Lamnek 1977: 110).

Der subjektive Sinn von normverletzendem Verhalten kann sehr unterschiedlich sein. Akteure können bewusst Normen verletzen, etwa um sie damit in Frage zu stellen (Erikson 1978). Straftaten können vom Handelnden also von vornherein als »Kriminalität« gedeutet und organisiert worden sein (Hess/Scheer 1997, Dollinger/Raithel 2006). Teilweise wird aber auch unbewusst gegen Normen verstoßen, aus Ungeschicklichkeit oder sogar mit dem Ziel, sich normkonform zu verhalten (Erikson 1978). Straftaten können sogar aus dem Versuch resultieren, das Fehlverhalten anderer zu sanktionieren und damit soziale Kontrolle auszuüben (Black 1983, Matza 1973).

Das besondere Interesse von Etikettierungstheorien gilt sozialen Normen. Abweichendes Verhalten wird nicht als »Action«, sondern als »Fraction« betrachtet: Es ist nicht primär eine Handlung, sondern ein (unterstellter) Normbruch (Matza 1964, vgl. auch Kunz 2004b, Sack 1993a). Ohne *Normsetzung* kann es keine »Abweichung« und keine »Kriminalität« geben. Voraussetzung für Abweichung ist, dass es gesellschaftlichen Gruppen gelingt, ihre Vorstellungen verbindlich durchzusetzen und anderen aufzuzwingen. Dabei spielt Macht eine entscheidende Rolle (Becker 1973, Lamnek 2001, Keckeisen 1974).

Normsetzung allein erklärt noch nicht, weshalb konkrete Verhaltensweisen, Situationen und Personen als »kriminell« betrachtet werden. Wäre »Kriminalität« einfach ein Verhalten, das gegen Strafgesetze verstößt, dann wäre die Mehrheit der Gesellschaftsmitglieder »kriminell« (Sack 2016). »Kriminalität« setzt die *Anwendung* einer Norm auf eine konkrete Situation und das Verhalten einer Person voraus. Verhalten muss bemerkt und entsprechend interpretiert werden (Lamnek 2001, vgl. auch Keupp 1976).

> »Von diesem Standpunkt aus ist abweichendes Verhalten keine Qualität der Handlung, die eine Person begeht, sondern vielmehr eine Konsequenz der Anwendung von Regeln durch andere und der Sanktionen gegenüber einem ›Missetäter‹. Der Mensch mit abweichendem Verhalten ist ein Mensch, auf den diese Bezeichnung erfolgreich angewandt worden ist; abweichendes Verhalten ist Verhalten, das Menschen so bezeichnen« (Becker 2014: 31).

Diese Normanwendung wird von Becker als selektiver Prozess beschrieben: Nicht alle Normverstöße werden als abweichend definiert (Becker 1981, Lamnek 2001, Keupp 1976). Der Vergleich zwischen Hell- und Dunkelfelddaten macht deutlich, dass es faktisch nur ein Bruchteil aller kriminalisierbaren Handlungen ist, der entsprechend etikettiert und sanktioniert wird. Auch bei Erikson findet sich die Annahme der *Selektivität*.

> »Manche Menschen, die stark trinken, werden Alkoholiker genannt, andere nicht; manche, die sich seltsam verhalten, werden in Krankenhäuser eingewiesen, andere nicht; manche, bei denen man nicht weiß, wovon sie leben, werden wegen Landstreicherei verurteilt, andere nicht – und der Unterschied zwischen denen, die den Titel eines Abweichlers erlangen, und denen, die in Frieden ihres Weges gehen dürfen, ist weitgehend dadurch bestimmt, wie die Gesellschaft die vielen Verhaltensdetails, die zu ihrer Kenntnis gelangen, filtert und einordnet« (Erikson 1978: 17 f).

Der Unterschied zwischen etikettierten und nicht-etikettierten Personen ist nicht deren Verhalten, sondern die Etikettierung und Sanktionierung dieses Verhaltens (Kitsuse 1962, Stallberg 1975). »Abweichendes Verhalten ist keine Qualität, die im Verhalten selbst liegt, sondern in der Interaktion zwischen einem Menschen, der eine Handlung begeht, und Menschen, die darauf reagieren« (Becker 1973: 13).

Aus dem Kreis potentieller »Krimineller« wird nur ein kleiner Teil herausgefiltert und tatsächlich verurteilt (Sack 2016). Wie diese Selektion funktioniert, lässt sich nicht am materiellen und formellen Strafrecht, also an Straftatbeständen und expliziten Verfahrensregeln ablesen. Es muss zwischen »Law in the books« und »*Law in Action*« unterschieden werden, also gesetzlichen Grundlagen einerseits und der Strafverfolgungspraxis andererseits. Das Interesse gilt letzterer, und insbesondere den nicht niedergeschriebenen Metaregeln, die der Normanwendung zugrunde liegen (Sack 1968).

MacNaughton-Smith hat den Begriff des »*Second Code*« geprägt. Strafverfolgung folgt demnach in der Praxis nicht einfach den gesetzlichen Regelungen. Neben dem Gesetz als »First Code« existiert ein zweites Regelsystem, das nicht explizit ausformuliert ist, aber hinter den Kulissen die realen Abläufe und Ergebnisse prägt. Dieser »Second Code« bestimmen darüber, wer letztendlich sanktioniert wird und wie die entsprechende Sanktion ausfällt (MacNaughton-Smith 1975, Dollinger/Raithel 2005, Keupp 1976).

Gesetzliche Normen sind allgemein formuliert, abstrahieren von situativen Bedingungen, verkürzen den Sinn von Handlungen und enthalten nicht schon alle möglichen Ausnahmen explizit (Keckeisen 1974). Bei ihrer Anwendung ist also immer ein Interpretationsprozess notwendig. Als »Kriminalität« kann ein Verhalten nur bezeichnet werden, wenn unterstellt wird, dass auch alternative Handlungsmöglichkeiten bestanden haben (Regel der Konventionalität). Auch muss unterstellt werden, dass der Handelnde wusste, was er tat (Regel der Theoretizität) (McHugh 1970, Keckeisen 1974, vgl. auch Hess/Scheerer 1997).

Darüber hinaus gehört es zur Logik des Strafrechts, ein Ereignis nicht als Interaktion, sondern als isolierte Handlung einer Person zu betrachten und den Kontext weitgehend auszublenden (Christie 1987, Hulsman 1987). Eine Tat ist »umso müheloser innerhalb der strafrechtlichen Perspektive beschreibbar […], je mehr wir sie als ein statisches Ereignis und nicht als Prozeß sehen. Je weniger wir über die Gesamtsituation wissen, desto leichter fällt die Klassifikation« (Christie 1987: 8).

Nicht alle Handlungen, auf die hin eine kontrollierende Reaktion möglich wäre, führen auch zu einer solchen Reaktion. Sie sind nur der »Pool«, aus dem heraus nach Regeln ausgewählt wird, die nicht der Handlung selbst eigen sind. Reaktionsprozesse und Handlung können also analytisch getrennt betrachtet werden. Reaktionen sind kontingent, also prinzipiell offen und nicht vorhersehbar (Keupp 1976, vgl. auch Deichsel 2014).

> »Aus den Formen des Verhaltens selbst ergibt sich noch keine Unterscheidung zwischen Abweichlern und Nicht-Abweichlern; erst die Reaktionen der ›normalen‹ und angepassten Mitglieder der Gesellschaft, die Verhalten als abweichend identifizieren und interpretieren, verwandeln – soziologisch gesehen – bestimmte Personen zu Abweichlern« (Kitsuse 1962: 253, zitiert nach Stallberg 1975: 105).

In der Praxis hängt von *Merkmalen der Person und des Kontextes* ab, ob eine Etikettierung und Stigmatisierung stattfindet (Lamnek 2008, Lindenberg 2014, Chambliss 1973, Menzel/Ratke 2003).

> »Das gleiche Verhalten kann zum einen Zeitpunkt ein Verstoß gegen Regeln sein, zu einem anderen nicht; es kann ein Verstoß sein, wenn eine bestimmte Person dieses Verhalten zeigt, und kein Verstoß, wenn eine andere es zeigt; einige Regeln werden straflos verletzt, andere nicht« (Becker 2014: 35).

Die Reaktion ist etwa stark von der Schichtzugehörigkeit und dem Grad der Marginalisierung einer Person bestimmt (vgl. z. B. Chambliss 1973, Schneider 1977 a, Meyer 1998). Ein bei einer Straftat ertappter Jugendlicher aus der Unterschicht wird eher zur Polizeiwache mitgenommen, angezeigt, angeklagt oder verurteilt als ein Jugendlicher aus der Oberschicht (Schneider 1977 a). Dabei bestimmen etwa Alltagstheorien von Polizeibeamten die Wahrscheinlichkeit, dass regelwidriges Verhalten registriert wird.

> »Die in den Köpfen vorherrschenden Bilder darüber, was ein ›guter‹ und ein ›problematischer‹ Stadtteil oder sogar Straßenzug ist, welche Personen ›verdächtig‹ wirken und welche nicht, führen zu einer höheren Kontrolldichte zu Lasten sozial marginalisierter Gruppen« (Jasch 2014: 324).

Von Bedeutung ist neben der Schichtzugehörigkeit einer Person auch ihr Auftreten und ihr Lebensstil (Lemert 1975, 1991, Gusfield 2016).

Die Definition eines Verhaltens als »Devianz« oder »Kriminalität« setzt die Zuschreibung bestimmter Motive und Intentionen voraus (Keckeisen 1974, Peters 1995).

> »Das Etikett der Devianz kann nur demjenigen erfolgreich angehängt werden, der nicht in der Lage ist, sich von einer negativen Interpretation seiner Intentionen zu befreien« (Scott/Lyman 1970: 91, zitiert nach Keckeisen 1974).

Nach Becker setzt die Zuschreibung nicht einmal einen realen Normverstoß voraus (Lamnek 2001, Dollinger/Raithel 2006).

Der Etikettierungsansatz ist dezidiert *instanzenkritisch* und deckt die Dysfunktionalität der Instanzen sozialer Kontrolle auf. Diese Institutionen »funktionieren nicht so, wie die Gesellschaft das gerne hätte. Krankenhäuser heilen ihre Patienten nicht, Gefängnisse resozialisieren nicht ihre Insassen, Schulen erziehen nicht ihre Schüler« (Becker 2016: 14). Instanzen, die eigentlich »Kriminalität« bekämpfen sollen, verursachen diese (Peters 1989). Es sind Instanzen strafrechtlicher Kontrolle, die »Kriminalität« schaffen, und daher ist auch »zuallererst das Verhalten derjenigen Leute zu untersuchen, zu deren Disposition die Eigenschaft Kriminalität gestellt ist« (Sack 1972: 25).

Einige Theoretiker richten ihr Augenmerk aber auch auf informelle Kontrolle im Alltag und deren Auswirkungen. Der Prozess des Definierens setzt im informellen Bereich ein: Es sind unmittelbar Beteiligte und Zeugen, die eine Person und ihr Verhalten zunächst als »kriminell« oder »abweichend« definieren. Erst später erfolgt die offizielle Definition durch Instanzen wie Polizei oder Gerichte (vgl. z. B. Keckeisen 1974, Lemert 1975). Der Einfluss von informeller und formeller Etikettierung wird dabei unterschiedlich bewertet. Während etwa Matza darauf hinweist, dass Personen ohne institutionelle Autorität nicht so macht- und bedeutungsvoll etikettieren können (Matza 1973), sind andere der Meinung, dass die Wirkung offizieller Etiketten überschätzt werde (Albrecht/Karstedt-Hemke 1987).

Allgemein anerkannt wird, dass den Etikettierungstheorien eine »erhebliche Erweiterung« der soziologischen Überlegungen zu »Abweichung« und »Kriminalität« zu verdanken ist (Lamnek 2001: 258, vgl. auch Schneider 1997). Sie haben die Perspektive erweitert, neben den »Straftäter(innen)« auch die Gesamtgesellschaft, Instanzen formeller Kontrolle und Prozesse der Normsetzung und -anwendung in den Blick gerückt.

Der Etikettierungsansatz ist Mitte des 20. Jahrhunderts sogar zum führenden Erklärungsansatz für abweichendes Verhalten aufgestiegen. Gegner des Ansatzes gerieten in die Defensive oder übernahmen Elemente des Ansatzes in ihr Denken (Quensel 2003). Erkenntnisse zur sekundären Devianz wurden etwa als Ergänzung zu bisherigen Erklärungen der primären Devianz ins Theoriegebäude integriert (vgl. z. B. Kreissl 1986). Radikale Vertreter des Etikettierungsansatzes bemängeln, dass damit das Potential des Ansatzes nicht ausgeschöpft wird und der Ansatz von Vertretern der ätiologischen Kriminologie vereinnahmt wurde (vgl. z. B. Quensel 2003). Der Definitionsaspekt wurde dem Verhaltensaspekt schlicht hinzugefügt, »dem Pool bedingender Faktoren für die Entstehung, Verstetigung und die Inkorporierung kriminellen Verhaltens solche hinzuzufügen, die der Struktur und Arbeitsweise strafrechtlicher Sozialkontrolle zuzurechnen sind« (Sack 1988: 16). Durch Generalisierung und Differenzierung wurde die ursprüngliche Idee verwässert, abstrahiert und umgebogen (Quensel 2003).

Vertreter(innen) von Etikettierungsansätzen mit ätiologischem Rest wie Lemert und Becker gehen weiterhin davon aus, dass abweichendes Verhalten auch unabhängig von Zuschreibungsprozessen und Definitionen objektiv existiert (vgl. z. B. Peters, 1989, Keckeisen 1974). Auch wird teilweise angenommen, dass es auch sinnvoll ist, die Ursachen und Motive, die hinter diesem abweichenden Verhalten stehen, zu untersuchen. So geht Lemert von einer Vielzahl von Ursachen aus, die zu primärer Devianz führen (Sack 2016). Sein Interesse gilt aber primär den Reaktionen und den damit verbundenen Problemen.

Nach Becker hängt »teilweise von der Art der Handlung [...] und zum Teil davon ab, was andere daraus machen«, »ob eine bestimmte Handlung abweichend ist« (Becker 2014: 35). Implizit findet sich auch die Annahme, dass je nach Delikt die Bedeutung von Verhaltens- und Definitionsaspekt unterschiedlich groß ist (Sack 1988). Je nach Sympathie werde Verhalten eher als definiert oder als von vornherein normwidrig und abweichend betrachtet (Peters 1996). Untersucht werden bevorzugt Handlungen, bei denen keine Bedeutung von Verhaltenselementen angenommen wird (Galliher 1988). Dagegen argumentieren radikalere Autor(inn)en, dass Normverstöße nicht objektiv feststellbar sind, dass es kein Verhalten geben kann, das von vornherein einen Normverstoß darstellt und dass damit auch die Annahme eines Dunkelfelds solcher Normverstöße widersinnig sei (vgl. z. B. Peters 1989). Jede Typisierung von Handeln ist als Zuschreibungsergebnis zu betrachten (Peters 1996, vgl. auch Kreissl 2003).

> »Es gibt wissenschaftlich gesehen für den [Labeling Approach] keinen Unterschied zwischen dem als rechtsradikalen Gewalttäter gelabelten Jugendlichen, der ein Asylantenheim abfackelt, und der als Kaufhausdiebin stigmatisierten alleinerziehenden Mutter aus der Unterschicht. Beider Status als Kriminelle ist zugeschrieben« (Kreissl 2003: 41).

Dem Etikettierungsansatz wird eine Vorliebe für besonders exotische oder schillernde Verhaltensmuster sowie opferlose Delikte nachgesagt (Galliher 1988). Er romantisiere die untersuchten Phänomene und verhalte sich wie ein Zoowärter, der seine exotischen Ausstellungsstücke mit großer Sympathie betrachtet und beschützt (Gouldner 1968, vgl. auch Quensel 2003, Matza 1973). Dabei ist der Etikettierungsansatz nicht nur auf bestimmte Formen von Devianz und Kriminalität anwendbar. Er werde »missverstanden und unter Wert gehandelt [...], wenn man explizit behauptet oder stillschweigend akzeptiert, dass sein Anwendungsgebiet auf die leichteren Formen jugendlicher Devianz, auf Drogenkonsum oder Ladendiebstahl begrenzt sei – dass er mithin in Bezug auf ›schwere Kriminalität‹ nicht viel beizutragen habe« (Scheerer 2003: 86).

Etikettierungstheoretiker neigen dazu, Abweichler als Opfer und Märtyrer der bürgerlichen Gesellschaft zu betrachten, die das Unrecht gesellschaftlicher Zwänge sichtbar machen (Brumlik 1993). Von den Abweichenden wird angenommen »dass sie mindestens so respektabel wie jeder andere sind, eher das Objekt von Sünde als selbst Sünder« (Becker 2016: 9 f). Diese Parteilichkeit zugunsten von Abweichenden wird von Becker offensiv verteidigt, da Forschung immer parteilich sei und im Allgemeinen die Perspektive der »Experten« der Strafverfolgungsinstanzen und der Mächtigen dominiert (Becker 2016). Das Augenmerk richtet sich vor allem auf »Kriminalität« bzw. »Kriminalisierung« der unteren Schichten (Quensel 2003). Problematisch wird diese parteiliche Haltung, wenn sich herausstellt, dass auch »Kriminalitätsoper« häufig aus den Reihen der Schwachen stammen (Kreissl 2003).

Die Unterscheidung zwischen primärer und sekundärer Devianz entspricht nicht unbedingt der subjektiven Wahrnehmung der Betroffenen. Anstelle von lebensgeschichtlicher Kontinuität wird von zwei grundsätzlich unterschiedlichen Phänomenen ausgegangen (Pfeiffer/Scheerer 1979).

Etikettierungsansätze haben dazu beigetragen, die Annahme, dass strafrechtliche Normen generell eine moralische Grundlage haben, zu erschüttern (Brumlik 1993). Sie haben das Potential, auch die Konstruktion von stigmatisierenden Begriffen und die Entstehung kriminalisierender Normen. Dieses Potential wird aber nicht ausgeschöpft (Scheerer 2003).

Von zentraler Bedeutung ist Kritik an den Instanzen der Strafverfolgung. Ein Auftrag wird darin gesehen, »über gesellschaftliche Missstände aufzuklären« (Kreissl 2003: 41). So wurde die Ironie des Versuchs herausgearbeitet, Kriminalität zu kontrollieren und dabei »de facto zusätzliche Kriminalität hervor[zu]bringen« (Michalowski 1988: 38, vgl. auch Matza 1973). Kritisch wird eingewendet, dass Etikettierungstheorien positive Wirkungen von Etikettierungen ausblenden (Quensel 2003, Schneider 1977a). Auch seien »kriminelle« Karrieren ganz ohne soziale Reaktion möglich (Schneider 1977a).

Etikettierungstheorien liefern das analytische Instrumentarium, um Zuschreibungsprozesse wertfrei und amoralisch zu identifizieren und zu erforschen (vgl. zu Kreissl: Menzel/Ratzke 2003). »Mit Hilfe des Etikettierungsansatzes kann aber nicht beantwortet werden, ob Zuschreibungen ›zu Recht‹ geschehen‹ sind oder vielmehr andere Personen oder Verhaltensweisen treffen sollten« (Kreissl 2003: 41). Alle Bedeutungen erscheinen beliebig (Smaus 1986 b).

Positive Erwähnung verdient die Vorliebe für einfache Konzepte und Begriffe und die Ablehnung stark abstrahierender theoretischer Konzepte. Dadurch nähert sich der Labeling Ansatz der subjektiven lebensweltlichen Erfahrung an (Keupp 1976).

Kritische Stimmen wenden sich gegen das Menschenbild, das bei manchen Etikettierungstheoretikern durchscheint: Menschen werden als »Reaktionsdeppen« (von Trotha 1977) beschrieben, als Personen, die nicht selbstbestimmt handeln, sondern nur auf Definitionen und Zuschreibungen anderer reagieren, als fremdbestimmte und passive Objekte (Schneider 1997, Galliher 1988, Henry/Milovanovic 1998, Akers 1968). Dem wird entgegengehalten, dass Menschen selbst Interpretationen ihrer Handlungen vornehmen, sich bewusst dazu entscheiden können, Straftaten zu begehen, oder sich zum Rechtsbrecher stilisieren (Dollinger/Raithel 2006). Für Peters machen Unterschiede in der Fremd- und Selbstdefinition von Handlungen gerade den Reiz des Etikettierungsansatzes aus (Peters 1989, vgl. auch Menzel/Ratzke 2003).

Nur unzureichend erklärt wird, unter welchen Bedingungen sich »kriminelle« Karrieren entwickeln und Zuschreibungen ins Selbstbild übernommen werden, warum das Etikett an dem einen Etikettierten klebt und an dem anderen nicht (Schneider 1977a).

Die Modelle einer »kriminellen« Karriere sind eher von heuristischem Wert. Derartige Modelle beschreiben keine konkreten Fälle, sondern typische Stadien einer devianten Entwicklung (Quensel 1970, Keckeisen 1974). Dabei verdeutlichen sie aber, dass mit jeder Stufe der Grad der Stigmatisierung wächst, die Interaktion schwieriger wird (Pfeiffer/Scheerer 1979).

Teilweise konzentriert sich der Etikettierungsansatz zu sehr auf die Situation, in der Definitionen ausgehandelt werden. Dabei werden übergeordnete soziale Strukturen und Macht unterschätzt (Krasmann 2003, Pfeiffer/Scheerer 1979, Dollinger/Raithel 2006, Lamnek 2008).

Auch der Vorwurf des Idealismus wird formuliert: Etikettierungsansätze ignorieren demnach die real existierende Welt von Ereignissen und Strukturen, die auch unabhängig vom Bewusstsein sozialer Akteure besteht (Michalowski 1988, Peters 1989, Menzel/Ratzke 2003). Für manche Vertreter(innen) von Etikettierungsansätzen werde eine Situation erst durch Definition oder die erfolgreiche Durchsetzung einer Definition real, es wird angenommen, dass es so viele soziale Wirklichkeiten wie Situationsdefinitionen oder mit Bewusstsein ausgestattete Köpfe gibt. Dagegen wird argumentiert, dass Dinge auch jenseits von Wahrnehmung und Definition existieren (Werkentin et al. 1972).

Generell werden Etikettierungstheorien eher als Beschreibungen, denn als Erklärungen eingestuft, eher als analytische Perspektive, denn als Theorie (vgl. z. B. Lamnek 2001, Quensel 2003, Scheerer 1997, Keupp 1976). Nicht ohne Grund ist zumeist von einem Ansatz und nicht von einer Theorie die Rede.

Die unterschiedlichen Positionen und Ansätze sind nicht widerspruchsfrei. Strittig ist etwa, wann ein Etikett wie »Kriminalität« verbindlich durchgesetzt ist, ob etwa eine rechtskräftige gerichtliche Entscheidung notwendig ist (vgl. z. B. Sack 1972) oder ob der Kontakt mit stigmatisierenden Instanzen sozialer Kontrolle genügt (Lemert 1975). Darüber hinaus finden sich auch bei einzelnen Autoren widersprüchliche Positionen. Becker definiert »Abweichung« explizit über den Definitionsaspekt als Verhalten, das so bezeichnet wird. Gleichzeitig räumt er aber auch die Möglichkeit heimlicher Devianz ein, also eines objektiven Regel- oder Normverstoßes, der vom Umfeld nicht entsprechend wahrgenommen und gedeutet wird (Sack 1988, vgl. auch Lamnek 2001).

Auch wird angenommen, dass Etikettierungsansätze nur bedingt empirisch überprüfbar sind (vgl. z. B. Keupp 1976, Sessar 1986 vs. Sack 1988). Dabei liegen aber durchaus empirische Belege für Elemente des Etikettierungsansatzes vor, etwa zur selektiven Kontrolltätigkeit von Instanzen der Strafverfolgung, zu Veränderungen des Selbstbildes durch Zuschreibungen oder zu widersprüchlichen Deutungsschemata (vgl. z. B. Feest/Blankenburg 1972, Feltes/Fischer 2014, Schneider 1977a, 1997, Peters 1989). Auch wenn Untersuchungen einzelne Annahmen nicht bestätigen konnten oder methodische Schwächen aufweisen, ist der Etikettierungsansatz keinesfalls empirisch widerlegt (Kreissl 2003, Karstedt-Hemke 1987).

Der Boom des Etikettierungsansatzes ist inzwischen vorüber, er ist aber auch nicht völlig aus der Mode gekommen oder ausgestorben (Quensel 2003).

Zuschreibungstheorien regen dazu an, strafrechtliche Normen nicht als selbstverständlich oder als Ausdruck gesellschaftlichen Konsenses hinzunehmen (Janssen 1997). Wo die strafrechtliche Regulierung von Verhaltensweisen als überflüssig oder ungerecht erscheint, ist es also sinnvoll, für eine Abschaffung entsprechender Normen zu werben.

Negative Folgen gesellschaftlicher Reaktionen auf Straffälligkeit rücken kontraproduktive Konsequenzen der Strafverfolgung ins Blickfeld (Lamnek 2008). Etikettierungsansätze machen deutlich, dass Versuche der Gesellschaft, das soziale Problem der Devianz durch staatliche Maßnahmen zu entschärfen, dieses Problem auch verstärken oder sogar verewigen können (Lemert 1975). Gefordert ist ein rationalerer und Nebenfolgen beachtender Umgang mit Straffälligkeit (vgl. z.B. Peters 1997a). Stigmatisierende Sanktionen sind möglichst zu vermeiden. Besonderes Stigmatisierungspotential kommt stationären Sanktionen wie dem Strafvollzug zu (vgl. z.B. Ostendorf 2010e), aber auch ambulante Sanktionen und das formelle Strafverfahren an sich haben bereits stigmatisierenden Charakter (vgl. z.B. Ostendorf 2010f).

Angesichts der Modelle von Lemert und Quensel, die einen Aufschaukelungsprozess mit immer stärkeren Sanktionen und Regelverstößen beschreiben, müsste die gängige Sanktionspraxis neu überdacht werden, bei Rückfälligkeit quasi automatisch zu schärferen Sanktionen zu greifen (vgl. z.B. Ostendorf 2010e).

Ziel muss es sein, die »Dramatisierung von Devianz zurückzunehmen« (Stallberg 1976: 166). Aus den Etikettierungstheorien wird daher häufig eine Forderung nach radikaler Nonintervention abgeleitet (z.B. Schur 1973, Brumlik 1993). Es gilt, weniger und möglichst wenig zu tun (Peters 1997a).

Soziale Arbeit kann sich im Umgang mit »Delinquenz« und Straffälligkeit nicht darauf berufen, die »besseren Etiketten« zu verwenden oder mit helfender Absicht aktiv zu werden. Jegliche Sonderbehandlung ist nach Tannenbaum problematisch (Dollinger/Raithel 2006).

»Die Person wird so, wie sie beschrieben wird. Hierbei ist es ohne Bedeutung, ob die Beurteilung von Menschen getroffen wird, die bestrafen oder die bessern wollen« (Tannenbaum 1938, zitiert nach Schneider 1977a: 537).

Aus der Sicht der Etikettierungstheorien erscheint Diversion, also die Vermeidung eines formellen Verfahrens oder zumindest einer Verurteilung, sinnvoll (Lamnek 2008). Dabei ist aber durchaus strittig, inwiefern alle Diversionsprogramme zur Entdramatisierung beitragen. Gerade bei Diversionsformen im Jugendstrafrecht, die mit einer Intervention verbunden sind, wird eigentlich nur eine Reaktion und Form von Kontrolle durch eine andere ersetzt (vgl. z. B. Lamnek 2008, Lindner 1993, Deichsel 1993). Ob diese alternative Reaktion weniger stigmatisierend ist, müsste sich erst noch erweisen (vgl. z. B. Ostendorf 2010d, Lamnek 2008). Sinnvoller erscheint also »Diversion to nothing«, also die Verfahrenseinstellung ohne Intervention. Dem noch vorzuziehen wäre eine wirkliche Entkriminalisierung, z. B. eine Einschränkung des Strafrechts auf schwerwiegende Delikte (Lamnek 2008).

Besonderes Augenmerk richtet sich auf die Anwendung von Normen als selektiver Prozess, aus dem dann letztendlich die Klientel der Straffälligen hervorgeht, die keineswegs repräsentativ für alle jene ist, die gegen strafrechtliche Normen verstoßen. Zu hinterfragen sind damit die Kriterien, nach denen selektiert wird. Damit geraten handlungsleitende Wissenssysteme der Instanzen sozialer Kontrolle und auch Alltagstheorien der Straffälligenhilfe in den Blick (Peters 1997a, Lindenberg 2014).

Von großer praktischer Bedeutung ist der Begriff der Stigmatisierung. Begriffe wie »Straffälliger« oder »Krimineller« sind keine wertneutralen oder sachlichen Beschreibungen. Sie implizieren eine moralische Abwertung der Person, die sich nicht auf einzelne Handlungen oder Verhaltensmuster beschränkt, sondern die gesamte Persönlichkeit und Lebensführung umfasst (Peters 1997a). Daher sind Stigmatisierungen und negative Zuschreibungen möglichst zu vermeiden (Dollinger/Raithel 2006). Wo bereits Degradierungen und Stigmatisierungen stattgefunden haben, gilt es die Verbreitung entsprechender Informationen zu verhindern (vgl. Lemert 1975, vgl. auch Goffman 2016).

Dabei verwendet aber auch die Soziale Arbeit stigmatisierende Begriffen. So werden regelmäßig juristische Begrifflichkeiten wie »schädliche Neigung« übernommen. Dieses Vokabular wird durch eigene Begriffe wie »verhaltensauffällig«, »vernachlässigt« oder »dissozial« ergänzt. Traditionelle Kategorien wie »Unerziehbare« oder »Verwahrloste« wurden inzwischen aktualisiert und durch neuere Bezeichnungen wie »die »Überflüssigen«, die »pädagogisch nicht Erreichbaren«, »solche, die sich selbst ausschließen« ersetzt (Cremer-Schäfer 2003: 189). Diese sind nicht weniger diskreditierend. Etikettierungstheorien fordern dazu auf, sich der stigmatisierenden Wirkung solcher Begriffe bewusst zu werden und damit äußerst vorsichtig umzugehen, insbesondere in schriftlichen Dokumenten und in der Kommunikation mit Dritten (vgl. z. B. Reichmann 2016.). Ein vollständiger Verzicht auf stigmatisierende Begriffe dürfte allerdings die Kommunikation mit anderen Berufsgruppen und der Öffentlichkeit sowie die Finanzierung von Maßnahmen deutlich erschweren. Etikettierungen und Typisierungen im Allgemeinen sind im Alltag unverzichtbar (vgl. z. B. Lamnek 2001, Quensel 2003).

Stigmatisierungen führen den Theorien zufolge nicht unweigerlich zu weiterer »Kriminalität« und einem abweichenden Selbstbild. Straffällige können sich gegen Zuschreibungen wehren, sie als ungerechte Zumutung ablehnen. Positive Etiketten, Rollenvielfalt und Wertschätzung immunisieren gegen sekundäre Devianz (Peters 1997a). Gerade die Straffälligenhilfe darf sich nicht nur für die Straffälligkeit ihrer Klient(inn)en interessieren, sondern muss diese mit allen Facetten der Persönlichkeit, allen Ressourcen und Rollen wahrnehmen (vgl. z. B. Cremer-Schäfer 2002, Haker 2010). Es ist unverzichtbar, zwischen Person und kriminalisiertem Verhalten, zwischen Anlass der Intervention und Lebenssituation klar zu unterscheiden (Stehr 2005: 283 f). Sinnvoll erscheinen ressourcenorientierte Ansätze der Sozialen Arbeit anstelle einer defizitorientierten Betrachtungsweise (Dollinger/Raithel 2006). Die Unterstützung von »Straftäter(innen)n« muss ganzheitlich orientiert sein (vgl. z. B. Pelz 1998). Darüber hinaus wäre zu prüfen, wo auf spezielle Angebote für Straffällige verzichtet werden kann, weil Hilfen auch durch allgemeine Angebote Sozialer Arbeit möglich sind (Kawamura 2000, Wolffersdorff 1996).

Aufgabe der Sozialen Arbeit ist es in diesem Kontext nicht, mit Straffälligen ihre Taten »aufzuarbeiten«. Diese sollten möglichst wenig thematisiert, stattdessen andere Rollen und Fähigkeiten behandelt werden. Tannenbaum (1979) hat dies sehr eindeutig formuliert: »The less said about it the better. The more said about something else, still better« (Tannenbaum 1979: 192).

Etikettierte von Verhaltensweisen abzubringen, die wahrscheinlich als »kriminell« etikettiert werden (Lamnek 2008), ist kein unproblematischer Vorschlag: Dies geschieht dadurch, dass Etikettierte veranlasst werden, die soziale Kontrolle quasi selbst zu übernehmen.

Becker formulierte die Frage »Whose Side Are We On? (Becker 1967) und zeigte seine Sympathie für die Underdogs und Außenseiter der Gesellschaft. Etikettierungstheorien wurden als »Partisanenwissenschaft« betrieben, im Interesse von Ausgegrenzten, Eingesperrten, Aufrührern und Abweichlern (Brumlik 1993: 201). Daraus lässt sich die Forderung ableiten, im Rahmen Sozialer Arbeit die Interessen der Kriminalisierten zu vertreten (Lamnek 2008). Dies würde etwa bedeuten, Kontrollfunktionen zurückzuweisen und sich ganz der Hilfefunktion zu verpflichten (vgl. z. B. Müller 1993).

Etikettierungstheorien legen es nahe, sich mit der subjektiven Sicht der Kriminalisierten zu befassen. Es muss darum gehen, ihr Verhalten und ihre Sicht der Dinge zu verstehen (vgl. z. B. Stallberg 1976). Das Verstehen von Handlungen kann diesen den Schein böswilliger Normverletzungen nehmen (Ludwig-Mayerhofer 1993). Soziale Arbeit wäre in diesem Zusammenhang eher als verstehender, denn als verurteilender Beruf zu begreifen (vgl. z. B. Nickolai 2010). Erforderlich ist dabei eine Lösung von konventionellen Moralvorstellungen. Abweichendes Verhalten gilt per Definition als störend und dysfunktional. Es sollte dagegen als wesentliches Element der Vielfalt in einer Gesellschaft betrachtet werden (Matza 1973).

Ein Aufgabenfeld der Sozialen Arbeit könnte auch darin gesehen werden, einer allzu großen Einengung des Handlungsspielraums durch kompensatorische Maßnahmen entgegen zu wirken. Wichtig wären daher substantielle Unterstützungsleistungen in zentralen Lebensbereichen wie Wohnen, Arbeit oder Verschuldung (von Wolffersdorff 1996).

4.8 Kriminalität als Produkt von Zuschreibungsprozessen

Wenn erst Definitionen abweichendes Verhalten und »Kriminalität« schaffen, kann die soziale Wirklichkeit durch Umdefinition verändert werden (kritisch dazu: Werkentin et al. 1972). Dabei sind nicht nur formelle Definitionen durch Instanzen der Strafverfolgung relevant, sondern auch informelle Etikettierungen (Schneider 1997). Aufgabenfeld der Straffälligenhilfe ist es in diesem Zusammenhang, Öffentlichkeitsarbeit und Lobbyarbeit zu betreiben, bestehenden Vorurteilen entgegenzuwirken, für einen veränderten Umgang mit Straffälligen zu werben (vgl. z. B. Kawamura 2002). Es ist aber auch damit zu rechnen, dass sich Definitionen als resistent erweisen und nicht beliebig verschoben werden können (vgl. z. B. Hess/Scheerer 1997).

Im Umgang mit Straffälligen erscheinen angesichts der Gefahr einer selbsterfüllenden Prophezeiung negative Prognosen ausgesprochen heikel. Problematische Lebensumstände sollten nicht als »kriminogen« bzw. als potentielle Kriminalitätsursachen betrachtet werden, sondern als Faktoren, die eine Kriminalisierung wahrscheinlicher machen (Lamnek 2008).

Zurückhaltung ist auch für den Bereich der Prävention anzuraten. Maßnahmen drohen insbesondere dann stigmatisierende Wirkung zu entfalten, wenn sie sich an »Gefährdete« richten (vgl. z. B. Steffen 2015).

Straffälligenhilfe im justiziellen Sektor sucht sich ihre Klienten nicht aus, sondern überlässt die Selektion den Strafverfolgungsinstanzen. Für die Jugendgerichtshilfe gilt dies nur mit Einschränkung. Je nach lokalem Träger und Philosophie wird sie nicht in allen Verfahren gegen Jugendliche oder Heranwachsende aktiv[12]. Diese Selektivität impliziert eine potentielle Stigmatisierung jener jungen Menschen, bei denen ein Aktivwerden für sinnvoll und notwendig gehalten wird.

Ganz unabhängig vom Arbeitsfeld ist Soziale Arbeit als stigmatisierende Tätigkeit zu betrachten. Schon, dass sie sich bestimmten Personen und Gruppen zuwendet, lässt diese als hilfsbedürftig, benachteiligt oder randständig erscheinen. Dieses Grunddilemma ist wohl auch durch Öffentlichkeitsarbeit nicht zu lösen.

Der Labeling Approach zählte über Jahrzehnte zu den unbestrittenen Grundlagen der Sozialen Arbeit. Attraktiv macht ihn die Ablehnung der Etikettierung und Stigmatisierung der Adressaten Sozialer Arbeit. Das Interesse der Sozialen Arbeit lässt aber inzwischen erkennbar nach (vgl. z. B. Kreissl 2003, Cremer-Schäfer 2003). Dies könnte daran liegen, dass in der Sozialen Arbeit eher trivialisierte Versionen der Etikettierungstheorien verbreitet sind. Darüber hinaus sind aus radikaleren Versionen des Etikettierungsansatzes keine systemverbessernden und -erhaltenden Reformen ableitbar (Cremer-Schäfer 2003). Nonintervention oder ein Hinterfragen des staatlichen Kontrollapparates decken sich offensichtlich nicht mit verbreiteten Vorstellungen Sozialer Arbeit (Schur 1973, Lamnek 2008). Soziale Arbeit übernimmt selbst Kontrollaufgaben und wendet dabei eigene, eher als weich erscheinende

---

12 ▶ Kap. 3.2.

Kontrollmethoden an (Peters/Cremer-Schäfer 1975, vgl. auch Menzel/Ratzke 2003). Etikettierungstheorien regen dazu an, diese Funktionen grundlegend zu hinterfragen.

4.8.2 Kritische Kriminologie

Radikale Versionen der Zuschreibungstheorien werden u. a. mit den Begriffen »Kritische Kriminologie«, »radikale Kriminologie« oder »neue Kriminologie« bezeichnet (vgl. z. B. Schneider 1977a, Kaiser 1996).[13]

Sie richten den Blick überhaupt nicht mehr auf strafbare Handlungen, sondern ausschließlich auf Zuschreibungsprozesse und die Setzung und Anwendung von Normen (vgl. z. B. Quensel 2003, Kreissl 2003, Dollinger/Raithel 2006).

Während gemäßigte Formen des Etikettierungsansatzes mit traditionellen Kriminalitätstheorien vereinbar erscheinen, diesen etwa die Erklärung der primären Devianz überlassen, folgt die sogenannte kritische Kriminologie einem eigenen *Paradigma* mit konträren und inkompatiblen Grundannahmen.[14]

> »Zwischen Ansätzen, mit Hilfe derer Ursachen von Sachverhalten ermittelt werden sollen, und Ansätzen, denen die Annahme zugrunde liegt, Sachverhalte seien nicht als Definitionen und Konstruktionen, deren Entstehung zu rekonstruieren sei, gibt es keine Gemeinsamkeiten, die die Erwartung einer Synthese oder auch nur einer objektivistischen Erweiterung des labeling approach rechtfertigen« (Peters 1989: 125).

Die Untersuchung von *Ursachen* von »Kriminalität« wird grundsätzlich abgelehnt. Es wird zwar angenommen, dass auch kriminalisiertes Verhalten wie »jegliches Verhalten seine Gründe hat« (Klimke/Legnaro 2016: 2 f). Erst durch Zuschreibungen wird aber aus Verhalten »Kriminalität«. Zuschreibung kann dabei prinzipielles jedes Verhalten treffen. Die Ursachen des etikettierten Verhaltens und die Motive von »Täter(innen)« sind damit völlig irrelevant (Sack

---

13 Neueren Datums sind die Begriffe »Constitutive Criminology« (Henry/Milovanovic 1998) und »Cultural Criminology« (Ferrell et al. 2008).
14 Das sogenannte interpretative Paradigma ersetzt das bisher gängige normative Paradigma. Während im normativen Paradigma davon ausgegangen wird, dass menschliches Handeln auf Dispositionen, Erwartungen, internalisierte Regeln zurückzuführen ist, geht das interpretative Paradigma davon aus, dass Menschen aufgrund von Bedeutungen handeln, dass sie anderen Absichten zuschreiben und darauf reagieren. Während das normative Paradigma die Annahme vertritt, dass ein grundlegender Konsens über Werte und Norme besteht, betrachtet das interpretative Paradigma Wirklichkeit als sozial konstruiert und setzt nicht voraus, dass Situationsdefinitionen verschiedener Personen identisch sind (Smaus 1998, Lamnek 2008.). Von Interesse sind die intersubjektiven Bedingungen der Zuschreibung von Bedeutungen (Keckeisen 1974): Das normative Paradigma geht davon aus, dass Normen eindeutig auf Situationen und Verhaltensweisen angewendet werden können (Smaus 1998). Auch wird angenommen, dass normwidriges und normkonformes Verhalten eindeutig festgestellt werden kann (Keckeisen 1974). Dagegen wird im interpretativen Paradigma angenommen, dass Deutungen in Interaktion ausgehandelt und ständig revidiert werden und dies auch für die Anwendung oder Anwendbarkeit von Normen gilt (Smaus 1998).

1988, Quensel 2003, Klimke/Legnaro 2016, Krasmann 2003, Peters 1997b).
»Das Verhalten des Definitionsadressaten begründet […] Devianz nicht« (Keckeisen 1974: 32).

Entscheidend sind vielmehr soziale Sinngebungs- und *Zuschreibungsprozesse* (Gransee/Stammermann 1991). »Kriminalität« oder »Devianz« sind das Produkt von Interaktionen (Keckeisen 1974).

> »Die Kriminalität, ganz generell: Abweichendes Verhalten ist als ein Prozeß zu begreifen, bei dem sich die beteiligten Partner, der sich abweichend Verhaltende auf der einen Seite und diejenigen, die dieses Verhalten als solches definieren, auf der anderen Seite gegenüberstehen« (Sack 1968: 470).

Betrachtet man, welche Phänomene als »kriminell« gelten, fällt deren große *Heterogenität* auf. Extrem unterschiedliche Sachverhalte wie Ladendiebstahl, Bilanzfälschung, Serienmord und Angriffskrieg werden unter einen Begriff gefasst: Gemeinsames Merkmal ist dabei nur die erfolgte Zuschreibung (vgl. z. B. Hanak 1986, Quensel 1987, 2003, Henry/Milovanovic 1998). »Kriminalität« liegt vor, wenn das Verhalten einer Person und damit auch diese selbst offiziell als »kriminell« bezeichnet werden (Sack 1988).

»Kriminalität« ist keine Deskription von Verhalten, sondern eine *»Askription«*, eine Zuschreibung (vgl. z. B. Sack 1988, Lamnek 2001, Kreissl 2003, Dollinger/Raithel 2006: 124). Eine Beschreibung oder Deskription kann wahr oder falsch, richtig oder verzerrend sein (Lamnek 2008). Bei einer Zuschreibung oder Askription gelten diese Bewertungskriterien nicht. »Der Richter sagt nicht: Dies ist nach den von mir verwendeten Schlußregeln Diebstahl, sondern er sagt, dies ist vollendeter Diebstahl« (Sack 2016: 117).

Durch Zuschreibung wird eine neue Wirklichkeit geschaffen. Gerichte sind »Tatsachen« erzeugende und setzende Institutionen. Das Urteil schafft ein neues Merkmal für Verurteilte, setzt sie in einen Status ein, den sie ohne das Urteil nicht besitzen würde (Sack 2016).

> »Durch das Gerichtsurteil, das den Angeklagten schuldig spricht, wird nicht nur eine Tatsache aktenkundig gemacht und festgestellt, die auch ohne das Urteil existieren würde. Es ist nicht ein reiner Akt der Namengebung, der Benennung eines Phänomens, sondern das Verdikt: Ihm ist diese Tat zuzuschreiben, er ist für sie verantwortlich, er hat für die Konsequenzen einzustehen, begründet erst das Merkmal ›Krimineller sein‹, schafft diese Eigenschaft im wahrsten Sinne des Wortes« (Sack 1968: 468 f).

Die Frage, ob etwas oder jemand »kriminell« ist, wird in normativen Diskursen unter Beteiligung verschiedener Akteure mit unterschiedlichen Durchsetzungschancen entschieden. Erst, wenn diese abgeschlossen sind, liegt fest, ob »Kriminalität« vorliegt. Es »gibt keine Kriminellen per se, sondern Kriminalität ist ein Label, ein Etikett, ein Urteil – in jedem Sinne des Wortes –, das über eine Person oder ein Handeln gesprochen wird. Nicht der Wissenschaftler kann den Kriminellen identifizieren, sondern die Gesellschaft schafft ihn qua Zuschreibung« (Kreissl 2003: 40).

»Kriminalität« wird also *nicht* als *Persönlichkeitsmerkmal* betrachtet. Es gibt keine »kriminellen« und konformen Personen (Sack 2016, Pfeiffer/Scheerer 1979, Lamnek 2008). Abweichung oder »Kriminalität« sind nicht eine »Eigenart einer Minderheit marginalisierter Menschengruppen«, sondern »eine Minderheit von Ereignissen im Lebensalltag jedes Menschen« (Frehsee 1991: 41).

> »Auch der Kriminelle und Delinquente kommt den konventionellen Erwartungen seiner sozialen Umgebung in den weitaus meisten Fällen nach. Der Unterschied zwischen ihm und seinem ›konformen Nachbarn‹ ist allenfalls ein solcher des Grades, um nicht zu sagen des Zufalls« (Sack 2016: 110).

»Kriminalität« ist auch kein Merkmal bestimmter Handlungen, »das dem Verhalten als solchem zukommt« (Sack 1968: 470). Ob eine »Straftat« vorliegt, kann nicht einfach beobachtet werden, eine verbindliche Deutung findet erst im Strafverfahren statt, es zeigt sich also erst im Nachhinein, ob »Kriminalität« vorliegt (Sack 1972, z. B. Krasmann 2003, Lamnek 2001).

Im interpretativen Paradigma wird soziale Wirklichkeit als Konstruktion betrachtet, als etwas Produziertes. Realität ist nicht einfach gegeben und mit dem Instrumentarium der Wissenschaft umstandslos zu erkennen und zu entdecken. Sie wird produziert durch Handeln, Interpretation und Interaktion (Sack 1988, Henry/Milovanovic 1998).

Sack unterscheidet deshalb bei »Kriminalität« zwischen physikalisch beobachtbaren Handlungen und ihrer sozialen Deutung (Sack 1968). Eine Handlung lässt »mehr als eine Rekonstruktion zu« (Sack 1968: 465).

> »Die Handlung selbst liefert ihre eigene Interpretation nicht mit. Diese wird an sie von außen herangetragen. Zwei physikalisch gleich ablaufende Geschehnisse können durchaus eine unterschiedliche Interpretation zulassen. Die Parteien in einem Rechtsstreit bzw. Staatsanwalt und Verteidiger streiten im Prozeß in der Regel nicht darum, was ›in Wirklichkeit‹ geschehen ist, sondern um die Interpretation eines Geschehens« (Sack 1968: 465).

Einem zunächst neutralen Verhalten wird im Rahmen eines sozialen Prozesses ein Etikett angeheftet (Klimke/Legnaro 2016). Das Geschehen durchläuft eine *soziale Karriere* (Sack 1968).

> »Im Verlaufe eines solchen Karriereprozesses finden Rekonstruktionen, Transformationen von Tathergängen aus einem bestimmten Bezugsrahmen in einen anderen statt, die alle letztlich darauf hinzielen, eine Verbindung herzustellen, zwischen einem physikalischen Ereignis einerseits und subjektiven Dispositionen, Absichten, Intentionen, psychischen bzw. mentalen Zuständen einer Person andererseits. Erst die Verbindung dieser beiden Elemente konstituiert das norm- bzw. rechtsrelevante Geschehnis« (Sack 1968: 465).

Es ist dabei zu kurz gegriffen, Kriminalisierung nur auf eine Interaktion zwischen einzelnen Straffälligen und den jeweiligen Vertretern von Instanzen zu reduzieren. Auch im Einzelfall ist die Interaktion von Regeln, Bedeutungen und Normen geprägt, die schon vorab bestehen (Keckeisen 1974). Die Zuschreibung des Etiketts »kriminell« erfolgt nicht zufällig oder willkürlich, sondern folgt einer Logik. Wer und was als »kriminell« bezeichnet wird hängt von Machtverhältnissen, Interessen und gesellschaftlichen Auseinandersetzungen ab (vgl. z. B. Peters 1997a, Janssen 1997, Menzel/Ratzke 2003, Chambliss 1976, Lamnek 2008, Smaus 1986b).

Kriminalität« lässt sich als *negatives Gut* betrachten, als Gegenstück zu Privilegien. Positive wie negative Güter werden innerhalb einer Gesellschaft ungleich verteilt (Sack 1968).

»Die Verteilungsmechanismen der negativen Eigenschaft ›Kriminalität‹ sind ebenso ein Produkt gesellschaftlicher Auseinandersetzungen wie diejenigen, die die Verteilung der positiven Güter in einer Gesellschaft regeln. [...] Die Verteilung des negativen Gutes Kriminalität geschieht auf die gleiche Art und Weise wie die der positiven Güter. Zu ihrer Analyse eignen sich die in der Soziologie allgemein bewährten Konzepte wie Status, Rolle, Rekrutierungsmuster, Karriere, Zuweisungskriterien etc.« (Sack 1968: 470).

Die Zuschreibung ist *interessengeleitet* und verfolgt nachvollziehbare Zwecke. Mit der Zuschreibung ist die Degradierung von Personen verbunden, sie ermöglicht ausschließende Reaktionen (Cremer-Schäfer 1933, Henry/Milovanovic 1998, Sack 1993b, vgl. auch Lamnek 2008 1993b). Degradierungsrituale »sind ausschließend, sie entfernen Deviante tatsächlich und symbolisch aus dem normalen Leben« (Pfohl 1988: 141).

Kategorien des Ausschlusses und ihre Anwendungsregeln sind dabei *historisch variabel* (Garfinkel 2016, Sack 2016). »Was heute als kriminelles Verhalten sanktioniert wird, kann im nächsten Jahr als krank angesehen und von der nächsten Generation als möglicherweise legitimes Verhalten durchgesetzt werden« (Gusfield 2016: 85). Auch der Begriff »Verbrechen« und die strafrechtliche Bearbeitung »sind historische ›Erfindungen‹. Als solche haben sie ›ihre Zeit‹« (Steinert 1987: 98).

Einige Autor(inn)en sind der Ansicht, dass wir aktuell eine besonders kriminalisierungsfreudigen und auf Exklusion ausgerichtete Phase erleben (Steinert 2016, Christie 2016).

»Wir haben Gesellschaften geschaffen, in denen es ganz besonders leicht fällt und auch im Interesse vieler ist, unerwünschtes Verhalten als Verbrechen zu definieren – im Gegensatz zu schlechten, verrückten, exzentrischen, unanständigen oder ganz einfach unerwünschten Handlungen. Wir haben unsere Gesellschaften auch in einer Weise geformt, die unerwünschtes Betragen provoziert, und gleichzeitig die Möglichkeiten nichtstaatlicher Kontrolle reduziert« (Christie 2016: 48).

In allen Gesellschaften gilt aber, dass es das Verhalten relativ machtloser Personen oder Gruppen ist, das als abweichend oder »kriminell« definiert wird (Peters 1989, Frehsee 1991, Chambliss 1976). Erst durch *Macht* erhalten Definitionen reale Geltung (Keckeisen 1974). Die Schaffung von strafrechtlichen Normen wie auch ihre Durchsetzung setzt Macht voraus (Henry/Milovanovic 1998).

Hier kommen *Gesellschaftstheorien* ins Spiel, mit deren Hilfe Fragen zu Herrschaft und Macht, zum Strafrecht und seiner Funktion für die Aufrechterhaltung sozialer Ordnung beantwortet werden können (Smaus 1986 b, Lamnek 2008, Pfeiffer/Scheerer 1979, Pilgram/Prittwitz 2004, Schneider 1997).

Bezug genommen wird zum einen auf *Konflikttheorien*, die Recht und dessen Inhalte als Ergebnis sozialer Spannungen und Auseinandersetzungen betrachten.

Gesellschaft wird nicht als relativ harmonisches Ganzes betrachtet, das von geteilten Werten und Idealen geprägt ist. Abgelehnt wird auch der Gründungsmythos, wonach freie Individuen zum Wohl aller einen Gesellschaftsvertrag geschlossen, dem Staat das Gewaltmonopol übertragen und somit auch das Recht verliehen hätten, Fehlverhalten gewaltsam zu bestrafen (Sack 1988). Dagegen wird ein Modell gesetzt, das vom Kampf um Ressourcen, unterschiedlichen Interessen und widersprüchlichen Zielen von Einzelnen und Gruppierungen geprägt ist. Konflikte sind damit fester Bestandteil des sozialen Lebens (Michalowski 1988, Eifler 2002).

Recht und insbesondere das Strafrecht sind demnach nicht Ausdruck eines Konsenses über grundlegende Rechte, Rechtsgüter oder Verhaltenserwartungen. Recht ist vielmehr das Ergebnis von sozialen Konflikten und dokumentiert, wer seine Positionen und Interessen durchsetzen konnte (Vold 1958, Michalowski 1988, vgl. auch Janssen 1997, Chambliss 1988, Eifler 2002, Schumann 1974, Henry/Milovanovic 1998).

Darüber hinaus ist gerade das Strafrecht auch eine wichtige Ressource im Konflikt selbst (Michalowski 1988). Wer sich im Konfliktfall auf Strafecht beziehen kann, hat damit deutlich bessere Chancen, erfolgreich aus dem Konflikt hervorzugehen. Aus Konfliktgegnern werden »Täter(innen)«, ihr Verhalten erscheint nicht mehr als legitimer Versuch der Interessendurchsetzung, sondern als »abweichend«, »kriminell« und »illegitim« (vgl. z. B. Cremer-Schäfer 1993, Schumann 1988). Durch die Darstellung eines Konfliktes als »Normbruch« und »Kriminalität« werden Eigeninteressen verdeckt und der Anschein geweckt, im Namen der Gesellschaft als ganzer und allgemein geteilter Normen zu sprechen (Cremer-Schäfer 1993). Kriminalisierung »ist ein Weg, um den Widerstand jener zu unterdrücken, die die bestehenden Machtverhältnisse in Frage stellen. [...] Das Etikett ›abweichend‹ entpolitisiert das Geschehen und die Mächtigen behalten die Kontrolle über das Geschehen« (Pfohl 1988: 130 f).

Recht ist Ergebnis von Konflikten, schreibt Konfliktresultate fest und fixiert die Regeln der Konfliktaustragung, ist Mittel im Konflikt (Schumann 1974, Lamnek 2008).

In der kritischen Kriminologie werden auch *marxistische Theorien* einbezogen. Es wird davon ausgegangen, dass das Strafrecht und die Instanzen zu seiner Durchsetzung grundlegend vom System des Kapitalismus geprägt sind. Dabei haben sich aber sehr unterschiedliche marxistische Perspektiven entwickelt (vgl. auch Scherr 2012). Frühe Vertreter gingen noch relativ naiv von Klassenjustiz aus zur Unterdrückung der Arbeiterklasse aus (vgl. z. B. Kreissl 1993, Schneider 1997). Spätere Positionen sind weitaus differenzierter.

- Einer instrumentalistischen Betrachtung zufolge dient das Strafrecht ganz direkt den Interessen der herrschenden Bourgeoisie, wird von dieser nach Belieben benutzt und manipuliert (Michalowski 1988, Beirne 1988, Lamnek 2008). Recht ist ein »Instrument des Staates und der herrschenden Klasse zur Aufrechterhaltung und Verewigung der bestehenden sozialen und ökonomischen Ordnung« (Quinney 1974, zitiert nach Michalowski 1988: 44). »[Es ist ein] Werkzeug der herrschenden Klasse und führt zur Aufrechterhaltung der Dominanz dieser Klasse. Das Recht dient den Mächtigen gegenüber den Schwachen; es fördert den Krieg der Mächtigen gegen die Machtlosen« (Quinney 1975: 83). Angenommen wird, dass die Inhalte des Strafrechts direkter Ausdruck kapitalistischer Interessen sind, dass die herrschende Klasse als »kriminell definiert, was ihr gefährlich zu werden droht (Schneider 1977a, Messerschmidt 1988).

- Anhänger(innen) eines strukturalistischen Marxismus gehen davon aus, dass der Staat eine gewisse Autonomie besitzt. Ihm geht es nicht nur um die Sicherung manifester Interessen der kapitalistischen Klasse, sondern auch um den Fortbestand des gesamten Systems. Rechtliche Regelungen und deren Umsetzung dienen daher zuweilen auch Interessen der Arbeiterklasse, sie reflektieren auch Widersprüche der sozialen Struktur (Michalowski 1988, Beirne 1988, Lamnek 2008, Messerschmidt 1988). Dennoch bilden Form und Inhalt von Gesetzen deutlich besser die Interessen der Mächtigen als jene der Machtlosen ab (Messerschmidt 1988). Und es sind außerrechtliche Merkmale wie der sozioökonomische Status einer Person, anhand derer entschieden wird, wer festgenommen, verurteilt und bestraft werde (Michalowski 1988).
- Reflexive Marxist(inn)en berücksichtigen Diskurse und deren Bedeutung bei der Schaffung von Wirklichkeit. »Recht«, »Kriminalität« und »Klassen« werden durch Interaktion und Kommunikation konstituiert. Sie existieren nur, wenn sie symbolisch gedeutet und in einer Diskursgemeinschaft wiedererkannt werden. »Kriminalität« gibt es, weil Menschen darüber reden und »Kriminalität« als etwas Reales betrachten (Michalowski 1988, vgl. auch Pfohl 1988).

Die Logik der Kriminalisierung ist nur vor dem Hintergrund solcher Gesellschaftstheorien zu verstehen. Strafverfolgung ist Ausdruck von Macht und Interessen (vgl. z. B. Messerschmidt 1988).

Ein Blick in den Strafvollzug verrät, dass Kriminalisierung aktuell vor allem jüngere Männer mit eher geringer Bildung, geringem Berufsprestige und wenig stetiger Berufstätigkeit, geringem Einkommen, die vorwiegend in Großstädten leben und häufig einen Migrationshintergrund aufweisen, trifft (vgl. z. B. Wacquant 2009, Groenemeyer 2003, Keupp 1976, Wacquant 2016).

- Die Zuweisung »krimineller Rollen« hängt eindeutig von Schicht und sozialer Herkunft ab. Die Anwendung von Strafrecht konzentriert sich auf den unteren Rand der Gesellschaft, auf Arme und Arbeitslose, marginale Personen und Randgruppen (vgl. z. B. Sack 1968, Peters 1989, Cremer-Schäfer 2004, Jasch 2014, Lamnek 2003, 2008, Smaus 1986 b, Kawamura 2002, Meyer 1998, Pilgram 2002).
- Auch das Lebensalter spielt eine eindeutige Rolle. Zielgruppe des Strafrechts sind junge Menschen (Peters 1995, Frehsee 1991).[15]

---

15 ▶ Kap. 4.3.

- Ebenso wichtig ist das Geschlecht einer Person. Frauen werden milder bestraft, »Kriminalität« ist ein Etikett, das bevorzugt Männern zugeteilt wird (Smaus 1995).
- Auch die ethnische Zugehörigkeit ist von Bedeutung. Einwanderer gehören zur Hauptklientel von Polizei und Justiz (Meyer 1998). In den USA spielt die Rassenzugehörigkeit traditionell eine große Rolle (Matza 1973). Auch in Deutschland ist »Racial Profiling« inzwischen ein Thema (Klimke/Legnaro 2016, Belina 2006).
- Eine Rolle spielt auch der Lebenswandel und der Habitus einer Person (Sack 1968, Frehsee 1991). Höheres Kriminalisierungsrisiko besteht etwa bei einem amtlich nicht nachvollziehbaren Lebenslauf. Kriminalisierung und Sanktionsverzicht hängt wohl auch von Arbeitsverhalten und der Einstellung zur Arbeit ab (Pfeiffer und Scheerer 1979, Peters 1989).
- Auch die Familiensituation spielt eine Rolle. Wo vom Idealbild der intakten, vollständigen Familie abgewichen wird, besteht ein größeres Kriminalisierungsrisiko (Sack 1968, Lamnek 2008).

Vermutet wird, dass Exklusion durch Strafrecht vor allem auf *Personen oder Gruppen* abzielt, die gleichzeitig als gefährlich und *überflüssig* betrachtet werden (Singelnstein/Stolle 2007, Wacquant 2009, Oberlies 2013).

»[Es] tragen die Akteure das größte Risiko, dass ihre Normbrüche entdeckt und verfolgt werden, die in der sozialen Hierarchie eine Position relativer Machtlosigkeit einnehmen (etwa weil sie arm, schlechter gebildet, migrantisch oder jugendlich sind)« (Klimke/Legnaro 2016: 107).

Zurückzuführen ist dies zum einen darauf, dass strafrechtliche Normen gezielt übliches Verhalten dieser Personengruppe sanktionieren (Messerschmidt 1988, vgl. auch Eifler 2002). Es werden »vor allem Schädigungsformen strafgesetzlich erfaßt und dogmatisch ausdifferenziert [...], wie sie den kulturspezifischen Handlungsmustern und Gelegenheitszugängen jener Gesellschaftsgruppen entsprechen, die am Normsetzungsprozeß die geringste Beteiligung haben« (Frehsee 1991: 26).

Mächtige Gruppen legen Regeln fest, die auf machtlose Menschen zutreffen und angewendet werden. Dies geschieht zum einen aus konkretem Eigennutzen, um Verhalten zu unterbinden, das eigenen Interessen widerspricht (Smaus 1986b, Lamnek 2008). Sozialschädliche und egoistische Handlungen von Oberschicht und mächtigen Gruppen werden also eher nicht ins Strafrecht aufgenommen, typische Bereicherungsversuche der Unterschicht dagegen kriminalisiert (Sutherland 2016, Werkentin et al. 1972, vgl. auch Schneider 1977a). Die Setzung von Normen hat aber auch eine symbolische Funktion. Wer es schafft, seine Vorstellungen in öffentlich anerkannte Normen oder sogar Strafgesetze einfließen zu lassen, dokumentiert damit seinen Einfluss innerhalb der Gesellschaft (Gusfield 2016). Es ist also gar nicht nötig, dass ein Gesetz verhaltensregulierend wirkt: »Auch wenn das Gesetz gebrochen wurde, so war doch klar, wessen Gesetz es war« (Gusfield 2016: 72).

Macht bestimmt aber nicht nur, was in Strafgesetzen enthalten ist. Auch die Auslassungen sind Ausdruck von Macht. Wer ausreichend Macht und Einfluss hat, kann verhindern, dass eigene Verhaltensweisen ins Strafrecht aufgenommen werden (Jasch 2014, Sutherland 2016, Messerschmidt 1988). Das führt dazu, dass extrem sozialschädliches Verhalten mächtiger Personen oder Institutionen nicht als »Kriminalität« erfasst werden kann (Sutherland 2016, Neubacher 2005).

Nicht alle Straftatbestände sind aber auf die Angehörigen unterer Schichten zugeschnitten. Daher existiert trotz allem auch »*White-Collar-Crime*« (Sutherland 1968b), »Makrokriminalität« (Jäger 1989) oder die »Kriminalität der Mächtigen« (Scheerer 1993b). Diese Formen von »Kriminalität« werden dabei als besonders sozialschädlich und destruktiv betrachtet (Sutherland 2016, Klimke/Legnaro, Jäger 2016). Normverstöße von mächtigen Personen und Gruppen werden aber selten registriert und kriminalisiert (vgl. z. B. Kawamura-Reindl 2014, Ostendorf 2010a). Darüber hinaus begehen auch Personen aus der Mittelschicht strafbare Handlungen. Es gibt auch eine »Kriminalität der Rechtstreuen, Erfolgreichen, Angepassten, der anständigen oder braven Bürger, der feinen Leute, der Menschen wie Du und Ich, kurz: unsere eigenen Verwerflichkeiten« (Frehsee 1991: 29). Auch diese »Abweichung der Angepassten« (Frehsee 1991) wird zu wenig wahrgenommen: »[In der] Mitte befindet sich [...] ein weißer Fleck auf der kriminologischen Landkarte« (Frehsee 1991: 28).

Die seltenere Kriminalisierung von Mittel- und Oberschicht lässt sich zum einen auf die Art ihres kriminalisierbaren Verhaltens zurückführen. Einfach strukturierte und auf unmittelbare physikalische Veränderungen der Umwelt gerichtete Schädigungsformen sind leichter wahrzunehmen, zu entdecken, nachzuweisen und zu verfolgen (Frehsee 1991, vgl. auch Kawamura-Reindl 2014). Dagegen handelt es sich bei der »Kriminalität der Mächtigen« eher um komplexe Sachverhalte, die sachlich schwer aufzuklären und rechtlich schwer einzuordnen sind (Jasch 2014, Sutherland 2016). Massive Schädigungen werden erst gar nicht als »Kriminalität« interpretiert, wenn sie in Übereinstimmung mit Rollen und kollektiven Erwartungen stehen. So scheinen gerade in der Wirtschaft die Grenzen zwischen gerade noch erlaubten und unlauteren, unerlaubten Geschäftspraktiken zu verschwimmen (Merton 2016). Auch auf Ereignisse außerhalb der alltäglichen Lebensumstände wird die Definition »Kriminalität« eher nicht angewendet. Extreme Gewalt ist dann nicht »Mord« oder »schwere Körperverletzung«, sondern wird als »Krieg« oder »Politik« gerahmt, extreme Ausbeutung möglicherweise unter Kategorien wie »Wirtschaft« oder »Globalisierung« eingeordnet (Jäger 1989, Jasch 2014). Jäger (2016) spricht in diesem Zusammenhang von einem normativen Vakuum. Die Kriminalisierung ist auch dann problematisch, wenn das Geschehen nicht von einzelnen Personen, sondern ganzen Institutionen oder Organisationen ausgeht, da »Kriminalität« im Regelfall die Zuschreibung von Schuld an individuelle Personen bedeutet (Jasch 2014, Jäger 2016).

Darüber hinaus unterscheiden sich auch die Opfer der jeweiligen Handlungen und ihre Beschwerdemacht: Opfer der Oberklasse sind häufig unorganisiert, ohne fachliche Kenntnisse und wehrlos, Opfer der Unterklasse dagegen oft reiche und mächtige Personen, die das Strafrecht leicht zu ihren Gunsten mobilisieren können (Sutherland 2016).

Hinzu kommt, dass bei der *selektiven Anwendung* strafrechtlicher Normen auf potentielle »Täter(innen)« Merkmale der Person oder deren Lebensführung eine wichtige Rolle spielen (vgl. z. B. Beirne 1988, Eifler 2002, Sutherland 2016). Sanktioniert wird nicht »die Straftat, sondern die sozial randständige Position« (Lamnek 1983: 37). Angehörigen unterer Schichten gilt die besondere Aufmerksamkeit der Polizei (Kawamura 2002, Lamnek 2008, Matza 1973). Gegen Personen mit geringem Status werden besonders einschneidende Sanktionen verhängt. Am eindeutigsten lassen sich die Selektionskriterien des Strafrechts also bei denjenigen nachweisen, die eine freiheitsentziehende Sanktion erhalten (Kawamura 2002, Jasch 2014, Wacquant 2009, Oberlies 2013). Diese unterscheiden sich nicht durch die Deliktstruktur, sondern primär aufgrund ihrer sozialen Zusammensetzung von milder Bestraften (Lindner 1993, Cornel 2002c). Verfahren gegen sozial Benachteiligte werden seltener eingestellt, sie haben weder die nötigen finanziellen Mittel, einen qualifizierten Anwalt zu bezahlen, noch die verbalen Fähigkeiten, ihre Version des Geschehens oder ihre Reue glaubwürdig zu präsentieren, fehlende Beschwerdemacht kommt erschwerend hinzu. Ihre Lebensführung und Sozialisation erleichtert es, Freiheitsstrafen auszusprechen, ihre beschränkten finanziellen Möglichkeiten führen eher dazu, dass aus Geldstrafen Ersatzfreiheitsstrafen werden (vgl. z. B. Frehsee 1991, Peters 1989, Kawamura-Reindl 2014, Milovanovic 1988, Jasch 2014, Gusfield 2016, Cornel 2002c, Pilgram 2002). Darüber hinaus sind sie häufiger schon einmal strafrechtlich sanktioniert worden, was sich bei weiteren Justizkontakten strafverschärfend auswirkt (vgl. z. B. Meier 2001).

Statushohe Personen verfügen dagegen über ausreichend Macht, Strafverfahren zu vermeiden oder im Strafverfahren geringe Strafen auszuhandeln (Neubacher 2005). Darüber hinaus existieren etwa im ökonomischen Sektor alternative Regelungssysteme für strafbare Handlungen (Jasch 2014). Problematische Verhaltensweisen werden den Behörden der Strafverfolgung erst gar nicht bekannt, sondern informell oder zivilrechtlich bearbeitet (Pilgram 2002, Sutherland 2016, Messerschmidt 1988, Voß 1993). Personen mit Macht und Einfluss entsprechen auch einfach nicht den üblichen Selektionskriterien der Instanzen der Strafverfolgung. So sind etwa »Wirtschaftsstraftäter [...] sehr häufig in so genannten geordneten Verhältnissen aufgewachsen. Sie haben herkömmliche Erziehungsmethoden erlebt und entsprechen den gesellschaftlichen Leitbildern« (Ostendorf 2010a: 57).

> »Mit wenigen Ausnahmen sind sie nicht arm, wurden nicht in Elendsquartieren oder entwurzelten Familien erzogen und sind nicht schwachsinnig oder psychopathisch. Sie waren in ihren früheren Jahren selten Problemkinder und sind nicht bei Jugendgerichten oder Erziehungsberatungsstellen in Erscheinung getreten« (Sutherland 2016: 305).

Auch Mittelschichtangehörige sind besser vor Strafverfolgung geschützt. Normverstöße werden aufgrund von »Schutzeffekten durch gruppenbezogene Solidarität« (Frehsee 1991: 34) nicht registriert und sanktioniert.

Kriminalisierung ist also abhängig von *Schichtzugehörigkeit* und *Macht*. Die soziale Herkunft entscheidet darüber, wie Etiketten vergeben werden (Smaus 1986 b, Lamnek 2008).

»Den unteren Schichten wird ein Label schlicht zugewiesen, in mittleren Schichten kann es mehr oder weniger stark ausgehandelt werden, in oberen Schichten kann die behördliche Definitionsmacht oftmals völlig suspendiert werden, denn in ihnen gelten meist eigene Definitionsregeln, die von ihren Mitgliedern häufig auch durchsetzbar sind« (Lamnek 2008: 147)

Die Schichtenselektivität der Strafjustiz gehört »mittlerweile zum festen Bestand kriminalsoziologischen Wissens« (Peters 1989: 103). Das Gegenbild der »Kriminalität der Mächtigen« wird in der kritischen Kriminologie deshalb gerne herangezogen, um den Blick auf die Frage zu lenken, welche Handlungen in unserer Gesellschaft als »kriminell« definiert und verfolgt werden und welche dagegen nicht (Jasch 2014).

Die sogenannte »Kritische Kriminologie« setzt sich ausgesprochen kritisch mit dem Strafrecht und seinen Funktionen auseinander (vgl. z. B. Gransee/Stammermann 1991). Strafrecht dient demnach nicht der Bekämpfung von »Kriminalität«, sondern schafft diese erst. Soziale Kontrolle ist nicht Reaktion auf Abweichung, sondern konstituiert erst Abweichung als soziale Wirklichkeit, gegen die sie sich danach wieder wendet (Lamnek 2008).

Als *latente Funktionen* des Strafrechts gelten:

- Die Absicherung des gesellschaftlichen Status Quo und die Absicherung von Herrschaft (vgl. z. B. Singelnstein/Stolle 2007, Oberlies 2013, Frehsee 1991). Strafe ist die »Zufügung eines Übels als Akt der Herrschaft und mit dem Hauptziel, diese Herrschaft zu demonstrieren« (Steinert 1987: 96).
- Der Schutz der Interessen von Mächtigen (Pfohl 1988, Peters 1989): Recht sichert die Hegemonie bestimmter Gruppen ab (Lamnek 2008). Die Schaffung strafrechtlicher Normen dient der Darstellung der Legitimität der eigenen Macht und lässt die Macht anderer illegitim erscheinen (Henry/Milovanovic 1998).
- Die Legitimation gesellschaftlicher Ungleichheit und Repression (Cremer-Schäfer 1993, Smaus 1990, Pfohl 1988):
Strafrecht unterscheidet nicht nur zwischen »kriminell« und »nicht kriminell«, zwischen gut und böse, sondern weist den so bezeichneten Personen auch ihren angemessenen Platz in der Gesellschaft zu (vgl. z. B. Legnaro 2000). Die Einstufung als abweichend oder »kriminell« produziert und reproduziert soziale Ungleichheit (Pfohl 1988). Strafrecht ist »ein Mechanismus zur Aufrechterhaltung, Begründung, Garantierung oder auch Zerstörung von sozialen Beziehungen« (Sack 1987: 3). Die Zuschreibung von »Kriminalität« rechtfertigt massive Eingriffe in Menschen- und Bürgerrechte. »Die »kräftigen« einfachen Lösungen, das Wegsperren, Rauswerfen, Umbringen, sind nur möglich oder jedenfalls wesentlich erleichtert in der Abstraktion, die nur den »Störer« sieht, der lästig und gefährlich ist oder das werden könnte« (Steinert 1988: 5)
- Die Verdeckung und Neuformulierung sozialer Probleme (Quensel 1987, Peters 1993, Voß 1993):
Strafrecht dient dazu, soziale Probleme zu individualisieren und damit politi-

sche Verantwortlichkeiten zu bestreiten (Peters 1993, Albrecht 1985). Sie werden als willentliche Normverstöße einzelner Menschen gedeutet. Dabei wird die Entstehungsgeschichte einer Problemlage ausgeblendet und nur der Moment der »kriminellen« Tat betrachtet (Voß 1993). So wird etwa das Problem zunehmender Armut und Marginalisierung in der Gegenwart durch den repressiven Zugriff des Strafrechts und das Wegsperren dieser Bevölkerungsteile »gelöst« oder zumindest verdeckt (Wacquant 2016, Singelnstein/Stolle 2007). Der strafrechtliche Fokus richtet sich auf bestimmte Probleme und Konflikte. Bei anderen werden gezielt »normative Dunkelfelder« gepflegt (Voß 1993: 140).

- Die Demonstration von Handlungsfähigkeit des Staates (Voß 1993, Singelnstein/Stolle 2007):
  In einer globalisierten und international verflochtenen Welt haben Nationalstaaten immer weniger Möglichkeiten, Politik zu gestalten (vgl. z. B. Groenemeyer 2003). Im Feld der Strafverfolgung kann der Staat Handlungsfähigkeit demonstrieren. Simon (1997) spricht diesbezüglich von »Governing through Crime«. Punitive Kriminalpolitik kompensiert damit staatliche Schwäche (vgl. auch Sack 2004, Groenemeyer 2003). Straftaten mit relativ machtlosen »Täter(inne)n« und Straftaten von Fremden eigenen sich besonders gut als Gegenstand von punitiver Kriminalpolitik und Kriminalisierung (Sack 2011). Benachteiligte Gruppen können keine wirksamen Gegenstrategien entwickeln, wenn sie von staatlicher Kriminalisierungspolitik betroffen sind (Dollinger/Raithel 2006).
- Die Exklusion überflüssiger Arbeitskräfte, die Durchsetzung von Arbeitsmoral oder die Spaltung der Arbeiterschaft (Kunstreich/Lindenberg 1997, Cremer-Schäfer 1993, Groenemeyer 2003, Quensel 1987):
  Kriminalisierung stellt eine »Zwangsmethode der Erziehung zur Arbeitsmoral innerhalb der untersten Schicht« (Smaus 1986 b: 191) dar. Ungebildete Arme werden dadurch dazu motiviert, unvorteilhafte Positionen auf dem Arbeitsmarkt anzunehmen (Smaus 1986 b, vgl. auch Dollinger/Raithel 2006, Lamnek 2008).

> »Mit dem Einsperren und Zum-arbeiten-Zwingen wurde vorgeführt, daß ein mittelloser Mensch sich nicht irgendwie, z. B. mit Betteln, durchbringen soll, sondern mit Arbeit, wenn er dazu imstande ist, und zwar mit regelmäßiger und ausdauernder Arbeit gemäß willkürlicher Vorgaben, nicht auf eine bestimmte Menge an Produkten hin oder sonst auf die Erledigung einer Aufgabe, sondern einfach und stupid für eine bestimmte Zeit« (Steinert 1988: 7).

Strafrecht und insbesondere der Strafvollzug sind für die Disziplinierung und Neutralisierung Überflüssiger unverzichtbar. Strafvollzug verwahrt jene, die vom Markt nicht als Arbeitskräfte gebraucht werden (Oberlies 2013, Wacquant 2016, Mathiesen 1993). Höhere Gefangenenraten sind die Antwort des neoliberalen Staates auf prekäre Lebensverhältnisse. Strafvollzug soll ein Aufbegehren gegen Marginalisierung und Unsicherheit verhindern (Wacquant 2009).

Strafrecht schützt also nicht brave Bürger vor gefährlichen »Kriminellen«, sondern opfert machtlose und randständige Personen, um latente Funktionen zu erfüllen (vgl. z. B. Steinert 1988). Diese Opfer werden degradiert, stigmatisiert, kriminalisiert und sanktioniert. Hier findet eine völlige Rollenumkehr im Vergleich mit dem üblichen Verständnis von »Täter(inne)n« und »Opfern« statt: »Straftäter(innen)« im herkömmlichen Sinne werden zu »Opfern« von Zuschreibung; als aktive »Täter« werden die strafverfolgenden Organe betrachtet (Beirne 1988).

Neben dieser gesellschaftstheoretischen Ausrichtung ist die kritische Kriminologie aber auch von konstruktivistischen Vorstellungen geprägt. »Kriminalität« wird als *soziales Konstrukt* betrachtet, das eng mit gesellschaftlichen Konstruktionen von Normalität verbunden ist. Was als normal gilt, wird in Abgrenzung zu Vorstellungen von Abweichung, von den Anderen oder Fremden, vom nicht Erlaubten entworfen. Das Strafrecht zieht dabei die schärfsten Konturen (Gransee/Stammermann 1991, Lamnek 2008).

An der Konstruktion von »Kriminalität« als sozialer Realität sind *Wissenschaftler(innen)* und wissenschaftliche Theorien wesentlich beteiligt (Lautmann 2003). Wissenschaftler(innen) sind nicht einfach Analytiker der Wirklichkeit, sondern definieren, was wirklich ist (Peters 1995). Kritische Kriminologie wirft dabei der traditionellen Kriminologie vor, maßgeblich an der Herstellung von »Kriminalität« als sozialer Realität beteiligt zu sein (Gransee/Stammermann 1991). Ihr Kardinalfehler liegt darin, die Ursache von Kriminalität »im Individuum selbst ausfindig« zu machen (Krasmann 2003: 53). Die traditionelle Kriminologie ist somit mit verantwortlich für die irrige Annahme, dass es »Kriminelle« gibt, die sich grundlegend von braven Bürgern unterscheiden. Bei der Suche nach Ursachen von »Kriminalität« konzentriert sich die traditionelle Kriminologie auf Merkmale bereits kriminalisierter Angehöriger unterer Schichten. Ätiologische Theorien verdoppeln damit die Realität der strafrechtlichen Kontrolle, statt sie kritisch zu hinterfragen (Popitz 2016). Die traditionelle Kriminologie trägt so zum sozialen Ausschluss von Benachteiligten und zur Legitimierung der bestehenden Ordnung bei (Dollinger/Raithel 2006, vgl. auch Kreissl 1996).

Was Menschen zu wissen glauben, was überhaupt denkbar ist und welches Wissen als das Richtige gilt, ist von gesellschaftlichen Prozessen und Deutungsmustern abhängig. Abweichung und »Kriminalität« sind nicht per se existent, sondern werden durch den entsprechenden *Diskurs* erst generiert und erhalten durch ihn erst Realität (Dollinger/Raithel 2006). »Kriminalität« ist zugleich eine soziale Tatsache, aber auch das mentale Erzeugnis des kriminologischen Diskurses (Kunz 2004b). Bei der Konstruktion von »Kriminalität« spielen auch jene Institutionen und Berufsgruppen eine zentrale Rolle, die mit der Bearbeitung von »Kriminalität« befasst sind (vgl. z. B. Quensel 1987, Lamnek 2008). Sie sind es, die verbindliche Zuschreibungen vergeben und damit die soziale Realität »Kriminalität« und Devianz schaffen (vgl. zu Peters Menzel/Ratzke 2003). Soziale Kontrolle wird zum einen durch das Strafrecht und die damit beauftragten Behörden betreiben, aber zum Beispiel auch durch Psychiatrie und Kirche (Cornel 2002b, Lamnek 2009). Und in diesem Zusammenhang darf auch die Soziale Arbeit als Instrument sozialer Kontrolle von abweichendem Verhalten nicht vergessen werden »Die Kriminologie untersucht die Ordnungen, die Soziale Arbeit setzt sie durch« (Lindenberg 2014: 27). Nach Cremer-Schäfer ist das Sündenregister der Sozialen Arbeit lang: Soziale Arbeit ist »staatlich gerahmt und organisiert«. Sie besteht »in der Durchsetzung und Herstellung von Lebensweisen«, wird »im Rahmen einer ›klassifizierenden‹ und ›klassenbildenden‹ Organisation bewerkstelligt«, »produziert und verwaltet traditionelle und neue sozial degradierende ›Etiketten‹« und tendiert nach wie vor zu »verdinglichenden Wissensformen«, macht ihre »Adressaten zum Objekt« und entwickelt »einen Bezug zu Praktiken sozialer Degradierung und (gradueller) sozialer Ausschließung« (Cremer-Schäfer 2012: 136). Auch Soziale Arbeit ist somit an der Konstruktion von »Kriminalität« und Abweichung aktiv beteiligt, es ist geradezu ihr Geschäftsmodell.

Zur Konstruktion tragen auch jene bei, die an kriminalisierbaren Situationen direkt beteiligt sind und das Konzept »Kriminalität« anwenden, um etwa die Rolle als Opfer für sich in Anspruch zu nehmen. Wer das Strafrecht mobilisieren will, muss sich selbst als hilflos, passiv, rechtschaffen und sozial inkompetent darstellen (Pilgram/Steinert 2002). Dafür übernehmen dann staatliche Instanzen die Durchsetzung eigener Interessen.

Unterschiedlich mächtige Personen und Gruppen schaffen also, mit durchaus divergierenden Interessen, gemeinsam den »Alltagsmythos« »Kriminalität« (Quensel 1987: 194). Das strafrechtliche Vokabular bzw. der diskursive Rahmen der Kategorie »Kriminalität« werden im Alltag ganz selbstverständlich benutzt (vgl. Cremer-Schäfer 1993, Voß 1993) und dadurch als Realität konstituiert. Auch Kriminalisierte und Gelabelte richten sich im Diskursraum »Kriminalität« ein (Quensel 2003).

Grundsätzlich kann jede Verhaltensweise als normal, konform und unproblematisch oder als abnormal, deviant und »kriminell« etikettiert werden, je nach Situation und Person. In einer bestimmten Kultur ist der Spielraum der Interpretationen aber beschränkt. Labels werden interaktiv verliehen, verstanden und akzeptiert oder eben nicht akzeptiert und durchgesetzt. Ein Durchbrechen des vorgegebenen kulturellen Rahmens ist problematisch (Quensel 2003).

Im Laufe der Zeit hat sich die kritische Kriminologie *ausdifferenziert*. Einige Vertreter(innen), v. a. jene mit marxistischem Hintergrund, betonen die Bedeutung materieller Gegebenheiten. Gesellschaftliche Strukturen bestimmen das, was Menschen fühlen, denken und tun (vgl. z. B. Pfohl 1988). In Anlehnung an Giddens wird inzwischen zumeist von einem dualen Charakter von Strukturen ausgegangen: Sie begrenzen und ermöglichen individuelle Aktivitäten, werden aber gleichzeitig durch menschliches Handeln geschaffen und verändert (Smaus 1986 b, Lindenberg 2014).

Macht wird teilweise einseitig als repressives Phänomen betrachtet, das von oben nach unten gerichtet ist (Henry/Milovanovic 1998). Die Kritische Kriminologie positioniert sich dann auf der Seite der Betroffenen gegen die Herrschenden (Henry/Milovanovic 1998). Andere argumentieren dagegen, dass Macht nicht nur der Unterdrückung der Unterdrückten dient, sondern auch die vermeintlich »Braven« an sich bindet. Macht ist darüber hinaus nach Foucault

(1977) untrennbar mit Wissen verbunden (vgl. auch Pfohl 1988) und wirkt auch ganz subtil über Diskurse: Diese legen fest, was überhaupt sag- und denkbar ist (vgl. z. B. Bettinger 2007, Gelthorpe 1998).

> Der kritischen Kriminologie ist eine völlig neue Denkweise über abweichendes Verhalten und »Kriminalität« zu verdanken. Es gibt kein per se »kriminelles« Verhalten und auch keine »Kriminellen«. Die entsprechenden Definitionen sind sozial produziert und konstituiert (vgl. Keckeisen 1974, Kunz/Singelnstein 2016). »Kriminalität«, deren Existenz im Alltagsverständnis so selbstverständlich erscheint, ist etwas zutiefst Künstliches (Quensel 1987). Was ganz selbstverständlich als deviant und »kriminell« betrachtet wird, ist Produkt sozialer Konflikte und nicht Folge von sozialem Konsens (Michalowski 1988). Definitionen rechtfertigen exkludierende und schädigende Reaktionen, die sonst völlig unangemessen erscheinen würden (Henry/Milovanovic 1998).
>
> Die neue oder kritische Kriminologie ist inzwischen »in die Jahre gekommen«. Sie stand lange Zeit in Konkurrenz zur ätiologischen Kriminologie, ohne sich durchsetzen zu können (Lamnek 2001). Festhalten lässt sich, dass auch die kritische oder radikale Kriminologie sehr unterschiedliche Strömungen beinhaltet, die durchaus widersprüchlich sind (vgl. z. B. Sack 1988, Schneider 1977 a, Pfeiffer/Scheerer 1979). Lamnek (2008) wirft der kritischen Kriminologie daher Eklektizismus vor: Es gebe so viele theoretische Ansätze wie Anhänger oder Veröffentlichungen. Was das kritische an der kritischen Kriminologie ist (und wer sich der kritischen Kriminologie zurechnen darf), ist nicht ganz einfach zu beantworten (Kreissl 1996).
>
> Kritik wird bezüglich der verwendeten Gesellschaftsmodelle formuliert. Die Verwendung konkurrierender Gesellschaftsmodelle gilt als problematisch (Dollinger/Raithel 2006). Generell wird der Vorwurf laut, dass das verwendete Gesellschaftsmodell zu wenig durchdacht (Krasmann 2003) oder unzeitgemäß sei (Kreissl 2003), da es noch »mit Schichten, Klassen und homogenen und stabilen sozialen Lagen arbeitet« (Kreissl 2003: 42, vgl. auch Lamnek 2008). Berechtigte Kritik wird gegenüber älteren marxistischen Vorstellungen geäußert, die »Kriminalität« als objektiv gegeben annehmen, einfache Verschwörungstheorien vertreten oder von der Existenz einer alles beherrschenden Klasse ausgehen (Pfeiffer/Scheerer 1979, Schneider 1977a).
>
> Eine Kriminologie ohne ätiologischen Rest wird nicht mehr durchweg eingehalten, auch wenn die Definition und Kontrolle von »Kriminalität« immer im Vordergrund steht (Michalowski 1988). International spalteten sich etwa die »Left Realists« ab, die »Kriminalität« wieder ernst nehmen und auch nach deren Ursachen fragen wollten (Kunz/Singelnstein 2016, Kreissl 2003). Auch im deutschsprachigen Raum waren Zersetzungserscheinungen zu beobachten (Sack 1988) und Versuche, kritische Kriminologie und ätiologische Überlegungen doch zu integrieren (Hess/Scheerer 1997).
>
> Die kritische Kriminologie war in Deutschland von Anfang an heftig umstritten (vgl. z. B. Feltes/Fischer 2014). Schon die Selbstbezeichnung als kri-

tisch erfuhr Kritik (Anhorn et al. 2012). Kritiker(innen) warfen der deutschen kritischen Kriminologie Lagermentalität und verengte Sichtweisen vor, eine einseitige Interpretation nordamerikanischer Autoren, uferlosen Diskussion ohne praktische Ergebnisse (Schneider 1977a). Kritisiert wird der Alleinvertretungsanspruch der kritischen Kriminologie aufgrund der Behauptung, ein neues Paradigma zu vertreten (vgl. z. B. Feltes/Fischer 2014, Sessar 1986). Umgekehrt sahen auch Vertreter(innen) der kritischen Kriminologie wenig Gutes an der traditionellen Kriminologie und ihrer Täterfixierung (vgl. z. B. Krasmann 2003, Kreissl 1996, Dollinger Raithel 2006).

Kritik erfuhr die Ausblendung von »Täter(inne)n« und »Opfern« (Scheerer 1997, Peters 1997b). »Straftäter(innen)« werden als passive Opfer von Zuschreibung betrachtet (Henry/Milovanovic 1998). Die Motive oder der subjektive Sinn, den eine kriminalisierte Person mit ihrem vor Tun verbunden hat, wird als irrelevant ausgeblendet und ignoriert, dass »Täter(innen)« einen aktiven Anteil am Definitionsprozess haben können (Pfeiffer/Scheerer 1979, kritisch dazu Peters 1997b).

Eine ganz andere Betrachtung erfahren in der kritischen Kriminologie die eigentlichen Akteure des Kriminalisierungsprozesses, die Instanzen der Strafverfolgung. Ihren Vertreter(inne)n, etwa Richter(inne)n und Polizist(inn)en, werden bestimmte Interessen und Motive unterstellt, die als durchaus untersuchenswert gelten (Krasmann 2003). Insofern lässt sich der kritischen Kriminologie »normativ halbierter Konstruktivismus« vorwerfen (Krasmann 2003: 57, vgl. auch Kreissl 1996, Michalowski 1988).

Kreissl (1996) stellt einen Widerspruch zwischen dem Kontingenzmodell und dem Disziplinierungsmodell fest, die beide Bestandteile der kritischen Kriminologie sind. Das Kontingenzmodell geht davon aus, dass ein uninterpretiertes physikalisches Geschehen durch einen Zuschreibungsprozess zur »kriminellen« Handlung wird, wobei auch andere Bewertungen möglich wären. Das Disziplinierungsmodell geht davon aus, dass unter bestimmten gesellschaftlichen Verhältnissen nur ganz bestimmte disziplinierende und kriminalisierende Zugriffe auf Handlungen möglich sind (Kreissl 1996).

Kritik erfährt auch die fehlende praktische Anwendbarkeit und die rein negative, ablehnende Haltung bezüglich kriminalpolitischer Vorschläge (vgl. z. B. Schneider 1977a). Kritische Kriminologen und insbesondere die Vertreter des Abolitionismus verstehen sich als Kritiker des Falschen, ohne das Richtige zu benennen (vgl. z. B. Lamnek 2008, Scheerer 1997). Rechtswissenschaftler(innen) monieren, dass positive Funktionen des Strafrechts ignoriert werden (vgl. z. B. Sessar 1986).

Auch die Interpretation kriminalisierbarer Ereignisse als Konflikte wird kritisiert. Es entstehe der Eindruck, dass das Zusammenleben in einer ungerechten Gesellschaft gewissermaßen alle zu moralischen Schuldigen macht und »Delinquente« fast unschuldige Opfer dieser Zusammenhänge sind (Brumlik 1993).

Aufgrund seiner konstruktivistischen Elemente sind kritische Kriminologie und radikaler Etikettierungsansatz eine »ziemlich unplausible Art, die

Welt zu betrachten« (Steinert 1985: 38). Die Sichtweise widerspricht deutlich dem Alltagsverständnis und hinterfragt scheinbar Selbstverständliches (vgl. auch Menzel/Ratzke 2003, Lautmann 2003, Pfeiffer/Scheerer 1979).

> »Wir wissen im Alltag, was eine kriminelle Handlung ist, was eine Prostituierte, was ein Säufer ist, ärgern uns ganz gewöhnlich, wenn uns etwas gestohlen wird. Es fällt schwer, unter solchen Umständen den Charakter der Konstruiertheit und Definiertheit von Devianz zu behaupten« (Peters 1989: 115).

Teilweise findet sich bei Vertreter(innen) der kritischen Kriminologie die implizite Annahme, dass »Kriminalität« als soziale Konstruktion nicht real ist. Dass etwas interpretiert oder sozial konstituiert wurde, bedeutet aber nicht, dass es deshalb weniger objektiv oder wirklich wäre (Fischer 2001, Brumlik 1993). Auch soziale Konstrukte wie »Kriminalität« sind handlungsleitend und haben ganz konkrete Folgen für die Betroffenen (Menzel/Ratzke 2003).

Richtig erkannt wird, dass Zuschreibung immer eine Form der Machtausübung darstellt. Mit der passenden »Diagnose« kann eine Person in der Psychiatrie, im Strafvollzug oder der Sicherungsverwahrung landen. Zu wenig erforscht ist, unter welchen Umständen institutioneller Definitionsmacht erfolgreich Gegenmacht entgegengesetzt werden kann (Quensel 2003).

Kritische Kriminologie und Etikettierungsansatz ohne ätiologischen Rest haben an Attraktivität und Unterstützung verloren (Peters 1996). Verantwortlich gemacht werden dafür gesellschaftliche Umstände, insbesondere skandalisierte Formen von »Kriminalität« wie rechtsextremistische Gewalt in den 1990er Jahren (Peters 1996, Kreissl 2003): »Wer sähe einen Skinhead gerne als Adressaten der Stigmatisierung von Instanzen sozialer Kontrolle, als deren Konstrukt?« (Peters 1996: 113). Möglicherweise ist auch das Erklärungsmodell generell nicht mehr zeitgemäß. So wird gefragt, ob ein Erklärungsmodell, das das Strafrecht als dominante Form sozialer Kontrolle begreift, nicht einer grundlichen Überarbeitung bedarf. Auch erscheint angesichts der Pluralisierung von Werten in der Postmoderne zweifelhaft, ob eine einfache binäre Unterscheidung wie »Konformität« und »Devianz« noch angemessen ist (Kreissl 2003, Krasmann 2003).

Die Annahmen der kritischen Kriminologie gelten als empirisch nicht belegt oder sogar gar nicht belegbar. Wo empirische Untersuchungen durchgeführt wurden, werden die verwendeten Methoden kritisiert (Schneider 1977a, 1997).

Von wenig Erfolg gekrönt war der Versuch, latente Funktionen des Strafrechts aufzudecken und dieses damit zu delegitimieren. Das Wissen über diese latenten Funktionen wurde vom Strafrechtssystem genutzt, latente Funktionen zu Belegen für dessen Funktionsfähigkeit uminterpretiert (Scheerer 1993a). Die Aufklärungsarbeit über das Dunkelfeld, die Verbreitung von »Kriminalität« oder die selektive Strafrechtsanwendung führte dazu, dass entsprechende Erkenntnisse inzwischen zum allgemeinen Wissensbestand gehören. Auch die Kritik an der Psychologisierung von »Kriminalität« und der präventiven Wirkungslosigkeit hat sich herumgesprochen. Instanzenkritische

Positionen haben ungewollt zu einer Verwissenschaftlichung der strafrechtlichen Sozialkontrolle beigetragen (Pilgram/Prittwitz 2004, Kreissl 1996).

Nicht ganz unproblematisch erscheint es, wenn sich einzelne Vertreter(innen) eines radikalen Etikettierungsansatzes nicht nur mit rein theoretischen Fragen beschäftigen, sondern auch mit moralischen, etwa der Definition von Verhaltensweisen, die aufgrund ihrer Sozialschädlichkeit kriminalisiert werden sollten (vgl. z. B. Schwendinger/Schwendinger 1975, kritisch dazu Kreissl 2003). Der eigenen Logik zufolge sollte nicht die Richtigkeit oder Berechtigung von Etikettierungen bewertet werden, sondern deren Entstehung rekonstruiert werden (vgl. z. B. Dollinger/Raithel 2006). Auch wird hinterfragt, mit welchem Anspruch kritische Kriminologie ihre Aussagen als die überlegenen betrachten kann. Jede Aussage, auch die eines Wissenschaftlers, basiert auf Typisierungen: Alles ist Zuschreibung, könnte auch ganz anders sein (Kreissl 2003).

> Was den radikalen Etikettierungsansatz »immer noch attraktiv macht, ist genau diese Betonung des typisierten, sozial konstruierten Charakters von Urteilen. Er hält damit die Option offen, dass alles auch anders sein könnte, dass die Dinge oder Personen, so wie sie gesehen werden, nicht sein müssen, dass es vom Standpunkt des Beobachters abhängt, was er sieht und dass jeder seinen blinden Fleck hat« (Kreissl 2003: 47).

Kritische Kriminologie prangert die Praxis der Kriminalisierung an: Diese muss grundlegend verändert werden. Wären die Machtverhältnisse in der Gesellschaft andere, würde sich auch das, was als »kriminell« betrachtet wird, verändern (Sack 1968, Steinert 1985, vgl. auch Michalowski 1988). Die gesellschaftlichen Verhältnisse müssen fundamental verändert werden, um die eigentlichen Ursachen von Kriminalisierung zu beseitigen (Lamnek 2008). Als Zielvorstellungen gelten eine klassenlose Gesellschaft oder soziale Gerechtigkeit (Pfohl 1988, Lamnek 2008). Eine gerechtere Gesellschaft erscheint realistisch, eine Gesellschaftt ohne Einkommensunterschiede und Hierarchien aber kaum (Lamnek 2008). Somit wird Kriminalisierung auch weiterhin eine Rolle spielen.

Als Zielvorstellung wird außerdem eine Gesellschaft genannt, in der Formen menschlicher Vielfalt akzeptiert und nicht kriminalisiert werden (Lamnek 2008). Auch hier sind der Umsetzung Grenzen gesetzt, da Typisierungen und Verhaltenserwartungen ein universelles Merkmal menschlicher Gemeinschaften sind. Wenn Etikettierung auch unausweichlich ist, kann aber doch auf die Art der Etikettierungsvorgänge Einfluss genommen werden (Lamnek 2008).

Kritische Kriminologie kritisiert das Strafrecht als Institution an sich. Diese radikale Kritik ist nicht mit üblichen Debatten über Kriminalpolitik kompatibel. Es geht nicht einfach um alternative Sanktionen, bessere Therapien, Prävention oder Resozialisierung von Straffälligen, sondern um radikale Nichtintervention und grundlegende Veränderungen der Gesellschaft (Pfeiffer/Scheerer 1979). Eng mit der kritischen Kriminologie verbunden ist daher das Konzept des Abolitionismus (Cornel 1997, Lamnek 2008). Abolitionist(inn)en fordern eine Abschaffung des Strafvollzugs, des Strafrechts an sich oder sogar der Kategorie »Kriminalität« (vgl. z. B. Lamnek 2008, Cornel 1997, Peters 1997a). Die völlige Abschaffung staatlicher Macht- und Zwangsmittel erscheint recht illusionär, eine Reduktion ist aber durchaus denkbar und historisch auch nachweisbar (Lamnek 2008). Neben der abolitionistischen Totalkritik sind auch weniger radikale Forderungen denkbar, aus der Kritik am aktuellen Strafrecht können alternative Modelle, die z. B. auf ambulante Sanktionen oder Verfahren der Konfliktgeltung, ihre Legitimation ableiten (vgl. z. B. Cornel 1997, Lamnek 2008). Auch Soziale Arbeit muss sich an der Suche nach Alternativen beteiligen. Zwischenziele könnten die Entkriminalisierung leichter »Kriminalität«, ambulante Alternativen zum Strafvollzug und kürzere Freiheitsstrafen sein (vgl. zu Driebold: Lamnek 2008). Bemühungen der Sozialen Arbeit um Entkriminalisierung im Betäubungsmittelrecht oder bezüglich Bagatellkriminalität waren bisher nicht von Erfolg gekrönt (vgl. z. B. 2. Jugendstrafrechtsreform-Kommission 2002, Stöver 2005). Hier gilt es am Ball zu bleiben. Diversionsprogramme wurden dagegen erfolgreich durchgesetzt (vgl. z. B. Deichsel 1997). Starkes Engagement zeigten Vertreter Sozialer Arbeit auch in der Schaffung von ambulanten Alternativen zu stationären Sanktionen im Jugendstrafrecht. Auch am Ausbau des Täter-Opfer-Ausgleichs war Soziale Arbeit aktiv beteiligt. Hier sollte darauf hingearbeitet werden, dass nach erfolgreicher Mediation oder Täter-Opfer-Ausgleich kein formelles Strafverfahren folgt (vgl. z. B. Sessar 1992). Zu bedenken ist immer, dass alternative Modelle zur Ausweitung des Netzes sozialer Kontrolle beitragen können und daher nicht unproblematisch sind (vgl. z. B. Deichsel 1997).

Der Begriff »Kriminalität« wird von der kritischen Kriminologie als grundsätzlich unbrauchbar abgelehnt, weil er eine Vielzahl unterschiedlichster Handlungen erfasst, die nur die staatliche Definition als »Kriminalität« und die Verarbeitung durch das Strafrecht gemeinsam haben (Scheerer 1998). Es ist notwendig, die Thematisierung von »Kriminalität« und »Devianz« grundsätzlich zu hinterfragen, die Begriffe zu dekonstruieren. Der Diskurs über »Kriminalität« muss modifiziert oder durch Ersatzdiskurse ersetzt werden (Dollinger/Raithel 2016, Henry/Milovanovic 1994, Lamnek 2008). Auch die Soziale Arbeit sollte sich an der Schaffung alternativer Diskurse beteiligen (Bettinger 2011).

Eine praktische Konsequenz der radikalen Zuschreibungstheorien ist es, Straffällige als »Opfer« gesellschaftlicher Prozesse zu betrachten. Nicht sie oder ihr Verhalten sind an sich »kriminell«. Insofern »verdienen« sie auch ihre Bestrafung nicht. Daraus lässt sich Verständnis und eine Solidarisierung mit den von Kriminalisierung Betroffenen ableiten (Lamnek 2008). Kreissl spricht von einer »Strategie der Politisierung« mit dem Ziel einer Veränderung der Verhältnisse durch die Betroffenen selbst (Kreissl 1996, vgl. auch Peters 1997). Aufgabe der Sozialen Arbeit ist es in diesem Zusammenhang,

Kriminalisierte bei der Durchsetzung ihrer Interessen, auch und gerade gegenüber den Strafverfolgungsbehörden, zu unterstützen (Janssen 1997). Sinnvoll erscheint sozialadvokatorisches Handeln, um die Interessen Straffälliger zu vertreten und eigene Kräfte zu aktivieren (Deichsel 2014, Kawamura 2002, Jasch 2014). Soziale Arbeit sollte für Marginalisierte Partei ergreifen (Lamnek 2008) und auf deren Autonomie und Partizipation hinarbeiten (Anhorn et al. 2012). Im Strafverfahren sollte sie die Perspektive der Betroffenen einbringen und fehlende verbale Fähigkeiten und Beschwerdemacht kompensieren (Peters 1997a).

Kritische Kriminologie will die Selektivität der strafrechtlichen Sozialkontrolle aufdecken und die »anscheinend kriminalitätsfreie Maske« von Menschen in gehobenen Positionen herunterreißen (Schneider 1977a: 532, vgl. auch Platt 1975, Lamnek 2008). Die Aufklärung über die Gleichverteilung kriminalisierbarer Handlungen im Dunkelfeld (Frehsee 1991) kann mit einer Strategie der Beschwichtigung verbunden werden, die auf die Harmlosigkeit von »Kriminalität« im Hellfeld hinweisen und »Kriminelle« als Produkt kriminalisierender Instanzen darstellen (Kreissl 1996). Diese doppelte Aufklärung könnte auch eine Strategie für die Straffälligenhilfe sein, um der Stigmatisierung ihrer Klienten entgegenzuwirken.

Mit kritischer Kriminologie gut vereinbar sind Appelle an die Vernunft des Staates, die Nebenfolgen des eigenen Handelns zu berücksichtigen und darauf hinzuweisen, dass Kriminalisierung irrational, teuer und inhuman ist (Kreissl 1996). Als Beispiel für realistische Alternativen könnte die Nicht-Kriminalisierung von Mächtigen herangezogen werden (Jasch 2014). »Aus dem eher sanften Umgang mit diesen Formen der Devianz kann leicht die Forderung abgeleitet werden, auch mit der ›Kriminalität‹ der Machtlosen ähnlich informell, nicht strafend umzugehen« (Jasch 2014: 326). Auch mit dem alltäglichen Umgang mit kriminalisierbaren Ereignissen und Konflikten, in dem die Hinzuziehung des Strafrechts die große Ausnahme darstellt, könnte argumentiert werden (vgl. z. B. Hanak/Stehr/Steinert 1989).

Bei der Analyse der Funktionen des Strafrechts und der Wirkungsweise der Instanzen der Strafverfolgung gerät auch die Straffälligenhilfe selbst in den Fokus der Betrachtung. Als Teil eines Systems der Kriminalisierung trägt die Soziale Arbeit mit Straffälligen, zumindest in ihrer justiziellen Form, dessen Funktionen mit und muss die Frage zulassen, inwiefern diese Art der Tätigkeit zu legitimieren ist (Peters 1997a, Müller/Otto 1986). In der Literatur findet sich eine Vielzahl an Kritikpunkt kritischer Kriminolog(Inn)en an der Sozialen Arbeit.

- Soziale Arbeit ist grundsätzlich eine Instanz sozialer Kontrolle, die zur Durchsetzung herrschender Normen und zur Sicherung des Status Quo beiträgt (Oberlies 2013, vgl. auch Cremer-Schäfer 2002). Kritische Kriminologie fordert dazu auf, die angenommene Doppelfunktion von Hilfe und Kontrolle noch grundsätzlicher zu betrachten: Auch Hilfe stellt eine Form sozialer Kontrolle dar. Soziale Arbeit trägt letztendlich zur Auf-

rechterhaltung bestehender gesellschaftlicher Verhältnisse bei, so problematisch diese erscheinen mögen (vgl. z. B. Scherr 2012).[16]
- Soziale Arbeit ist Teil der Gesellschaft und abhängig von gesellschaftlichen Diskursen und rechtlichen Vorgaben (vgl. z. B. Jasch 2014). »Wem geholfen wird und wem nicht, welche Formen des Helfens möglich sind und welche nicht, das ist abhängig von gesellschaftlichen Vorgaben, die sich in politischen Feststellungen, Ressourcenzuteilungen und rechtlichen Regulierungen konkretisieren« (Scherr 2012: 109).

Im Berufsalltag sind Handlungsspielräume eher begrenzt. Soziale Arbeit ist mit den Folgen gesellschaftlich verankerter Ungleichheit und Ungerechtigkeit, mit den Konsequenzen von Normalitätsmodellen und Ausgrenzungsmechanismen konfrontiert, ohne zur Veränderung gesellschaftlicher Ursachen viel beitragen zu können (Scherr 2012). Sie kann sich nicht aussuchen, unter welchen Bedingungen sie tätig wird. Dabei ist aber immer wieder über die eigene Funktion zu reflektieren und deren Legitimation zu überprüfen. Auch muss Soziale Arbeit selbst bestimmen, welche Beziehung oder welches Bündnis der Zusammenarbeit mit ihrer Klientel sie eingeht (Cornel 2002b).

Kritisch hinterfragt wird auch der fachspezifische Diskurs der Sozialen Arbeit über »Kriminalität« und »Straffällige« und dessen Folgen (vgl. z. B. Lindenberg 2014). Auch die Soziale Arbeit trägt zur Diskreditierung von Personengruppen bei, indem sie das entsprechende Vokabular liefert (Cremer-Schäfer 2002). Soziale Arbeit ist dazu aufgefordert, eigene Normalitätsvorstellungen, normative Erwartungen, Erklärungsmodelle und Reaktionsmuster, die oft implizit und routinemäßig angewendet werden, kritisch zu hinterfragen (Scherr 2012, vgl. auch Kategorien Cremer-Schäfer 1993).

»Die Straffälligenhilfe muss sich daher nicht nur von den ›Fremddiagnosen‹ des Strafrechts lösen, die aus ihren Adressaten ›Täter‹, ›Kriminelle‹ und ›Schuldige‹ macht, sie muss ebenso ihre eigenen Diagnosefiguren überdenken und den strafenden Instanzen eine eigenständige Problemsicht gegenüberstellen, die die problematische Lebenslage der Adressaten zum Ausgangspunkt nimmt« (Stehr 2005: 282).
- Soziale Arbeit ist auch Akteurin in jenen Aushandlungsprozessen, in denen soziale Probleme definiert und über notwendige Hilfen und angemessene Formen der Unterstützung entschieden wird (Scherr 2012, Lindenberg 2014). Die steigende Bedeutung der Sozialen Arbeit als Reaktions- und Interventionsform sollte genutzt werden, um politisch Einfluss zu nehmen. Cornel attestiert hier noch Nachholbedarf der Fachverbände bei der Beteiligung an sozial- und kriminalpolitischen Debatten (Cornel 2002b).

Aus der kritischen Kriminologie ist ableitbar, dass das Reden über »Kriminalität« oder die Anwendung der »Kriminalitätsmetapher« (Cre-

---

16 ▶ Kap. 3.6.3.

mer-Schäfer 1993: 95) gefährlich ist. Es ist nicht unproblematisch, öffentliche Debatten über »Gewalt«, »Kriminalität« oder »Terrorismus« zu nutzen, um eigene Angebote zu finanzieren (vgl. z. B. Stehr 2005). Die Thematisierung gesellschaftlicher Probleme im Kontext von »Kriminalität« zielt nicht darauf ab, die Bearbeitung der Probleme zu verbessern. Vielmehr erweckt sie den Eindruck, dass die Welt prinzipiell in Ordnung gebracht werden kann, wenn Instanzen sozialer Kontrolle die nötigen Befugnisse und Mittel zur Verfügung gestellt werden (Cremer-Schäfer 1993). Derartige Kontrolldiskurse führen primär dazu, dass repressive Institutionen mit mehr Ressourcen ausgestattet werden.

Es sollte auch reflektiert werden, inwiefern die Beteiligung an öffentlichen Debatten über »Kriminalität« und soziale Kontrolle im Interesse der Klienten und ihrer Bedürfnisse geschieht, oder auch von Statusinteressen der Sozialen Arbeit als Profession geprägt ist. Cremer-Schäfer (2002) wirft etwa der Straffälligenhilfe vor, sich als Problemlösungsagentur im Bereich »Kriminalität« zu vermarkten: »Wir haben das fachliche Wissen, Probleme zu lösen, die auffällige und gefährliche Menschen machen. Wir brauchen nur bezahlt werden, ihnen zu helfen, sie zu erziehen und präventiv zu verhindern, daß diese Art von Personen entsteht« (Cremer-Schäfer 2002: 27). Cornel (2002b) rät dazu, deutlich zwischen Interessen der Berufsgruppe und denen der Klientel zu trennen.

- Kritisch betrachtet wird ein Trend zu selektiver Arbeit im Sozialwesen: Wer nicht ins Angebot passt, wird ausgegrenzt (Cremer-Schäfer 2002). Soziale Arbeit hat die Aufgabe, Angebote bereitzustellen, die den Bedürfnissen ihrer Klientel entsprechen. Wissen muss konsequent parteilich eingesetzt werden, um Problemlagen zu erkennen und mit Betroffenen Handlungsstrategien zu entwickeln (Cornel 2002b, Lamnek 2008).
- Der Besserungsgedanke und damit wohl auch das für die Soziale Arbeit prägende Konzept der Resozialisierung werden grundsätzlich abgelehnt (Lamnek 2008). Die Isolierung individuellen Fehlverhaltens durch die Definition als »Kriminalität« verdeckt den Blick auf soziale Ungleichheiten und prekäre Lebensbedingungen (Oberlies 2013). Daher stellt sich generell die Frage, ob eine individualisierende, pädagogisierende oder therapeutisierende Soziale Arbeit mit Straffälligen sinnvoll sein kann. Anstelle von reiner Einzelfallhilfe plädiert etwa Janssen (1997) dafür, gesellschaftliche Probleme und ihre Auswirkungen wieder in einen politisch-ökonomischen Kontext zu stellen. Nicht einzelne »Straftäter(innen)« sind zu resozialisieren, sondern die Gesellschaft zu verändern (Neumann/Schroth 1980). Schneider (2014) zufolge zeichnet sich Professionalität dadurch aus, dass sowohl auf die Gesellschaft als auch auf das Individuum Bezug genommen wird. Individuelle Adressat(inne)n sind zu unterstützen, das Handeln aber auch auf die Bearbeitung von Ungleichheitskonstellationen auszurichten. Auftrag der Sozialen Arbeit ist es, an der aktiven Gestaltung und Kritik sozialer und wirtschaftlicher Beziehungen mitzuwirken (Lindenberg 2014). Ungleichheit, Benachteiligungen und Stigmatisierungspro-

zesse müssen erkannt, thematisiert und nach Möglichkeiten für ihren Abbau gesucht werden (Schneider 2014b).

Auch vor Prävention, als eher unproblematisch und unschuldig erscheinender Maßnahme, wird gewarnt. Der Präventionsgedanke ist üblicherweise darauf ausgerichtet, problematisches Verhalten bereits im Vorfeld zu unterbinden, soziale Kontrolle wird also vorverlagert. Eigentlich sollte aber die Verhinderung oder Reduzierung Sozialer Ausschließung im Mittelpunkt stehen (Stehr 2005). Nur eine Prävention, die auf letzteres abzielt, wäre mit kritischer Kriminologie vereinbar.

- Soziale Arbeit übernimmt die Klientel, die ihr aufgrund der selektiven Anwendung des Strafrechts zugewiesen wird. Diese ist alles andere als repräsentativ für jene Menschen, die strafbare Handlungen begehen (Lindenberg 2014, Kawamura-Reindl 2014). Es wird dabei so getan, als ob mit Angeboten der Resozialisierung und Behandlung die Ursachen der Straffälligkeit bearbeitet werden. Übliche Resozialisierungsansätze zielen aber gar nicht auf Menschen, die strafbare Handlungen begehen, sondern sind auf jene zugeschnitten, die den Selektionskriterien der Instanzen sozialer Kontrolle entsprechen. Das wird deutlich, wenn gezielt »Straftäter(innen)« aus der Ober- und Unterschicht in den Blick genommen werden: Ihnen gegenüber erscheinen gängige Behandlungsmethoden und Resozialisierungsmaßnahmen seltsam unangemessen (Hess 1976).

Für die Straffälligenhilfe ergibt sich daraus die Aufgabe, für einen veränderten Umgang mit »Kriminalität« zu werben und gesellschaftlichen Vorurteilen entgegenzuwirken. »Kriminalität« ist keinesfalls ein Synonym für die schlimmsten gesellschaftlichen Übel. Potentiell Kriminalisierbares wird von den direkt Beteiligten in der Regel erst gar nicht als »Kriminalität« wahrgenommen (Heinz 2004, Steinert 1988). Die tatsächlich Kriminalisierten und insbesondere die Klientel der Sozialen Arbeit sind Ergebnis eines selektiven Ausleseprozesses, der nicht auf das Verhalten, sondern eher auf die soziale Herkunft zurückzuführen ist (vgl. dazu auch Lindenberg 2014).

Kriminalitätsvorstellungen und Strafbedürfnisse in der Bevölkerung sind nicht einfach als gegeben hinzunehmen, sondern zu problematisieren (vgl. z. B. Scherr 2012). Dies gilt etwa für die verbreitete Vorstellung, dass Konformität durch Strafe oder Strafandrohung hergestellt werden kann. Darüber hinaus wäre im Rahmen von Öffentlichkeitsarbeit auch zu vermitteln, welches Maß an Degradierung und Exklusion mit einer Kriminalisierung verbunden ist (Lamnek 2008).

Radikale Forderungen der kritischen Kriminologie kollidieren mit dem Berufsverständnis vieler Sozialarbeiter(innen). Dies gilt etwa für die grundsätzliche Ablehnung von positiven Reformen (Scheerer 1998): Da partielle Verbesserungen nur der Systemerhaltung dienen und dem Ziel einer radikalen Beseitigung des Systems schaden (Mathiesen 1986), werden Missstände und Krisen als Mittel zum Zweck betrachtet. Für die Soziale Arbeit würde das etwa bedeuten, sich ganz aus dem Strafvollzug zurückzuziehen und damit eine Krise auszulösen, die das endgültige Ende des Strafvollzugs einleitet. Auch die Forderung von Bettinger, im Rahmen von Sozialer Arbeit nicht länger »Kriminalität« zu bearbeiten (Bettinger 2011), ist radikal und würde das Ende der justiziellen Straffälligenhilfe bedeuten. Kaum weniger radikal ist die Forderung einer Abschaffung des Jugendstrafvollzugs in diesem Band. Kritische Kriminologie fordert eine fundamentale Neudefinition der Rolle Sozialer Arbeit, bedeutet aber nicht die Abschaffung der Profession (vgl. z. B. Bettinger 2013, Scherr 2012).

4.9 Theorieintegration

Zur Erklärung der Straffälligkeit einer Person oder der »Kriminalität« als sozialem Tatbestand ist es zulässig und sinnvoll, verschiedene Theorien miteinander zu verbinden (Tittle 1997). Die Integration verschiedener Theorien liegt im Trend (vgl. z. B. Eifler 2002). Neuere Publikationen liefern keine völlig neuen Überlegungen mehr, sondern kombinieren existierende Theorien oder Konzepte. So entstehen auch Theorien, welche die Mikro-und Makroebene verbinden. In der Regel wird dabei nicht mehr einfach nur kausal argumentiert, sondern auf interaktive und reziproke Beziehungen verwiesen (Eifler 2002, vgl. auch Osgood 1998). Ziel ist eine stringente Theorie mit interdisziplinärem Charakter, die ein größeres Erklärungspotential bietet als die zugrundeliegenden Theorien (Lamnek 2001). Theorieintegration dient also der Theorieverbesserung (Tittle 1997).

Einige der hier bereits skizzierten Theorien und Ansätze sind als solche Integrationsversuche zu werten.

- Moffitts Typologisierung von abweichendem Verhalten im Jugendalter verbindet Aspekte der Forschung zu Psychopathen mit Erkenntnissen der Neuropsychologie, Studien zur Entwicklung der Persönlichkeit und Themen der traditionellen Kriminologie (Osgood 1989).
- Die Theorie der differentiellen Gelegenheiten von Cloward und Ohlin beruht auf Anomie- und Subkulturtheorien und berücksichtigt sowohl kulturelle Übertragungstheorien als auch mikrosoziologische Verhaltenstheorien (Lamnek 2001, vgl. auch Peters 1989).
- Die Theorie des Kontroll-Gleichgewichts von Tittle kombiniert Konzepte der Anomietheorie, der Lerntheorien und der Kontrolltheorie mit Annahmen über die Abschreckungswirkung von Strafen (Eifler 2002).
- Die Theorie der geringen Selbstkontrolle von Hirschi und Gottfredson beruht auf einer Analyse der gesamten positivistischen Kriminologie. Sie baut

insbesondere auf dem Rational Choice-Ansatz und Hirschis Theorie der sozialen Bindungen auf (Lamnek 2008, vgl. auch Eifler 2002).

Andere integrative Ansätze neueren Datums wurden bisher nicht erläutert, da sie mehrere Erklärungsstrategien verbinden und daher nicht in das Schema dieses Kapitels passen.

- Ein *integrativer Ansatz von Elliott, Huizinga und Ageton* berücksichtigt die Konzepte der sozialen Desorganisation, der Anomie, kontrolltheoretische Annahmen und das Konzept der differentiellen Assoziation. Es wird davon ausgegangen, dass soziale Desorganisation, ungünstige Sozialisationsbedingungen und anomischer Druck soziale Bande gegenüber konventionellen sozialen Kontexten schwächen. Darüber hinaus führen sie zur Selektion devianter Kontexte und begünstigen die Ausführung »krimineller« Handlungen (Eliott et al. 1985, Eifler 2002).

> Kritisch ist anzumerken, dass diese Theorie bisher wenig empirisch untersucht wurde. Auch bleiben grundlegende Unterschiede zwischen den einbezogenen Theorien unberücksichtigt, wird versucht, inkompatible Ideen zu integrieren (Eifler 2002).

- Ein *Integrationsversuch von Pearson und Weiner* berücksichtigt Faktoren auf der Mikro- und Makroebene. Eine Straftat setzt demnach externe Faktoren, wie Gelegenheiten und Ressourcen, sowie interne Faktoren voraus: Eine Rolle spielen moralische Regeln einer Person, die Zweckdienlichkeit der Handlung, die Fähigkeit zu ihrer Ausführung sowie Nützlichkeitserwägungen. Die Konsequenzen einer bereits begangenen »kriminellen« Handlung (Informationen, Bewertung des Nutzens) fungieren als Feedback-Faktoren. Als Faktoren der Makroebene spielen zudem gesellschaftlich bedingte Nützlichkeiten, der Zugang zu legitimen und illegitimen Mitteln, Regeln bezüglich Moral und Zweckdienlichkeit sowie Einstellungen zu Sanktionen (Wahrscheinlichkeit und Schwere) eine Rolle (Pearson/Weiner 1985, Eifler 2002).

> Kritisch ist anzumerken, dass hier einfach auf Ähnlichkeit zwischen Konzepten gesetzt wird. Auch die Verbindung zwischen Mikro- und Makroebene wird zu wenig herausgearbeitet. Die formulierten theoretischen Aussagen können nicht empirisch geprüft werden (Eifler 2002, 2008).

- In der *interaktionistischen Theorie* devianten Verhaltens von *Thornberry* spielen kontrolltheoretische Konzepte eine zentrale Rolle. Genannt werden die Bindung zu den Eltern, die Einbindung in die Schule, der Glaube an konventionelle Werte, die Verbindung mit »delinquenten« Peers und die Aneignung »delinquenter« Wertvorstellungen. Diese Konzepte werden mit der Theorie sozialen Lernens und sozialstrukturellen Faktoren verbunden. Auch Thornberry geht davon aus, dass »kriminelle« Handlungen durch geschwächte soziale Bande begünstigt werden. Dabei werden reziproke Beziehungen zwischen sozialen Bindungen, Lernen, sozialstrukturellen Faktoren und dem Ausmaß praktizierten »kriminellen« Handelns angenommen (Thornberry 1987, vgl. auch Eifler 2002, Wegel 2005, Schneider 1997). In verschiedenen Lebensphasen unterscheidet sich die Art und Intensität dieser Beziehungen, weshalb für die frühe, mittlere und späte Adoleszenz unterschiedliche Kausalmodelle entwickelt wurden (Thornberry 1987, vgl. auch Eifler 2002, Stelly/Thomas 2001, Wegel 2005, Schneider 1997).

> Positiv bewertet werden die komplexen Wechselbeziehungen zwischen den Theorieelementen (Stelly/Thomas 2001). Kritisieren lässt sich, dass der Abbruch »krimineller« Karrieren nur auf Statuspassagen im Übergang zum Erwachsenenalter zurückgeführt wird (Stelly/Thomas 2001). Auch ist die Theorie bisher wenig empirisch überprüft worden, nur Teilelemente gelten als empirisch belegt (Stelly/Thomas 2001, Eifler 2002, Wegel 2005, Schneider 1997).

- Die *Self-Derogation Theory* von Kaplan stellt eine Integration der Theorie des sozialen Lernens, der Subkulturtheorie und des Etikettierungsansatzes dar. »Kriminalität« wird auf negative Einstellungen einer Person gegenüber sich selbst zurückgeführt. Eine generelle Ablehnung der eigenen Person entsteht durch Verhaltensbeobachtungen, Reaktionen anderer und die Antizipation der Einstellungen anderer. Sie widerspricht dem Grundbedürfnis jedes Menschen nach einem positiven Selbstbild. Wer sich als eine Person wahrnimmt, die negatives Verhalten zeigt, allgemeinen Anforderungen nicht genügt und von anderen überwiegend negativ bewertet wird, ist Kaplan zufolge eher bereit zu abweichendem Verhalten (Eifler 2002). »Wenn eine Person antizipiert, dass ein bestimmtes ›kriminelles‹ Handeln möglicherweise zu positiver Selbstbewertung führt, dann steigt die Wahrscheinlichkeit, dieses Verhalten tatsächlich auszuführen« (Eifler 2002: 74).

> Studien zu Drogenmissbrauch belegen einen gewissen Einfluss des Selbstbildes (Akers 1999). Kaplan selbst führt negative Ergebnisse anderer Studien auf falsche Messmethoden zurück (Kaplan 2009).

- Die *Situational Action Theory* kombiniert den Grundgedanken der Rational Choice-Theorien mit Elementen anderer Theoriegruppen. Sie erhebt dabei den Anspruch, alle Formen von moralischem, also von sozialen Regeln geleitetem Verhalten zu erklären (Hirtenlehner/Reinecker 2015). Es wird davon ausgegangen, dass eine Person-Umwelt-Interaktion einen Wahrnehmungs-

Entscheidungsprozess initiiert (Wikström 2015). Diese Entscheidung ist aber primär von den Moralvorstellungen des Akteurs geprägt (Wikström 2015). Kosten-Nutzen-Abwägungen im Sinne der Rational Choice-Theorien werden nur dann angestellt, wenn der moralische Kontext problematisch oder die eigenen Moralvorstellungen fragil sind (Hirtenlehner/Reinecker 2015). Straftaten als moralische Handlungen sind von Vorstellungen von richtig und falsch geleitet. Sie werden begangen, weil sie als praktikable Handlungsalternativen betrachtet werden oder weil sich eine Person dazu entschlossen hat. Eine Rolle spielt die »kriminelle« Neigung, die von handlungsleitenden Moralvorstellungen und Emotionen, von vorhandener Selbstkontrolle und vom Kontakt zu kriminogenen Gelegenheiten beeinflusst wird. Auch soziale Bedingungen und die individuelle Entwicklung der Person werden als Faktoren einbezogen (Wikström 2005).

> Positiv hervorgehoben wird, dass die Entstehung der Theorie von Anfang an international von empirischen Untersuchungen begleitet wurde (Hirtenlehner/Reinecker 2015). Auch kann sie ein sehr breites Spektrum von Verhaltensweisen erklären (ebd.).

- Braithwaite«s Konzept des »*Reintegrative Shaming*« verbindet Etikettierungs- und Kontrolltheorien. Scham wird eine wichtige Rolle im menschlichen Verhalten zugewiesen: Verhalten kann durch Beschämung beeinflusst werden (Braithwaite/Mugford 1994, z. B. Schneider 1997). Soziale Kontrolle kann dabei in zweierlei Art beschämend wirken.
  – Im Strafverfahren findet zumeist eine stigmatisierende Beschämung statt, »Täter(innen)« werden offiziell als »kriminell« definiert und stigmatisiert (Eifler 2002). Dies hat die von den Etikettierungstheorien beschriebenen negativen Folgen der Abwendung von der konformen Gesellschaft oder weiterer »krimineller« Handlungen aufgrund des Fehlens legaler Möglichkeiten (Schneider 1997).
  – Dagegen verweist Braithwaite auch auf die Möglichkeit einer integrativen Beschämung. Dabei werden »Täter(innen)« zwar beschämt, aber auch symbolisch wieder in die Gesellschaft eingegliedert. Die »Tat« wird abgelehnt, nicht aber der »Täter« oder die »Täterin« (Braithwaite/Mugford 1994, Schneider 1997).
  Rückfällig werden demnach vor allem »Täter(innen)«, die stigmatisierende Beschämung erfahren haben. Bei einem alternativen Umgang mit Straffälligkeit kann dies verhindert werden. Etikettierungstheorien beschreiben die Wirkung von Reaktionen also zu einseitig (Eifler 2002, Braithwaite/Mugford 1994).

> Die Theorie erklärt, warum Reaktionen nicht immer zu sekundärer Devianz führen. Die Grenze zwischen Beschämung und Demütigung ist aber

> fließend. Wie Rituale der Beschämung sich auswirken, ist nicht ausreichend untersucht (Eifler 2002). Gegen die Theorie kann auch eingewendet werden, dass das allgemeine Bedürfnis nach Anerkennung durch Beschämung verletzt wird (vgl. z. B. Marks 2010).

- Scheerer und Hess formulieren eine *sozialkonstruktivistische Theorie*, die Annahmen der kritischen Kriminologie mit solchen ätiologischen Ansätzen kombiniert. Als Gegenstand wird die »Sinnprovinz Kriminalität« als soziales Konstrukt betrachtet. »Kriminalität« wird zum einen auf makrosoziologische Faktoren zurückgeführt, aber auch mikrosoziologische Aspekte werden einbezogen. Auch werden Zuschreibungen der Gesellschaft und die Funktion von »Kriminalität« für den Staat berücksichtigt. Ausgangspunkt sind grundsätzlich gesellschaftliche Interessengegensätze zwischen dem Einzelnen und der Gesellschaft sowie Herrschenden und Beherrschten. Auch wird soziale Kontrolle kritisch reflektiert. »Kriminalität« wird auch als Handlung begriffen. Der Weg in die »Kriminalität« wird auf Motive, fehlende Kontrollen, erlernte Fähigkeiten und eine rationale Entscheidung zurückgeführt. »Kriminalität« wird aber auch situativ betrachtet. Darüber hinaus wird anhand der Etikettierungstheorien die Produktion des »Kriminellen« nachvollzogen. Behandelt werden auch Kriminalstatistiken als soziale Konstrukte, Kriminalitätsdiskurse und der Alltagsmythos »Kriminalität« (Hess/Scheerer 1997, 2004).

> Die Theorie weist eine durchdachte Verbindung der Mikro- und Makroebene auf. Sie kombiniert eine Vielzahl von Theorien und Konzepte zu einem Gesamtmodell. Das Spektrum der erklärten Phänomene ist ausgesprochen breit. Die Verknüpfung von kritischer Kriminologie und ätiologischen Theorien wurde seitens der kritischen Kriminologie aber massiv kritisiert (Krasmann 1998, Müller-Tuckfeld 1998, Walther 1998, Stangl 1998).

Nicht alle Theorien sind integrierbar. Sind fundamentale Annahmen nicht kompatibel, ist eine Integration nicht möglich (Tittle 1997). Problematisch erscheinen Integrationsversuche insbesondere bei Theorien, die auf unterschiedlichen wissenschaftlichen Paradigmen beruhen oder denen ein gegensätzliches Menschenbild zugrunde liegt (vgl. z. B. Lamnek 2001, Eifler 2001, Tittle 1997). Strittig ist, ob sich Theorien, die sich auf verschiedene Erklärungsebenen beziehen, integrieren lassen (Tittle 1997 vs. Hess/Scheerer 1997).

4.10 Kriminalitätstheorien und Soziale Arbeit

Im Verlauf ihrer Geschichte hat die Kriminologie eine Vielzahl von Theorien über »Kriminalität« und »Kriminalisierung« formuliert. Angesichts dessen stellt sich die Frage, welche Theorien für die Straffälligenhilfe besonders geeignet oder wichtig sind. Vorab soll aber kurz die allgemeinere Frage behandelt werden, welche Bedeutung wissenschaftliche Theorien überhaupt für die Soziale Arbeit haben.

4.10.1 Die Rolle von Theorien in der Soziale Arbeit

Der Sozialen Arbeit wird eine gewisse Theoriefeindlichkeit oder – positiv gewendet – eine starke Praxisorientierung nachgesagt (Mühlum 2004). Das »Verhältnis von Theorie und Praxis« gilt als »spannungsreich«, »als gestört« oder »nicht ausbalanciert« (Mühlum 2004: 128).

Während in der Ausbildung noch großes Gewicht auf die Vermittlung von Theorien der Sozialen Arbeit und von Konzepten zu bestimmten Handlungsfeldern gelegt wird, scheinen wissenschaftliche Theorien in der Berufspraxis eine eher untergeordnete Rolle zu spielen (vgl. z. B. Herwig-Lempp 2009).

Theorie und Praxis schließen sich aber keineswegs aus: Sie sind vielmehr »notwendig aufeinander bezogen«, eine »dialektische Einheit« (Mühlum 2004: 128, vgl. auch Lindenberg 2014). »Es gibt nichts Praktischeres als eine gute Theorie« (Kant, zitiert nach Knischek 2008: 207).

Theorien werden von Praktiker(inne)n mit der Begründung abgelehnt, dass »der berufliche Alltag wenig Gelegenheit für ein derart rational begründetes und geregeltes Handeln bietet« oder das »sozialwissenschaftliche Aussagensystem« und das »Handlungssystem in der beruflichen Praxis« einfach nicht übereinstimmten (Wendt 2004: 110). Kunstreich (2014) vermutet hier »praxistische Dummheit«: Die Praxis soll gegen Theorien verteidigt werden, die zu grundlegenden Veränderungen führen würden (Kunstreich 2014: 82). Dass eine »von mehr Wissenschaft durchdrungen[e]« Praxis (Wendt 2004: 110) in diesem Zusammenhang sinnvoll ist, liegt auf der Hand.

Das bedeutet nun aber nicht, dass Theorie wichtiger als Praxis ist. Kunstreich (2014) lehnt das Deutungsmuster der »intellektualistischen Legende« genauso ab wie das zuvor erwähnte der praxistischen Dummheit. Dieses impliziert nämlich, dass Geist und Körper Gegensätze sind und der Geist dem Körper überlegen sei. Wissen wäre demnach höherrangig als Handeln, Theorie höher einzustufen als Praxis (Kunstreich 2014). Dass Praktiker geistlos handeln (Kunstreich 2014) und Wissen »umso positiver zu bewerten [sei], je abstrakter es ist« (Neuweg 2004: 66) und je weniger Bezug es zur Praxis hat, ist Unsinn.

Soziale Arbeit ist in der Praxis auch durchaus theoriegeleitet: Sie stützt sich aber nicht auf wissenschaftliche Theorien, sondern auf Alltagstheorien. Diese liefern Begriffe und Definitionen, bestimmen die Deutungen der Wirklichkeit, kanalisieren die Wahrnehmung und legen bestimmte Interventionsstrategien nahe (Peters 1997a, Lindenberg 2014). Handlungsleitende Alltagstheorien werden dabei aber in der Regel nicht expliziert, erscheinen so selbstverständlich, dass sie nicht hinterfragt werden. Auch halten sie einer kritischen Überprüfung allzu oft nicht stand, erweisen sich bei genauerer Betrachtung als fragwürdig und unzureichend begründet (Oberlies 2013, Wurr/Trabant 1993, Lösel 1987). Welche Alltagstheorien über »Kriminalität« in der Sozialen Arbeit vorzufinden sind, ist bisher nicht empirisch untersucht. Die kritische Kriminologie vermutet individualisierende und pathologisierende Vorstellungen (Pilgram/Prittwitz 2004, Peters 1997).

Wissenschaft und Praxis unterscheiden sich vor allem dadurch, dass Wissenschaft ein handlungsentlastetes Reflektieren ohne Zeit- oder Handlungsdruck darstellt. Wissenschaftliches »Wissen« gilt deshalb als privilegiertes Wissen, es hat den Nimbus, grundsätzlich »wahrer« zu sein als Alltagswissen (vgl. z. B. Bourdieu 1998, Oberlies 2013, Bernhard 2012). Der Wissenschaftsbetrieb folgt Grundregeln, die sicherstellen sollen, dass systematisch und nachvollziehbar Wissen erzeugt wird. »Wissenschaftliche Erkenntnis unterscheidet sich von der Alltagserfahrung dadurch, dass sie auf regelmäßigen und systematischen Beobachtungen beruht, die dokumentiert und damit nachvollziehbar sein müssen« (Lindenberg 2014: 20, vgl. auch Theimer 1985). Während Erkenntnisse im Alltag eher spontan, pragmatisch und lebensweltorientiert gewonnen werden, geschieht das im Rahmen von Wissenschaft planvoll, systematisch und distanziert (Bernhard 2012).

Diese Sonderstellung der Wissenschaft wird aber inzwischen auch kritisch hinterfragt (z. B. Lindenberg 2014). So zweifelt Foucault den Wahrheitsgehalt wissenschaftlicher Aussagen an und verweist darauf, dass Wissen historisch relativ und untrennbar mit Macht verbunden ist (vgl. z. B. Foucault 1991, Anhorn et al. 2012). Auch Wissenschaft produziert kein objektives, wertfreies Wissen (Lindenberg 2014). Im postmodernen Wissenschaftsverständnis wird die Existenz einer objektiven Wahrheit grundsätzlich angezweifelt. Wissenschaftliche Deutungen und andere kulturelle Narrationsmuster existieren nebeneinander (Kunz 2004b). Das würde dafür sprechen, doch einfach bei Alltagstheorien zu bleiben.

Ganz so einfach ist es aber nicht. Vor- und Nachteil der Wissenschaft ist ihre Außenseiterposition. Sie blickt von außen auf ihren Gegenstand, während die Soziale Arbeit mitten im Geschehen steht (vgl. z. B. Wendt 2004). Weniger Bezug zur Lebenspraxis kann in diesem Zusammenhang auch positiv sein, die Distanz ermöglicht Unvoreingenommenheit, das Lösen von Selbstverständlichkeiten, das Hinterfragen von Alltagsmythen. Nur mit Hilfe wissenschaftlicher Theorien können Problemsituationen gründlich analysiert und komplexe Zusammenhänge erfasst werden, kann über den Ausschnitt der Realität, der im beruflichen Alltag bearbeitet wird, hinausgeblickt werden (Feth 2004, Lindenberg 2014). Erst wissenschaftliche Theorien erlauben eine systematische Betrachtung und fundierte Begründungen eigener Entscheidungen (Deichsel 2014, Schneider 2014b). Anspruch Sozialer Arbeit muss es sein, eigene Beurteilungen nicht von Alltagstheorien leiten zu lassen, sondern auf »wissenschaftliche Theorien und strukturiertes empirisches Wissen« zu stützen (Ludwig 2014: 179).

Es ist dabei nicht nur wichtig, sich auf Theorien zu beziehen. Auch die Wahl der Theorie hat große Auswirkungen. Theorien bestimmen unsere Wahrnehmung der Welt. Theorie, so formulierte es Karl Popper, »ist das Netz, das wir auswerfen, um ›die Welt‹ einzufangen, – sie zu rationalisieren, zu erklären und zu beherrschen« (Popper 1984: 31). Und Albert Einstein wird die Äußerung zugeschrieben, dass »erst die Theorie« darüber entscheidet, »was man beobachten kann« (Einstein 1925, zitiert nach Von Weizsäcker 1979: 167).

Theorien liefern dabei nicht einfach Handlungsrezepte, sondern einen begrifflichen Rahmen, sie verallgemeinern und abstrahieren, sensibilisieren für weitere Fragen, bieten Orientierung (Smelser 1994, Wendt 2004).

Das Verhältnis von Theorie und Praxis ist komplex und widersprüchlich (Anhorn et al. 2012, Kunstreich 2014). Gute Praxis ist ohne gute Theorie nicht möglich, für eine gute Praxis ist aber auch mehr erforderlich ist als »nur« eine gute Theorie (Opp 1972).

4.10.2 Kriminalitätstheorien für die Soziale Arbeit

Die Kriminologie befasst sich mit Fragen und Problemen, die auch für die Soziale Arbeit von Interesse sind, etwa: Warum verstoßen einige Menschen gegen Regeln und andere nicht? Wie sollte darauf reagiert werden? Innerhalb der Sozialen Arbeit werden die Fragen hauptsächlich auf einzelne Menschen bezogen und münden in konkrete Handlungen, während Kriminologie den Fragen auf allgemeinerer und abstrakterer Ebene nachgeht (Lindenberg 2014).

Kriminalitätstheorien liefern Erklärungen für »Kriminalität«, ermöglichen Prognosen, geben Hinweise auf Sozialtechnologien zur Beeinflussung von »Kriminalität«. Dabei liegen unterschiedlichen Theorien auch unterschiedliche Perspektiven zugrunde. Theorien lassen sich als Filter oder Brillen verstehen: Sie schärfen den Blick für bestimmte Phänomene, blenden andere Aspekte aber aus (Peters 1997a, vgl. auch Lindenberg 2014, Quensel 2003). Theorien gehen jeweils von einem ganz bestimmten Bild von »Kriminalität« aus, beziehen bestimmte Ursachen ein und schließen andere aus, vertreten implizit oder explizit ein bestimmtes Menschenbild. Die Auseinandersetzung mit unterschiedlichen Theorien lässt deren Vor- und Nachteile besser erkennen, kann die Einseitigkeit der Perspektiven ein Stück weit kompensieren.

Der Diskurs über »Kriminalität« und den richtigen Umgang damit wird nicht nur von Experten geführt, sondern auch von der Öffentlichkeit und natürlich denjenigen, die mit »Kriminalität« oder Kriminalisierung direkt in Kontakt kommen. Straffällige begründen etwa mit bekannten Kriminalitätstheorien ihre Biographie oder einzelne Handlungen. Und auch die Beschlüsse und Urteile von Gerichten, die Haltung des sozialen Umfeldes von Straffälligen oder die Entscheidungen von Geschädigten für oder gegen einen Täter-Opfer-Ausgleich sind vor dem Hintergrund solcher Diskurse zu verstehen. Auch dies spricht dafür, möglichst viele Theorien zu kennen, denn sie erleichtern es, den Sinn von individuellem Verhalten wie auch institutionellen Praktiken zu erfassen und zu hinterfragen.

Welche Theorien zu »Kriminalität« und Kriminalisierung sind nun aber besonders wichtig für die Soziale Arbeit?

Die Beantwortung dieser Frage hängt auch von der jeweiligen Definition von Sozialer Arbeit und ihren Aufgaben ab. Diesbezüglich existieren nach wie vor unterschiedliche Positionen (vgl. z. B. Klüsche 2004), die aber an dieser Stelle nicht näher behandelt werden können.

Ein naheliegendes Auswahlkriterium für Kriminalitätstheorien ist die praktische Umsetzbarkeit. Wissenschaftlich-theoretisches Wissen kann in der Praxis nicht immer sozialtechnisch angewendet werden (Bernhard 2002). Je abstrakter die Grundannahmen einer Theorie sind, desto schwieriger wird die praktische Anwendung (Kreissl 2003). Eine direkte Umsetzbarkeit fehlt auch dann, wenn sich Wissenschaft kritisch versteht und die Praxis selbst und ihre Selbstverständlichkeiten zu ihrem Untersuchungsgegenstand macht. Dann wird kein praxisstützendes Wissen produziert, sondern Wissen mit dem Potential, die gängige Praxis und Alltagstheorien zu erschüttern (Anhorn et al. 2012, Mühlum et al. 2004). Leichte Anwendbarkeit sollte also kein Ausschlusskriterium sein, nach dem Theorien für die Soziale Arbeit ausgewählt werden (vgl. z. B. Mühlum 2004).

Auch leichte Verständlichkeit und Einfachheit ist kein überzeugendes Kriterium für Theorien. Theorien, die bereits auf den ersten Blick verständlich erscheinen und alltagsnah formuliert sind, verdienen es, besonders kritisch hinterfragt zu werden. Möglicherweise duplizieren sie einfach dieses Alltagsverständnis. Dies gilt etwa für Moffitts Typologie der »Jugendkriminalität«, die der Alltagswahrnehmung entspricht, dass es zwar normal ist, in der Jugendphase auch ab und zu Regeln zu brechen, dass davon aber deutlich die wirklich problematische »Jugendkriminalität« als Beginn einer »kriminellen« Karriere abgegrenzt werden kann. Und auch bei Theorien, die mit wenigen und einfachen Konzepten auskommen, ist Skepsis angesagt. In der Anwendung auf konkrete Phänomene müssen diese Theorien oft sehr weit ausgelegt werden. Theorien werden dann leicht überstrapaziert und verwässert. So kann das Konzept des rationalen Handelns grundsätzlich auf alle Formen menschlichen Verhaltens angewendet werden. Wenn aber jedes Verhalten irgendwie »rational« ist, wird der Ansatz »banal« und verliert jegliche Erklärungskraft (Karstedt/Greve 1996). Komplexe Modelle haben natürlich auch ihre Nachteile. Sie sind nicht nur schwer empirisch zu überprüfen, sondern liefern auch keine eindeutigen Empfehlungen für die Praxis (Höynck 2014).

Die Theorieentscheidung hat weitreichende Folgen, denn jede Theorie legt bestimmte Handlungsoptionen nahe. »Je nachdem, für welche Antwort [die Soziale Arbeit] sich entscheidet – und eine Theorieentscheidung wird sie unweigerlich treffen müssen, wenn sie nicht völlig hilflos agieren will –, wird sie anders handeln« (Lindenberg 2014: 19). Es besteht ein Zusammenhang zwischen Theorien und Interventionen. »Jede Theorie legt Arten plausibler Interventionen fest« (Dollinger/Raithel 2006: 8). Das bedeutet im Umkehrschluss aber nicht, dass jede Maßnahme und Interventionsform theoriegestützt und logisch begründbar ist (Cohen 1968a). Auch in der Kriminalpolitik und deren praktischer Umsetzung dominieren die bereits thematisierten Alltagstheorien.

Die Beurteilung der Relevanz von Theorien für die Soziale Arbeit können Klassifikationssysteme etwas erleichtern: Die fast unüberschaubare Vielfalt an Theorien lässt sich einigen wenigen Deutungsmustern, Menschenbildern oder Reaktionsformen zuordnen.

So klassifiziert Hess (1999) Theorien nach Menschenbildern und ordnet ihnen auch gleich bestimmte Formen von Kriminalpolitik zu.

> »Der reflexive Blick auf unsere Wissenschaft offenbart eine Reihe von Wahlverwandtschaften zwischen bestimmten Menschenbildern und Kriminalpolitiken einerseits und theoretischen Aussagen andererseits. Bestimmte Menschenbilder und Kriminalpolitiken führen dazu, dass man die entsprechenden wahlverwandten kriminologischen Theorien eher akzeptiert und für richtig hält bzw. dass eine bestimmte kriminologische Theorie für denjenigen richtig ist, der das wahlverwandte Menschenbild hat und die wahlverwandte Kriminalpolitik verfolgt« (Hess 2007: 16).

Je nach Theorie erscheinen Straffällige in dieser Klassifizierung als Opfer der Umstände, als rationale Kosten- und Nutzenkalkulierer oder als eigener Menschentypus, der fremdartig und böse ist (Hess 1999b). Und jedes Menschenbild und die damit verbundene Kriminalitätserklärung legt auch bestimmte Handlungsstrategien nahe (vgl. auch Lindenberg 2014).

- Werden »Täter(innen)« als Opfer von Zuschreibung betrachtet, erscheint die Abschaffung des Strafrechts als sinnvolles Ziel von Kriminalpolitik.
- Werden negative soziale Einflüsse verantwortlich gemacht, sind Behandlung und Resozialisierung der »Täter(innen)« oder die Beseitigung von strukturellen Ursachen durch Sozialpolitik die logische Konsequenz.
- Wird »Kriminalität« als rationale Entscheidung von »Täter(inne)n« betrachtet, sind daraus eine rational kalkulierte Kriminalpolitik und situative Prävention zur Beseitigung von Tatgelegenheiten abzuleiten.
- Werden Pathologie und Andersartigkeit von »Einzeltäter(inne)n« zur Erklärung herangezogen, ist eine punitive Kriminalpolitik die logische Folge (Hess 1999b).

Weitere Modelle zur Klassifikation von Theorien bietet die Soziologie abweichenden Verhaltens. Auch in diese Modelle lassen sich die hier thematisierten Kriminalitätstheorien ohne größere Probleme einordnen. Groenemeyer (2003) unterscheidet fünf Betrachtungsweisen abweichenden Verhaltens.

- Als Sünde oder moralisches Vergehen, so dass Buße, Läuterung, Opfer oder Vergeltung logisch folgen,
- als »Kriminalität« mit der Konsequenz der Bestrafung,
- als Krankheit, so dass eine Behandlung sinnvoll erscheint,
- als Armut oder Deprivation, die im Rahmen von Sozialpolitik gelöst werden kann,
- als Schaden, dem durch Risikovermeidung oder restorative justice zu begegnen ist (Groenemeyer 2003).

Auch Deutungsmuster und Erklärungen für abweichendes Verhalten sind also bereits mit bestimmten Reaktionen und Formen sozialer Kontrolle verknüpft.[17] Je nach Deutung erfolgen sehr unterschiedliche Reaktionen, für die spezifische Institutionen und Berufsgruppen zuständig sind (Groenemeyer 2003, vgl. auch Sidler 1999).

> »Ob jemand der Psychiatrie oder der Sozialarbeit zugeführt oder strafrechtlich zur Verantwortung gezogen, zur Wiedergutmachung von Schäden herangezogen, als Sündenbock benutzt wird oder als Nutznießer sozialer Leistungen und Hilfen in Frage kommt, kann im Einzelfall von Zufällen abhängen, aber moderne Gesellschaften stellen ein kulturelles Reservoir bereit, mit dem Verhaltensweisen und Individuen bestimmten Abweichungskategorien und damit auch bestimmten Instanzen sozialer Kontrolle zugewiesen werden« (Groenemeyer 2003: 210).

Es ist davon auszugehen, dass in verschiedenen Institutionen, die mit sozialer Kontrolle beauftragt sind, auch unterschiedliche Deutungsmuster dominieren. In der Psychiatrie dürfte also die Erklärung von abweichendem Verhalten als Krankheit besonders häufig anzutreffen sein. Zu erwarten sind aber auch Mischformen (Groenemeyer 2003). Innerhalb der Sozialen Arbeit wären demnach nicht nur die Ziele der Inklusion und Resozialisierung nachzuweisen, sondern auch punitive Orientierungen (Deichsel 2014). Ausreichend empirisch untersucht ist dies nicht.

Die größte Bedeutung kommt Sozialer Arbeit und der Straffälligenhilfe in Theorien zu, die »Kriminalität« oder abweichendes Verhalten auf negative Einflüsse der Umwelt, etwa die Zugehörigkeit zu einer Subkultur, fehlende soziale Chancen oder fehlende soziale Bindungen zurückführen. Durch Angebote Sozialer Arbeit können diese Bedingungen der Entstehung von »Kriminalität« und abweichendem Verhalten verändert werden. Sinnvoll sind nach diesen Erklärungen individuelle Unterstützung, die Erschließung materieller Ressourcen und sanfte Kontrolle (vgl. z. B. Peters 1989). Eine gewisse Rolle kommt der Sozialen Arbeit auch zu, wenn »Kriminalität« auf Zuschreibungen beruht und weitere strafrechtliche Stigmatisierungen vermieden werden müssen.

Es ist nicht ganz unüblich, Theorien danach zu beurteilen, inwiefern sie mit den eigenen Interessen oder denen der eigenen Berufsgruppe vereinbar sind (vgl. z. B. Andriessen 1986, Garland 2008, Peters 2004). Vertretbar ist eine solche Haltung nur dann, wenn die Überzeugung besteht, dass die Angebote der eigenen Berufsgruppe auch die objektiv besten für die Zielgruppe sind. »Es gibt immer alternative Erklärungen durch irgendeine Methode oder Theorie. Die entscheidende Frage ist, welche Erklärung politisch korrekt ist. Welche Erklärung oder welches Verständnis führt zu richtiger Aktion?« (Quinney, zitiert nach Galliher 1988: 77).

Theorien sollten nicht einfach dazu benutzt werden, vorhandene Vorstellungen zu bekräftigen oder wissenschaftlich zu untermauern. Die Funktion wissenschaftlicher Theorien ist es auch, selbstverständliches und liebgewonnenes Alltagswissen zu hinterfragen (Lindenberg 2014).

---

17 Ähnliche Klassifikationssysteme finden sich auch bei Sidler (1999) und Giesen (1983).

Welche Kriminalitätstheorien in der Praxis von Bedeutung sind, hängt letztendlich von Zielen und Aufträgen ab.

- Werden Resozialisierung und Erziehung als Aufgabe betrachtet, sind ätiologische Theorien zur Erklärung individueller »Kriminalität« wichtig, aber auch Theorien zur Tätigkeit von Kontrollinstanzen (Deichsel 2014).
- Werden Versöhnung und Schadensersatz als Ziel definiert, zählen Etikettierungstheorien zu den unverzichtbaren Grundlagen. Auch ethnologische Studien zur Konfliktbearbeitung werden dann interessant (Deichsel 2014, vgl. auch Trenczek 2014).
- Geht es um Prävention, hängt die Relevanz von Theorien stark von der Präventionsform ab. So zielt etwa primäre Prävention auf tiefere Ursachen von »Kriminalität«, sekundäre Prävention auf gefährdete oder tatbereite Personen und tertiäre Prävention auf bereits straffällig gewordene »Täter(innen)«. Als Grundlage dienen unterschiedliche Theorien und Debatten (Deichsel 2014).

Sinnvoll erscheint es, die Auswahl von Theorien auch vom zugrundeliegenden Menschenbild und der empirischen Bestätigung abhängig zu machen.

Dass Menschen Akteure sind, die völlig freie Entscheidungen treffen und dabei Kosten und Nutzen ganz rational abwägen, überzeugt nicht. Für das Bild von menschlichem Verhalten als biologisch oder psychologisch programmiert gilt das gleiche. Soziale Arbeit ist untrennbar mit der Vorstellung verbunden, dass Menschen soziale Wesen sind. Menschen sind nicht durch Sozialisation oder gesellschaftliche Normen determiniert, aber beeinflusst, die setzen sich aktiv mit ihrer Umwelt auseinander, ihre Handlungsmöglichkeiten sind durch Ressourcen und Restriktionen bedingt (vgl. z. B. Thiersch 2012, Hurrelmann 1986, Böhnisch 2010). Diese Annahmen grenzen das Spektrum in Frage kommender Theorien ein.

Was die empirische Bestätigung angeht, weisen die meisten Theorien Schwächen auf und können nicht ganz überzeugen. Der Regelfall sind zu wenige Untersuchungen mit methodologischen Defiziten oder divergierenden Ergebnissen (vgl. z. B. Eifler 2002, Lösel 1987).

> »Befasst man sich mit Kriminalitätstheorien, mit dem Ziel einer klaren Antwort auf die Frage nach den Entstehungsbedingungen von Kriminalität, fällt die Bilanz ernüchternd aus. Manches, was als Theorie bezeichnet wird, ist keine Theorie in dem Sinne, dass sie eine echte Erklärung liefern soll und empirisch nachgewiesen oder auch nur nachweisbar wäre. Oftmals handelt es sich eher um Beschreibungen oder Modelle, die gleichwohl zum Verständnis von Kriminalität wichtig sein können. Die empirische Bewährung der verschiedenen Theorien [ist] sehr unterschiedliche, oft keineswegs eindeutig und meist mit statistisch eher schwachen Effektstärken« (Höynck 2014: 60).

Dennoch erscheint es sinnvoll, die Aussagekraft und Bestätigung der Theorien kritisch zu hinterfragen und zu analysieren, was eine bestimmte Theorie zu welcher Frage mit welchem Grad an Sicherheit genau aussagt (Höynck 2014).

Angesichts der Vielzahl vorhandener Theorien mag der Eindruck postmoderner Beliebigkeit entstehen. »Die« entscheidende oder zentrale Theorie zur Erklärung von »Kriminalität« und Kriminalisierung gibt es nicht. Eine Vielzahl theoretischer Konzepte wie der Einfluss von Subkulturen und sozialem Lernen, von sozialer Kontrolle und Chancenlosigkeit, von Etikettierungsprozessen und fehlender Integration zählt inzwischen zum Basiswissen der Sozialen Arbeit mit straffällig gewordenen Menschen.

In der Praxis scheinen sich Multifaktorenansätze einer großen Beliebtheit zu erfreuen und Alltagstheorien über die Entstehung von »Kriminalität« zu prägen (Höynck 2014). Dabei zählen diese Ansätze nur Faktoren auf, die mit »Kriminalität« korrelieren. Wenn Straffällige auch ein unterdurchschnittliches Ausbildungsniveau haben oder Menschen ohne deutsche Staatsbürgerschaft im Strafvollzug überrepräsentiert sind, ist damit doch nicht erklärt, inwiefern diese Merkmale zu vermehrtem »kriminellen« Verhalten oder stärkerer Kriminalisierung führen. Dass der überwiegende Teil der Klientel der Straffälligenhilfe zum Kreis sozial Benachteiligter zählt, bedeutet eben gerade nicht, dass nur sozial Benachteiligte strafbare Handlungen begehen oder dass ein Kausalzusammenhang zwischen Armut, Unterversorgung und »Kriminalität« besteht (Kawamura-Reindl 2014). Der Verzicht auf theoretische Konzepte und Zusammenhänge führt hier zu einer verkürzten Erklärung und entsprechend unzureichend fundierten Reaktionen.

Lindenberg (2014). vertritt die Ansicht, dass man sich angesichts konkurrierender Theorien in der Kriminologie unweigerlich an eine halten müsse. Damit bezieht er sich aber wohl nicht auf Einzeltheorien, sondern eher auf Theorieschulen oder Theoriegruppen. Eine Kombination oder Integration verschiedener Theorien erscheint auch in der praktischen Arbeit möglich und sinnvoll, setzt aber voraus, dass sie mit einem kompatiblen Menschenbild arbeiten (vgl. auch Lindenberg). Es ist auch legitim, die Auswahl anzuwendender Theorien vom Einzelfall abhängig zu machen (vgl. Höynck 2014).

Unverzichtbar ist es, sich bewusst jene Kriminalitätstheorien vor Augen zu führen, welche der eigenen Arbeit zugrunde liegen, sie mit anderen Theorien zu vergleichen und auf ihre Plausibilität hin zu hinterfragen. »Professionelles Handeln findet statt, wenn die Annahmen über die Entstehung von Kriminalität reflektiert werden und in die Konzepte einfließen« (Höynck 2014: 60).

Theorieverzicht kann für die Straffälligenhilfe also keine Option sein.

5 Muss Strafe sein?

5.1 Strafe und Sanktion

Strafe lässt sich als gezielte *Zufügung eines Übels* definieren, wobei diese Einwirkung eine Reaktion auf vorausgehendes Fehlverhalten darstellt (vgl. z. B. Heiland/Schulte 1993, Cornel 2014). Strafen gehören zu unserem Alltag und erscheinen als etwas ganz Natürliches und Unverzichtbares (vgl. z. B. Scheerer 2001). Würde ohne Strafe nicht jede/jeder tun, was ihm/ihr beliebt? Brächen nicht Chaos oder Anarchie aus, ein einziges Hauen und Stechen, die Durchsetzung der Starken zu Lasten der Schwächeren? Was so selbstverständlich erscheint, verdient aber eine genauere Betrachtung.

In der *Erziehung* wird nach wie vor ganz selbstverständlich bestraft, auch wenn sich Formen und Konzepte gewandelt haben (vgl. z. B. Ludwig 1986). Dass es pädagogisch sinnvoll ist, Grenzen zu setzen und korrigierend einzugreifen, ist weitgehend unbestritten.

> »Eine positive Wirkung kann Strafe aber nur dort entfalten, wo sie in eine solidarische Beziehung eingebettet vorkommt, wo sie als momentanes Ereignis eine von beiden Seiten, vom Strafenden wie vom Bestraften, als eng und positiv empfundene Beziehung nicht wirklich verletzt« (Ludwig 1986: 334, vgl. auch Müller 1993).

Lerntheorien verweisen darauf, dass Bestrafung und Verstärkung beim Erlernen von Verhaltensweisen eine entscheidende Rolle spielen. Während Strafe die Wahrscheinlichkeit eines Verhaltens reduziert, vergrößert Belohnung die Häufigkeit, mit der es gezeigt wird. Strafe führt also nicht direkt zu sozial erwünschtem Verhalten, verhindert aber zumindest, dass unerwünschtes Verhalten zu häufig auftritt (vgl. z. B. Sessar 1993). Dabei wird eine Verhaltenstendenz aber nur unterdrückt und nicht ausgelöscht. Das Verhalten wird also nicht »verlernt« (Neumann/Schroth 1980, Roth 2001). Auch wird die Motivation, die dem unerwünschten Verhalten zugrunde lag, nicht beseitigt (Peters 1989). Strafe und ihre Funktion in der Erziehung müssen demnach differenziert betrachtet werden.

Ersetzen wir den Begriff der Strafe mit dem der *Sanktion*, werden weitere Zusammenhänge deutlich. Sanktionen spielen im menschlichen Zusammenleben eine wichtige Rolle: Sanktionen dienen dazu, das Verhalten anderer zu beeinflussen und soziale Kontrolle auszuüben. Dabei unterscheidet die Soziologie positive von negativen Sanktionen und nur letztere sind mit Strafen gleichzusetzen. Wenn das Verhalten einer Person Erwartungen, Gewohnheiten oder Regeln widerspricht, wird dies dem Akteur durch negative Sanktionen signalisiert. Hier kommt das Konzept der sozialen Norm ins Spiel: *Soziale Normen* legen fest, welches Verhalten in einer Gemeinschaft erwartet wird und welches als unerwünscht gilt. Sie wirken von außen auf das Verhalten von Menschen ein (vgl. z. B. Bellebaum 1994, Heiland/Schulte 1993).

Normen können mehr oder weniger stark institutionalisiert sein, sie können etwa in Gesetzbüchern festgehalten werden oder auch so unbewusst sein, dass die Norm nur bei einem Verstoß greifbar wird (vgl. z. B. Heiland/Schulte 1993). Verhaltenserwartungen beziehen sich auf bestimmte Situationen und Adressaten: Das Strafrecht gilt formal für alle (strafmündigen) Personen in seinem Geltungsbereich, andere Normen regeln dagegen nur das Verhalten bestimmter Berufs- und Altersgruppen oder besondere Situationen wie Boxkämpfe oder diplomatische Empfänge (vgl. z. B. Bellebaum 1994). Der Geltungsbereich, also der Personenkreis, dessen Verhalten sie regeln sollen oder von dem sie anerkannt werden, unterscheidet sich beträchtlich und reicht von einzelnen Gruppen bis hin zu transnationalen Gemeinschaften (vgl. z. B. Lamnek 2001). Normen verändern sich im Laufe der Zeit (Hassemer 2009).

Ob Verhalten eine Norm verletzt hat und somit abweichendes Verhalten darstellt, ist alles andere als leicht zu beurteilen. Normen sind relativ und variabel, unterscheiden sich in verschiedenen Gesellschaften und sozialen Gruppen (vgl. z. B. Lamnek 2001). Ihre Geltung in einer konkreten Situation und für eine konkrete Person ist schwer zu belegen.

> »Eine der hartnäckigsten Schwierigkeiten beim Studium abweichenden Verhaltens ist die, daß sich das Problem auf jeder dieser Ebenen anders darstellt: Verhalten, das im Kontext einer einzelnen Familie als ungehörig gilt, kann für die Gemeinschaft insgesamt vollkommen akzeptabel sein, während ein von den Mitgliedern der Gemeinschaft scharf missbilligtes Verhalten wiederum anderswo in derselben Kultur nahezu unbeachtet bleiben mag. Die Menschen in einer Gesellschaft müssen also lernen, Abweichungen auf jeder dieser Ebenen gesondert zu behandeln und im eigenen täglichen Treiben zwischen den Ebenen zu unterscheiden« (Erikson 1978: 19).

Für die Geltung einer Norm spricht, dass sie von Menschen eingehalten wird und dass Verstöße sanktioniert werden (Popitz 1968). Insofern stellt die Sanktionierung von Normverstößen den Fortbestand einer Norm sicher. Allerdings gilt dies nicht unbegrenzt. Der Bestand von Normen hängt von der Annahme ab, dass sie in der Regel eingehalten werden und nur in Ausnahmefällen dagegen verstoßen wird (Popitz 1968, Peters 1989). Sanktionen tragen damit nur dann zur Normgeltung bei, wenn sie eine bestimmte Häufigkeit nicht überschreiten, »ein Minderheitsphänomen« bleiben (Popitz 1968: 19). Normen können »zu Tode sanktioniert werden« (Popitz 1968: 17). Wird allzu häufig gegen eine Norm verstoßen und werden diese Verstöße zu häufig auch bestraft, wird dadurch die schwindende Geltung einer Norm offensichtlich. Strafe kann also für den Fortbestand einer Norm sogar schädlich sein (Popitz 1968). »Wenn die Norm nicht mehr oder zu wenig sanktioniert wird, verliert sie ihre Zähne, – muß sie dauernd zubeißen, werden die Zähne stumpf« (Popitz 1968: 17). Auch die Bestrafung statushoher Personen bedroht die Geltung einer Norm (Popitz 1968, Lamnek 2008, Peters 1989).

5.1 Strafe und Sanktion

Grundsätzlich fragwürdig erscheint die Annahme, dass angedrohte oder vollstreckte Sanktionen quasi automatisch normkonformes Verhalten bewirken. Es spricht wenig dafür, dass Sanktionen und soziale Kontrolle bei der Verminderung abweichenden Verhaltens besonders erfolgreich sind (vgl. Peters 1989, Lamnek 2008). Die Annahme, dass Devianz »verschwindet, sobald nur geringfügige Anpassungen bei den Reaktionen auf sie vorgenommen werden, [wird] dem Wesen des Phänomens nicht gerecht« (Cohen 2016b: 103).

Auswirkungen auf das Verhalten sind bei Sanktionen vor allem dann zu erwarten, wenn wechselseitige Abhängigkeiten bestehen und Menschen dauerhaft interagieren. Auch werden Normbewusstsein und Druck der Gruppenöffentlichkeit als relevant betrachtet (Heiland/Schulte 1993).

Die Schwere der bei Verstößen zu erwartenden Sanktion variiert beträchtlich, das Spektrum reicht von bloßem Stirnrunzeln bis hin zur Todesstrafe (vgl. z. B. Bellebaum 1994). Die Wirksamkeit einer Sanktionsdrohung hängt dabei nicht von der objektiven Wahrscheinlichkeit und Schwere einer Sanktion ab. Entscheidend ist, wie Menschen die zu erwartende Sanktion subjektiv einschätzen. Darüber hinaus hängt die Wirksamkeit von Norm und Sanktionsdrohung davon ab, wie eine Norm von einer Person moralisch bewertet wird und wie kompatibel sie mit anderen Normen ist (Heiland/Schulte 1993).

Normkonformität setzt Wissen über Normen und Sanktionen voraus. Dass mehr Wissen zu mehr Konformität führt, ist empirisch allerdings nicht bestätigt. Abstraktes Wissen hilft wenig dabei, zu beurteilen, ob eine konkrete Situation normrelevant ist (Heiland/Schulte 1993).

Menschliches Zusammenleben und Gesellschaft sind ohne soziale Normen undenkbar (vgl. z. B. Bellebaum 1994). Erst soziale Normen machen es möglich, das Verhalten anderer zu antizipieren und sind damit Voraussetzung für soziales Handeln und soziale Ordnungen (Popitz 1968, Heiland/Schulte 1993, Lamnek 2008). Im Alltag vereinfacht es die Interaktion mit anderen ungemein, dass man davon ausgehen kann, dass andere, denen man die Hand reicht, diese schütteln und nicht hineinbeißen werden. Und wenn die Konzepte der sozialen Norm und der Sanktion untrennbar verbunden sind (vgl. z. B. Hassemer 2009), gehören auch (negative) Sanktionen zum Alltag des Menschen als sozialem Wesen. Strafe erscheint somit als notwendiges Übel: Wer Regeln nicht einhält, sich nicht so verhält, wie es allgemein erwartet wird, kann dafür bestraft werden (vgl. z. B. Hassemer 2009).

Strafe ist nach Popitz ein »Lieblingskind der Soziologie« (Popitz 2016: 35). Nicht alle Normkonzepte betrachten aber die Sanktion als unverzichtbares Element. So bezeichnet Luhmann Normen als »kontrafaktische Verhaltenserwartung« (Luhmann 1995: 134). Auch wenn das erwartete Verhalten nicht eintritt, wird die Erwartung aufrechterhalten und die Norm bestätigt (vgl. auch Lamnek 2008).

»Ungleich menschlichen Gliedern entwickeln Normen durch Nicht-Gebrauch nicht notwendigerweise Muskelschwund. [...] Diese Regeln bleiben bedeutsame Bestätigungen eines akzeptierbaren Codes, auch wenn sie regelmäßig gebrochen werden. Ihre Rolle als Ideal wird durch alltägliches Verhalten nicht gefährdet« (Gusfield 2016: 73).

Auch nach Parsons (1968) dienen Normen der Orientierung. Eine Sanktionsdrohung ist überflüssig, weil Sanktionen im Laufe der Sozialisation bereits internalisiert wurden (vgl. Lamnek 2008, Peters 1989, Heiland/Schulte 1993).

Anstelle einer negativen Sanktion kann eine Norm auch dadurch bestätigt werden, dass auf einen Verstoß ausdrücklich hingewiesen wird (vgl. z. B. Heiland/Schulte 1993). Nach Geiger (1964) kann auch das regelkonforme Verhalten oder die explizit billigende Haltung gegenüber Konformität menschliches Verhalten positiv beeinflussen (vgl. auch Heiland/Schulte 1993). »Gesellschaft wird nicht durch Norm & Sanktion zusammengehalten, denn durch das Wenige an Sanktionen, das im Alltag tatsächlich gesetzt wird, könnten die Lücken im Norm- und Sanktionsmechanismus nicht gekittet werden« (Stehr 1993: 129).

Schon diese allgemeinen Überlegungen zu Strafe und Sanktion wecken also erste Zweifel an der Unverzichtbarkeit und Selbstverständlichkeit von Strafe.

5.2 Strafrecht

War bisher von sozialen Normen und Sanktionen im Allgemeinen die Rede, ist es nun an der Zeit, den Blick auf das Strafrecht und strafrechtliche Sanktionen zu richten. Strafrechtliche Normen können als Sonderfall sozialer Normen betrachtet werden: Sie sind stark institutionalisiert und in Gesetzbüchern festgehalten; mit der Anwendung der Normen und der Verfolgung von Normverletzungen sind spezielle staatliche Institutionen betraut; das Spektrum zulässiger Sanktionen ist verbindlich festgelegt und beinhaltet ganz massive Eingriffe in Menschen- und Bürgerrechte (vgl. z. B. Hassemer 2009, Hess/Stehr 1987, Sack 1968).

Zuweilen wird behauptet, dass das Strafrecht ebenso universell sei, wie die Strafe an sich, dass eine Gesellschaft ohne Strafrecht undenkbar sei. »Seit es menschliche Gemeinschaften gibt, die sich feste Formen des Zusammenlebens gegeben haben, gibt es das Strafrecht und seine Rechtsfolge die Strafe« (Baumann 1984: 27).

Erkenntnisse über Konfliktregelungsmechanismen in herrschaftsfreien Gesellschaften entlarven diese Behauptung aber als Mythos: In der Menschheitsgeschichte ist Strafrecht eine recht neue Erfindung (Scheerer 2001, Hess/Stehr 1987, Stehr 1993, Steinert 1987). Die Entstehung von Strafrecht ist an die Entstehung von Staaten gekoppelt (Scheerer 1993a). Während Missbilligung unerwünschten Verhaltens und negative Sanktionen in allen Gesellschaften zu finden sind, gilt dies für das Strafrecht und dessen Strafen nicht:

> »Sie sind keine Universalien, sondern sehr spezifische Entwicklungen, die historisch relativ jung sind und doch schon sehr überaltert wirken, so daß sich der von Baumann postulierte Ewigkeitsanspruch auch prospektiv stark relativiert« (Scheerer 1993a: 88).

Soziale Ordnung und gesellschaftliches Miteinander sind also auch ohne Strafrecht möglich (vgl. z. B. Stehr 1993). Strafrecht ist nur ein System sozialer Kontrolle neben vielen anderen (Singelnstein/Stolle 2007, Sack 2016).

Neben den genannten formalen Besonderheiten des Strafrechts werden auch inhaltliche Unterschiede zu anderen Normen angeführt: Demnach schützen die Normen des Strafrechts fundamentale Interessen, Menschen- und Freiheitsrechte, die um jeden Preis verteidigt werden müssen. Es geht im Strafrecht nicht einfach um die Durchsetzung von sozial erwünschtem Verhalten, sondern um besonders sensible Bereiche des menschlichen Miteinanders. Das Strafrecht dient dem Schutz von wichtigen Rechtsgütern wie Eigentum, körperlicher Unversehrtheit oder sexueller Selbstbestimmung (vgl. z. B. Roxin et al. 2006, Hassemer 2009). Auch diese Sichtweise hat allerdings Kritik erfahren. So wird angezweifelt, dass das Strafrecht wirklich die Interessen aller Bürger(innen) gleichermaßen schützt, wird auf dessen selektive Funktionsweise verwiesen, die dazu führt, dass besonders sozialschädliche Verhaltensweisen unberücksichtigt bleiben, leichte Delikte von randständigen Gruppen dagegen konsequent verfolgt werden (vgl. z. B. Baratta 1988).

Die Soziologie verweist mit den Konzepten des »Moralunternehmers« (Becker 2015: 145) und der »symbolischen Kreuzzüge« (Gusfield 1963) auf Versuche, bestimmte Moralvorstellungen, Verhaltenskodes oder auch Lebensstile verbindlich durchzusetzen und rechtlich abzusichern (vgl. z. B. Hassemer 1989, Cremer-Schäfer 1993). Inhalte des Strafrechts sind damit Ausdruck von Interessengegensätzen und nicht eines Konsenses über fundamentale Werte und Rechte (Hess/Stehr 1987). Strafrecht dient dazu, bestimmte Normen als allgemeinverbindlich darzustellen und durchzusetzen (Cremer-Schäfer 1993, Gusfield 2016, Lamnek 2008). Strafrechtliche Normen beziehen sich also nicht auf Sachverhalte, über deren Bewertung weitgehender Konsens besteht. Normsetzungsbemühungen lassen sich vielmehr genau dann beobachten, wenn kein Konsens über bestimmte Verhaltenserwartungen und Werte besteht. Insofern »ist die rechtliche Norm nicht die Verkündigung einer Übereinkunft innerhalb der Gemeinschaft. Im Gegenteil scheint der Druck, rechtliche Normen zu erlassen, eben dann am größten zu sein, wenn ein Konsens am wenigsten erreichbar ist« (Gusfield 2016: 87, vgl. auch Cohen 2016b).

Bei Betrachtung des geltenden Strafrechts, etwa der Regelungen des Betäubungsmittelrechts, fällt es in der Tat nicht immer leicht, verletzte Rechtsgüter und grundlegende gesellschaftliche Interessen zu erkennen. Der Blick in die Geschichte wie auch interkulturelle Vergleiche machen deutlich, dass Inhalte des Strafrechts sehr variabel sind und fast beliebig definierbar zu sein scheinen (Quensel 1987). Es gibt demnach »kein noch so komplexes gesellschaftliches Problem, für das nicht eine strafrechtliche Lösung versucht würde« (Voß 1993: 35). Und grundsätzlich lassen sich auch alle partikulären Interessen von gesellschaftlichen Gruppen oder sogar Einzelpersonen mit Hilfe von Strafrecht absichern (Mitglieder der Reaktion 2002).

Auch Strafrechtler(innen) räumen ein, dass strafrechtliche Normen sich nicht immer mit aktuell akzeptierten sozialen Normen decken. Nicht alles, was strafrechtlich sanktioniert wird, wird von der großen Mehrheit der Gesellschaftsmitglieder als normwidrig und sanktionswürdig betrachtet. Umgekehrt gilt auch, dass Verhaltensmuster, die nicht strafrechtlich relevant sind, deshalb nicht automatisch mehrheitlich als moralisch unproblematisch und sozial akzeptiert gelten.

> »In einem freiheitlichen Staatswesen ist der Staat keine Moralinstanz, weshalb in einem strafrechtlichen Normverzicht nicht ein moralisches Gutheißen erblickt werden darf: Was als strafunwürdig definiert wird, ist damit noch nicht als moralwürdig hingestellt« (Ostendorf 2010d: 33).

Festhalten lässt sich, dass sich das Strafrecht nicht inhaltlich oder materiell, durch den Bezug auf besonders grundsätzliche Normen, von anderen Normensystemen unterscheidet (Hess/Stehr 1987).

Das Augenmerk muss daher auf die Rolle des Staates als besonderes Merkmal gerichtet werden. »Wer vom Strafrecht folgenreich und wissenschaftlich reden will, kann von Macht und vor allem vom ›Staat‹ nicht schweigen« (Sack 1988: 31, vgl. auch Hess/Stehr 1987).

Banale Voraussetzung für Strafrecht und strafrechtliche Sanktionen ist, dass Personen oder Institutionen aufgrund von Macht- und Herrschaftsstrukturen in der Lage sind, Strafen zu verhängen und zu vollstrecken (Cornel 2014). Strafrecht dient nicht nur der Aufrechterhaltung der Ordnung, sondern auch der Herrschaft (Scheerer 1986). Hier kommt die Frage nach der Legitimation staatlicher Herrschaft ins Spiel. Historisch betrachtet wurde Herrschaft zunächst als gottgewollt betrachtet, Herrschern ein uneingeschränktes und unbestrittenes Recht über Leben und Tod ihrer Untertanen zustand (vgl. z. B. Hassemer 2009).

Herrschaft bedarf inzwischen einer rationalen Legitimation. Seit der Aufklärung wird deshalb von einem Gesellschaftsvertrag ausgegangen: Prinzipiell freie und gleiche Menschen übertragen Rechte auf den Staat, der sich im Gegenzug dazu verpflichtet, das Gemeinwohl und die Interessen seiner Bürger zu schützen. Dieser Gesellschaftsvertrag beendet demnach den Urzustand des Rechts des Stärkeren, des Kampfes Jeder gegen Jeden. Dem Staat steht fortan das Gewaltmonopol zu: Nur ihm ist die Anwendung physischer Gewalt erlaubt. Nur er darf somit auch Strafen anwenden, die physische Gewalt implizieren (vgl. z. B. Albrecht 2005, Hassemer 2009, Haker 2010, Brumlik 1993). Angenommen wird weiterhin, dass die Straftäter durch die Begehung der Tat in eine Bestrafung eingewilligt haben (vgl. z. B. Neumann/Schroth 1980). Durch die Bestrafung erkennt der Staat den/die Täter(in) als freie und verantwortliche Person an (vgl. z. B. Brunkhorst 1986), unterstreicht quasi die Menschenwürde der Straffälligen. Diese Sichtweise ist denkbar weit von der subjektiven Wahrnehmung Straffälliger entfernt, die selbst bei Kenntnis der Gesetzeslage durch die Begehung einer Straftat keinesfalls einer Bestrafung zustimmen wollen.

Die Idee eines Gesellschaftsvertrags wird als Fiktion einer rationalen Übereinkunft der Betroffenen kritisiert (vgl. z. B. Albrecht 1987). Die »Monopolisierung physischer Gewalt« durch den Staat habe Gewalt keineswegs »aus den Verkehrsverhältnissen der Bürger untereinander« verbannt, sondern wurde »selbst zur Quelle neuer Gewaltakte« von »auf Gewaltanwendung spezialisierten staatlichen Apparate[n]« (Werkentin 1987: 81). Der Annahme eines Vertrags im Interesse aller Gesellschaftsmitglieder und einer Verständigung, wenn nicht aller, so doch wenigstens der Mehrheit über strafwürdige Handlungen, widersprechen insbesondere Vertreter(innen) von Konflikttheorien (vgl. z. B. Eifler 2002, Quensel 1987).[18] Sie gehen von fundamentalen Interessenkonflikten in der Gesellschaft aus, die auch mit Hilfe des Strafrechts ausgetragen werden. Es besteht demnach kein Konsens über grundlegende Werte und Normen, die notfalls auch mit Hilfe des Strafrechts zu schützen sind, das Strafrecht ist nicht neutral und dem Gemeinwohl verbunden, sondern je nach Sichtweise Beteiligter oder Mittel in sozialen Konflikten (Michalowski 1988, vgl. auch Sessar 1986, Eifler 2002, Stehr 1993).

Wie gut oder sinnvoll diese staatliche Macht eingesetzt wird, ist umstritten. Skeptiker(innen) betrachten das Strafrecht primär als Mittel der Herrschaftssicherung (vgl. z. B. Messerschmidt 1988) und leugnen, dass es darüber hinaus eine nennenswerte Schutzfunktion ausübt. So ist der »angebliche Schutz, der durch das staatliche Strafen geboten wird« nach Steinert bestenfalls »geringfügig« (Steinert 1988: 4). Dagegen wird argumentiert, dass das Strafrecht grundsätzlich nützlich ist (oder es zumindest sein kann): Es schafft Sicherheit und beschützt Rechte, insbesondere jene der Schwachen, die ihre Interessen sonst nicht durchsetzen könnten (Prittwitz 2004). Es kann sogar zu mehr sozialer Gerechtigkeit beitragen, wenn es denjenigen Hilfen anbietet, die aus Schwäche delinquent werden, und jene in Schranken weist, die aus privilegierter Position heraus Straftaten begehen (Scheerer 1993a). Damit verbunden ist teilweise die Hoffnung, durch gezielten Einsatz des Strafrechts auf Mächtige die Spielregeln der Gesellschaft zu verändern (Prittwitz 2004).

Das Strafrecht stellt sicherlich die extremste Form staatlichen Eingriffs dar: Staatliche Instanzen beschneiden massiv die Rechte einzelner Bürger(innen), indem sie ihnen empfindliche Strafen auferlegen: Das Strafrecht beraubt Menschen ihrer Freiheit, degradiert und ächtet sie, nimmt Eigentum und Lebensperspektiven und stürzt, wenn man Hassemer (2009) folgen will, ganze Familien ins Unglück. Durch Strafrecht wird Menschen erhebliches Leid zugefügt (Christie 1995, vgl. auch Brumlik 1993). »Kriminalstrafe bedeutet, mit absichtlicher Übelzufügung durch staatliche Organe auf kriminelle Taten zu reagieren. [...] Strafe ist niemals Wohltat, mag sie auch noch so gut gemeint sein« (Ostendorf 2010f: 18).

Letztendlich verwendet der Staat Steuergelder, um bestimmte Bürger und Steuerzahler zu malträtieren und zu schädigen, und das nicht nur finanziell, sondern auch physisch (Pilgram/Steinert 2002). Das ist begründungsbedürftig und wirft die Frage nach der Legitimation dieses Eingriffs auf.

---

18 ▶ Kap. 4.8.2.

5.3 Straft(zweck)theorien

Was Sinn und Zweck des Strafrechts ausmacht, wird in den sogenannten Straf- oder Strafzwecktheorien sehr unterschiedlich beantwortet. Dabei lassen sich grundsätzlich absolute von relativen Theorien unterscheiden.

> »Strafe wird einerseits instrumental, d. h. als Instrument zur Erreichung eines bestimmten sozialen Erfolges (Senkung der Kriminalitätsrate), andererseits absolut, d. h. als Institution verstanden, die ihren Sinn (Vergeltung, Sühne, Wiederherstellung der Gerechtigkeit) in sich trägt und nicht auf einen bestimmten sozialen Erfolg abzielt« (Neumann/Schroth 1980: 3).

5.3.1 Absolute Straftheorien

Absolute Straftheorien gehen davon aus, dass Strafe einen Wert an sich hat. Sie stellt die natürliche Reaktion auf ein begangenes Unrecht dar. Auf Übel wird mit Übel reagiert. Strafe stellt wieder Gerechtigkeit her (vgl. z. B. Ostendorf 2010f). Darüber hinaus werden keine Zwecke verfolgt: »Strafe muß sein, weil die Gerechtigkeit es erfordert. Nicht wegen irgendeiner sozialen Nützlichkeit, sondern wegen ihrer sittlichen, prinzipiellen Notwendigkeit« (Scheerer 1993a: 80).

Bestrafung ist damit von einer rückblickenden Perspektive geprägt, ihre Gründe liegen in der Vergangenheit, im dort begangenen Unrecht (Hassemer 2009).

Auf eine lange Tradition kann das *Sühneprinzip* zurückblicken. Strafe wird darin als Wiedergutmachung eines begangenen Unrechts verstanden. Durch Fehlverhalten wurde die Ordnung verletzt. Täter leisten Sühne und stellen dadurch das Gleichgewicht wieder her, sie versöhnen sich wieder mit der Rechtsordnung (Ostendorf 2010f, vgl. auch Schild 1986), der Gemeinschaft, dem Opfer aber auch sich selbst (Neumann/Schroth 1980).

> »Der Henker versöhnt den Verbrecher mit der sittlichen Totalität ebenso wie mit sich selbst. Die Strafe ist nicht nur an sich oder objektiv die Verwirklichung der Vernunft, sie ist auch subjektiv, für ihn, den armen Delinquenten, das Beste: das Wahre nämlich und das Gute« (Brunkhorst 1986: 17).

Wo Strafe als Sühne betrachtet wird, erfährt die Übelzufügung eine positive Umdeutung: Bestrafung kann für alle Beteiligten etwas Positives sein (Ostendorf 2010f). Ausschlaggebend ist dabei nicht, ob eine Versöhnung, etwa mit dem Opfer oder der Gemeinschaft, tatsächlich stattfindet, da die Begründung der Strafe eine metaphysische ist (Neumann/Schroth 1980).

Der Sühnebegriff spielt auch in religiösen Kontexten eine große Rolle: Unrecht wird hier als Verstoß gegen die göttliche Ordnung verstanden, die Sühne als Buße gegenüber einem erzürnten Gott oder als Versöhnung mit Gott. Mit der Bestrafung durch einen liberalen Rechtsstaat ist diese religiöse Konnotation nicht gut vereinbar (vgl. z. B. Scheerer 2001, Cornel 2014). Problematisch erscheint auch, dass Aussöhnung letztendlich von Täter(innen) ausgehen und gewollt sein muss. Der Sühnegedanke unterstellt ein entsprechendes Strafbedürfnis oder Schuldgefühl der Täter(innen) (Neumann/Schroth 1980, vgl. auch Ostendorf 2010f).

Von größerer Bedeutung für die aktuelle Praxis der Strafjustiz ist das *Vergeltungsprinzip*. Auch hier geht es um den Ausgleich begangenen Unrechts durch Strafe. Im Mittelpunkt steht das Prinzip der Gerechtigkeit: Dieser wird genüge getan, indem Übel mit Übel vergolten wird. Das Vergeltungsprinzip liegt schon dem biblischen Gebot des »Auge um Auge, Zahn um Zahn« zugrunde (vgl. z. B. Ostendorf 2010c). Auch Kant sprach sich dafür aus, Gleiches mit Gleichem zu vergelten. Strafen sind unabhängig von Zwecken zu vollstrecken.

> »Selbst wenn sich die bürgerliche Gesellschaft mit aller Glieder Einstimmung auflöste (z. B. das seine Insel bewohnende Volk beschlösse auseinander zu gehen und sich in alle Welt zu zerstreuen), müsste der letzte im Gefängnis befindliche Mörder vorher hingerichtet werden, damit jedermann das widerfahre, was seine Taten wert sind, und die Blutschuld nicht auf dem Volke hafte, das auf diese Bestrafung nicht gedrungen hat: weil es als Teilnehmer an dieser öffentlichen Verletzung der Gerechtigkeit betrachtet werden kann« (Kant 1907: 333).

Auch Hegel ist als Vertreter des Vergeltungsprinzips zu nennen. Er betrachtete Verbrechen als Negation der Weltordnung. Strafe stellt in diesem Sinne eine Negation der Negation dar und stellt die verletzte Ordnung wieder her (vgl. z. B. Hassemer 2009).

Im Vergeltungsprinzip wird Strafe metaphysisch begründet: Zentral ist ein abstraktes Ideal und die Vorstellung, dass das natürliche Gleichgewicht der Ordnung durch Bestrafung aufrechterhalten werden muss (vgl. z. B. Roxin et al. 2006). Eine solche transzendentale Legitimation des Strafrechts erscheint in einem modernen Rechtsstaat fragwürdig (vgl. z. B. Neumann/Schroth 1980). Der Vergeltungsgedanke stößt in modernen Gesellschaften insbesondere bei opferlosen Delikten an seine Grenzen (Oberlies 2013).

Das Prinzip der *Gerechtigkeit* wird auch unabhängig vom Vergeltungsgedanken thematisiert. Hier geht es nicht um einen Ausgleich im Verhältnis zwischen dem/der Täter(in) und einer metaphysischen Instanz, sondern zwischen Täter(inne)n und Mitbürger(inne)n. Das Ideal der Gerechtigkeit gebietet, Gleiches gleich und Ungleiches ungleich zu behandeln. Täter(innen) müssen bestraft werden, weil sie sich anders verhalten haben als konforme Gesellschaftsmitglieder. Die Nichtbestrafung wäre gegenüber denjenigen, die sich konform verhalten haben, ungerecht (vgl. z. B. Neumann/Schroth 1980). Kritisch ist anzumerken, dass neben dieser Vorstellung von Gerechtigkeit als Gleichheit auch andere Formen von Gerechtigkeit denkbar sind (vgl. z. B. Kunz 2004a, Gärtner 2012).

Neueren Charakters ist auch das Prinzip des *Schuldausgleichs* zur Begründung von Strafe. Strafe soll in einem ausgewogenen Verhältnis zur begangenen Straftat stehen. Dabei geht es nicht mehr um eine gleichartige, sondern um eine äquivalente Reaktion: Mord wird nicht mit dem Tod und Körperverletzung nicht mit körperlichen Strafen sanktioniert. Strafhöhe und Art der Strafe hängen im deutschen Strafrecht von der Art des Delikts, der Schwere der Schädigung und der individuellen Schuld des Täters/der Täterin ab (vgl. z. B. Ostendorf 2010f). Voraussetzung für Bestrafung ist immer, dass Täter(innen) schuldhaft gehandelt haben. Schuld setzt Entscheidungs- und Handlungsfreiheit voraus. Angenommen wird, dass eine Person auch hätte anders handeln können. Wenn diese Schuld nicht vorliegt, sind nach deutschem Strafrecht keine Strafen, sondern nur Maßregeln der Besserung und Sicherung zulässig (vgl. z. B. Schild 1986). Die scheinbar selbstverständliche Verbindung von Schuld und Strafe existiert erst seit der Aufklärung. Zuvor wurden auch Strafprozesse gegen Tiere und Steine geführt (Cornel 2014). Der Schuldgedanke setzt der Bestrafung im Schuldstrafrecht klare Grenzen: Strafe muss der Schuld angemessen sein, darf aber nicht über diese hinausgehen (vgl. z. B. Albrecht 2005, Schild 1986).

Kritisch ist anzumerken, dass Schuldausgleich ein vages, nicht empirisch überprüfbares Konzept darstellt (vgl. z. B. Kunz 2004 a).

Absolute Straftheorien beruhen auf der Vorstellung, dass es einen prinzipiellen Zustand der Harmonie, der Gerechtigkeit oder der intakten Rechtsordnung gibt, der nur vereinzelt durch Straftaten gestört oder aufgehoben wird. Die Theorien sind mit der Annahme, dass Normverletzungen alltäglich und normal sind und von allen Mitgliedern einer Gesellschaft regelmäßig begangen werden (vgl. z. B. Raiser 1980, Neumann/Schroth 1980), nur bedingt vereinbar.

5.3.2 Relative Straftheorien

Im Gegensatz zu absoluten Straftheorien betrachten relative Straftheorien Strafen als Mittel zu einem Zweck. Staatliche Übelzufügung ist nur dann zulässig, wenn damit positive Ziele erreicht werden (vgl. z. B. Pilgram/Steinert 2002). Als legitimierender Strafzweck gilt dabei die Prävention von weiteren Straftaten.

Relative Theorien sind auf die Zukunft ausgerichtet: Es wird nicht gestraft, weil in der Vergangenheit ein Unrecht begangen wurde, sondern damit in Zukunft Unrecht vermieden werden kann (vgl. z. B. Hassemer 2009).

Unterstellt wird, dass die Gesellschaft vor Straftaten geschützt werden muss und die Verhinderung von Straftaten grundsätzlich von Vorteil ist (vgl. z. B. Scheerer 1993a). Im Gegensatz dazu wird aber auch die Position vertreten, dass »Kriminalität« für die Gesellschaft (auch) positive Funktionen hat (Neumann/Schroth 1980).

5.3.2.1 Generalprävention

Zu Beginn des 19. Jahrhunderts formulierte Feuerbach die Theorie des psychologischen Zwangs. Da es praktisch unmöglich sei, alle tatbereiten Personen durch physischen Zwang von der Begehung von Straftaten abzuhalten, gelte es, bei ihnen durch die Androhung von Strafen intensive Unlustgefühle hervorzurufen. Angesichts einer drohenden Strafe werden potentielle Straftäter(innen) dann die Entscheidung fällen, sich weiter konform zu verhalten. Geboren war die Idee der Abschreckung der Allgemeinheit durch Strafdrohung (vgl. z. B. Roxin et al. 2006, Lamnek 2001, Ostendorf 2010f).

Das Konzept der Generalprävention zielt auf die Allgemeinheit und potentielle Täter(innen) ab. Es soll verhindert werden, dass diese Straftaten begehen. Als *negative Generalprävention* wird die Abschreckung potentieller Täter(innen) durch die Bestrafung von Straftäter(inne)n bezeichnet. Dagegen hat *positive Generalprävention* die Stärkung des Rechtsbewusstseins der Gesamtbevölkerung als Ziel. Durch Bestrafung wird der Allgemeinheit verdeutlicht, dass Normen nach wie vor Gültigkeit haben und die Rechtsordnung verteidigt wird (vgl. z. B. Roxin et al. 2006).

Strafen sind im Sinne der Generalprävention nur dann legitim, wenn sie eine positive soziale Funktion erfüllen. Damit stützt sich das Strafrecht nicht länger auf metaphysische oder normative Begriffe wie Vergeltung, Gerechtigkeit oder Schuld, sondern strebt eine soziale Wirkung an. Eine solche Wirkung ist prinzipiell empirisch überprüfbar (vgl. z. B. Albrecht 2005). Ziel muss dabei nicht unbedingt der Schutz von Rechtsgütern und die direkte Beeinflussung von Verhalten sein: Strafe ist auch dann berechtigt, wenn sie dazu beiträgt, dass bestimmte Normen weiterhin als Orientierungsmuster ihre Wirkung entfalten (vgl. z. B. Jakobs 2012, Baratta 1984, Heiland/Schulte 1993).

Empirische Untersuchungen zur negativen Generalprävention konnten die behauptete Abschreckungswirkung nicht oder nur ansatzweise bestätigen (vgl. z. B. Dölling et al. 2006). So fanden sich keine aussagekräftigen Belege für signifikante Zusammenhänge zwischen der Höhe angedrohter oder verhängter Sanktionen und der Häufigkeit der jeweiligen Normverstöße (vgl. z. B. Kunz 2004a, Neumann/Schroth 1980). Noch nicht einmal die Todesstrafe entfaltet eine abschreckende Wirkung (vgl. z. B. Albrecht 1993). Von einer gewissen Bedeutung ist bei Alltagsdelikten die subjektiv wahrgenommene Wahrscheinlichkeit, sanktioniert zu werden (vgl. z. B. Dölling et al. 2006, Kunz 2004a, Peters 1989). Darüber hinaus scheinen informelle Sanktionen im Umfeld das Verhalten weitaus stärker zu beeinflussen als die formellen Sanktionsdrohungen des Strafrechts (vgl. z. B. Kunz 2004a, Feltes/Fischer 2014). Eine abschreckende Wirkung des Strafrechts wird daher allenfalls für bestimmte Delikte und Tätertypen angenommen (Dölling et al. 2006, Peters 1989, Feltes/Fischer 2014).

> »Entgegen einer weit verbreiteten Alltagsmeinung erscheinen nach dem gegenwärtigen Stand der kriminologischen Forschung die Abschreckungswirkungen (negative Generalprävention) von Androhung, Verhängung oder Vollzug von Strafen eher gering. Für den Bereich der leichten bis mittelschweren Kriminalität jedenfalls gilt grundsätzlich, dass Höhe und Schwere der Strafe keine messbare Bedeutung haben. Lediglich das wahrgenommene Entdeckungsrisiko ist – allerdings nur bei einer Reihe leichterer Delikte – etwas relevant« (BMI/BMJ 2006: 665 f).

Was die positive Generalprävention angeht, ist eine empirische Überprüfung schwieriger. Die Internalisierung von Normen und das Vertrauen in die Rechtsordnung lassen sich nicht so leicht messen wie Raten registrierter Kriminalität (vgl. z. B. Giehring 1987). Fast unmöglich erscheint es außerdem, Wirkungen des Strafrechts und Effekte anderer Systeme sozialer Kontrolle zu unterscheiden (Kunz 2004a, Peters 1993). Noch relativ einfach ist es, die Einstellung zu Normen vor und nach einer Veränderung des Strafrechts zu messen. Dabei konnte nicht belegt werden, dass »eine Verschärfung des Strafrechts das Normbewusstsein positiv beeinflussen würde« (BMI/BMJ 2006: 666).

Festhalten lässt sich somit, dass negative Generalprävention nicht die erhofften Effekte erzielt und die Wirkung positiver Generalprävention als empirisch kaum überprüfbar gilt. Das Fehlen empirischer Gegenbelege dürfte zum Teil erklären, warum das Konzept der positiven Generalprävention eine wachsende Bedeutung erlebt. Hinzu kommt wohl auch, dass die behauptete Wirkung umfassender und positiv besetzt ist. Es geht nicht nur um Kriminalitätsraten, sondern um eine allgemeine Stabilisierung der normativen Ordnung, um Rechtsfrieden, um Zusammenhalt in der Gesellschaft, geteilte Werte und Normen (vgl. z. B. Scheerer 1991, Albrecht 2005, Neumann/Schroth 1980). Das Strafrecht soll dabei nicht mit Hilfe von Furcht Normeinhaltung erzwingen, sondern möglichst Einsicht wecken, dass die jeweiligen Normen wichtig sind (vgl. z. B. Giehring 1987).

In einem demokratischen Rechtstaat darf positive Generalprävention aber nur auf die Stabilisierung bereits geteilter Normen abzielen und keineswegs auf die Durchsetzung nicht konsensfähiger Moralvorstellungen (vgl. z. B. Kunz 2004a, Scheerer 2001, Neumann/Schroth 1980).

Kritisch ist auch anzumerken, dass eine rein generalpräventive Begründung von Strafen einzelne Täter(innen) benutzt, um Wirkungen bei der Allgemeinheit hervorzurufen; einzelne und ihre Grund- und Menschenrechte werden geopfert, um ein höheres Ziel zu erreichen (Roxin et al. 2006, Rössner 1986). »Menschen werden bestraft, um pädagogische Exempel zu statuieren. Schmerz wird zum Nutzen anderer zugefügt« (Christie 1987: 9).

5.3.2.2 Spezialprävention

Der Präventionsgedanke relativer Straftheorien bezieht sich aber nicht nur auf die Gesamtbevölkerung und potentielle Täter(innen). Auch bei den bestraften Täter(inne)n selbst soll Strafe positive Wirkungen entfalten: Sie soll der Spezialprävention dienen.

Von Liszt (1905a, b) formulierte diese Idee Ende des 19. Jahrhunderts im Marburger Programm. Dabei unterschied er drei Formen der Beeinflussung: Strafe kann Täter(innen) von weiteren Straftaten abschrecken, sie kann sie bessern, sie unschädlich machen. Je nach Tätertyp steht eine bestimmte Wirkung im Vordergrund: Gelegenheitstäter(inne)n wird durch Strafe ein Denkzettel erteilt, beeinflussbare Hangtäter(inne)n können durch Freiheitsstrafe gebessert und resozialisiert werden, unverbesserliche Hangtäter(innen) dauerhaft verwahrt und gesichert (vgl. z. B. Roxin 2006, Cornel 2002e, Albrecht 1987).

Auch bei der Spezialprävention wird zwischen einer positiven und einer negativen Variante unterschieden. *Positive Spezialprävention* zielt auf die Besserung, Behandlung und Resozialisierung von Täter(innen). *Negative Spezialprävention* versucht, Täter(innen) durch Abschreckung von weiteren Straftaten abzuhalten oder die Gesellschaft durch die Sicherung von Täter(inne)n zu schützen (vgl. z. B. Ostendorf 2010f).

Positiv anzumerken ist, dass spezialpräventive Strafe zwar Mittel zum Zweck ist, Täter(innen) aber um ihrer selbst willen bestraft werden und nicht um Wirkungen bei anderen hervorzurufen. Strafe ist nur zulässig, wo sie weitere Straftaten eines Täters/einer Täterin verhindert (vgl. z. B. Roxin et al. 2006, Kunz 2004 a). Problematisch erscheint, dass das Prinzip der Spezialprävention grundsätzlich alle Eingriffe rechtfertigen kann, die prinzipiell geeignet sind, positive Verhaltensänderungen bei Täter(innen) hervorzurufen. Damit drohen Täter (innen) zum Objekt unbegrenzter Einflussnahme, (Zwangs-)Behandlung und (Re) Sozialisierung zu werden (vgl. z. B. Roxin et al. 2006, Hassemer 2009).

Während einige Autor(inn)en die Meinung vertreten, dass in einem modernen Rechtsstaat die Sanktionierung nur auf die äußerliche Befolgung von Normen abzielen darf, nicht aber auf Moralvermittlung oder Umerziehung (vgl. Kunz 2004 a, Neumann/Schroth 1980), sind andere der Ansicht, dass eine rein äußerliche Verhaltensbeeinflussung der Menschenwürde widerspricht: Straftäter(innen) würden dann nicht als Personen mit Freiheit und Verantwortung behandelt, sondern wie ein Hund, gegen den man den Stock erhebt (Hassemer 1983).Übereinstimmung besteht darüber, dass Maßnahmen nicht nur geeignet sein müssen, bestimmte Wirkungen hervorzurufen, sondern auch erforderlich und angemessen (Giehring 1987).

Auch spezialpräventive Strafzwecke sind empirisch überprüfbar.

Für den Abschreckungsgedanken finden sich auch bezogen auf einzelne Straftäter(innen) keine eindeutigen Belege. Täter(innen), die zu harten Strafen verurteilt wurden, werden häufiger erneut straffällig, als andere (vgl. z. B. Kunz 2004a, Hassemer 1983, auch Eifler 2002, Feltes/Fischer 2014).

Auch bezüglich der Besserung und Resozialisierung durch Strafe fehlen empirische Belege für die angestrebte Wirkung. Generell scheinen strafrechtliche Sanktionen austauschbar zu sein, was ihre spezialpräventive Wirkung angeht (vgl. z. B. Kunz 2004a, Heinz 2006, Graebsch 2014).

> »Im Bereich der leichten bis mittelschweren Kriminalität haben unterschiedliche Sanktionen keine differenzierende Wirkung auf die Legalbewährung; die Sanktionen sind vielmehr weitestgehend ohne messbare Konsequenzen auf die Rückfallraten austauschbar« (BMI/BMJ 2006: 665 f).

Es wäre demnach egal, ob eine Person zu Freiheitsstrafe oder Geldstrafe verurteilt wird, zu einer längeren oder kürzeren Freiheitsstrafe, zu einer höheren oder geringeren Geldstrafe. Wenn Strafen aber gleich wirksam oder gleich unwirksam sind, muss aufgrund des Verhältnismäßigkeitsprinzips des Grundgesetzes die am wenigsten eingriffsintensive Sanktion gewählt werden (vgl. z. B. Heinz 2006, Graebsch 2014).

Empirische Studie belegen darüber hinaus, dass ein formelles Strafverfahren mit Verurteilung der Diversion, einem außergerichtlichen Täter-Opfer-Ausgleich oder einem Sanktionsverzicht nicht überlegen, tendenziell sogar unterlegen ist (vgl. ebd., vgl. auch Rössner 2003). Es ist demnach aus präventiver Sicht sogar tendenziell günstiger, nicht zu strafen.

Wenn aber Strafe verhängt wird, dann wirken harte, eingriffsintensive Sanktionen nicht präventiver als milder: »Wenn es eine Tendenz gibt, dann die, dass nach härteren Sanktionen die Rückfallrate bei vergleichbaren Tat- und Tätergruppen höher ist« (BMI/BMJ 2006: 666).

Besonders kritisch einzustufen ist die Wirkung stationärer Sanktionen und des Strafvollzugs. Hier sind die gemessenen Rückfallquoten am höchsten (vgl. z. B. Heinz 2006). Gefängnissen gelingt es offensichtlich nicht, Häftlinge zu bessern (vgl. z. B. Erikson 1978), der Strafvollzug entfaltet nicht die erhoffte bessernde oder resozialisierende Wirkung, sondern wirkt eher de-sozialisierend (vgl. z. B. Graebsch 2014, Ortmann 1987, Beckmann 1996).

Große Hoffnungen wurden auf den Behandlungsvollzug gesetzt. Wenn harte Strafen nicht wirken, dann doch therapeutische Maßnahmen, Freizeit- und Betreuungsangebote. Die Annahme, dass der Behandlungsvollzug dem sogenannten Verwahrvollzug deutlich überlegen ist, lässt sich so aber auch nicht bestätigen (vgl. z. B. Schumann 1988, Voß 1988)[19] Grund dafür ist vermutlich, dass die Deprivationen des Strafvollzugs überwiegen (vgl. z. B. Schumann 1988). »Qualifizierte Behandlungsstrategien bleiben mehr oder minder akzidentielle ›Verzierungen‹ einer über weite Felder von Abläufen sicherer Verwahrung bestimmten Organisation und Institution« (Busch 1986: 151).

Die Ernüchterung bezüglich der Wirkung von Resozialisierungsmaßnahmen drückt sich im gängigen Schlagwort »nothing works« (Cornel/Nickolai 2004) aus.

Einer empirischen Überprüfung spezialpräventiver Wirkungen hält auch der Strafzweck der Sicherung und Unschädlichmachung nur begrenzt stand: Während der Freiheitsentziehung ist aber zumindest die Allgemeinheit vor weiteren Straftaten bestimmter Täter(innen) geschützt (Kunz 2004a, Neumann/Schroth 1980).

Empirisch belegt sind spezialpräventive Wirkungen strafrechtlicher Sanktionen also nicht (vgl. z. B. Kunz 2004a, Neumann/Schroth 1980).[20] Das bedeutet

---

19 Inzwischen liegen Hinweise darauf vor, dass sozialtherapeutische Anstalten das Rückfallrisiko etwas reduzieren können (vgl. z. B. Kury 1999, Lösel/Bender 1997, Lösel 1987, Andrew/Bonta 2010, Sherman et al. 1998, Lohner/Pechner 2014).

20 Anzumerken ist aber auch, dass die spezialpräventive Wirkung von Sanktionen nur schwer messbar ist. Es ist unmöglich, zu wissen, was aus einer konkreten Person geworden wäre, hätte sie eine Maßnahme nicht durchlaufen, wäre vielleicht gar keine Maßnahme getroffen worden. Wird ein Effekt beobachtet, ist in der Regel nicht feststellbar, ob dieser ursächlich auf eine Intervention zurückzuführen ist oder auch so eingetreten wäre (Graebsch 2014). Wirkstudien können nicht auf die besonders aussagekräftige Methode des Experiments zurückgreifen, da es sich aus rechtlichen und ethischen Gründen verbietet, Strafen nach dem Zufallsprinzip zu verhängen. Unterschiedliche Erfolgsquoten könnten also darauf zurückzuführen sein, dass sich die Gruppen der Sanktionierten unterschiedlich zusammensetzen: im Strafvollzug findet sich etwa ein anderer Personenkreis als der, bei dem ein Verfahren eingestellt wird (Graebsch 2014, Heinz 2006, Meier 2007). Möglich sind aber Studien mit quasiexperimentellem Design, die historische Veränderungen der Sanktionspraxis oder unterschiedliche Strafpraktiken in den Bundesländern nutzen (Graebsch 2014) Derartige Studien stützen die These von der Austauschbarkeit von Sanktionen (Heinz 2006). Auch sind Matchingverfahren möglich, in denen unter Personen mit unterschiedlicher Sanktion Paare mit möglichst ähnlichen Eigenschaften gesucht und verglichen werden (Graebsch 2014, Meier 2007). Unter den Begriffen »what works« und »best practice«

nicht, dass Abschreckung oder Resozialisierung im Einzelfall, auf bestimmten Feldern oder durch bestimmte Maßnahmen nicht auch manchmal gelingen kann. Dies genügt aber nicht, die Theorie der positiven Spezialprävention empirisch zu stützen und als Legitimation für strafrechtliche Sanktionen heranzuziehen (Hassemer 1983). Einschneidende Strafen, die für viele Betroffene wirkungslos oder sogar schädlich und kontraproduktiv sind, sind in einem Rechtsstaat nicht legitim (Graebsch 2014).

Es besteht weitgehende Einigkeit darüber, dass Freiheitsstrafe »bestenfalls folgenlos sein kann. Haftstrafen, die einen massiven Eingriff in das Leben des Betroffenen darstellen, schaffen durch ihren repressiven und stigmatisierenden Charakter oftmals gerade die Devianz, die sie eigentlich verhindern wollen« (Lamnek 2008: 284) Noch immer gilt also die Aussage:

> »Wenn ein Jugendlicher oder auch ein Erwachsener ein Verbrechen begeht und wir lassen ihn laufen, so ist die Wahrscheinlichkeit, dass er wieder ein Verbrechen begeht geringer, als wenn wir ihn bestrafen« (Von Liszt 1905b: 339).

5.3.2.2.1 Resozialisierung

Resozialisierung stellt nur eine der Formen positiver Spezialprävention dar, ist aber für die Straffälligenhilfe ein so bedeutsames Konzept, dass ihr hier ein längerer Exkurs gewidmet wird.

Der Begriff »Resozialisierung« ist alles andere als leicht zu definieren, er ist »weniger Fachbegriff mit klar definierter Bedeutung als vielmehr Kurzform oder Synonym für ein ganzes Programm« (Cornel 2003: 14).

Wörtlich betrachtet geht es dabei um eine erneute Sozialisierung, nach der eine frühere gescheitert oder wirkungslos geworden ist. »Resozialisierung« verweist somit auf eine Ersatzsozialisierung. Einige Autoren sprechen davon, dass es eigentlich sogar um eine »Erstsozialisierung« geht. Dem wird entgegengehalten, dass einem nicht sozialisierten Menschen grundlegende Bedingungen des Menschseins fehlen würden (Cornel 2003). »Ein nicht-sozialisierter Mensch wäre ein Monstrum, weil die Fähigkeit, auf das Verhalten von Menschen subjektiv sinnvoll zu reagieren, ein wesentliches Merkmal des Menschseins schlechthin ist« (Deimling 1968. 251 f).

Hinter diesen widersprüchlichen Aussagen verbergen sich unterschiedliche Verständnisse der Begriffe Sozialisierung bzw. Sozialisation. Gemeint ist damit zum einen die Übernahme menschlicher Eigenschaften von anderen, die Entwicklung vom bloßen Organismus zum sozialen Wesen, also der Prozess der Menschwerdung. Neben diesem fundamentalen Verständnis existiert ein weiteres, das Sozialisation als Prozess begreift, in dem ein Mensch konkrete Normen, Werte, Orientierungen und Handlungsmuster der sozialen Gruppen erlernt, de-

---

findet inzwischen vermehrt Evaluationsforschung statt. Kritisch ist anzumerken, dass diese Studien oft methodische Schwächen aufweisen und der Eigenwerbung von Programmen und Maßnahmen dienen (Graebsch 2014).

nen er angehört (Cornel 2003). »Resozialisierung« als Reaktion auf Normbrüche bezieht sich auf das zweite Begriffsverständnis

> »Resozialisierung wird verstanden als Teil des lebenslangen Sozialisationsprozesses, wobei die Vorsilbe ›re‹ ausdrücken soll, dass ein Teil der Sozialisation außerhalb der gesellschaftlich vorgegebenen Normen und Wertvorstellungen stattgefunden hat, so dass eine ›Wieder‹- Eingliederung notwendig ist« (Maelicke 2002: 785).

»Resozialisierung« wird häufig mit »*Wiedereingliederung*« gleichgesetzt (Maelicke 2002, Cornel 2003, vgl. auch Deimling 1968). Dies erscheint vor allem im Kontext verbüßter Freiheitsstrafen oder anderer stationärer Sanktionen sinnvoll: entlassene Straftäter(innen) müssen wieder in die Gesellschaft integriert und eingegliedert werden, nachdem sie zuvor temporär ausgeschlossen wurden. Während Maßnahmen der Wiedereingliederung eher auf das Umfeld bezogen sind und auf eine Verbesserung der Lebenslage abzielen, sind resozialisierende Hilfen nach Reindl (1998) schwerpunktmäßig auf die Person und die Persönlichkeit ausgerichtet. Matt (2007) bevorzugt daher den Begriff der *Reintegration*, weil dieser »weniger auf defizitäre Persönlichkeitsmerkmale bezogen [ist] als auf defizitäre soziale Einbindung, Lebenslagen und Verhaltensweisen jeglicher Art (Arbeit, Verhalten, Kompetenzen). Mit ihm wird deutlicher auf die Situation von Straffälligen Bezug genommen« (Matt 2007: 30).

Abzugrenzen ist der Begriff der »Resozialisierung« vom Konzept der »*Besserung*«, das auf Von Liszt zurückzuführen ist. Dieser verstand darunter das Einpflanzen und Kräftigen altruistischer prosozialer Motive bei besserungsfähigen Straftäter(inne)n (Von Liszt 1905a). Inzwischen wird das Konzept seltener gebraucht, da seine moralische Komponente als problematisch angesehen wird.

> »Der selbstgerechte, moralisch stark besetzte Gestus soll vermieden werden, bei der der ›Schlechte‹ Objekt der Besserungsbemühungen des ›Besseren‹ ist. Zudem kann und darf es nicht Ziel des Staates gegenüber seinen Staatsbürgern sein, diese gegen ihren Willen zu bessern – auch nicht, soweit sie die Gesetze verletzt haben« (Cornel 2003: 23).

Ein Bezug herstellen lässt sich auch zwischen den Konzepten »Resozialisierung« und »*Erziehung*«. Das deutsche Jugendstrafverfahren ist nach § 2 I JGG explizit »am Erziehungsgedanken auszurichten«, Sanktion sollen durch erzieherische Ausgestaltung »erneuten Straftaten eines Jugendlichen oder Heranwachsenden entgegenwirken«. Problematisch erscheint es aber, Erwachsene noch durch Strafrecht erziehen zu wollen (Cornel 2003). Schon Von Liszt ging davon aus, dass eine erzieherische Behandlung nur bei Jugendlichen erfolgversprechend ist, weil nur »bis zu einem gewissen Lebensalter« eine positive Beeinflussung des Charakters »überhaupt möglich ist« (von Liszt 1905b: 397). Ebenso zu kritisieren sind Zwangserziehung und Straferziehung (Cornel 2003). Es existieren keine Hinweise darauf, dass im Rahmen des Strafvollzugs durch Erziehung eine Verhaltensbeeinflussung erreicht werden kann. Bemühungen, Freiheitsstrafen durch Erziehung einen Sinn zu geben oder im Kontext des Strafvollzugs zu erziehen, sind gescheitert (Cornel 2002e).

Auch das Konzept der »*Behandlung*« lässt sich vom Resozialisierungskonzept abgrenzen. Es weist einen klaren Bezug zum Krankheitsbegriff auf: Wer nicht krank ist, muss auch nicht behandelt werden. Behandlung zielt darauf ab, die Persönlichkeit zu beeinflussen und setzt dazu spezifische Hilfen und therapeutische Methoden ein (Cornel 2003, Albrecht 1987).

Nicht ganz einfach zu beantworten ist die Frage nach den Zielen von Resozialisierung. Es geht natürlich um Spezialprävention, aber damit ist noch nicht ausgesagt, wie eine Vermeidung strafbarer Handlungen einer Person zu erreichen ist. Cornel zufolge muss sich Resozialisierung auf Sozialisation zu Rechtsbewusstsein beschränken. Es geht nicht um eine umfangreiche neue Sozialisation. Staatliches Ziel von Resozialisierung darf nur die Befolgung von Gesetzen sein (Cornel 2003, vgl. auch Reindl 1998).

Häufig wird angenommen, dass sich vor allem sanktionierte Straftäter(innen) verändern müssen, »dass ein Täter, dessen Strafnormbruch allein aus seinem abweichenden Verhalten erklärt wird, sich gefälligst wieder anpassen, d. h. gegebenenfalls sein Verhalten so ändern soll, dass es nicht mehr von den Strafnormen abweicht« (Cornel 2003: 17).

Dagegen ist einzuwenden, dass der Resozialisierungsbegriff nicht per se individuumszentriert ist (Cornel 2003). Resozialisierung beinhaltet auch Veränderungen und Aktivitäten der Gesellschaft, die ja letztendlich auch Nutznießerin der Resozialisierung von Straftäter(inne)n ist.

> »Das Vollzugsziel der Resozialisierung, äußerlich gekennzeichnet durch ein Leben ohne Straftaten, bezieht sich nicht nur auf den Gefangenen, auch wenn es in der Formulierung auf sie zugeschnitten ist. Vielmehr liegt Resozialisierung im weitgehenden Interesse von Staat und Gesellschaft, da weitere Schäden durch Kriminalität vermindert oder verhindert werden« (BMI/BMJ 2001a: 36).

Resozialisierung stellt dabei keine freiwillige Hilfe dar, sondern findet im Kontext von Zwang und Bestrafung statt. Das wirft Fragen nach der Vereinbarung mit der Verfassung und grundlegenden Menschenrechten auf (Cornel 2003). In Artikel 20 des Grundgesetzes ist das Sozialstaatsprinzip verankert. Daraus hat das Bundesverfassungsgericht eine staatliche Verpflichtung zur Fürsorge für Personen und Gruppen abgeleitet, die aufgrund persönlicher Schwäche, Schuld, Unfähigkeit oder gesellschaftlicher Benachteiligung in ihrer persönlichen und sozialen Entfaltung behindert sind. Aus dieser Fürsorgepflicht des Staates ergibt sich ein Recht des einzelnen Gefangenen oder Entlassenen auf Resozialisierung (Cornel 2003, 2014).[21]

Durch den Resozialisierungsgedanken kann staatliches Strafen humanistisch begrenzt und die Idee der Strafe relativiert werden. Demnach ist das Strafen am wirksamsten, wenn es den Sanktionierten einen neuen oder besseren Start er-

---

21 »Vom Täter aus gesehen erwächst dieses Interesse an der Resozialisierung aus seinem Grundrecht aus Art. 2 Abs. 1 in Verbindung mit Art. 1 GG. Von der Gemeinschaft aus betrachtet verlangt das Sozialstaatsprinzip staatliche Vor- und Fürsorge für Gruppen der Gesellschaft, die aufgrund persönlicher Schwäche oder Schuld, Unfähigkeit oder gesellschaftlicher Benachteiligung in ihrer persönlichen und sozialen Entfaltung behindert sind; dazu gehören auch die Gefangenen und Entlassenen. Nicht zuletzt dient die Resozialisierung dem Schutz der Gemeinschaft selbst: Diese hat ein unmittelbares eigenes Interesse daran, dass der Täter nicht wieder rückfällig wird und erneut seine Mitbürger oder die Gemeinschaft schädigt« (BVerfGE 1973: 235 f).

möglich (Pilgram/Steinert 2002). In der Praxis wurde aber trotz der Anerkennung von Resozialisierung als Strafzweck an repressiven Formen des Strafens festgehalten (Cornel 2002e).

Die Idee der Resozialisierung hat nach Pilgram und Steinert (2002) grundsätzlich mit drei Schwierigkeiten zu kämpfen:

- Sie muss ihre Wirksamkeit empirisch beweisen, wobei diese Wirkung, wie bereits angesprochen, nicht so groß ist, insbesondere angesichts der damit verbundenen Kosten.
- Der staatliche Eingriff muss sich vom Anlass der Tat lösen und auf etwas Zukünftiges, den möglichen Resozialisierungserfolg richten.
- Resozialisierungsbemühungen stehen Ressentiments gegenüber und sie sind dem Vorwurf ausgesetzt, dass zu viel für Täter(innen) getan wird.

Eine Einschränkung individueller Freiheiten ist im Rechtsstaat grundsätzlich nur zulässig, wo Effekte nachweisbar sind (Cornel 2003). Es besteht weitgehend Konsens darüber, dass Straffällige nicht zum bloßen Objekt der Resozialisierung gemacht werden dürfen, weil dies gegen die Menschenwürde verstoßen würde und auch nicht erfolgversprechend wäre (Cornel 2003).

In der Praxis fallen unter den Begriff der Resozialisierung sehr unterschiedliche Maßnahmen und Hilfsangebote, die von materiellen Hilfen über die Begleitung in Krisensituationen bis hin zu Öffentlichkeitsarbeit reichen (vgl. z. B. Cornel 2003). Weitgehende Einigkeit besteht darüber, dass Maßnahmen nicht nur am Normbruch ansetzen oder sich auf Rechtsbewusstsein und Gesetzestreue beziehen dürfen. Wichtig ist die Gestaltung der Beziehungen zur Umwelt sowie die Hinführung zu Werten der Gesamtgesellschaft (Cornel 2003).

5.3.3 Fazit

Was ist also der Sinn und Zweck von Strafen? Geht es um gerechte Vergeltung und Schuldausgleich, um Abschreckung, Resozialisierung, den Schutz vor gefährlichen Täter(inne)n oder aber um eine Verdeutlichung der Norm und die Stärkung des Normbewusstseins? Der Streit zwischen verschiedenen Strafrechtsschulen scheint beigelegt. Unter dem Begriff der *Vereinigungstheorie* wird für eine Kombination unterschiedlicher Strafzwecke und Legitimationen von Strafe geworben (vgl. z. B. Roxin et al. 2006). Das Bundesverfassungsgericht hat grundsätzlich die Bedeutung verschiedener Strafzwecke und Begründungen von Strafe anerkannt und empfiehlt, unterschiedliche Aspekte zu berücksichtigen, abzuwägen und in ein ausgewogenes Verhältnis zu bringen (vgl. z. B. Ostendorf 2010f). Es besteht weitgehend Einigkeit darüber, dass das Maß an Schuld das Spektrum möglicher Sanktionen und die Strafhöhe begrenzt (vgl. z. B. Albrecht 2005, Hassemer 2009). Darüber hinaus hat sich auch der Zweckgedanke durchgesetzt: Strafe stellt keinen Wert an sich dar, sondern muss bestimmte Zwecke verfolgen. So sieht das Bundesverfassungsgericht das oberste Ziel des Strafrechts darin, die Gesellschaft vor sozialschädlichem Verhalten zu bewahren und elementare Werte des Gemeinschaftslebens zu schützen (vgl. z. B. Ostendorf 2010f). Und bei genauerer Betrachtung lassen sich auch in den sogenannten absoluten Straftheorien übergeordnete Zwecke identifizieren: Es geht um das Erreichen von Gerechtigkeit, Rechtsfrieden oder die Wiederherstellung der verletzten Rechtsordnung (Hassemer 2009, vgl. auch Neumann/ Schroth 1980). Als gerecht empfundene Bestrafung kann bei Täter(innen) auch ein Gefühl der Verantwortlichkeit oder der Versöhnung mit der Rechtsordnung wecken (Hassemer 1983).

Dennoch wird die Vereinigungstheorie auch als fauler Kompromisses kritisiert. Es fällt ihr überraschend leicht, heterogene und widersprüchliche Straftheorien zusammenzuführen, keine Theorie auszuschließen, auf eine Gewichtung zu verzichten und auch keine inhaltlichen Beziehungen herzustellen (vgl. z. B. Quensel 1987). Ignoriert wird dabei, dass die einzelnen Theorien im Einzelfall häufig zu unterschiedlichen Ergebnissen bezüglich Strafwürdigkeit und Strafmaß führen.[22] So wird die Einheitstheorie als »Argumentationswunderwaffe« (Albrecht 2005: 44) und als Wundertüte möglicher Legitimationen kritisiert, aus der beliebige Elemente hervorgezogen werden können (Scheerer 2001, vgl. auch Hassemer 1983).

Die empirische Überprüfung der angegebenen Zwecke des Strafrechts kann nur zur Feststellung führen, dass das Strafrecht ein extrem erfolgloses Projekt ist.

> »Als Schlussfolgerung […] ergibt sich aus allen diesen Befunden, sofern man das verfügbare Wissen nur vorurteilsfrei hinnimmt, daß staatliches Strafen im intendierten Sinne der Kontrolle der Kriminalität wirkungslos bleibt« (Hulsman 1987: 122).

Auch wenn der Abschreckungsgedanke in der öffentlichen Meinung und der Strafrechtspraxis eine wichtige Rolle spielt, ist er doch weitgehend empirisch widerlegt (vgl. z. B. Kunz 2004a, Neumann/Schroth 1980). Wenig Erfolge kann auch der in der Vergangenheit dominierende Resozialisierungsgedanke vorweisen (Kunz 2004a).

Die Hoffnung, mit Hilfe des Strafrechts eine bessere Gesellschaft zu schaffen, hat sich nicht erfüllt. Das Strafrecht ist eben wenig geeignet, gesellschaftliche Probleme zu lösen (Prittwitz 2004).

Dennoch scheinen diese empirischen Misserfolge relative Theorien nur begrenzt zu erschüttern und das Strafrecht als Institution nicht nennenswert zu delegitimieren (Hassemer 1983, Graebsch 2014).

---

22 Bei Tötungsdelikten im persönlichen Umfeld besteht oft keinerlei Wiederholungsgefahr. Aus spezialpräventiven Gründen wäre Strafe hier also überflüssig. Dies widerspricht aber den Zwecken der Generalprävention oder absoluten Straftheorien. Bei Tötungsdelikten aus der Zeit des Nationalsozialismus kommt zur fehlenden Rückfallgefahr hinzu, dass auch aus generalpräventiven Gründen keine Strafe geboten wäre: es ist nicht mit ähnlichen Delikten anderer Personen zu rechnen. Dagegen wären aus Vergeltungsprinzip und Prinzip des Schuldausgleichs in beiden Fällen harte Strafen abzuleiten. Dagegen weisen straffällige Jugendliche teilweise große Erziehungsdefizite auf, die nur im Rahmen einer längerfristigen Maßnahme zu bearbeiten wären. Leichte Delikte rechtfertigen nach dem Prinzip des Schuldausgleiches derartige Eingriffe aber nicht.

>»Das Strafrecht folgt anderen Logiken als denen, die sich durch empirische Gegenbeweise seiner ausgegebenen oder vermuteten Annahmen erreichen lassen, erweist sich gegenüber Enthüllungen in einer Weise resistent, die auf Seiten der Enthüller, Entmystifizierer und Ideologiekritiker Gefühle der Ohnmacht, Resignation oder des Zynismus zurücklassen. Die Selektivität strafrechtlicher Sozialkontrolle, die empirische Nichtexistenz des Legalitätsprinzips, die Ungleichheit im Recht, die politische Qualität von Recht und Rechtsanwendung: Das alles beeindruckt das Strafrecht recht wenig« (Sack 1988: 26).

Das selbstverständliche Festhalten am Strafrecht ist wohl darauf zurückzuführen, dass es eben gerade nicht um die Bekämpfung von Kriminalität geht, um die beobachtbare Veränderung von Verhalten oder Einstellungen. Die Funktionen des Strafrechts sind nicht instrumenteller, sondern vielmehr symbolischer oder expressiver Natur (vgl. z.B. Scheerer 2001, Voß 1993, Durkheim 2016). Die Bestrafung von Verbrecher(inne)n dient eben »nicht oder nur sehr zweitrangig dazu, den Schuldigen zu korrigieren oder mögliche Nachahmer einzuschüchtern (…). Ihre wirkliche Funktion ist es, den sozialen Zusammenhang aufrechtzuerhalten, indem sie dem gemeinsamen Bewusstsein seine volle Lebensfähigkeit erhält« (Durkheim 1996: 159).

Kritischer werden diese symbolischen Funktionen des Strafrechts von aktuelleren Autor(inn)en beschrieben. Strafrecht soll demnach verbotenes Verhalten gar nicht unterdrücken oder reduzieren, sondern bestimmte Moralvorstellungen oder Lebensstile symbolisieren, Handlungsfähigkeit des Staates zeigen, beschwichtigen oder von sozialen Problemen ablenken, den gesellschaftlichen Status Quo erhalten, Menschen in Kategorien einordnen und ihren sozialen Ausschluss legitimieren (Lamnek 2008, Hassemer 1989, Quensel 1987, Peters 1993, Cremer-Schäfer 1993, Voß 1993, Singelnstein/Stolle 2007, Mitglieder der Reaktion 2002). Tatsächliche Veränderungen der Bestrafungspraxis oder Verschärfungen des Strafrechts sind in diesem Zusammenhang überflüssig, es genügt, dass Gesetzgeber und Strafjustiz exemplarische Aktivitätsnachweise liefern (Voß 1993).

5.4 Strafbedürfnisse

Das Strafrecht wird gerne als letztes Bollwerk zur Verteidigung grundlegender Werte und Rechte betrachtet, als *Ultima Ratio*, die erst zum Einsatz kommt, wo alle anderen Mittel versagt haben. In diesem Zusammenhang ist auch von der Subsidiarität des Strafrechts die Rede (vgl. z.B. Roxin et al. 2006, Sack 1988, Steinert 1988). In der Praxis ist es mit diesen Prinzipien nicht weit her. Strafverfolgung erfolgt auch ohne oder gegen den Willen der direkt Beteiligten; zivilrechtliche Fragen werden im Normalfall erst nach dem strafrechtlichen Verfahren bearbeitet (Hassemer 2009). Schadenswiedergutmachung oder eine Einigung zwischen Täter(in) und Opfer spielen nur eine untergeordnete Rolle und haben keine verbindlichen Folgen für das Strafverfahren (vgl. z.B. Ostendorf 2010f). Nicht ganz zu Unrecht spricht Christie (1995) daher davon, dass das Strafrecht den Beteiligten Konflikte wegnimmt und sie enteignet (vgl. auch Scheerer 2001, Stangl 2002, Trenczek 2014, Hulsman 1987).

Die Binnenperspektive des Strafrechts ist eine andere. Das Strafrecht bietet demnach bei Straftaten rationale, rechtsstaatliche und gerechte Lösungen an. Damit ersetzt es die irrationale, willkürliche und überschäumende Rache des Opfers oder seines Umfeldes. Indem von staatlicher Seite bestraft und Übel zugefügt wird, kann damit Schlimmeres wie Lynchjustiz oder ungezügelte Rache vermieden werden. Nur das Strafrecht steht zwischen Ordnung und Chaos (vgl. z. B. Hassemer 2009, Quensel 1987).

Strafrecht dient, wenn man dieser Argumentation folgt, letztendlich auch dem Schutz von Täter(inne)n und ist in ihrem Interesse (Giehring 1987).

Gibt es aber ein solches *Rache- oder Strafbedürfnis des Kriminalitätsopfers*? Dagegen spricht zunächst einmal, dass es neben der strafrechtlichen Regelung vielfältige gesellschaftliche Formen sozialer Kontrolle gibt, die in aller Regel nicht von barbarischen Sanktionen und ungezähmten Rachegelüsten geprägt sind (vgl. z. B. Scheerer 2001). Strafrecht stellt nur eine Form sozialer Kontrolle neben vielen anderen dar und spielt schon rein quantitativ eine untergeordnete Rolle. Staatliche Strafe hat »konkurrierende und ergänzende Institutionen sozialer Kontrolle vor sich, hinter sich, neben sich« (Hassemer 1983: 61).

Situationen, die als Straftaten interpretiert werden könnten, erfahren unterschiedlichste Rahmungen und Deutungen. Sie werden als Meinungsverschiedenheiten, Konflikte, Zwischenfälle oder Probleme wahrgenommen, als »Ärgernisse und Lebenskatastrophen« (Hanak et al. 1989), aber auch als Lektionen, Pech, Unfälle, Herausforderungen oder Siege (Stehr 1993) und keinesfalls zwingend als Normverletzungen oder gar als Straftaten (vgl. z. B. Hulsman 1986). »Was das Strafrecht (und die mit ihm zusammenhängenden Professionen) als Kriminalität definieren, ist für die Geschädigten etwas höchst Unterschiedliches und durchaus nicht nur Negatives« (Stehr 1993: 121). Es ist keinesfalls gesichert, dass sich jene Negativerfahrungen, die als »Straftaten« wahrgenommen werden, dadurch auszeichnen, dass sie subjektiv als besonders problematisch und schwerwiegend eingestuft werden (Stehr 1993).

Selbst bei einer Interpretation als absichtliche Normverletzung zielen Reaktionen weniger auf Rache oder Übelzufügung als auf Entschuldigung oder Schadenswiedergutmachung ab (vgl. z. B. Ostendorf 2010f, Stehr 1993, Haas 2014). Im Alltag stehen eben nicht abstrakte normative Prinzipien im Mittelpunkt, sondern der Umgang mit konkreten negativen Folgen von Handlungen: Schäden sollen wiedergutgemacht, weitere vermieden, ein Konflikt begrenzt, eine gestörte Beziehung repariert, die eigene Ehre wiederhergestellt werden. Strafrecht erweist sich hierbei als wenig geeignete Ressource (Stehr 1993, Peters 1993).

Das eher geringe Strafbedürfnis von Opfern zeigt sich auch darin, dass die allermeisten strafbaren Handlungen im Dunkelfeld bleiben und den strafverfolgenden Behörden nicht angezeigt werden. Und selbst in jenen Fällen, in denen es zu einer Anzeige kommt, geht es den Opfern weniger um Bestrafung als um Schadensersatz, eine Klärung der Situationen, die symbolische Bestätigung erfahrenen Unrechts oder die Sicherstellung von Versicherungsleistungen (Lamnek 2008, vgl. auch Hanak 1986, Quensel 1987, Peters 1993, Voß 1993, Sessar 1993, Stehr 1993, Pilgram/Steinert 2002, Hulsman 1987). »Es gibt eine Vielfalt von Situationen, in denen man die Polizei braucht, aber relativ wenige, in denen man das Strafrecht benötigt« (Hanak 1986: 189).

Die Polizei wird also aus Motiven hinzugezogen, die wenig mit der Logik des Strafrechts zu tun haben (Voß 1993). Die strafrechtliche Bearbeitung wird seitens der Polizei »ungefragt mitgeliefert« (Stehr 1993: 121) und dominiert den weiteren Verlauf (Voß 1993). Was folgt, ist häufig nicht mehr im Interesse der Opfer: Die Problemsituation wird in Begriffe des Strafrechts umformuliert, die Polizei dann nicht mehr im Dienst des Opfers, sondern der Strafjustiz aktiv, so dass Geschädigte für abstrakte Zwecke funktionalisiert werden (Pilgram/Steinert 2002).

Dies alles schließt nicht aus, dass einzelne Opfer starke Strafbedürfnisse haben und eine harte Bestrafung des Täters/der Täterin als befriedigend empfinden (vgl. z. B. Ostendorf 2010f). Das vereinzelt vorhandene Rachebedürfnis des Opfers liefert aber keine plausible Rechtfertigung für das Strafrecht im Allgemeinen.

Strafrecht kann nicht für sich in Anspruch nehmen, im Namen des Opfers zu strafen. Bedürfnisse des Opfers spielen im Verfahren nur eine untergeordnete Rolle. Strafrecht ist geradezu durch eine Neutralisierung des Opfers gekennzeichnet, das durch das abstrakte Konzept der verletzten Rechtsordnung ersetzt wird. Strafrecht generiert sich somit selbst als Opfer von Straftaten (vgl. z. B. Scheerer 2001, Hulsman 1987). Ob ein Opfer eine Einstellung des Verfahrens wünscht, ist ebenso irrelevant wie seine Vorstellungen bezüglich einer angemessenen Verurteilung oder Schadensersatzleistungen. Voß (1993) geht davon aus, dass das Strafverfahren generell ureigene Interessen des Opfers, etwa Privatsphäre und persönliche Integrität, verletzt.

Anstelle des Strafbedürfnisses des persönlichen Opfers könnte das *Strafbedürfnis der Gesellschaft* eine Legitimationsgrundlage für das Strafrecht bieten. Demnach müsste gestraft werden, um das Strafbedürfnis der Gesellschaft zu befriedigen, Lynchjustiz zu vermeiden und letztendlich auch das staatliche Gewaltmonopol aufrecht zu erhalten. Erscheinen verhängte Strafen der Öffentlichkeit als zu milde und somit ungerecht, würde dies den staatlichen Anspruch auf Bestrafung »im Namen des Volkes« gefährden (vgl. z. B. Ostendorf 2010f).

Theorien unterschiedlicher wissenschaftlicher Provenienz befassen sich mit dem Strafbedürfnis der Gesellschaft.

Hier wären zunächst einmal *tiefenpsychologische Ansätze* zu benennen, die sich mit der strafenden Gesellschaft auseinandersetzen. Als Voraussetzung für soziale Ordnung gilt darin der Verzicht auf die vollständige Verwirklichung angeborener Triebe. Diese Triebe bleiben latent vorhanden, drohen immer wieder, ins Bewusstsein zu gelangen. Die ständige Verdrängung kann zu Schuldgefühlen und Selbstbestrafungstendenzen führen. Das heikle Gleichgewicht zwischen drängenden Trieben und ihrer Unterdrückung und Einschränkung wird durch Straftaten gefährdet, die nicht angemessen bestraft werden (Alexander/Taub 1974). »Das Ich ruft also bei jedem Rechtsbruch nach Sühne, um in seiner Bedrängnis durch die Triebe die Macht seines Über-Ichs zu stärken« (Alexander/

Staub 1974: 410). Wenn Straftäter(innen) sich erlauben, was insgeheim alle gerne täten, nämlich das Ausleben verbotener Triebe, führt dies zum Ruf nach Strafe. Um eigene Triebe in Schach zu halten, müssen Täter(innen) bestraft werden. Damit werden eigene Triebe wirksam unterdrückt und die eigene Triebkontrolle bestätigt (vgl. z. B. Steinert 1980, Ostendorf 2010f, Cohen 1968a, Schneider 1977b, Peters 1989). »Je lauter also der Mensch nach Bestrafung des Übeltäters ruft, umso weniger hat er mit den eigenen verdrängten asozialen Trieben zu kämpfen« (Alexander/Staub 1974: 410).

Strafbedürfnisse werden auch auf Rache zurückgeführt: Hier geht es um den Schutz vor äußeren Feinden (Alexander/Staub 1974): »Das Sühneverlangen ist eine Reaktion auf das Drängen der eigenen Triebe, die Rache auf Angriffe von außen« (Alexander/Staub 1974: 414).

Als weitere affektive Quelle von Strafe wird die versteckte Befriedigung von Aggressionen betrachtet (Alexander/Staub 1974). Die Bestrafung einer anderen Person ist sozusagen die Belohnung für den eigenen Verzicht auf aggressives Verhalten. Sie stellt eine Möglichkeit dar, Aggressionen in erlaubter Form auszuleben, indem sich der einzelne mit der strafenden Gesellschaft identifiziert. Bestrafung stellt eine Ersatzbefriedigung für bestehende Aggressivität dar (Alexander/Staub 1974, vgl. auch Cohen 1968a, Steinert 1980). »Kriminelle« fungieren als Projektionsfläche und wehrlose Sündenböcke (vgl. z. B. Peters 1989). Kritisch ist anzumerken, dass die Projektion eigener Triebe auf Straftäter(innen) und deren Bestrafung nur eine von vielen Möglichkeiten der Triebregulation darstellen.

Für ein generelles Strafbedürfnis und die Bedeutung staatlichen Strafens finden sich auch Hinweise in *soziologischen Theorien*.

Normverstöße rufen nach Durkheim starke Kollektivgefühle hervor: Kriminalität führt zu Empörung, Entrüstung, dem Ruf nach Rache und Strafe (Durkheim 2016, Stehr 1993, Erikson 1978). Kriminalität wird von Durkheim aber auch als normaler, integrierender Bestandteil einer gesunden Gesellschaft betrachtet. Eine Gesellschaft ohne Verbrechen wäre »ganz und gar unmöglich« (Durkheim 2016: 27).

> »Man stelle sich eine Gesellschaft von Heiligen, ein vollkommenes und musterhaftes Kloster vor. Verbrechen im eigentlichen Sinne des Wortes werden hier freilich unbekannt sein; dagegen werden dem Durchschnittsmenschen verzeihlich erscheinende Vergehen dasselbe Ärgernis erregen wie sonst gewöhnliche Verbrechen in einem gewöhnlichen Gewissen« (Durkheim 2016: 28 f).

Kriminalität hat soziale Funktionen und ist nichts Unsoziales. So sorgt sie für Flexibilität und sozialen Wandel (Durkheim 2016, Lamnek 2001, Peters 1989).

> »Abweichungen gehören zur gesellschaftlichen Normalität; sie machen den Zustand der moralischen Integration und die Gültigkeit von Normen bewusst, sie halten das Kollektivbewusstsein flexibel, besitzen Innovationsfunktionen und nehmen eventuell eine neue Moralordnung vorweg« (Dollinger/Raithel 2006: 105).

Durkheim hält es sogar für problematisch, Kriminalität unter das gewöhnliche Niveau abzusenken (Durkheim 2016).

Auch für Erikson ist abweichendes Verhalten Voraussetzung für soziale Stabilität (Erikson 1978). Es ist »nicht einfach eine Art Panne, die eintritt, wenn die Maschinerie der Gesellschaft in schlechtem Betriebszustand ist, sondern es kann in bestimmten Mengen eine wichtige Voraussetzung für die Wahrung gesellschaftlicher Stabilität sein« (Erikson 1978: 22 f) (vgl. auch Lemert 2016, Garfinkel 2016).

Da diese Argumentation sowohl der »Kriminalität« als auch ihrer Bestrafung wichtige soziale Funktionen zuspricht, taugt sie zur Legitimation staatlichen Strafens nur bedingt.

Aber auch zu spezifischen Funktionen der Bestrafung finden sich in soziologischen Texten Anhaltspunkte. Es wird davon ausgegangen, dass Strafen der Normverdeutlichung, der Bildung und Aufrechterhaltung von Normbewusstsein, der Definition von Grenzen und der Stärkung des Gemeinschaftsgefühls dienen (vgl. z. B. Ostendorf 2010f, Schellhoss 1993, Erikson 1978).

Bestrafung und die damit verbundene feindselige Haltung gegenüber einem Rechtsbrecher stärken die Solidarität innerhalb einer Gruppe (Mead 1987, Popitz 2016, Lamnek 2008). Die feindselige Haltung gegenüber einem »Gesetzesbrecher« schafft emotionale Solidarität (Popitz 1968). »In der gemeinsamen Ablehnung eines Abweichlers, Außenseiters, Angreifers konstituiert sich die Gemeinsamkeit der Gruppe stets wieder aufs Neue« (Popitz 2016: 35). Zusammenhalt und Kohäsion einer Gruppe entsteht demnach vor allem durch die Abgrenzung gegenüber anderen Gruppen (vgl. z. B. Lamnek 2001, Quensel 1987, Peters 1989).

Bestrafung markiert die Grenzen einer sozialen Gruppe und definiert, wer zur Gemeinschaft gehört.

> »Der Abweichler ist ein Mensch, dessen Handlungen die Grenzen der Gruppe überschritten haben, und wenn die Gemeinschaft ihn für diese Überschreitung zur Rechenschaft zieht, so macht sie eine Aussage über Art und Ort ihrer Grenzen« (Erikson 1978: 20 f).

Gleichzeitig dient die Sanktionierung des abweichenden Verhaltens als Belohnung für jene, die sich freiwillig an Normen halten (Peters 1989, Voß 1993, vgl. auch Geiger 1964, Popitz 2016).

> »Wenn wir das abweichende Verhalten eines anderen kritisieren, stellen wir ihn unausgesprochen uns selbst gegenüber und belohnen uns gegenseitig für unsere größeren Verdienste. Abweichendes Verhalten in einem gewissen, kontrollierten Ausmaß kann also als Verankerung und als Bezugspunkt dienen, an dem konformes Verhalten gemessen werden kann, es kann konformes Verhalten eher verdienstvoll als selbstverständlich erscheinen lassen, das Gemeinschaftsgefühl unter den sich konform verhaltenden Gruppenmitgliedern steigern und ganz allgemein zu größerer Befriedigung im Gruppenleben beitragen« (Cohen 1968a: 26).

Zahlreiche empirische Untersuchungen beschäftigen sich mit dem Konzept der *Punitivität*. Dieses bezieht sich nicht nur auf Strafbedürfnisse, sondern generell auf Strafmentalitäten und -einstellungen. Unterschieden wird dabei zwischen der Punitivität auf individueller und gesellschaftlicher Ebene, auf justizieller, exekutiver und legislativer Ebene (vgl. z. B. Kury et al. 2004).

Untersuchungen zur individuellen Punitivität belegen die Existenz von Strafbedürfnissen in der Bevölkerung aber auch von nicht-punitiven, eher sozialintegrativen Strafeinstellungen und Verhaltensmustern (vgl. z. B. Becker 2007). In

Befragungen sprechen sich beachtliche Anteile der Bevölkerung für Strafverschärfungen aus oder betonen die abschreckende Wirkung harter Strafen (vgl. z. B. Kury/Obergfell-Fuchs 2006). Gleichzeitig belegen Befragungen aber regelmäßig auch die große Akzeptanz von Schadenswiedergutmachung und informellen Konfliktlösungen (vgl. z. B. Sessar 1986, Ostendorf 2010f). Auch besteht in der Öffentlichkeit weitgehender Konsens darüber, dass Prävention reaktiven Maßnahmen vorzuziehen ist (Becker 2007). Letztendlich scheinen die Ergebnisse stark vom Untersuchungsdesign abzuhängen (vgl. z. B. Kury/Obergfell-Fuchs 2008). Darüber hinaus ist von komplexen Wechselwirkungen zwischen individuellen Strafbedürfnissen in der Bevölkerung, den gesellschaftlichen Haltungen, die in Medien und Politik zum Ausdruck kommen, sowie der Punitivität von Legislative, Exekutive und Judikative auszugehen (vgl. z. B. Sessar 1986, Steinert 1980, Becker 2007, Groenemeyer 2003, Sack 2006). Belege für ein kaum zu bändigendes Strafbedürfnis in der Bevölkerung finden sich nicht. Vielmehr liegen Indizien dafür vor, dass das individuelle Strafbedürfnis von Juristen und insbesondere Strafrechtlern deutlich über dem der allgemeinen Bevölkerung liegt (Sessar 1992, 1993, Schumann 1988).

5.5 Entwicklung

In den letzten Jahren wird international fast einhellig auf zunehmende Punitivität verwiesen (vgl. z. B. Groenemeyer 2003). Große Beachtung fanden die Analysen von David Garland (2008) zu Veränderungen sozialer Kontrolle und insbesondere der Kriminalpolitik Ende des 20. Jahrhunderts (Sack 2007). Garland unterscheidet dabei drei kriminalpolitische Strömungen:

- Im Wohlfahrtsstaat zielte Kriminalpolitik auf die Integration von Täter(inne)n ab, die als besserungsfähig galten, und therapiert, sozial unterstützt und resozialisiert werden müssen. (Quensel 2007).
- Später entwickelte sich eine neoliberale, managementorientierte Strategie, die auf Eigenverantwortung setzt. Angesichts der Alltäglichkeit von Kriminalität gilt es, dieses Risiko, ähnlich wie Risiken des Straßenverkehrt oder der Klimaveränderung, zu managen und negative Konsequenzen zu reduzieren. Die Kriminalpolitik ist von Normalisierung und Entmoralisierung geprägt (Quensel 2007, Böhm 2007, Hess 2007, Lehne/Schlepper 2007, Singelnstein/Stolle 2007).
- Eine dritte kriminalpolitische Strömung ist von Punitivität und Emotionalität geprägt und verdrängt die wohlfahrtsstaatliche Kriminalpolitik weitgehend. Durch sozialen Ausschluss und Stigmatisierung soll hier soziale Kontrolle ausgeübt werden. Im Zentrum stehen Täter(innen), die als unverbesserlich betrachtet werden (Quensel 2007).

In jedem Modell sind auch andere Akteure vorherrschend. Im wohlfahrtsstaatlichen Modell waren Professionen und Disziplinen wichtig, die Fachkompetenzen für Resozialisierung, Therapie und Erziehung reklamieren können. Soziale Arbeit, Psychologie und Pädagogik spielten eine große Rolle. In den anderen Modellen sind sie dagegen völlig unwichtig.

> »Während das neo-liberale Modell das der Experten, Bürokraten, Ökonomen ist, ist das neo-konservative mit seinen moralischen Obertönen, seinen expressiven Strafen und seiner Nicht-Achtung der finanziellen Kosten das Modell populistischer Politiker und einer für deren Parolen [...] empfänglichen Bevölkerung« (Hess 2007: 12).

Nach Garland sind wohlfahrtsstaatliche Kriminalpolitik, die Idee der Resozialisierung und letztendlich auch die Soziale Arbeit mit Straffälligen ein historisches Auslaufmodell (Garland 2016). Dem Resozialisierungsideal werden nicht nur andere Strafziele vorgezogen, es wird auch als gefährlich und kontraproduktiv betrachtet (ebd.).

> »Das gängige wohlfahrtsstaatliche Bild vom Delinquenten als benachteiligtem, bedürftigem, aus der Not heraus handelndem Menschen ist fast völlig verschwunden. Stattdessen wird die neue Gesetzgebung begleitet von den stereotypen Darstellungen disziplinloser Jugendlicher, gefährlicher Räuber und unverbesserlicher Berufsverbrecher« (Garland 2016: 360).

Als Hintergrund dieses Trends werden von Garland hohe Kriminalitätsraten angegeben (Garland 2008, vgl. auch Peters 2004). Punitive Tendenzen können sich nach Meinung deutscher Autoren aber auch ganz unabhängig von hohen Kriminalitätsraten entwickeln (Quensel 2007, Groenemeyer 2003, Streng 2006).

Für Deutschland wird eine Entwicklung, wie sie Garland beschreibt, teilweise vehement bestritten (kritisch dazu Sack 2006, 2007). Kriminalpolitische Debatten und Gesetzesänderungen rechtfertigen die Annahme eines deutschen Sonderweges aber nicht. Vieles spricht dafür, dass sich parallel zum neoliberalen Rückzug des Staates aus Wohlfahrt und sozialer Sicherung auch in Deutschland der Umgang mit öffentlicher Sicherheit und Kriminalität verändert hat, wenn dies auch moderater geschieht als z.B. in den Vereinigten Staaten oder Großbritannien (vgl. z.B. Lehne/Schlepper 2007).

In der Gegenwart erlebt auch bei uns Strafe – und zunehmend auch Strafe ohne Legitimation durch präventive Zwecke – eine Renaissance (vgl. z.B. Scheerer 1993a, Klimke/Legnaro 2016, Cornel 2014). Hassemer hat »nie so viel selbstverständliche Strafbereitschaft, ja Straffreude wahrgenommen wie heute« (Hassemer 2001, S. 458 f).

Es wird von einem Trend zur Ausweitung des Strafrechts ausgegangen, auf beliebige Bereiche menschlichen Verhaltens und insbesondere alle Phänomene, die als gefährlich oder riskant gelten (vgl. z.B. Scheerer 1993a, Böhm 2007). Neue Rechtsgüter werden ins Strafrecht aufgenommen, die Anforderungen für vorwerfbare Handlungen heruntergeschraubt, die Grenzen strafbaren Verhaltens vorverlagert (Prittwitz 2004, Shearing 1996). Der Begriff »Kriminalität« bezieht sich dann auf all »jenes, was als anormal, als bedrohend für die Bevölkerung und ihre Belange angenommen wird.« (Böhm 2007).

Straftäter(innen) gelten nicht mehr als Mitbürger(innen), die gegen Strafgesetze verstoßen haben und resozialisiert werden müssen, sondern als anormal und bedrohlich. Jakobs hat diesbezüglich den Begriff des »Feinstrafrechts« geprägt (Jakobs 2009): Menschen werden zu Unpersonen, die von ihnen ausgehende Gefahr muss mit allen Mitteln aufgehalten werden, sie müssen ausgeschlossen werden (Böhm 2007).

> »Es geht hier nicht mehr um den hilfsbedürftigen, behandelbaren und resozialisierungsfähigen Bürger, sondern im Mittelpunkt steht der ›gefährliche Andere‹, der als ›Feind der Gesellschaft‹ angesehen wird, von dem man sich schützen muss. Abweichendes Verhalten wird damit nicht mehr als Symptom für ein tieferliegendes individuelles oder sozialstrukturelles ›Defizit‹ angesehen, sondern zunehmend als das eigentliche Problem, das es zu bekämpfen gibt« (Singelnstein/Stolle 2007: 109 f).

Es wird mehr, früher und härter bestraft, zudem werden prozedurale Rechte eingeschränkt und bürgerliche Freiheiten der Sicherheit untergeordnet (Prittwitz 2004). »Der Ruf nach Schutz vor dem Staat wurde zunehmend ersetzt durch die Forderung nach Schutz durch den Staat« (Garland 2016: 363).

Maßnahmen mit Exklusions-Charakter zielen nicht mehr darauf ab, Verhalten oder Einstellungen zu verändern. Ihr Ziel ist reine Gefahrenabwehr: Durch Wegsperren von Personen, die als gefährlich gelten, sollen Straftaten verhindert werden (Singelnstein/Stolle 2007). Man »schließt Menschen in Gefängnissen ein, weil Gefängnisse Einrichtungen sind, die es schon gibt und daher praktisch sind, und weil es Orte sind, in denen man gefährliche Menschen unterbringen kann, um sie daran zu hindern, Schaden zu verursachen« (Shearing 1997: 270).

Das Gefängnis erlebt also eine positive Neubewertung. Es gilt nicht mehr als Ultima Ratio, als kontraproduktiv und wenig resozialisierend. Vielmehr wird davon ausgegangen, dass es als Mittel der Bestrafung funktioniert. Dabei wird zu Unrecht vorgegeben, dass sich Freiheitsstrafe vor allem gegen Gewalttäter(innen) und gefährliche Gewohnheitsverbrecher(innen) richtet (Garland 2016).

Der Schutz der Bevölkerung wird zum bestimmenden Thema der Kriminalpolitik. In kriminalpolitischen Debatten werden (tatsächliche wie potentielle) Opfer beschworen. »Der neue politische Imperativ lautet, dass Opfer geschützt, ihre Stimmen gehört, ihr Andenken geehrt, ihr Zorn zum Ausdruck gebracht, ihre Ängste ernst genommen werden müssen« (Garland 2016: 361).

Dass Abweichung, Kriminalität und sozialen Problemen eher durch integrierende, partizipative Strategien zu begegnen ist, wird nur von einigen Experten aufrechterhalten (Singelnstein/Stolle 2007). Und gar den Sinn von staatlichen Strafen generell zu hinterfragen, ist aktuell eine noch exotischere Position.

Die Annahme von Durkheim, dass im Laufe der gesellschaftlichen Entwicklung und mit zunehmender Arbeitsteilung Kriminalität und Strafrecht an Bedeutung verlieren und nicht emotional besetzte Regeln sowie zivilrechtliche Regelungen an Bedeutung gewinnen, lässt sich (bislang) nicht bestätigen (Karstedt 2007, Groenemeyer 2003, Steinert 1987, Lamnek 2008). Eine Einschränkung des Strafrechts oder ein Rückgang seiner Bedeutung ist nicht eingetreten.

5.6 Ausblick

Muss Strafe sein? Muss das Strafecht sein? Straftheorien liefern eine Vielzahl von Argumenten, die für eine Bejahung der Fragen sprechen. Gleichzeitig werden aber auch plausible Einwände formuliert. Die gängigen Straftheorien sind alles andere als unbestritten und konsistent.

Geht es also auch ohne Strafrecht? Die abolitionistische Forderung nach einer Abschaffung des Strafrechts erscheint zumindest auf den ersten Blick utopisch. Selbstverständlichkeiten und Alltagstheorien verdecken den Blick auf alternative Rahmungen und Reaktionsformen, die bereits existieren.

> »Das Gedankenexperiment, in dem das staatliche Strafen ›weggedacht‹ wird, muß sich um Möglichkeiten bemühen, wie die Probleme, die da angemeldet werden, anders und möglichst besser bearbeitet werden könnten als das geschieht, wenn man sie als ›Kriminalität‹ definiert. Man kann sich dafür an die Realität halten: Der weitaus größte Teil der Probleme und Konflikte wird ohnehin ohne Polizei und Strafrecht angegangen. Vielleicht läßt sich daraus für die wenigen Fälle, in denen diese ›Dienste‹ doch in Anspruch genommen werden, etwas lernen« (Steinert 1988: 11).

Strafrechtsnormen und strafrechtliche Sanktionierungen sind wenig verhaltensrelevant, wenn sie nicht mit moralischen Bewertungen verbunden sind, sich auf allgemeine soziale Normen stützen und von informeller sozialer Kontrolle begleitet werden. Wo diese Bedingungen aber erfüllt sind, wird Verhalten bereits durch außerrechtliche Interaktionen und Institutionen gesteuert und beeinflusst (Heiland/Schulte 1993).

Angesicht der nachgewiesenen Ineffektivität des Strafrechts, des Ressourcenverbrauchs und des verursachten Leids muss die Frage nach Alternativen erlaubt bleiben (Scheerer 2001). Gefragt ist kein »besseres Strafrecht«, sondern etwas, das »sowohl klüger wie menschlicher als das Strafrecht wäre«, etwas, das »besser als Strafrecht« ist (Radbruch 1950, S. 269).

Während Radbruch hier eher an ein Rechtssystem gedacht haben dürfte, das den heutigen Maßregeln der Besserung und Sicherung ähnelt, ist auch eine ganz andere Entwicklungslinie denkbar. Strafrecht müsste sich allmählich zum Konfliktschlichtungsrecht weiterentwickeln (Scheerer 1993a).

Der englische Begriff »Restorative Justice« steht für ein solches Modell, das dem herkömmlichen Strafrecht diametral entgegensteht (vgl. z.B. Rössner 2003, Braithwaite 2004, Trenczek 2014). Restorative Justice interessiert sich nicht dafür, welche Straftat begangen wurde, sondern dafür, was passiert ist. Es geht nicht darum, wer Schuld hat, sondern wer verletzt, beeinträchtigt, geschädigt wurde. Der Fokus liegt nicht auf nachweisbaren Fakten, sondern auf verursachtem Leid und sonstigen Folgen. Es stellt sich nicht die Frage, welche Sanktion angemessen ist, sondern wie Unrecht wiedergutgemacht werden kann (Trenczek 2014). »Im Unterschied zum herkömmlichen in das Justizsystem implementierte Reaktionsschema geht es RJ nicht um vergangenheitsorientierte wie individualisierende Schuldzuschreibungen, sondern um zukunftsgerichtete, ganzheitliche Konfliktlösungen« (Trenczek 2014: 199).

Die Befindlichkeit und Bedürfnisse der Beteiligten werden in diesem Modell ernstgenommen. Eine über den Schadensausgleich hinausgehende Schädigung eines Beteiligten wird nicht akzeptiert. Konflikte werden nicht an Spezialisten übergeben, sondern durch Akteure der Zivilgesellschaft gelöst. Eine faire Kommunikation gilt als Garant für die Herstellung von Gerechtigkeit. Am Ende des Verfahrens steht nicht die Exklusion der Person, welcher die Rolle »des Täters/ der Täterin« zugeschrieben wird, sondern ein friedliches Miteinander (Trenczek 2014. Rössner 2003, Braithwaite 2004. Christie 1995).

Kritisch kann angemerkt werden, dass Restorative Justice nicht nur einen Ausgleich zwischen den direkt Beteiligten eines Konfliktes anstrebt, sondern auch Störungen des Zusammenlebens der sozialen Gemeinschaft beheben will. Der Begriff der Gemeinschaft oder »Community« ist denkbar vage: Angesichts der Anonymität der modernen Gesellschaft stellt sich die Frage, wer denn von einem interpersonalen Konflikt betroffen ist und deswegen an der Suche nach Gerechtigkeit beteiligt werden soll (vgl. z. B. Trenczek 2014). Schadensausgleich und Konfliktschlichtung unter Beteiligung der gesamten, durch Massenmedien und soziale Netzwerke informierten Öffentlichkeit ist sicher keine praktikable Lösung.

Im Rahmen des Täter-Opfer-Ausgleichs wird das Modell der Restorative Justice nur ansatzweise umgesetzt (Rössner 2003, Trenczek 2014). Der Täter-Opfer-Ausgleich ist ins herkömmliche Strafverfahren eingebettet, Freiwilligkeit damit nur bedingt gegeben, ein erfolgreicher Ausgleich ersetzt nicht automatisch ein herkömmliches Strafverfahren und wirkt sich im Erwachsenenstrafrecht noch nicht einmal automatisch strafmildernd aus (vgl. z. B. Rössner 2003). Restorative Justice bedeutet nicht einfach, dass Mediation oder Täter-Opfer-Ausgleich als strafrechtliche Rechtsfolge im Rahmen des Strafrechts eingesetzt werden und dessen Sanktionskatalog ergänzen. Vielmehr müsste sich der strafende Staat möglichst aus gesellschaftlichen Konflikten zurückziehen und nur im Hintergrund die Rolle des Moderators spielen oder eine Schutzfunktion übernehmen, falls die direkt Betroffenen eine Auseinandersetzung nicht beilegen können (Cornel 2002b, vgl. auch Pilgram/Steinert 2002). Die Einsatzmöglichkeiten sind weit. Nur wenige »Opfer sind wirklich an Strafverfolgung« interessiert. »Ein guter Teil der Strafverfolgung, selbst der, die nicht per Strafbefehl vorweg erledigt werden, sondern bis zur Verhaftung führen, ist von den Beteiligten her gesehen überflüssig« (Steinert 1987: 109).

Im Umgang mit »Kriminalität« spielt Restorative Justice bisher nur eine marginale Rolle (Lutz 2002). Das diskreditiert das theoretische Konzept aber nicht. Restorative Justice bedeutet ein grundsätzliches Umdenken bezüglich des Sinns von Bestrafung: Im Umgang mit Kriminalität kann auf Repression verzichtet werden, das Leid von Opfern und Täter(inne)n verringert und mehr Gerechtigkeit erreicht werden (Lutz 2002). Der Fokus liegt auf einer Situation und ihrer Bewältigung, nicht auf Personen, deren Interessen gegeneinander ausgespielt werden können (Pilgram/Steinert 2002). Konfliktadäquate Lösungen können in der Lebenswelt selbst gefunden werden (Smaus 1986a). Aus sozialarbeiterischer Sicht kann dies nur begrüßt werden. »Fast alles wäre besser als das Strafmonopol der öffentlichen Hand« (Scheerer 1993a: 89).

6 Exemplarische Fallarbeit

Wie bereits in der Einleitung erwähnt, bieten wir an unserer Hochschule ein interdisziplinäres Seminar an, das im sechsten Semester stattfindet und von beiden Autoren verantwortet wird. In dieser Lehrveranstaltung werden authentische Fälle der Jugendgerichtshilfe/Jugendhilfe im Strafverfahren bearbeitet. Die Studierenden haben die Aufgabe, den vorgegebenen Fall aus der Perspektive der Jugendgerichtshilfe zu bearbeiten und dabei die Gelegenheiten, Lehrinhalte aus dem Studium praktisch anzuwenden.

Im Anschluss wird ein authentischer Fall der Jugendgerichtshilfe Freiburg abgedruckt, der im interdisziplinären Seminar bearbeitet wurde. Alle Personennamen wurden abgeändert.

Die Fallbearbeitung schließt sich im nächsten Kapitel an.

Auszug aus der Anklageschrift vom 22.02.2010 an das Amtsgericht – Jugendschöffengericht – Freiburg

A n k l a g e s c h r i f t
in der Strafsache
gegen

Santino Krämer	geb. am 04.07.1993 in Freiburg, Schüler, ledig, deutscher Staatsangehöriger, wohnhaft Schwarzwaldstraße Gesetzliche Vertreterin: Frau Helga Krämer
Boris Müller-Wohlfahrt	geb. am 05.01.1994 in Freiburg, Schüler, ledig, deutscher Staatsangehöriger wohnhaft Frankenweg Gesetzliche Vertreter: Josef und Maria Müller-Wohlfahrt
Alexander Fritz	geb. am 02.05.1994 in Freiburg, Schüler, ledig deutscher Staatsangehöriger, wohnhaft Alban-Stolz-Straße Gesetzliche Vertreter: Andreas Fritz, Alban-Stolz-Straße Claudia Koger, Heinrich-Heine-Straße

Renaldo Bayram	geb. am 7.10.1994 in Freiburg, Schüler, ledig
deutscher Staatsangehöriger
wohnhaft Hammerschmiedstraße
Gesetzliche Vertreterin:
Natalja Bayram

Die Staatsanwaltschaft legt aufgrund ihrer Ermittlungen den Angeschuldigten folgenden Sachverhalt zur Last:

Am 29.10.2009 gegen 0:45 Uhr stiegen die Angeschuldigten und der spätere Geschädigte, der 16-jährige Denis Herzog an der Haltestelle Lassbergstraße in Freiburg in den Bus in Richtung Freiburg-Kappel. Denis Herzog wandte sich im Bus sogleich an die ihm bekannten Zeugen Moritz und Sascha, die ebenfalls nach Freiburg-Kappel fuhren, weil er zuvor auf der Fahrt mit der Straßenbahn von den Angeschuldigten provoziert worden war und beim Verlassen der Straßenbahn von einem der Angeschuldigten einen Schlag ins Gesicht erhalten hatte. Er befürchtete deshalb weitere Angriffe der Angeschuldigten. Die Zeugen Moritz und Sascha erklärten sich bereit, bei Denis Herzog zu bleiben und ihn zu schützen.

An der Haltestelle Peterbergstraße in Freiburg-Kappel verließen alle den Bus. Die Angeschuldigten waren bis dorthin mitgefahren, obwohl sie früher hätten aussteigen sollen, um nach Hause zu kommen. Unmittelbar nach Verlassen des Busses gingen die Angeschuldigten auf Denis Herzog zu, drohten ihm, ihn »aufzuschlitzen«, und schlugen und traten auf ihn ein. Der Angeschuldigte Müller-Wohlfahrt ergriff einen etwa faustgroßen Stein und schlug ihn gegen den Kopf von Denis Herzog, während die übrigen Angeschuldigten weiterhin auf Denis Herzog eintraten und ihn so zu Boden brachten. Die Zeugen Moritz und Sascha versuchten erfolglos, die Angeschuldigten von Angriffen auf Denis Herzog abzuhalten. Die Angeschuldigten drohten ihnen und hielten sie davon ab, einzugreifen. Der Zeuge Moritz entfernte sich dann, um die Polizei zu informieren. Der Angeschuldigte Müller-Wohlfahrt schlug den Zeugen Sascha mit der Faust ins Gesicht, wobei er den Stein noch in der Hand hielt. Der Zeuge Sascha zog sich daraufhin etwas zurück.

In dieser Situation griff der bis dahin am Geschehen unbeteiligte 31-jährige Zeuge Gabriel Dietrich ein. Er hatte das provozierende Verhalten der Angeschuldigten bemerkt und war entgegen seinem ursprünglichen Plan bereits an der Haltestelle Petersbergstraße mit allen anderen ausgestiegen. Als die Angeschuldigten Denis Herzog zu Boden schlugen und verletzten, wollte der Zeuge Gabriel Dietrich die Angeschuldigten am weiteren Vorgehen hindern. Dies nahmen alle vier Angeschuldigten zum Anlass, sogleich von Herzog abzulassen und sich dem Zeugen Dietrich zuzuwenden. Sie schlugen ihn zu Boden und traten heftig auf ihn ein, der Angeschuldigte Müller-Wohlfahrt schlug zudem mit einem Stein auf Dietrich ein oder warf den Stein gegen seinen Kopf. Denis Herzog konnte unterdessen fliehen.

Der Angeschuldigte Müller-Wohlfahrt bedrohte schließlich den Geschädigten Dietrich und die Zeugen Moritz und Sascha, sie »aufzuschlitzen«, wenn sie die Polizei riefen oder gegenüber der Polizei etwas erwähnten. Hiermit wollte er erreichen, dass die Tat und seine Beteiligung daran nicht bekannt werden.

Der Geschädigte Herzog erlitt eine Platzwunde am Hinterkopf, eine Gehirnerschütterung, zahlreiche länger anhaltende schmerzhafte Prellung, vor allem an den Oberschenkeln und den Rippen, Schmerzen am Kiefer und tagelange Kopfschmerzen.

Der Geschädigte Dietrich erlitt eine blutende Kopfplatzwunde, die genäht werden musste, eine Schürfwunde am Ohr, eine Lippenplatzwunde, die ebenfalls genäht wurde, und eine Verstauchung und Zerrung am Fuß.

Der Zeuge Sascha erlitt eine schmerzhafte Prellung an der linken Wange.

Strafanträge wurden form- und fristgerecht gestellt.

Die Angeschuldigten waren zur Tatzeit 15 bzw. 16 Jahre alt und besaßen die erforderliche Reife, das Unrecht der Tat einzusehen und nach dieser Einsicht zu handeln.

Die Angeschuldigten werden daher beschuldigt,
als strafrechtlich verantwortliche Jugendliche
in drei tateinheitlichen Fällen einen anderen mit einem anderen Beteiligten gemeinschaftlich und mittels einer Waffe oder eines anderen gefährlichen Werkzeugs körperlich misshandelt oder an der Gesundheit beschädigt zu haben,
strafbar als gefährliche Körperverletzung nach §§ 224 Abs. 1 Nr. 2, 25 Abs. 2, 52 StGB, §§ 1, 3 JGG.

Der Angeschuldigte Müller-Wohlfahrt wird darüber hinaus beschuldigt,
tateinheitlich zur vorgenannten Tat
versucht zu haben, einen Menschen rechtswidrig mit Gewalt und Drohung mit einem empfindlichen Übel zu einer Handlung, Duldung oder Unterlassung zu nötigen,

strafbar als versuchte Nötigung nach §§ 240, 22, 23, 52 StGB, §§ 1,3, JGG.

Wesentliche Ergebnisse der Ermittlungen:
Der inzwischen 16-jährige Angeschuldigte Boris Müller-Wohlfahrt lebt bei seinen Eltern in Freiburg-Littenweiler, ist Schüler der »Brücke«[23] in Merzhausen und steht vor dem Hauptschulabschluss.

Der 15-jährige Angeschuldigte Alexander Fritz besucht die 9. Klasse der Hauptschule und steht ebenfalls vor dem Abschluss. Er wohnt seit ca. 6 Mo-

---

23 Die »Brücke« ist eine Privatschule mit dem Ziel des Realschulabschlusses.

naten beim Vater in Zähringen, zuvor bei der Mutter. In der Tatnacht wollte er beim Angeschuldigten Müller-Wohlfahrt übernachten.

Der 16-jährige Angeschuldigte *Santino Krämer* wohnt bei seinen Eltern in Freiburg in der Schwarzwaldstraße. Auch er besucht die 9. Klasse einer Hauptschule und macht dieses Jahr den Hauptschulabschluss.

Zu den persönlichen Verhältnissen des 15-jährigen Angeschuldigten Renaldo Bayram ist wenig bekannt, weshalb auf die Feststellungen im Urteil vom 12.01.2010 und auf den zu erstellenden JGH-Bericht verwiesen wird.

Die Angeschuldigten sind bislang wie folgt strafrechtlich in Erscheinung getreten:

Boris Müller-Wohlfahrt: 25.02.2008: Einstellung nach § 45 Abs. 2 JGG wegen Diebstahl durch die Staatsanwaltschaft;

Alexander Fritz: 02.12.2008: Einstellung nach § 47 JGG durch das Gericht nach einer Körperverletzung;

Santino Krämer: Nach einer Einstellung nach § 45 Abs. 2 JGG wegen Diebstahls durch die Staatsanwaltschaft am 31.07.2008 erfolgte eine Verurteilung zu Arbeitsleistungen durch das Amtsgericht Freiburg am 19.10.2009 wegen Sachbeschädigung und Diebstahls;

Renaldo Bayram: nach einer Einstellung nach § 45 Abs. 2 JGG wegen Diebstahls durch die Staatsanwaltschaft am 23.02.2009 erfolgte eine Verurteilung zu Arbeitsleistungen durch das Amtsgericht Freiburg am 04.03.2009 wegen gefährlicher Körperverletzung. Wegen einer am 11.10.2008 begangenen Körperverletzung und einer am 30.01.2009 begangenen versuchten Nötigung und Körperverletzung wurde der Angeschuldigte Bayram mit Urteil vom 12.01.2010 durch das Amtsgericht Freiburg zu 2 Wochen Arrest und der Teilnahme am Sozialen Kompetenztraining der JGH Freiburg verurteilt. Dieses Urteil ist nicht rechtskräftig.

Zur Tat haben sich alle Angeschuldigten dem Grunde nach geständig gezeigt, ihre Tatbeteiligung jedoch jeweils heruntergespielt. Die Verwendung des Steines wurde von Boris Müller-Wohlfahrt eingeräumt. Die Bedrohungen werden vom Angeschuldigten Müller-Wohlfahrt in Abrede gestellt, jedoch vom Angeschuldigten Bayram bestätigt. Insbesondere gibt es keinen Anlass, an den Angaben der Zeugen und Geschädigten insoweit zu zweifeln.

Die Zuständigkeit des Jugendschöffengerichts ergibt sich aus der wegen der vorliegenden schädlichen Neigung und wegen der Schwere der Schuld zu erwartenden Jugendstrafe.

gez. XXX
Staatsanwalt

Auszüge aus dem Hilfeplan des Jugendamts Freiburg vom 23.06.2010

Krämer, Santino geb. 04.07.1993

I Psychosoziale Diagnose

1 Bisherige Entwicklung und Familienanamnese
Santino wohnt mit seiner einjährigen Schwester und dem 11-jährigen Bruder im Haushalt seiner Eltern. Sein Vater ist Angestellter in der Verwaltung der Uni-Klinik, seine Mutter gelernte Krankenschwester, geht aber aufgrund der Kinderbetreuung Nebenjobs nach.

Nach dem Besuch der Weiherhofgrundschule[24] ging Santino auf die Emil-Thoma-Realschule, wo er in der 8. Klasse Lernschwierigkeiten bekam und mit seinem Verhalten auffiel und nur auf Probe in die 9. Klasse versetzt werden konnte. Während der Probezeit wurde festgestellt, dass Santino doch die 8. Klasse wiederholen sollte. Im Halbjahr verließ Santino die Realschule und wechselte auf die Turnseehauptschule[25], wo er derzeit die 9. Klasse besucht. Anschließend wünscht er sich, die Werkrealschule mit dem Realschulabschluss abschließen zu können.

Santino berichtet, dass er über 10 Jahre aktiv im Fußballverein gespielt hat. Vor ca. 1,5 Jahren habe er aufgehört, weil er unter zu viel Leistungsdruck stand und begann sich auch für andere Dinge zu interessieren.

2 Aktuelle Situation/Problemlage
Santino wurde am 22.02.2009 angezeigt wegen Diebstahls und Sachbeschädigung. Bereits dem Schlussvermerk des Jugendsachbearbeiters der Polizei konnte entnommen werden, dass sich Santino uneinsichtig zeigte und überheblich wirkte. Die Arbeitsstunden aus dem Urteil vom 19.10.2009 erledigte Santino unzuverlässig, das Urteil ist noch nicht erfüllt.

Am 29.11.2009 wurde Santino mit drei weiteren Jugendlichen wegen Gewalttaten angezeigt, die Hauptverhandlung findet am 24.06.2010 statt.

Die Eltern von Santino haben sich nach dem Vorfall Ende Dezember zeitnah an die Jugendhilfe im Strafverfahren (JuHiS) gewandt, da sie sehr erschrocken waren und sich hilflos fühlten. Zu diesem Zeitpunkt hatte die Familie mit Drobs e. V.[26] bereits Kontakt aufgenommen und nahm familientherapeutische Hilfe in Anspruch, da Santinos Cannabis- und Alkoholkonsum den Alltag der Familie sehr beeinträchtigte. Der Jugendliche wechselte 2009 aufgrund seiner Verhaltensschwierigkeiten und Lernunlust im laufenden Schuljahr in der wiederholten 8. Klasse Emil-Thoma-Realschule auf die Turnsee-Hauptschule, die er dieses Jahr mit dem Hauptschulabschluss abschließen will.

---

24 Die Weiherhofschule ist eine Realschule.
25 Die Turnseeschule ist eine Werkrealschule.
26 DROBS ist eine Drogenberatungsstelle in Trägerschaft der Arbeiterwohlfahrt.

Insbesondere Santinos Widerstand gegen Regeln in der Familie, seine Distanzeinnahme gegenüber den Eltern und seine Selbstüberschätzung machen den Eltern zu schaffen, sodass bereits über eine Unterbringung außerhalb der Familie nachgedacht wurde. Santino wehrt sich vehement gegen diese Idee, gibt an, seine Familie zu brauchen, und kann sich nicht vorstellen, in einer Wohngruppe zu leben. Nachdem Santino in der Wohnung nach einem Streit randalierte, gab er im Gespräch an, er sei in der Pubertät, man müsse mit ihm Nachsicht üben, Jugendlichen sollte überlassen werden, sich Freiheiten rauszunehmen, und seine Eltern würden mit ihrer Sorge übertreiben.

3 Sicht des jungen Menschen/der Eltern/des/der Personensorgeberechtigten
Santino bezeichnet sich selbst als unzufrieden mit der familiären Situation, da er sich nicht verstanden fühlt in seinen Interessen und Vorstellungen vom Leben. Er möchte Freiheiten in Anspruch nehmen, um sich austesten zu können.

Santinos Eltern haben das Gefühl, ihr Sohn würde ihnen entgleiten und sie hätten keinen Einfluss mehr auf ihn. Ihr gesamtes Familienleben würde unter Santinos Verhalten leiden. Eine Herausnahme aus der Familie wurde bereits angedacht.

In Folge einer Auseinandersetzung zwischen Santino und seiner Mutter, in der die Mutter körperliche Übergriffe befürchten musste, da der Jugendliche alkoholisiert war, fand eine Inobhutnahme statt, auf die sich Santino einlassen konnte. Nach der Inobhutnahme hat sich Santino auf die Klärung des Zusammenlebens in der Familie wieder einlassen können.

Die Eltern möchten in ihrer Erziehungsarbeit nachhaltig unterstützt werden und neue, verlässliche Strukturen für ihr Familienleben erarbeiten können.

4 Bisherige Lösungsversuche und Ressourcen der Beteiligten
Die Familie hatte regelmäßig familientherapeutische Beratungsgespräche bei Drobs e. V.

II Hilfeplan

1 Fachliche Einschätzung der fallführenden Fachkraft zum bestehenden erzieherischen Bedarf sowie zur Art und zum Umfang der notwendigen und geeigneten Hilfe
Vom Fachteam wurde eine parteiliche Arbeit über die Familienberatung der Ohlebusch-Gruppe[27] empfohlen, auch aufgrund des großen Widerstands von Santino, sich auf eine Unterbringung außerhalb der Familie einzulassen, damit sich die aktuelle Situation hätte entspannen können. Die Beratung soll die Erreichbarkeit über das Nothandy in akuten Krisensituationen umfassen.

Außerdem sollten die Eltern in ihrer erzieherischen Haltung unterstützt werden, um mit Santino und der Restfamilie Regeln zu erarbeiten, an die sich alle konsequent halten können.

---

27 Die Ohlebusch-Gruppe bietet unter anderem eine familiensystemische Beratung an.

2 Ziele der Hilfe für den jungen Menschen die Eltern/die Familie und die Konkretisierung mit Teilzielen nach Möglichkeit mit Zeitangabe

1. Die Kommunikation zwischen Eltern und Sohn soll verbessert werden.
2. Es sollen Absprachen getroffen werden für die Zeit nach den Hauptschulabschlussprüfungen bis zum Schulbeginn im September, um die Übergangszeit sinnvoll gestalten zu können.
3. Santino soll seinen Alkohol- und Cannabismissbrauch reflektieren können.
4. Es sollen Regeln erarbeitet werden, die das Zusammenleben für alle Familienmitglieder möglich und erstrebenswert machen.

Jugendhilfswerk Freiburg e. V. 79100 Freiburg, 22.06.10
Täter-Opfer-Ausgleich

Staatsanwaltschaft
Holzmarkt 2
79098 Freiburg

Strafsache gegen Santino Krämer, Boris Müller-Wohlfahrt, Alexander Fritz, Renaldo Bayram
Hier: Täter-Opfer-Ausgleich

Sehr geehrter Herr Staatsanwalt XXX,

auf Wunsch des Geschädigten Gabriel Dietrich und Anregung der Jugendhilfe im Strafverfahren wurde ein TOA durchgeführt. Da es bereits mehrere Termine für ein Ausgleichsgespräch gab, die dann jedoch aus unterschiedlichen Gründen verschoben werden mussten, konnte ich Ihnen leider nicht früher einen Bericht zukommen lassen.
Der Geschädigte Herr Dietrich kam zum Vorgespräch und informierte sich sehr ausführlich über die Möglichkeiten des TOAs. Für ihn war es sehr wichtig, den Vorfall noch einmal ausführlich zu schildern, um eine »Würdigung« seines Eingreifens zu erhalten. Er hatte großes Interesse an einem persönlichen Gespräch mit den Beschuldigten, um mit ihnen über das Geschehene zu sprechen und ihnen zu schildern, wie er den Vorfall erlebt hatte. Besonders wichtig war für ihn, die Jugendlichen kennen zu lernen, um zu verstehen, was sie zu einem solchen Handeln veranlasste und sie zu bewegen, ihr gewalttätiges Verhalten in Zukunft zu ändern.
Die Beschuldigten *Santino Krämer*, Boris Müller-Wohlfahrt, Alexander Fritz kamen zum Vorgespräch. Von Renaldo Bayram habe ich keine Rückmeldung erhalten.
Santino Krämer, Boris Müller-Wohlfahrt und Alexander Fritz zeigten Betroffenheit und Scham über ihr Verhalten. Sie hatten ein großes Bedürfnis,

sich persönlich bei den Geschädigten zu entschuldigen und die Verantwortung für ihr Handeln zu übernehmen.

Am 21.06.10 fand das Ausgleichgespräch zwischen Herrn Dietrich und den drei Beschuldigten statt. Santino Krämer, Boris Müller-Wohlfahrt und Alexander Fritz stellten sich am Anfang des Gesprächs kurz vor und erzählten über ihre aktuelle schulische Situation und ihre Zukunftspläne. Auch berichteten sie von ihren bisherigen Kontakten zur Justiz.

Herrn Dietrich war es ein Anliegen, den drei Beschuldigten deutlich zu machen, was noch passieren hätte können und wie respektlos er es empfunden hat, dass vier gegen einen gegangen sind. Auch die Tatsache, dass ein Stein als Waffe verwendet wurde, mache ihm immer noch zu schaffen. Dennoch vermittelte er sehr glaubhaft, dass er keine Rachegedanken hat. Er sagte, für ihn sei das Wichtigste, dass die Jugendlichen daraus lernen und etwas Positives aus ihrem Leben machen.

Die drei Beschuldigten waren sehr beeindruckt von ihrem Gegenüber und überrascht, wie respektvoll das Opfer mit ihnen umging. Sie schämten sich und übernahmen die Verantwortung für ihr Verhalten. Als symbolisches Zeichen der Wiedergutmachung überreichte jeder dem Geschädigten ein kleines Geschenk und entschuldigten sich mit Handschlag. Herr Dietrich konnte die Entschuldigung annehmen.

Das Gespräch bestärkte Herrn Dietrich, dass sein Eingreifen nicht sinnlos war, sondern auch im Nachhinein noch Wirkung zeigte. Die Jugendlichen lernten eine andere Form der Konfliktbewältigung kennen und entwickelten sehr viel Respekt und Anerkennung für das Opfer. Alle drei Beschuldigten versicherten glaubhaft, dass sie in Zukunft versuchen möchten, keine Gewalttaten mehr zu verüben.

Mit freundlichen Grüßen

Soz.Arb./Mediator in Strafsachen

7 Methodische Fallbearbeitung

7.1 Fallbearbeitung im interdisziplinären Seminar

Die Fallbearbeitung im interdisziplinären Seminar erfolgt im klassischen methodischen Dreischritt der Sozialen Einzelhilfe – Befund, Diagnose (vielleicht besser Hypothese), Intervention. Dabei soll das im Studium Erlernte, auch über die Inhalte des Zielgruppenseminars hinaus (siehe oben) in die Bearbeitung einfließen.

Ausgangsituation
In der Ausgangssituation wird zunächst die derzeitige Realität des Klienten erfasst und gegebenenfalls eine erste Intervention vorgeschlagen.

In einem zweiten Schritt wird die berufliche Legitimation diskutiert. Es geht um die rechtliche Grundlage meines Tuns sowie um mein Selbstverständnis als Sozialarbeiter bzw. Jugendgerichtshelfer. Der Intrarollenkonflikt, dem besonders die Sozialarbeit der Justiz, aber auch die Jugendgerichtshilfe ausgesetzt ist, soll hier diskutiert werden. Das Spannungsverhältnis der Jugendgerichtshilfe als Jugendhilfe im Strafverfahren wie auch als Gerichtshilfe ergibt sich nicht zuletzt aus den §§ 52 SGB VIII und 38 JGG.

Befund
Hier soll zunächst der »Fall« nach verschiedenen Kriterien strukturiert werden. Ein erster Überblick wird durch die Erstellung der Chronologie des Lebenslaufes erreicht. Empfehlenswert wäre auch die Chronologisierung der »kriminellen Karriere«. Mit Blick auf die Erfassung der Ressourcen macht es Sinn, den Fall nach den von Pierre Bourdieu (1983) eingeführten Kapitalien – er nennte sie das ökonomische, kulturelles, soziales und das symbolische Kapital – zu durchforsten. Da nicht alle Ressourcen mit den Kapitalien benannt werden können, bietet es sich an, in einer offenen Kategorie die Erfassung zu vervollständigen. Mit Blick auf den Handlungsentwurf ist die Darstellung der Ressourcen enorm wichtig, da hier insbesondere an den Fähigkeiten des Jugendlichen angeknüpft werden kann.

In einem zweiten Schritt soll mit Hilfe von Theorien abweichenden Verhaltens (soziologische, psychologische und sozialpsychologische Theorien) der Versuch unternommen werden, die Hintergründe der den Jugendlichen vorgeworfenen Straftaten zu erklären. Die Theorien abweichenden Verhaltens wurden im Laufe des Studiums im Rahmen der Fächergruppe Theorien und Konzepte der Sozialen Arbeit vermittelt. Neben den genannten Theorien spielen auch die Erkenntnisse der Kriminologie, insbesondere der Jugendkriminologie eine wichtige Rolle. Hier wäre etwa der Gedanke der Normalität, Ubiquität und Episodenhaftigkeit von Jugendkriminalität zu nennen.

Diagnose
In der Diagnose sollen die Studierenden ihre Hypothese, mit der sie die Straftaten des Jugendlichen erklären, zusammenfassend darstellen. Es geht um eine Verdichtung der zuvor geführten Diskussion.

Handlungsentwurf
Im interdisziplinären Seminar erwarten wir von den Studierenden einen Strafvorschlag. Dabei wird der Streit um die Frage, ob die Jugendgerichtshilfe oder Jugendhilfe im Strafverfahren in der Hauptverhandlung dem Gericht einen Strafvorschlag unterbreiten soll oder nicht, aus didaktischen Gründen ausgeblendet. Im Handlungsentwurf sollen die Studierenden zum einen auf die entsprechenden Paragraphen des Jugendgerichtsgesetzes verweisen können und zum anderen eine sozialarbeiterische Begründung dafür liefern, was mit der Sanktion erreicht werden soll. Hier geht es also darum, rechtliche und sozialarbeiterische/sozialpädagogische Kompetenzen zu demonstrieren. Angefragt sind etwa das Lebenslagenkonzept (Thiersch 2005), die Philosophie des Empowerment (Herriger 1996), aber auch Erkenntnisse aus der Sanktionsforschung (Jehle/Heinz/Sutter 2003). An einer Katholischen Hochschule setzen sich die Studierenden auch mit der Straffälligenhilfe der verbandlichen Caritas auseinander. Sie hat ihren Ursprung in der Botschaft des Evangeliums und ist begründet im christlichen Gebot der Nächstenliebe. Die Katholische Bundes-Arbeitsgemeinschaft folgt der Maxime der »Integration statt Ausgrenzung« und der »Versöhnung statt Strafe«.

7.2. Exemplarische Falllösung

Jugendgerichtshilfe war, und ist es wohl auch heute noch, fast ausschließlich Einzelfallhilfe. Insofern bezieht sich die Fallbearbeitung hier nur auf einen der am angeklagten Delikt beteiligten Jugendlichen, auf Santino Krämer.

Angesichts des begrenzten Rahmens wollen wir uns hier darauf beschränken, vorzuführen, wie im *Befund* mit Hilfe von Kriminalitätstheorien der Versuch unternommen werden kann, die Hintergründe der Straffälligkeit des Jugendlichen zu erklären. Dabei sollen hier nur jene Theorien angesprochen werden, die für den vorliegenden Fall Erklärungspotential bieten. Eine Diagnose, in der eine gewisse Festlegung erfolgt, und einen Handlungsentwurf, also einen Vorschlag, wie auf die Straftat reagiert werden soll, werden wir nicht liefern.

Erklärungspotential verspricht zunächst einmal die von Hirschi (1979) formulierte *Theorie der sozialen Bindungen*. Diese geht davon aus, dass zwischen dem einzelnen und der Gesellschaft normalerweise ein Band oder eine Verbindung besteht, was ihn von abweichendem Verhalten abhält. Ist diese Bindung zu schwach ausgeprägt, kann es zu Kriminalität kommen. Dabei lassen sich vier Ausprägungen sozialer Bindungen unterscheiden:

- Mit *Attachment* ist die emotionale Bindung zu Bezugspersonen gemeint. Hier spielen insbesondere die Eltern, aber auch Schule und Peergroup eine Rolle. Aufgrund der Bindung zu konformen Personen fühlt sich der einzelne zu konformem Verhalten verpflichtet. Er verhält sich konform, um die Erwartungen von Bezugspersonen nicht zu enttäuschen (Janssen 1997).
  Im vorliegenden Fall erscheint die Beziehung zu den Eltern problematisch. Diese fühlen sich angesichts von Regelverstößen und Grenzüberschreitungen ihres Sohnes hilflos und erschrocken, haben das Gefühl, dass er ihnen entgleitet. Der Jugendliche dagegen erlebt seine Eltern als Personen, die seine Freiheiten beschneiden, überbesorgt sind und ihn und seine Ideen nicht verstehen. Trotzdem ist er noch nicht bereit, sich von ihnen abzunabeln, die Beziehung ist also erkennbar ambivalent. Die emotionale Bindung zu den Eltern erscheint jedenfalls nicht stark genug, Santino von abweichendem Verhalten abzuhalten.
  Was die Schule angeht, ist über die aktuelle Situation wenig bekannt, im zweiten Jahr wird eine Hauptschule besucht. Bezüglich der früher besuchten Realschule ist jedoch von Lernunlust und Verhaltensauffälligkeiten die Rede. So kann auch hier nicht von einer starken emotionalen Bindung ausgegangen werden.
  Über den Freundeskreis erfahren wir wenig. Als einzige Gleichaltrige werden die Mittäter erwähnt, denen zuliebe er wohl eher Straftaten begeht als darauf zu verzichten.
- *Commitment* bezeichnet eine rationale Bindung an konventionelle Ziele und Zukunftspläne. Wer etwas zu verlieren hat, etwa eine Ausbildungsstelle, berücksichtigt diese langfristigen Ziele in seinen Entscheidungen (Janssen 1997).
  Im vorliegenden Fall werden Hauptschul- und Realschulabschluss als Zukunftspläne genannt. Über weitere Berufspläne und Perspektiven wird nichts mitgeteilt. Es ist aber von Vorstellungen vom Leben die Rede, welche von den Eltern nicht verstanden werden. Dies spräche eher gegen konventionelle Ziele, denen zuliebe auf Straftaten verzichtet werden würde. Generell ist anzuzweifeln, dass im Vorfeld der angeklagten Tat langfristige Zukunftspläne eine Rolle gespielt haben.
- Mit *Involvement* ist die Einbindung in konventionelle Aktivitäten gemeint. Wer beruflich eingebunden ist und seine Freiheit in klar strukturierten Bezügen verbringt, hat demnach weder Zeit noch Gelegenheit, sich abweichend zu verhalten (Janssen 1997).
  Santino besucht die Schule, von Fehlzeiten ist nichts bekannt. Andererseits wird aber nicht von einer strukturierten Freizeitbeschäftigung berichtet. Der Fußballverein wurde vor 1 ½ Jahren verlassen. Das angeklagte Delikt wurde nachts begangen, wobei der Wochentag unklar bleibt. Dennoch wird deut-

lich, dass Santino noch nach Mitternacht allein bzw. mit Gleichaltrigen unterwegs ist. Insofern ist sein Alltag wohl nur durch den vormittäglichen Schulbesuch strukturiert.
- *Belief* bezieht sich auf den Glauben an konventionelle Werte und an die Verbindlichkeit von Normen. Stimmen die eigenen Vorstellungen von gut und böse, richtig und falsch mit dem konventionellen Normensystem überein, ist abweichendes Verhalten nicht zu erwarten (Janssen 1997).

  Woran Santino glaubt und was er für richtig hält, bleibt relativ unklar. Bei einem früher begangenen Diebstahl zeigte er sich überheblich und uneinsichtig, was nicht gerade für eine Internalisierung der entsprechenden Norm spricht. Darüber hinaus plädiert er allgemein für eine Sonderstellung von Jugendlichen in der Pubertät: diese dürfen sich Freiheiten herausnehmen, können Nachsicht erwarten, dürfen Grenzen austesten. Gegen Regeln innerhalb der Familie wehrt er sich, scheint diese also nicht zu akzeptieren. Bezüglich des angeklagten Delikts ist er geständig, was aber nur impliziert, dass er die fraglichen Normen kennt. So deutet vieles darauf hin, dass er nicht durch einen Glauben an konventionelle Normen vor Kriminalität geschützt ist.

Somit lässt sich festhalten, dass im vorliegenden Fall die Bindungen zur Gesellschaft eher schwach ausgeprägt sind, was das abweichende Verhalten erst möglich macht.

Als weitere Kriminalitätstheorie sei hier die *allgemeine Theorie der Kriminalität* oder *Theorie der Selbstkontrolle* angeführt. Kriminalität zeichnet sich demnach durch sofortige und leichte Belohnung, geringen Langzeitnutzen, geringe kognitive Anstrengungen und geringen manuellen Aufwand sowie durch die Übereinstimmung mit milieutypischen Männlichkeitsvorstellungen aus. Sie ist mit Schmerz und Unbehagen für das Opfer verbunden, beinhaltet aber auch das Risiko des Schmerzes für den Täter, wobei das Bestrafungsrisiko für diesen subjektiv gering ist. Menschen mit kriminellen Neigungen weisen gemeinsame Merkmale auf. Sie sind:

- impulsiv, haben eine starke Hier- und Jetzt-Orientierung;
- gefühlsarm, d.h. selbstbezogen, unsensibel und indifferent gegenüber anderen;
- eher physisch als geistig orientiert;
- wenig verlässlich und sorgfältig und bevorzugen einfache Aktivitäten;
- risikofreudig und abenteuerlustig;
- auf schnelle Bedürfnisbefriedigung aus und haben eine geringe Frustrationstoleranz.

Diese Eigenschaften werden unter dem Begriff der niedrigen Selbstkontrolle zusammengefasst. Mit Selbstkontrolle ist dabei primär die Fähigkeit gemeint, Langzeitfolgen einzuplanen. Selbstkontrolle entsteht der Theorie zufolge durch Veranlagung und Erziehung. Damit sie sich in der Kindheit entwickeln kann, muss kindliches Verhalten beaufsichtigt, Fehlverhalten erkannt und darauf angemessen reagiert werden. Später wird das so erreichte Maß an Selbstkontrolle zu einem stabilen Bestandteil der Persönlichkeit. Treffen Personen mit niedriger Selbstkontrolle auf günstige Gelegenheiten, sind Straftaten zu erwarten (Gottfredson/Hirschi 1990, Lamnek 2001).

Das angeklagte Delikt stellt typische Kriminalität im Sinne dieser Theorie dar: Es hat einen geringen Langzeitnutzen, wenn man etwa die Strafverfolgung berücksichtigt, war aber im Moment selbst mit positiven Erfahrungen verknüpft: So ist Befriedigung durch Aggressionsabbau, ein Gefühl von Stärke sowie Anerkennung innerhalb der Gruppe zu vermuten. Gewaltanwendung entspricht gewissen Männlichkeitsvorstellungen und ist kein komplexer Vorgang. Den Opfern wurde in erheblichem Maße Schmerz und Unbehagen zugefügt, bei Gegenwehr hätten aber auch die Täter Schmerzen erleiden können. Wie die Täter das Bestrafungsrisiko angesichts der Intervention von Zeugen und der geäußerten Drohungen einschätzten, bleibt unklar.

Zu prüfen ist auch, inwiefern bei Santino selbst niedrige Selbstkontrolle vorliegt. Impulsives Verhalten ist etwa beim Randalieren im Elternhaus zu vermuten. Auch die angeklagte Tat dürfte am Hier und Jetzt orientiert gewesen sein. Mögliche Folgen des eigenen Verhaltens werden erst im Täter-Opfer-Ausgleich (TOA) bewusst. Die Tatbegehung selbst lässt die Bezeichnung »gefühlsarm« zu, die Perspektive der Opfer wird erst durch den TOA vermittelt. Auch zeigt der Jugendliche kein erkennbares Verständnis für die Position der Eltern, vielmehr ist von Selbstüberschätzung die Rede. Hinweise auf eine geistige Orientierung fehlen; expressive Gewalt, Schulunlust und früheres Fußballspielen lassen eher auf eine Bevorzugung körperlicher Aktivitäten schließen. Auch findet sich im Fall kein Hinweis auf Verlässlichkeit und Sorgfalt oder die Fähigkeit, komplexe Aufgaben zu meistern. Die schulischen Leistungen sind schlecht, es ist von Schulunlust und zu viel Leistungsdruck die Rede. Und die auferlegten Arbeitsleistungen wurden auch nach acht Monaten noch nicht erfüllt. Für Risikofreude und Abenteuerlust sprechen möglicherweise der erwähnte Alkohol- und Cannabiskonsum. Der Jugendliche testet generell Grenzen aus, sucht Freiheiten. Vielleicht deuten auch die nicht näher definierten eigenen Interessen und Vorstellungen vom Leben in diese Richtung. Die angeklagte Tat kann als Ausleben von Aggressivität betrachtet werden, wobei die schnelle Bedürfnisbefriedigung im Mittelpunkt stand, auch wenn mit der eigentlichen körperlichen Auseinandersetzung gewartet wurde, bis die Busfahrt endete. Somit lassen sich hier zahlreiche Hinweise auf geringe Selbstkontrolle finden. Allerdings ist anzumerken, dass dies entwicklungsbedingt wohl für die meisten Jugendlichen zutrifft. Die Frage, inwiefern die Erziehung in der Kindheit geeignet war, Selbstkontrolle zu erwerben, kann mit Hilfe der vorliegenden Unterlagen nicht eindeutig beantwortet werden. Ob die Mutter auch schon beim ältesten Kind die Berufstätigkeit zugunsten der Kindererziehung zurückgestellt hat, bleibt unklar. Inzwischen haben die Eltern jedenfalls keinen Einfluss mehr auf Santino und fühlen sich angesichts seiner Regelverstöße hilflos.

Auch niedrige Selbstkontrolle stellt somit einen Schlüssel zur Erklärung dieses Falls dar.

Jugendliche Delinquenten haben in der Regel keine völlig anderen Normen und Wertvorstellungen als »rechtstreue« Gesellschaftsmitglieder. Sie kennen Normen und Gesetze und sind keinesfalls überrascht, wenn ihr Verhalten als Straftat betrachtet und geahndet wird. Hier setzt die Theorie der *Neutralisierungstechniken* nach Sykes und Matza (1968) an. Demnach gelingt es den jungen Tätern, ihr normverletzendes Verhalten durch besondere Techniken zu rechtfertigen. So können sie, obwohl sie Regeln prinzipiell anerkennen, in konkreten Situationen dagegen verstoßen. Neutralisierungstechniken vermeiden kognitive Dissonanz und dienen als Schutz gegen Vorhaltungen. Prinzipiell lassen sich fünf solcher Techniken unterscheiden: Ablehnung der Verantwortung, Verneinung des Unrechts, Ablehnung des Opfers, Verdammung der Verdammenden und Berufung auf höhere Instanzen (Lamnek 2001).

Auch im vorliegenden Fall sind Normen und Gesetze dem Jugendlichen offensichtlich bekannt. Dass die angeklagte körperliche Gewalt gegen Strafgesetze verstößt, ist nicht nur den anzeigenden Opfern völlig klar, sondern auch den Angeklagten, denn nur so ist die Drohung, nicht die Polizei zu alarmieren, zu verstehen. Ob Santino die entsprechenden Normen auch internalisiert hat und als für sich gültig betrachtet, lassen die vorliegenden Materialien offen. Dagegen spräche die von der Polizei früher attestierte Uneinsichtigkeit und auch der Hinweis auf eigene Vorstellungen vom Leben. Indiz für Norminternalisierung ist dagegen der TOA-Bericht: Der Jugendliche zeigt Unrechtsbewusstsein und gegenüber dem Normen verteidigenden Opfer Respekt und Anerkennung. Es ist also eher zu vermuten, dass sich die von ihm internalisierten Normen nicht nennenswert von denen der Gesamtgesellschaft unterscheiden. Die begangenen Normverstöße wären dann durch die Anwendung von Neutralisierungstechniken zu erklären.

Santino verwendet ganz offen die Technik der Verneinung der Verantwortung, indem er für sich als Jugendlichen in der Pubertät Nachsicht und Freiheiten einfordert. Für Jugendliche ist es demnach normal, Grenzen auszutesten und gegen Regeln zu verstoßen. Aufgrund ihrer Entwicklungsphase kann ihnen dies nicht angelastet werden.

Auf Neutralisierungstechniken lassen auch die Ausführungen des TOA-Berichts schließen. Erst im Verlauf des TOAs zeigen die Jugendlichen Scham und Betroffenheit, äußern den Wunsch, sich zu entschuldigen und Verantwortung zu übernehmen. Hier werden ihnen die möglichen Folgen der Tat und die Opferperspektive vermittelt. Sie entwickeln Respekt und Anerkennung für das Opfer und sind gleichzeitig beeindruckt vom respektvollen Umgang des Opfers mit ihnen. Dies lässt darauf schließen, dass sie zuvor eben keine Verantwortung für ihr Tun übernommen haben (Verneinung der Verantwortung), sich der Auswirkungen ihres Verhaltens auf die Opfer nicht bewusst waren (Verneinung des Unrechts), das Opfer ablehnend und nicht als Person, die Respekt verdient, betrachtet haben (Verneinung des Opfers). Und ihre Überraschung angesichts dieser ungewohnten Form der Konfliktbewältigung und angesichts des positiven Umgangs des Opfers mit ihnen legt zudem auch die Technik der Verdammung der Verdammenden nahe. Der durchgeführte TOA scheint früher vorhandene Neutralisierungstechniken aufgebrochen zu haben.

Im vorliegenden Fall finden sich somit deutliche Hinweise auf Neutralisierungstechniken, welche auch schon bei der Begehung des Normverstoßes eine Rolle gespielt haben dürften.

Ein weiterer Baustein zur Erklärung des Falles ist außerhalb des engen Rahmens der Kriminalitätstheorien zu finden. Von *Erikson* (1998) wurde ein differenziertes Modell der *Identitätsentwicklung* erarbeitet, das Defizite in der Persönlichkeits- und Identitätsentwicklung zu erkennen hilft, die einen möglichen Hintergrund strafbaren Verhaltens darstellen. Das Modell baut auf den von Freud eingeführten Phasen der psychosexuellen Entwicklung auf und fügt diesen drei weitere hinzu. Dabei wird davon ausgegangen, dass jede Phase von speziellen Entwicklungsaufgaben gekennzeichnet ist, dass in jeder Phase ein Konflikt durchlaufen bzw. eine Krise bewältigt werden muss. Wird in einer Entwicklungsphase die entsprechende psychosoziale Krise nicht befriedigend gelöst, beeinträchtigt dies die weitere Identitätsentwicklung. Entscheidend für eine günstige Entwicklung ist dabei insbesondere das soziale Umfeld, die Verfügbarkeit der jeweils bedeutsamen Beziehungspersonen.

- Im ersten Lebensjahr des Kindes durchläuft dieses die *orale Phase*. Der Mund ist primäre Quelle von Befriedigung. Wichtigste Beziehungsperson ist die Mutter, zu der das Kind zunächst eine symbiotische Beziehung unterhält, die sich dann zur Dyade auflöst. Verhält sich die Mutter einfühlsam und befriedigt sie die Bedürfnisse des Säuglings, entwickelt das Kind Urvertrauen: Es erfährt eine Übereinstimmung zwischen der Umwelt und seinen Bedürfnissen. Lässt sie das Kind dagegen häufig allein, zeigt ihm keine Zuwendung und reagiert nicht auf seine Bedürfnisse, entsteht ein grundsätzliches Misstrauen gegenüber der Welt.
  Im vorliegenden Fall ist nichts über das erste Lebensjahr des Kindes bekannt. Es deutet aber auch nichts auf das Fehlen von Urvertrauen bei Santino hin.
- Die *anale Phase* erstreckt sich über das zweite und dritte Lebensjahr eines Kindes. Dieses erlebt Befriedigung durch das Ausscheiden und Zurückhalten von Exkrementen. Wichtige Beziehungspersonen sind die Eltern: Die Zweierbeziehung zwischen Mutter und Kind löst sich zur Triade auf. Das Kind kontrolliert in dieser Phase zunehmend seine Aktivitäten, wird unabhängiger und entwickelt einen eigenen Willen. Ihm werden auch erste kulturelle Normen vermittelt. Wird das Kind ermutigt, auf eigenen Füßen zu stehen, und wird sein eigener Wille behutsam gelenkt, kann es Autonomie entwickeln. Erfährt es jedoch eine zwanghafte Sauberkeitserziehung, wird versucht, seinen Willen zu brechen, oder wird seine Unabhängigkeit nicht gefördert, kann Scham die Folge sein.
  Im vorliegenden Fall dürfte die Lösung von der Dyade zur Triade gelungen sein, da der Vater verfügbar war. Mehr ist den Unterlagen über diese Phase nicht zu entnehmen. Es ist zu vermuten, dass Santino Autonomie entwickelt hat. Sein aktuelles Verhalten als Jugendlicher ist jedenfalls stark von Autonomiebestrebungen geprägt: Er lehnt einschränkende Regeln ab, entwi-

ckelt eigene Vorstellungen vom Leben, wehrt sich entschieden gegen Maßnahmen wie eine stationäre Unterbringung, die seinen Wünschen nicht entsprechen.
- Die *infantil-genitalische Phase* durchläuft ein Kind im vierten und fünften Lebensjahr. Ihren Namen verdankt diese Phase der Erforschung des eigenen Körpers und der Befriedigung durch Berührung der Genitale. Beziehungspersonen sind die Familienzelle, also vor allem Eltern und Geschwister. Das Kind erlebt bewusst Geschlechtsunterschiede und muss den Ödipuskomplex, d. h. die Liebe zum andersgeschlechtlichen Elternteil und die Rivalität mit dem gleichgeschlechtlichen Elternteil, bewältigen. Es lernt, Initiative zu ergreifen, Ziele zu entwickeln, die Welt zu erforschen. Neben dem Tun wird auch das Tun als ob, d. h. das Spielen, wichtig. Im günstigen Fall entwickelt das Kind ein sein Verhalten regulierendes Über-Ich und Initiative. Misslingt die Bewältigung des phasentypischen Konflikts, entwickelt es ein grundlegendes Schuldgefühl.

  Auch zum Verlauf der infantil-genitalischen Phase finden sich keine Angaben im vorliegenden Fall. Der Vater dürfte zur Bewältigung des Ödipuskomplexes zur Verfügung gestanden haben. Hinweise auf ein präexistentes Schuldgefühl oder Übergehorsam finden sich nicht.
- Die *Latenzzeit* erstreckt sich vom 5. bis 6. Lebensjahr bis zum Beginn der Pubertät. Hier ist keine bestimmte Körperregion mit Triebenergie besetzt. Die Bezugsgruppe des Kindes dehnt sich aus auf Personen in der Schule, der Wohngegend und Freunde. Während der Latenzphase werden grundlegende Kulturtechniken wie Lesen, Schreiben und Rechnen erlernt. Das Kind erkundet zunehmend seine Umwelt und entwickelt soziale Kompetenzen. Es verinnerlicht die Anforderungen der Umwelt, entfaltet sein Ich und sein Über-Ich. Im günstigen Fall entwickelt es Werksinn, zeigt Leistung, fühlt sich geschickt und kompetent. Wird die Phase nicht adäquat bewältigt, kann das Kind Minderwertigkeitsgefühle entwickeln, sich unfähig fühlen.

  Im vorliegenden Fall verläuft die Latenzzeit ruhig. Santino besucht die Grundschule und wechselt dann auf die Realschule. Er spielt Fußball im Verein. Es ist anzunehmen, dass Werkssinn vorhanden ist. Dieser zeigt sich etwa darin, dass er auch nach Rückstufung auf die Hauptschule noch den Realschulabschluss anstrebt.
- Die *genitale Phase* beginnt mit der Pubertät. Sexuelle Impulse richten sich auf das andere Geschlecht. Körperlich und intellektuell findet eine beschleunigte Reifung statt. Zur wichtigsten Bezugsgruppe werden Gleichaltrige. Zugehörigkeit und Abgrenzung von anderen dienen der Identitätsfindung. Für die Frage »Wer bin ich?« muss eine Lösung gefunden werden. Der Jugendliche versucht, unterschiedlichen Erwartungen gerecht zu werden, probiert neue Rollen aus, entscheidet sich für eigene Werte und Normen. Im günstigen Fall gelingt es, eine eigene Identität zu entwickeln und verschiedene Facetten darin zu integrieren. Andernfalls bleibt ein innerer Zwiespalt bestehen, kommt es zur Identitätsdiffusion.

  Im vorliegenden Fall zeigen sich erste Verhaltensauffälligkeiten im Alter von 14 Jahren, also nach Beginn der Pubertät. Es kommt in der 8. Klasse der Realschule zu Lernschwierigkeiten und Verhaltensauffälligkeiten. Santino wird nur zur Probe versetzt, wiederholt die 8. Klasse und wechselt auf die Hauptschule. Aufgrund von Leistungsdruck und anderen Interessen wird das Fußballspielen im Verein aufgegeben, wodurch im Freizeitbereich ein Bezugsgruppenwechsel stattfindet. Gleichzeitig werden erste Straftaten registriert, die zu Justizkontakten und Sanktionen führen. Innerhalb der Familie lehnt sich Santino gegen Regeln auf, entwickelt eigene Vorstellungen vom Leben, fordert Freiheiten ein. Er macht Erfahrungen mit Cannabis und Alkohol und stört unter deren Einfluss das familiäre Zusammenleben. Einerseits ist er unzufrieden mit der familiären Situation, möchte aber andererseits auch nicht auf das Zusammenleben mit der Familie verzichten.

Die pubertäre Identitätsfindung ist somit bei Santino in vollem Gange. Wenn die Peers die Familie als wichtigste Bezugsgruppe auch schon abgelöst haben, ist der Abnabelungsprozess von der Familie bei weitem noch nicht abgeschlossen. Sein Verhalten ist vom Austesten von Grenzen, Ausprobieren und der Entwicklung eigener Wertvorstellungen geprägt.

Die Fallanwendung ergibt für die ersten vier Phasen der Entwicklung keinerlei Auffälligkeiten. Damit ist die problematische Entwicklung auf eine einzige Entwicklungsphase, die Pubertät, beschränkt. Sind die mit der Pubertät verbundenen Konflikte erst bewältigt, steht einer positiven weiteren Entwicklung prinzipiell nichts im Wege.

Als letzte Theorie soll hier noch der *Labeling Approach* oder *Etikettierungsansatz* vorgestellt werden. Unter diesem Begriff wird eine Vielzahl von Ansätzen geführt, die sich primär mit Stigmatisierungen, Zuschreibungen und Reaktionen auf abweichendes Verhalten beschäftigen. Im Mittelpunkt steht dabei weniger, warum sich jemand abweichend verhält, als die Reaktion anderer auf (vermeintliche) Normverstöße und die Folgen dieser Reaktion (Lamnek 2001). Für die Erklärung der Kriminalität einer einzelnen Person, wie sie im Rahmen der Fallbearbeitung im interdisziplinären Seminar gefordert ist, kommen nur gemäßigte Versionen des Etikettierungsansatzes in Frage, die auch ätiologische Elemente beinhalten, also auch Ursachen von Kriminalität thematisieren. So wird von Tannenbaum (1973) die Dramatisierung von Fehlverhalten für das Auftreten abweichendem Verhaltens verantwortlich gemacht. Erst Reaktionen der Umwelt machen dem einzelnen deutlich, dass er sich von anderen unterscheidet, definieren ihn als Abweichenden, stempeln ihn ab, weisen ihm einen besonderen Status zu. Dieses führt letztendlich zu einer Veränderung des Selbstbildes und der Übernahme der zugeschriebenen Rolle. Soziale Reaktionen können so zur Ursache von abweichendem Verhalten werden. Lemert (1975) beschreibt dies mit dem Begriff der sekundären Devianz: Während primäre Devianz vielfältige Ursachen hat, geht sekundäre Devianz auf Etikettierung und Rollenzuschreibung der Umwelt zurück. Sekundäre Devianz wird als Ergebnis eines Prozesses sich aufschaukelnder Aktionen und Reaktionen betrachtet: immer stärkere Reaktionen und Sanktionen führen zu Ressentiments seitens des Bestraften, zur Verstärkung des devianten Verhaltens und letztendlich zur Akzeptanz der abweichenden Rolle und deren Übernahme ins Selbstbild. Für Becker (1981) haben Etikettierungen sogar den Charakter einer sich selbst erfüllenden Prophezeiung. Sanktionen und Stigmatisierungen schränken den Handlungsspielraum einer Person ein, letztendlich wird eine abweichende Identität entwickelt. Voraussetzung für die Zuschreibung von Kriminalität ist für Becker die Anwendung einer Norm auf eine konkrete Situation und auf das Verhalten einer Person. Diese Normanwendung wird dabei als selektiver Prozess beschrieben: Nicht alle Normverstöße werden als abweichend definiert, die Zuschreibung setzt nicht einmal einen realen Normverstoß voraus (Lamnek 2001).

Im vorliegenden Fall finden sich verschiedene Hinweise auf Etikettierungen. Santino erfährt diese u. a. im Rahmen seiner Schullaufbahn: Hier wird er im Unterschied zu seinen Mitschülern nur zur Probe in die neunte Klasse versetzt, muss die 8. Klasse dann wiederholen und »steigt« auf die Hauptschule »ab«. Auch innerhalb der Familie finden Reaktionen auf sein Verhalten statt, die ihm dessen negative Qualität deutlich machen: Es ist Anlass für Kontakte zu Drogenhilfe, Jugendhilfe und Familientherapeuten. Es wird sogar darüber nachgedacht, ihn in einer stationären Jugendhilfemaßnahme unterzubringen. Auch Stigmatisierungen durch Reaktionen der Strafverfolgungsbehörden fanden statt: Wegen Diebstahls wurde er von der Polizei vernommen, das Verfahren durch die Staatsanwaltschaft aber noch eingestellt; wegen Sachbeschädigung und Diebstahls kam es dann aber zu einer Hauptverhandlung, in der er zu Arbeitsleistungen verurteilt wurde, die er zumindest teilweise auch abgeleistet hat; inzwischen ist er wegen gefährlicher Körperverletzung angeklagt und eine Verhandlung vor dem Jugendschöffengericht steht bevor. Hier ist deutlich eine Verschärfung der strafrechtlichen Reaktionen ganz im Sinne eines Aufschaukelungsprozesses zu beobachten. Über das Selbstbild von Santino ist bekannt, dass er sich als pubertierenden Jugendlichen betrachtet, der sich Freiheiten herausnimmt und Grenzen austestet. Dass er sich bereits als Kriminellen oder Gewalttäter sieht, ist trotz seiner Kontakte zu anderen delinquenten Jugendlichen eher unwahrscheinlich. Indizien für eine selbsterfüllende Prophezeiung sind nicht auszumachen. Die Reaktionen auf frühere Normverletzungen schränken seinen Handlungsspielraum noch nicht nennenswert ein. Lediglich die Arbeitsleistungen wären hier zu nennen, deren Einschränkungen er sich aber teilweise entzieht. Im konkreten Fall fällt es auch schwer, von selektiver Normanwendung zu sprechen. Die Situation wird von allen Beteiligten, Tätern, Opfern und Zeugen, eindeutig als Kriminalität gedeutet, wie Strafanträge und Drohungen belegen.

Festzuhalten ist also, dass zwar Zuschreibungsprozesse im Sinne des Labeling Approachs zu konstatieren sind, das Verhalten aber (noch) nicht ursächlich auf Reaktionen des Umfeldes oder der Strafverfolgungsbehörden zurückgeführt werden kann.

Dass der Etikettierungsansatz hier, wie in jeder Fallbearbeitung im interdisziplinären Seminar, dennoch Berücksichtigung findet, hat einen guten Grund. Soziale Arbeit beschäftigt sich nicht nur mit Stigmatisierten, sondern ist selbst immer auch eine stigmatisierende Tätigkeit (Peters/Cremer-Schäfer 1975). Gerade die Arbeit mit Straffälligen sollte daher ausgesprochen sensibel für Stigmatisierungen und ihre Auswirkungen sein.

Literaturverzeichnis

2. Jugendstrafrechtsreform-Kommission (2002): Vorschläge für eine Reform des Jugendstrafrechts. Abschlussbericht der Kommissionsberatungen von März 2001 bis August 2002. In: DVJJ-Journal EXTRA. Nr. 5.
Adler, F. (1983): Nations not Obsessed with Crime. Littleton.
Agnew, R. (1985): A Revised Strain Theory of Delinquency. In: Social Forces. 64. H. 1. S. 151–167.
Aichhorn, A. (1969): Kann der Jugendliche straffällig werden? Ist das Jugendgericht eine Lösung? In: Simonsohn, B. (Hg.): Jugendkriminalität, Strafjustiz und Sozialpädagogik. 3. Auflage. Frankfurt. S. 100–121.
Akers, R. (1999): Criminological Theories. Introduction and Evaluation. 2. Auflage. Chicago/London.
Akers, R. L. (1968): Problems in the sociology of Deviance: Social definitions and behavior. In: Social Forces 4. 1968. S. 455–456.
Albee, F. W. (1987): Powerlessness. Politics and Prevention. The Community Mental Health Approach. In: Hurrelmann. K./Kaufmann, F.-X./Lösel, F. (Hg.): Social Intervention Berlin/New York 1987. S. 37–52.
Albert, M./Hurrelmann, K./Quenzel, G. (2010): Jugend 2010: Selbstbehauptung trotz Verunsicherung? In: Shell Deutschland Holding (Hg.): Jugend 2010. Eine pragmatische Generation behauptet sich. Frankfurt. S. 37–51.
Albrecht, G. (1990): Möglichkeiten und Grenzen der Prognose »krimineller Karrieren«. In: DVJJ (Hg.): Mehrfach Auffällige – Mehrfach Betroffene. Bonn. S. 99–116.
Albrecht, G. (1993): Kriminalgeographie. Städtebau und Kriminalität. In: Kaiser, G./Kerner, H.-J./Sack, F./Schellhoss, H. (Hg.): Kleines kriminologisches Wörterbuch. 3. völlig neubearbeitete und erweiterte Auflage. Heidelberg.
Albrecht, G./Howe, C. W. (1992): Soziale Schicht und Delinquenz. Verwischte Spuren oder falsche Fährte? In: Kölner Zeitschrift für Soziologie und Sozialpsychologie 44. H. 4. S. 697–730.
Albrecht, G./Howe, C. W./Wolterhoff-Neetix, J. (1988): Neue Ergebnisse zum Dunkelfeld der Jugenddelinquenz: Selbstberichtete Delinquenz von Jugendlichen in zwei westdeutschen Großstädten. In: Kaiser, G./Kury, H./Albrecht, H.-J. (Hg.): Kriminologische Forschung in den 80er Jahren. Projektberichte aus der Bundesrepublik Deutschland. Freiburg. S. 661–696.
Albrecht, G./Karstedt-Hemke, S. (1987): Alternative Methods of Conflict-Settling and Sanctioning: Their Impact on Young Offenders. In: Hurrelmann. K./Kaufmann. F.-X./ Lösel, F. (Hg.): Social Intervention. Potential and Constraints. Berlin/New York. S. 315–332.
Albrecht, H.-J. (1993): Generalprävention. In: Kaiser, G./Kerner, H.-J./Sack, F./Schellhoss, H. (Hg.): Kleines Kriminologisches Wörterbuch. 3. völlig neubearbeitete und erweiterte Auflage. Heidelberg. S. 157–164.
Albrecht, H.-J. (2002): Ist das deutsche Jugendstrafrecht noch zeitgemäß? In: Verhandlungen des 64. Deutschen Juristentages Berlin 2002. Band I: Gutachten/Teil D Abteilung Strafrecht. München.
Albrecht, H.-J. (2010): Sozialarbeit und Justiz – Befunde. Entwicklungen und Perspektiven aus der Sicht des Strafrechts. In: Sozialarbeit und Justiz in der diakonischen Straf-

fälligenhilfe. Dokumentation der Arbeitstagung 07. – 10.03.2008 in Eisenach. Stuttgart.
Albrecht, P.-A. u. a. (1983): Jugendstrafvollzug und Kriminalprävention. In: Schüler-Springorum, H. (Hg.): (1983): Jugend und Kriminalität. Frankfurt a. Main.
Albrecht, P.-A. (1987): Prävention als problematische Zielbestimmung im Kriminaljustizsystem. In: Deichsel, W./Kunstreich, T./Lehne, W./Löschper, G./Sack, F. (Hg.): Kriminalität. Kriminologie und Herrschaft. Hamburger Studien zur Kriminologie Band 2. Pfaffenweiler. S. 29–60.
Albrecht, P.-A. (2005): Kriminologie. Ein Studienbuch. 3. neu bearbeitete Auflage. München.
Alexander F./Staub H. (1974): Der Verbrecher und sein Richter. In: Moser, T. (Hg.): Psychoanalyse und Justiz. Frankfurt. S. 227–433.
Althoff, M. (2010): Dilemmas der Lebenswissenschaften aus Perspektive einer interaktionistischen Kriminologie. In: Böllinger, L./Jasch, M./Krasmann, S./Pilgram, A./Prittwitz, C./Reinke, H./Rzepka, D. (Hg.): Gefährliche Menschenbilder. Biowissenschaften. Gesellschaft und Kriminalität. Interdisziplinäre Studien zu Recht und Staat. Band 47. Baden-Baden. S. 425–430.
Althoff, M./Leppelt, M. (1995): Kriminalität – eine diskursive Praxis. Foucaults Anstöße für eine Kritische Kriminologie. Münster/Hamburg.
Andrews, D./Bonta, J. (2010): The psychology of criminal conduct. 5. Ausgabe. New Providence.
Andriessen. M. (1986): Zur Dialektik von Sozialarbeit und Kriminalpolitik. In: Müller, S./Otto, H.-U. (Hg.): Damit Erziehung nicht zur Strafe wird. Sozialarbeit als Konfliktschlichtung. Bielefeld. S. 107–116.
Anhorn, R. (2011): Von der Gefährlichkeit zum Risiko – Zur Genealogie der Lebensphase »Jugend« als soziales Problem. In: Dollinger, B./Schmidt-Semisch, H. (Hg.): Handbuch Jugendkriminalität. Kriminologie und Sozialpädagogik im Dialog. 2. durchgesehene Auflage. VS Verlag für Sozialwissenschaften: Wiesbaden 2011. S. 23–42.
Anhorn, R./Bettinger, F./Horlacher, C./Rathgeb, K. (2012): Zur Einführung: Kristallisationspunkte kritischer Sozialer Arbeit. In: dies. (Hg.): Kritik der Sozialen Arbeit – kritische Soziale Arbeit. Wiesbaden. S. 1–23.
Arbeitsgemeinschaft Deutscher Bewährungshelferinnen und Bewährungshelfer (ADB e. V.) (2000): Bundesweite Befragung zur Erhebung der Lebenslage der Klientinnen und Klienten der Bewährungshilfe. Stichtag: 15. Februar 1999. Unter Mitarbeit von EMNID-Institut. Aurich. Online verfügbar unter: http://www.bewachrungshilfe-siegende/downloads/lebenslage.pdf [Letzter Zugriff: 28.6.2017]
Arbeitsstelle Kinder- und Jugendkriminalitätsprävention (2015) (Hg.): Kriminalitätsprävention im Kindes- und Jugendalter. Perspektiven zentraler Handlungsfelder. Beiträge aus dem Fachforum »Kriminalitätsprävention im Kindes- und Jugendalter – erzieherische Herausforderung für alle beteiligten Institutionen« im Rahmen des 18. Deutschen Präventionstages. München.
Aschaffenburg, G. (1923): Das Verbrechen und seine Bekämpfung. 3. Auflage. Heidelberg.
Asendorpf, J. B. (2007): Psychologie der Persönlichkeit. 4., überarbeitete und aktualisierte Auflage. Heidelberg.
Asendorpf, J. B. (2010): Langfristige Konsequenzen früher Aggressivität auf antisoziales Verhalten im frühen Erwachsenenalter. In: Böllinger, L./Jasch, M./Krasmann, S./Pilgram, A./Prittwitz, C./Reinke, H./Rzepka, D. (Hg.): Gefährliche Menschenbilder. Biowissenschaften. Gesellschaft und Kriminalität. Baden-Baden. S. 64–81.
Babiak, P./Hare, R. D. (2007): Snakes in Suits: When Psychopaths Go to Work. New York.
Baier, D./Bergmann, M. C. (2013): Gewalt im Strafvollzug – Ergebnisse einer Befragung in fünf Bundesländern. In: Forum Strafvollzug. Zeitschrift für Strafvollzug und Straffälligenhilfe. Band 6. S. 76–82.
Baratta, A. (1984): Integration – Prävention. Eine systemtheoretische Neubegründung der Strafe. In: Kriminologisches Journal. 16. S. 132–148.

Baratta, A. (1988): Prinzipien des minimalen Strafrechts. Eine Theorie der Menschenrechte als Schutzobjekte und Grenze des Strafrechts. In: Kaiser, G./Kury, H./Albrecht, H.-J. (Hg.): Kriminologische Forschung in den 80er Jahren. Freiburg. S. 513–541.

Bartelheimer, P. (2007): Politik der Teilhabe. Ein soziologischer Beipackzettel. Berlin: Friedrich-Ebert Stiftung, Forum Berlin. Online verfügbar unter: http://library.fes.de/¬pdf-files/do/04655.pdf [Letzter Zugriff: 28.6.2017]

Bauer, J. (2006): Spiegelneurone. Nervenzellen für das intuitive Verstehen sowie für Lehren und Lernen. In: Caspary, R. (Hg.): Lernen und Gehirn. Der Weg zu einer neuen Pädagogik. Freiburg/Basel/Wien. S. 36–53.

Baumann, I. (2010): »Angeborene Minderwertigkeit«. Zum kriminalbiologischen Paradigma in der westdeutschen Kriminalwissenschaft der 1950er Jahre. In: Böllinger, L./Jasch, M./Krasmann, S./Pilgram, A./Prittwitz, C./Reinke, H./Rzepka, D. (Hg.): Gefährliche Menschenbilder. Biowissenschaften. Gesellschaft und Kriminalität. Baden-Baden. S. 329–343.

Baumann, J. (1984): Strafe als soziale Aufgabe. In: Hauser, R. (Hg.): Gedächtnisschrift für Peter Noll. Zürich. S. 27–36.

Beck, U. (1986): Risikogesellschaft. Auf dem Weg in eine andere Moderne. Frankfurt.

Becka, M. (2013): Be Careful?! Achtung und Achtsamkeit im Umgang mit Straftäterinnen. In: Halbhuber-Gassner, L./Pravda, G. (Hg.): Frauengesundheit im Gefängnis. Freiburg. S. 15–30.

Becker, G. S. (1968): Crime and Punishment. An Economic Approach. In: The Journal of Political Economy 76. H. 2. S. 169–217.

Becker, G. S. (1982): Der ökonomische Ansatz zur Erklärung menschlichen Verhaltens. Tübingen.

Becker, G. S. (1998): Die Ökonomie des Alltags. Von Baseball über Gleichstellung zur Einwanderung: Was unser Leben wirklich bestimmt. Tübingen.

Becker, H. S. (1967): Whose Side Are We On? In: Social Problems. 14. 3/1967. S. 239–247.

Becker, H. S. (1981): Außenseiter. Zur Soziologie abweichenden Verhalten. Frankfurt.

Becker, H. S. (2014): Außenseiter. Zur Soziologie abweichenden Verhaltens. 2. Auflage. Wiesbaden.

Becker, M. (2007): Kriminalpolitische Paradigmen und alltagsweltliche Deutungsmuster zur Kriminalität und Kriminalitätsbekämpfung. In: Hess, H./Ostermeier, L./Paul, B. (Hg.): Kontrollkulturen. Texte zur Kriminalpolitik im Anschluss an David Garland. Kriminologisches Journal. 9 Beiheft. Weinheim. S. 46–70.

Beckmann, P. (1996): Lebenslagen Straffälliger und Straffälligenhilfe. Das Hilfesystem auf dem Prüfstand aus der Sicht der Sozialarbeit im Vollzug. In: Nickolai, W./Kawamura, G./Krell, W./Reindl, R. (Hg.): Straffällig. Lebenslagen und Lebenshilfen. Freiburg. S. 78–86.

Beelmann, A./Raabe, V. (2007): Dissoziales Verhalten bei Kindern und Jugendlichen. Klinische Kinderpsychologie. Bd. 10. Göttingen.

Beirne, P. (1988): Empirismus und marxistische Kritik an Rechts- und Kriminalitätskonstruktion. In: Janssen, H./Kaulitzky, R./Michalowski, R. (Hg.): Radikale Kriminologie. Themen und theoretische Positionen der amerikanischen Radical Criminology. Bielefeld: AJZ 1988. S. 187–205.

Belina, B. (2006): Der Alltag der Anderen: Racial Profiling in Deutschland? In: Dollinger, B./Schmidt-Semisch, H. (Hg.): Politiken und Mechanismen der Sicherheitskonstruktion im Alltag. Wiesbaden. S. 125–146.

Bellebaum, A. (1994): Soziologische Grundbegriffe. Eine Einführung für Soziale Berufe. 12. ergänzte Auflage. Stuttgart/Berlin/Köln.

Bentham, J. (1833): Prinzipien der Gesetzgebung. herausgegeben von Etienne Dumont. Köln.

Bentham, J. (1993): Principles of Morals and Legislation (1789). In: Vormbaum, T. (Hg.). Texte zur Strafrechtstheorie der Neuzeit. Band II. Baden-Baden.

Bernhard, A. (2012): Kritische Pädagogik – Entwicklungslinien. Korrekturen und Neuakzentuierungen eines erziehungswissenschaftlichen Modells. In: Anhorn, R./Bettinger,

F./Horlacher, C./Rathgeb, K. (Hg.): Kritik der Sozialen Arbeit – kritische Soziale Arbeit. Wiesbaden. S. 399–416.

Bettinger, F. (2007): Diskurse – Konstitutionsbedingungen des Sozialen. In: Anhorn, R./Bettinger, F./Stehr, J. (Hg.): Foucaults Machtanalytik und Soziale Arbeit. Eine kritische Einführung und Bestandaufnahme. Wiesbaden. S. 75–92.

Bettinger, F. (2011): Kriminalisierung und soziale Ausschließung. In: Dollinger, B./Schmidt-Semisch, H. (Hg.): Handbuch Jugendkriminalität. Kriminologie und Sozialpädagogik im Dialog. 2., durchgesehene Auflage. Wiesbaden. S. 441–452.

Bettinger, F. (2013): Kritik Sozialer Arbeit – Kritische Soziale Arbeit. In: Hünersdorf. B./Hartmann, J. (Hg.): Was ist und wozu betreiben wird Kritik in der sozialen Arbeit? Disziplinäre und interdisziplinäre Diskurse. Wiesbaden. S. 87–108.

Bibliographisches Institut GmbH (Hg.): Stichwort »straffällig«. In: Duden-Online-Wörterbuch 2017. Online zu finden unter: http://www.duden.de/suchen/dudenonline/straf¬f%C3%A4llig [Letzter Zugriff: 28.6.2017]

Biendl, C. (2005): Jugendstrafvollzug in freier Form – am Beispiel des »Projekt Chance«. Konstanz.

Black, J. (1983): Crime as Social Control. In: American Sociological Review. 48. S. 34–45.

Bock, M. (2007): Kriminologie. Für Studium und Praxis. 3. Auflage. München.

Boeger, A./Welling, V. (2011): Erlebnispädagogik mit jugendlichen Mehrfachstraftätern: ein Praxisbeispiel. In: Boeger, A. (Hg.): Jugendliche Intensivtäter. Interdisziplinäre Perspektiven. Wiesbaden. S. 111–140.

Boers, K. (2013): Kriminologische Verlaufsforschung. In: Dölling, D./Jehle, J.-M. (Hg.): Täter – Taten – Opfer. Grundlagenfragen und aktuelle Probleme der Kriminalität und ihrer Kontrolle. Mönchengladbach. S. 6–35.

Bogerts, B., Peter, E. E./K. Schlitz, K. (2011): Aggression. Gewalt. Amok. Stalking. In: Möller. H.-J./Laux, G./Kapfhammer, H.-P. (Hg.): Psychiatrie. Psychosomatik. Psychotherapie. 4. Auflage. Band 2. Berlin et al. S. 1503–1528.

Bohle, H. H./Heitmeyer, W./Kühnel, W./Sander, U. (1997): Anomie in der modernen Gesellschaft. Bestandsaufnahme und Kritik eines klassischen Ansatzes soziologischer Analyse. In: Heitmeyer, W. (Hg.): Was treibt die Gesellschaft auseinander? Bundesrepublik Deutschland auf dem Weg von der Konsens- zur Konfliktgesellschaft. Bd. 1. Frankfurt. S. 29–65.

Bohm, M. L. (2007): Komplementäre Kriminalpolitiken. In: Hess, H./Ostermeier, L./Paul, B. (Hg.): Kontrollkulturen. Texte zur Kriminalpolitik im Anschluss an David Garland, Kriminologisches Journal. 9. Beiheft, Weinheim. S. 168–183.

Böhnisch, L. (2010): Abweichendes Verhalten. Eine pädagogisch-soziologische Einführung. 4. Auflage. Weinheim/München.

Böhnisch, L. (2016): Lebensbewältigung. Ein Konzept für die Soziale Arbeit. Weinheim/Basel.

Böhnisch, L./Lösch, H. (1973): Das Handlungsverständnis des Sozialarbeiters und seine institutionelle Determination. In: Otto, H.-U./Schneider, S. (Hg.): Gesellschaftliche Perspektiven der Sozialarbeit. Bd. 2. Neuwied/Berlin. S. 21–40.

Böllinger, L. (2010a): Können Menschenbilder von »gefährlichen Menschen« selbst gefährlich werden? In: Böllinger, L./Jasch, M./Krasmann, S./Pilgram, A./Prittwitz, C./Reinke, H./Rzepka, D. (Hg.): Gefährliche Menschenbilder. Biowissenschaften, Gesellschaft und Kriminalität. Baden-Baden. S. 13–34.

Böllinger, L. (2010b): Psychoanalyse, Kriminologie und Neuro-Imaging, In: Böllinger, L./Jasch, M./Krasmann, S./Pilgram, A./Prittwitz, C./Reinke, H./Rzepka, D. (Hg.): Gefährliche Menschenbilder. Biowissenschaften, Gesellschaft und Kriminalität. Baden-Baden. S. 147–162.

Borst, E. (2003): Anerkennung der Anderen und das Problem des Unterschieds. Perspektiven einer kritischen Theorie der Bildung. Baltmannsweiler.

Bosshard, M./Ebert, U./Lazarus, H. (2010): Soziale Arbeit in der Psychiatrie. 4., vollständig überarbeitete Auflage. Bonn.

Bourdieu, P. (1983): Ökonomisches Kapital, kulturelles Kapital, soziales Kapital. In: Kreckel, R. (Hg.): Soziale Ungleichheiten. Sonderband 2. Soziale Welt. S. 182–198.
Bourdieu, P. (1998): Vom Gebrauch der Wissenschaft. Für eine klinische Soziologie des wissenschaftlichen Feldes. Konstanz.
Bowlby, J. (1946): Forty-four juvenile thieves: Their Characters and Home-life. London.
Braithwaite, J. (2004): Transkontinentale Migration von Strafgefangenen: Das Beispiel Australien. Ein Beitrag zur Soziologie der Strafe. In: D. Oberwittler/S. Karstedt (Hg.): Soziologie der Kriminalität. Wiesbaden. S. 413–440.
Braithwaite, J./Mugford, S. (1994): Conditions of Successful Reintegration Ceremonies. Dealing with Juvenile Offenders. In: British Journal of Criminology. 34. 2. S. 139–171.
Breymann, K./Figl, E./Ostendorf, H./Sessar, K./Sonnen, B.-R./Viehmann. H./Zinke, S. (1999): Magdeburger Initiative. Forum zu Jugend und Kriminalität. In: DVJJ-Journal. H. 1. S. 4–9.
Brumlik, M. (1993): Kriminologie. Jugendstrafe und Gerechtigkeit. In: Peters, H. (Hg.): Muß Strafe sein? Zur Analyse und Kritik strafrechtlicher Praxis. Studien zur Sozialwissenschaft. Band 22. Opladen. S. 201–215.
Brunkhorst, H. (1986): Sozialtherapie – Schuld – Strafe. Vorüberlegungen zu einer vergeltungstheoretischen Begründung des Abolitionismus. In: Müller, S./Otto, H. U. (Hg.): Damit Erziehung nicht zur Strafe wird. Sozialarbeit als Konfliktschlichtung. Bielefeld. S. 17–27.
Brunner, R./Dölling, D. (2011): Jugendgerichtsgesetz. Kommentar. 12. Auflage. Berlin/Boston.
Bundesarbeitsgemeinschaft für Straffälligenhilfe (BAG-S) e. V. (1997): Selbstverständnis freier Straffälligenhilfe. Ein Positionspapier der Vorfahrtsverbände in der Bundesarbeitsgemeinschaft Straffälligenhilfe (BAG-S) e. V. 3. Auflage. Bonn.
Bundesarbeitsgemeinschaft für Straffälligenhilfe (BAG-S) e. V. (2010). Arbeit mit Angehörigen Inhaftierter. Orientierungshilfe für die Praxis. Bonn.
Bundesarbeitsgemeinschaft für Straffälligenhilfe e. V. (2007): Arbeit mit Angehörigen Inhaftierter. Bonn. Online verfügbar unter http://www.bag-s.de/fileadmin/user_upload/angehoerige_praxis.pdf. [Letzter Zugriff: 28.6.2017]
Bundeskriminalamt (2016) (Hg.): Polizeiliche Kriminalstatistik Bundesrepublik Deutschland. Jahrbuch 2015. Wiesbaden, 63. Ausgabe Version 4.0, 2016, Online verfügbar unter: https://www.bka.de/DE/AktuelleInformationen/StatistikenLagebilder/PolizeilicheKriminalstatistik/PKS2015/pks2015_node.html. [Letzter Zugriff: 28.6.2017]
Bundesministerium des Inneren (2016) (Hg.): Polizeiliche Kriminalstatistik 2015. Version 7.0. Berlin. Online verfügbar unter: http://www.bmi.bund.de/SharedDocs/Downloads/DE/Broschueren/2016/pks-2015.html [Letzter Zugriff: 28.6.2017]
Bundesministerium des Inneren (BMI)/Bundesministerium der Justiz (BMJ) (2006) (Hg.): Zweiter Periodischer Sicherheitsbericht. Berlin. Online verfügbar unter: http://www.bmi.bund.de/SharedDocs/Downloads/DE/Veroeffentlichungen/2_periodischer_sicherheitsbericht_langfassung_de.html. [Letzter Zugriff: 28.6.2017]
Bundesministerium des Inneren (BMI)/Bundesministerium der Justiz (BMJ) (2001a) (Hg.): Erster periodischer Sicherheitsbericht. Kurzfassung. Berlin. Online verfügbar unter: https://www.bmi.bund.de/SharedDocs/Downloads/DE/Veroeffentlichungen/2_periodischer_sicherheitsbericht_kurzfassung_de.pdf?__blob=publicationFile. [Letzter Zugriff: 28.6.2017]
Bundesministerium des Inneren (BMI)/Bundesministerium der Justiz (BMJ) (2001b) (Hg.): Erster periodischer Sicherheitsbericht. Langfassung. Berlin. Online verfügbar unter: http://www.bmi.bund.de/SharedDocs/Downloads/DE/Veroeffentlichungen/erster_periodischer_sicherheitsbericht_langfassung_de.pdf?__blob=publicationFile [Letzter Zugriff: 28.6.2017]
Bundesverband katholischer Einrichtungen und Dienste der Erziehungshilfe (2008): Erziehung hat Vorrang! Delinquente Jugendliche zwischen Jugendhilfe und Justiz. Beiträge zur Erziehungshilfe. Band 34. Freiburg.

Burgess, R. L./Akers, R. L. (1966): A Differential Association-Reinforcement Theory of Criminal Behavior. In: Social Problems. 14. S. 128–147.
Busch, Max (1986): Gescheiterter Behandlungsvollzug? In: Müller, S./Otto, H.-U. (Hg.): Damit Erziehung nicht zur Strafe wird. Sozialarbeit als Konfliktschlichtung. Bielefeld. S. 143–162.
BVerfG (1973): Urteil des ersten Senats vom 5. Juni 1973 – 1 BVR 536/72.
BVerfG (2003). Urteil des Zweiten Senats vom 16. Januar 2003 – 2 BvR 716/01.
BVerfG (2006): Urteil des Zweiten Senats vom 31. Mai 2006 – 2 BvR 1673/04.
Cervone, D./John, O. P./Pervin, L. A. (2005): Persönlichkeitstheorien. 5., vollständig überarbeitete und erweiterte Auflage. Stuttgart.
Chambliss, W. (1973): The Saints and the Roughnecks. In: Society 11. 24–31.
Chambliss, W. J. (1976): Whose law? What order? A conflict approach to criminology. New York et al.
Chambliss, W. J. (1988): Über die Entstehung von Gesetzen. In: Janssen, H./Kaulitzky, R./Michalowski, R. (Hg.): Radikale Kriminologie. Themen und theoretische Positionen der amerikanischen Radical Criminology. Bielefeld. S. 105–127.
Christianson, K. O. (1977): Kriminologie (Grundlagen), In: Sieverts, R./Schneider, H.-J. (Hg.): Handwörterbuch der Kriminologie. Begründet von Alexander Elster und Heinrich Lingemann. Völlig neu bearbeitete zweite Auflage, Band 2: Kriminalpolitik – Rauschmittelmissbrauch. Berlin. S. 187–220.
Christie, N. (1987): Die Beziehung zwischen Kriminologie und Strafrecht: Diener. Freunde oder Feinde? In: Deichsel, W./Kunstreich, T./Lehne, W./Löschper, G./Sack, F. (Hg.): Kriminalität, Kriminologie und Herrschaft. Hamburger Studien zur Kriminologie. Band 2. Pfaffenweiler. S. 7– 13.
Christie, N. (2016): Wieviel Kriminalität braucht die Gesellschaft. In: Klimke, D./Legnaro, A. (Hg.): Kriminologische Grundlagentexte. Wiesbaden. S. 47–63.
Christie, N: (1995): Konflikte als Eigentum. In: ders. (Hg.): Grenzen des Leids. Münster. S. 131–151.
Clinard, M. B. (1970): Erweiterung und Neuformulierung der Theorie von Merton. In: Fischer, A. (Hg.): Die Entfremdung des Menschen in einer heilen Gesellschaft. München. S. 144–155.
Cloward, R. A. (1968): Illegitime Mittel, Anomie und abweichendes Verhalten, In: Sack, F., König, R. (Hg.): Kriminalsoziologie, Frankfurt. S. 314–338.
Cloward, R./Ohlin, L. (1960): Delinquency and Opportunity. Glencoe.
Cohen, A. K. (1961: Kriminelle Jugend. Zur Soziologie des Bandenwesens. Reinbek.
Cohen, A. K. (1968a): Abweichung und Kontrolle. Grundfragen der Soziologie. Claessens. D. (Hg.). Band 7. München 1968.
Cohen, A. K. (1968b): Mehr-Faktoren-Ansätze. In: Sack, F./König, R. (Hg.): Kriminalsoziologie. Frankfurt. S. 219–225.
Cohen, A. K. (2016a): Kriminelle Subkulturen (1957). In: Klimke, D./Legnaro, A. (Hg.): Kriminologische Grundlagentexte. Wiesbaden. S. 269–280.
Cohen, A. K./Short, J. F. (1968): Zur Erforschung delinquenter Subkulturen. In: Sack, F./König, R. (Hg.): Kriminalsoziologie. Frankfurt. S. 372–394.
Cohen, L. E./Felson, M. (1979): Social Change and Crime Rate Trends: A routine activity approach. In: American Sociological Review. 44. S. 588–608.
Cohen, S. (1993): Soziale Kontrolle und die Politik der Rekonstruktion. In: Frehsee. D./Löschper. G./Schuhmann. K. (Hg.): Strafrecht. soziale Kontrolle. soziale Disziplinierung. Jahrbuch für Rechtssoziologie und Rechtstheorie. Band XV. Opladen. S. 209–238.
Cohen, S. (2016b): Folk Devils and Moral Panics. The Creation of the Mods and Rockers. In: Klimke, D./Legnaro, A. (Hg.): Kriminologische Grundlagentexte. Wiesbaden. S. 88–104.
Cornel, H. (1992): Die soziale Situation Haftentlassener. Daten zur Sozialplanung für die Straffälligenhilfe in Berlin. 1. Aufl. Berlin.

Cornel, H. (1996): Lebensbedingungen straffälliger Menschen – empirische Befunde. In: Nickolai, W./Kawamura, G./Krell, W./Reindl, R. (Hg.): Straffällig. Lebenslagen und Lebenshilfen. Freiburg im Breisgau. S. 39–68.
Cornel, H. (1997): Strafrecht und seine Alternativen, In: Janssen, H./Peters, F. (Hg): Kriminologie für Soziale Arbeit, Münster. S. 168–204.
Cornel, H. (2002a): Die Gefährlichkeit von Gefährlichkeits-Prognosen. In: Cornel, H. (Hg.): Neue Kriminalpolitik und Soziale Arbeit. Baden-Baden. S. 97–107.
Cornel, H. (2002b): Fachliche Standards und Perspektiven für die Sozialarbeit in der Kriminalpolitik. In: ders. (Hg.): Neue Kriminalpolitik und Soziale Arbeit. Baden-Baden. S. 171–178.
Cornel, H. (2002c): Neuere Entwicklungen hinsichtlich der Anzahl der Inhaftierten in Deutschland. In: ders. (Hg.): Neue Kriminalpolitik und Soziale Arbeit. Baden-Baden. S. 49–53.
Cornel, H. (2002d): Verkaufsschlager »Zero Tolerance«. Warum aus dem Wunder von New York kein Wunder von Berlin oder Hamburg wird. In: ders. (Hg.): Neue Kriminalpolitik und Soziale Arbeit. Baden-Baden. S. 127–129.
Cornel, H. (2002e): Wie die Erziehung ins Gefängnis kam. Über die fragwürdige Verbindung von Strafe und Erziehung (1989). In: ders. (Hg.): Neue Kriminalpolitik und Soziale Arbeit. Baden-Baden. S. 225–233.
Cornel, H. (2003): Resozialisierung – Begriff. Inhalt und Verwendung. In: Cornel, H./Kawamura-Reindl, G./Maelicke, B./Sonnen, B.-R. (Hg.): Handbuch der Resozialisierung. 2. Auflage. Baden-Baden. S. 13–53.
Cornel, H. (2009a): Resozialisierung durch Soziale Arbeit im Strafvollzug. In: Cornel, H./Kawamura-Reindl, G./Maelicke, B./Sonnen, B.-R. (Hg.): Handbuch Resozialisierung. 3. Auflage. Baden-Banden. S. 308–315.
Cornel, H. (2009b): Strafvollzug. In: Cornel, H./Kawamura-Reindl, G./Maelicke, B./Sonnen, B.-R. Hg.): Resozialisierung – Handbuch. Baden-Baden. S. 292–321.
Cornel, H. (2014): Geschichte des Strafens und der Straffälligenhilfe. In: AK HochschullehrerInnen Kriminologie/Straffälligenhilfe in der Sozialen Arbeit (Hg.): Kriminologie und Soziale Arbeit. Ein Lehrbuch. Weinheim/Basel. S. 31–47.
Cornel, H. (2016a): Resozialisierungsziel versus Rückfallrisiko Überschuldung, In: BAG-S Informationsdienst Straffälligenhilfe 24, 1/2016, S. 28–33.
Cornel, H. (2016b): Zehn Anmerkungen zur organisatorischen und fachlichen Entwicklung der Bewährungshilfe. In: Zeitschrift für Jugendkriminalrecht und Jugendhilfe. Heft 3/2016. S. 220–227.
Cornel, H./Lindenberg, M. (2014): Warum »Kriminologie und Soziale Arbeit?«. Zur Einführung. In: AK HochschullehrerInnen Kriminologie/Straffälligenhilfe in der Sozialen Arbeit (Hg.): Kriminologie und Soziale Arbeit. Ein Lehrbuch. Weinheim/Basel. S. 11–15.
Cornel, H./Nickolai, W. (2004): Vorwort »What Works?«. In: dies. (Hg.): What Works? Neue Ansätze der Straffälligenhilfe auf dem Prüfstand. Freiburg. S. 7–11.
Cornish, D. B./Clarke, R. V. (1986): Introduction: Criminology. Routine Activity and Rational Choice. In: dies. (Hg.): The reasoning criminal. Rational choice perspectives on offending. New York 1986. S. 1–18.
Cremers, E. (1986): Über die Grenzen der Wirksamkeit jugendgerichtlichen Handelns – oder: Anmerkungen zum Fall Anna K. In: Müller, S./Otto, H.-U. (Hg.): Damit Erziehung nicht zur Strafe wird. Sozialarbeit als Konfliktschlichtung. Bielefeld. S. 197–211.
Cremer-Schäfer, H. (1993): Normklärung ohne Strafe. Über die gesellschaftlichen Bedingungen der Verzichtbarkeit von »Kriminalität« und Strafe für das Darstellen herrschender Moral. in. Peters, H. (Hg.): Muß Strafe sein? Zur Analyse und Kritik strafrechtlicher Praxis. Studien zur Sozialwissenschaft. Band 22. Opladen. S. 91–113.
Cremer-Schäfer, H. (2002): Wenn es recht und billig sein soll (1997). In: Cornel, H. (Hg.): Neue Kriminalpolitik und Soziale Arbeit. Baden-Baden. S. 27– 36.
Cremer-Schäfer, H. (2003): Fürsorge und Kritik. In: Menzel, B./Ratzke, K. (Hg.): Grenzenlose Konstruktivität? Standortbestimmung und Zukunftsperspektiven konstruktivistischer Theorien abweichenden Verhaltens. Opladen. S. 177–190.

Cremer-Schäfer, H. (2004): Wenn Kontrolle zur Strafe wird und Strafe außer Kontrolle gerät. Anmerkungen zur Theoretisierung und Moralisierung von Kriminalitätskontrolle in kritischen Kriminologien. In: Pilgram, A./Prittwitz, C. (Hg.): Kriminologie. Akteurin und Kritikerin gesellschaftlicher Entwicklung. Über das schwierige Verhältnis von Wissenschaft zu den Verwaltern von Sicherheit. Baden-Baden. S. 189–202.

Cremer-Schäfer, H. (2012): Kritische Institutionenforschung. Eine Forschungstradition, an der weiter gearbeitet werden kann? In: Schimpf, E./Stehr, J. (Hg.): Kritisches Forschen in der Sozialen Arbeit. Gegenstandsbereiche – Kontextbedingungen – Positionierungen – Perspektiven. Wiesbaden. S. 135–148.

Cremer-Schäfer, H./Steinert, H. (1997): Die Institution »Verbrechen und Strafe« zwischen sozialer Kontrolle und sozialer Ausschließung. In: Hradil, S./Deutsche Gesellschaft für Soziologie (Hg.): Differenz und Integration: die Zukunft moderner Gesellschaften. Verhandlungen des 28. Kongresses der Deutschen Gesellschaft für Soziologie in Dresden 1996. Frankfurt am Main. S. 434–447.

Curti, H. (1999): Abschreckung durch Strafe. Eine ökonomische Analyse der Kriminalität. Wiesbaden.

Cyrus, H. (1982): Die sind eben für Papierkrieg da. In: Monatsschrift für Kriminologie und Strafrechtsreform. Jg. 65. Heft 2. S. 112–116.

Dahle, K.-P./Lehmann, R. J. (2012): Grundlagen und Methoden der Kriminalprognose. In: Egg, R. (Hg.): Psychologisch-psychiatrische Begutachtung in der Strafjustiz. Kriminologie und Praxis. Schriftenreihe der Kriminologischen Zentralstelle e. V. Band 63. Wiesbaden. S. 151–179.

Dallmann, H.-U./Volz, F. R. (2013): Ethik in der Sozialen Arbeit. Schwalbach.

De Haan, W. (1991): Abolitionism and Crime Control: A Contradiction in Terms. In: Stenson, K./Cowell, D. (Hg.): The Politics of Crime Control. London. S. 203–217.

Deichsel, W. (1993): Nichtintendierte, nicht so intendierte, nicht so unintendierte Folgen von Diversion. Diversion als Botschaft, daß Strafe sein muß. In: Peters, H. (Hg.): Muß Strafe sein? Zur Analyse und Kritik strafrechtlicher Praxis. Studien zur Sozialwissenschaft. Band 22. Opladen. S. 171–183.

Deichsel, W. (1997): Diversion – eine bestehende Alternative zur Strafrechtsordnung, In: Janssen, H./Peters, F. (Hg): Kriminologie für Soziale Arbeit. Münster. S. 206–234.

Deichsel, W.: (2014) Sozialadvokatorische Kriminologie – Sozialanwaltskriminologie für Soziale Berufe. In: AK HochschullehrerInnen Kriminologie/Straffälligenhilfe in der Sozialen Arbeit (Hg.): Kriminologie und Soziale Arbeit. Ein Lehrbuch. Weinheim/Basel. S. 160–175.

Deimling, G. (1968): Resozialisierung im Spannungsfeld zwischen Strafanstalt und Gesellschaft. In: Zeitschrift für Strafvollzug. 16. 5/1968. S. 251–260.

Deimling, G. (1969): Theorie und Praxis des Jugendstrafvollzugs in pädagogischer Sicht. Neuwied/Berlin.

Dellwing, M. (2014): Zur Aktualität von Erving Goffman. Wiesbaden.

Deutschbein, O./Frerichs, S. (2010): Homo neurooeconomicus und homo neurosociologicus: Das Ich im Spannungsfeld von Natur und Kultur. In: Böllinger, L./Jasch, M./Krasmann, S./Pilgram, A./Prittwitz, C./Reinke, H./Rzepka, D. (Hg.): Gefährliche Menschenbilder. Biowissenschaften. Gesellschaft und Kriminalität. Baden-Baden. S. 186–201.

Deutscher Berufsverband für Soziale Arbeit e. V. (DBSH) (2009) (Hg.): Grundlagen für die Arbeit des DBSH e. V. (Sonderheft) Essen/Berlin.

Deutscher Berufsverband für Soziale Arbeit ev. (DBSH) (2014) (Hg.): Berufsethik des DBSH. Ethik und Werte. In: Forum Sozial. Die Berufliche Soziale Arbeit. 4/2014.

Deutscher Bundestag (2005) (Hg.): Lebenslagen in Deutschland. Zweiter Armuts- und Reichtumsbericht der Bundesregierung. Drucksache 15/5015. 3. März 2005. Online verfügbar unter: http://www.bmas.de/DE/Service/Medien/Publikationen/forschungsprojekt-a332-zweiter-armuts-und-reichtumsbericht.html [Letzter Zugriff: 28.6.2017]

Deutscher Bundestag (2009): Drucksache 16/13142 16. Wahlperiode 26. 05. 2009. Online verfügbar unter: http://dip21.bundestag.de/dip21/btd/16/131/1613142.pdf [Letzter Zugriff: 28.6.2017]

Dewe, B./Otto, H. U. (2001): Wissenschaftstheorie. In: Otto, H.-U./Thiersch, H. (Hg.): Handbuch der Sozialarbeit/Sozialpädagogik. Neuwied. S. 1966–1979.
Die Wohlfahrtsverbände in der Bundesarbeitsgemeinschaft für Straffälligenhilfe e.V. (1996): Selbstverständnis Freier Straffälligenhilfe. Bundesarbeitsgemeinschaft für Straffälligenhilfe e.V. Bonn.
Dittmann, V. (2012): »Psychische Störung« im Therapieunterbringungsgesetz (ThUG) und im Urteil des Bundesverfassungsgerichts zur Sicherungsverwahrung vom 4. Mai 2011 – Versuch einer Klärung. In: Müller, J. L./Nedopil, N./Saimeh, N./Habermeyer, E./Falkai, P. (Hg.): Sicherungsverwahrung – wissenschaftliche Basis und Positionsbestimmung. Was folgt nach dem Urteil des Bundesverfassungsgerichts vom 04.05.2011? Medizinisch wissenschaftliche Verlagsgesellschaft: Berlin. S. 27–47.
Dölling, D. (1989): Mehrfach auffällige junge Straftäter – kriminologische Befunde und Reaktionsmöglichkeiten der Jugendstrafrechtspflege. In: Zentralblatt für Jugendrecht 76. S. 313–319.
Dölling, D./Entorf, H./Hermann, D./Härig, A./Woll, A. (2006): Zur Generalpräventiven Abschreckungswirkung des Strafrechts – Befunde einer Metaanalyse. In: Soziale Probleme. 17. S. 193–209.
Dollinger, B./Raithel, J. (2006): Einführung in die Theorien abweichenden Verhaltens. Perspektiven. Erklärungen und Interventionen. Weinheim/Basel.
Dollinger, B./Schmidt-Semisch, H. (2011): Sozialpädagogik und Kriminologie im Dialog. Einführende Perspektiven zum Ereignis »Jugendkriminalität«. In: Dollinger, B./Schmidt-Semisch, H. (Hg.): Handbuch Jugendkriminalität. Kriminologie und Sozialpädagogik im Dialog. 2. durchgesehene Auflage. Wiesbaden. S. 11–21.
Dreßing, H. (2010): Welche Bedeutung hat die neurobiologische Forschung für die Rechtswissenschaften und die Forensische Psychiatrie? In: Böllinger, L./Jasch, M./Krasmann, S./Pilgram, A./Prittwitz, C./Reinke, H./Rzepka, D. (Hg.): Gefährliche Menschenbilder. Biowissenschaften, Gesellschaft und Kriminalität. Baden-Baden. S. 50–63.
Dünkel, F. (1990): Freiheitsentzug für junge Rechtsbrecher. Situation und Reform von Jugendstrafe, Jugendstrafvollzug, Jugendarrest und Untersuchungshaft in der Bundesrepublik Deutschland und im internationalen Vergleich. Bonn.
Dünkel, F. (1992): Empirische Beiträge und Materialien zum Strafvollzug. Bestandsaufnahmen des Strafvollzugs in Schleswig-Holstein und des Frauenvollzugs in Berlin. In: Kriminologische Forschungsberichte aus dem Max-Planck-Institut für ausländisches und internationales Strafrecht. Band 49. Freiburg.
Durkheim, E. (1970): Der anomische Selbstmord (1960). In: Fischer, A. (Hg.): Die Entfremdung des Menschen in einer heilen Gesellschaft. München. S. 114–122.
Durkheim, E. (1976): Die Regeln der soziologischen Methode. 4. Auflage. Neuwied/Berlin.
Durkheim, E. (1996): Über soziale Arbeitsteilung. Studie über die Organisation höherer Gesellschaften. Frankfurt.
Durkheim, E. (2016): Kriminalität als normales Phänomen (1968). In: Klimke, D./Legnaro, A. (Hg.): Kriminologische Grundlagentexte. Wiesbaden. S. 25–31.
DVJJ (1990) (Hg.): Mehrfach Auffällige – Mehrfach Betroffene. Erlebnisweisen und Reaktionsformen. Dokumentation des 21. Deutschen Jugendgerichtstages vom 30. September bis 4. Oktober 1989 in Göttingen. Bonn.
Eckert, J./Weilandt, C. (2008): Infektionskrankheiten unter Gefangenen in Deutschland: Kenntnisse, Einstellungen und Risikoverhalten. Teilergebnisse des Projekts: Infectious Diseases in German Prisons – Epidemiological and Sociological Surveys among Inmates and Staff. Bonn: ENDIPP, Wissenschaftliches Institut der Ärzte Deutschlands gem. e. V. Online verfügbar unter: http://www.ahnrw.de/newsletter/upload/01_NL_ahnrw¬/2008/2008_10_01_NL20/Endbericht_Gefangene_060808_kompl.pdf [Letzter Zugriff: 28.6.2017]
Egg, R. (2012): Forensisch-psychologische Begutachtung in der Strafjustiz – Entwicklung und Perspektiven in Deutschland. In: Egg, R. (Hg.): Psychologisch-psychiatrische Begutachtung in der Strafjustiz. Kriminologie und Praxis. Schriftenreihe der Kriminologischen Zentralstelle e.V. Band 63. Wiesbaden. S. 15–32.

Eick, V. (2011): Lokale Kriminal- und Sicherheitspolitik. In: Dahme, H.J./Wohlfahrt, N. (Hg.): Handbuch Kommunale Sozialpolitik. Wiesbaden. S. 294–305.

Eifler, S. (2002): Kriminalsoziologie. Bielefeld.

Eifler, S. (2008): Die situationsbezogene Analyse kriminellen Handelns mit dem Modell der Frame-Selektion. In: Greve, J./Schnabel, A./Schützeichel, R. (Hg.): Das Mikro-Makro-Modell der soziologischen Erklärung. Zur Ontologie. Methodologie und Metatheorie eines Forschungsprogramms. Wiesbaden. S. 164–192.

Eifler, S. (2010a): Sind die Neurowissenschaften eine Herausforderung für den Reasoning Criminal – Einige methodologische Vorüberlegungen. In: Böllinger, L./Jasch, M./Krasmann, S./Pilgram, A./Cornelius Prittwitz/Reinke, H./Rzepka, D. (Hg.): Gefährliche Menschenbilder. Biowissenschaften, Gesellschaft und Kriminalität. Interdisziplinäre Studien zu Recht und Staat. 47. Baden-Baden. S. 97–105.

Eifler, S. (2010b): Theoretische Ansatzpunkte für die Analyse der Jugendkriminalität. In: Dollinger, B./Schmidt-Semisch, H. (Hg.): Handbuch der Jugendkriminalität. Kriminologie und Sozialpädagogik im Dialog. S. 159–172.

Eisenberg, N. (1986): Altruistic emotion. cognition and behavior. Hillsdale.

Elliott, D. S./Huizinga, D./Ageton, S. S. (1985): Explaining Delinquency and Drug Use. Beverly Hills.

Elster, A./Sieverts, H./Lingemann, H./Schneider, J. (1977): Handwörterbuch der Kriminologie. Band 2. Berlin.

Engels, D. (2008): Lebenslagen. Lexikon der Sozialwirtschaft. Maelicke, B. (Hg.). Baden-Baden. Online verfügbar unter http://www.isg-institut.de/download/Artikel%20Lebenslagen.pdf. [Letzter Zugriff: 28.6.2017]

Engels, D./Martin, M. (2002): Typische Lebenslagen und typischer Unterstützungsbedarf von Klientinnen und Klienten der Bewährungshilfe. Sekundäranalyse von Befragungsdaten der Arbeitsgemeinschaft Deutscher Bewährungshelferinnen und Bewährungshelfer e.V. ISG (Institut für Sozialforschung und Gesellschaftspolitik GmbH). Berlin. 6. Mai 2002. https://www.isg-institut.de/download/ADB-Ber.pdf. [Letzter Zugriff: 28.6.2017]

Entorf, H./Meyer, S./Möbert, J. (2008): Evaluation des Justizvollzugs. Ergebnisse einer bundesweiten Feldstudie. Heidelberg.

Entorf, H. (2006): Evaluation des deutschen Strafvollzugs: Ergebnisse einer ökonomisch-kriminologischen Feldstudie. Unter Mitarbeit von Susanne Meyer und Jochen Möbert. Darmstadt.

Entorf, H./Meyer, S. (2004): Kosten und Nutzen des Strafvollzuges. Grundlagen im Rahmen einer rationalen Kriminalpolitik. Darmstadt.

Enzmann, D./Greve, W. (2001): Strafhaft für Jugendliche: Soziale und individuelle Bedingungen von Delinquenz und Sanktionierung. In: Bereswill, M./Greve, W. (Hg.): Forschungsthema Strafvollzug. Interdisziplinäre Beiträge zur kriminologischen Forschung. Band 21. Baden-Baden. S. 109–145.

Erbil, B. (2008): Toleranz für Ehrenmörder? Soziokulturelle Motive im Strafrecht unter Berücksichtigung des türkischen Ehrbegriffs. Würzburg.

Erikson, E. H. (1998): Identität und Lebenszyklus: drei Aufsätze. 17. Auflage. Frankfurt.

Erikson, E. H. (2003): Jugend und Krise. Die Psychodynamik im sozialen Wandel. 5. Auflage. Stuttgart.

Erikson, K. T. (1978): Die widerspenstigen Puritaner. Zur Soziologie abweichenden Verhaltens. Stuttgart.

Esser, H. (1999): Soziologie. Spezielle Grundlagen. Band 1: Situationslogik und Handeln. Frankfurt/New York.

Esser, H. (2001): Soziologie. Spezielle Grundlagen. Bd. 6: Sinn und Kultur. Frankfurt/New York.

Evans, T. D./Cullen, F. T./Burton, E. S./Dunaway, R. G./Benson, M. L. (1997): The Social Consequences of Self-Control: Testing the General Theory of Crime. In: Criminology 35. 3. S. 475–501.

Eysenck, H. J. (1977): Kriminalität und Persönlichkeit. Wien.

Fabricius, D. (2010): Ist Biologie reduktionistisch und was ist sie noch? Komplexität, Emergenz und ... In: Böllinger, L./Jasch, M./Krasmann, S./Pilgram, A./Prittwitz, C./ Reinke, H./Rzepka, D. (Hg.): Gefährliche Menschenbilder. Biowissenschaften, Gesellschaft und Kriminalität. Baden-Baden. S. 106–123.

Falkai, P./Wittchen, H.-U. (2015) (Hg.): Diagnostisches und Statistisches Manual Psychischer Störungen DSM-5. American Psychiatric Association. Göttingen et al.

Fazel, S./Danesh, J. (2002): Serious mental disorder in 23000 prisoners: a systematic review of 62 surveys. In: The Lancet 349. S. 545–550.

Feeley, M./Simon. J. (1994): Actuarial Justice. The Emerging new criminal law. In: Nelken, D. (Hg.): The futures of criminology. London. S. 154–172.

Feest, J. (2011): Humanismus im Strafvollzug: eine Skizze. In: Stelly, W./Thomas, J.: (Hg.) (2011): Erziehung und Strafe. Symposium zum 35-jährigen Bestehen der JVA Adelsheim. Mönchengladbach. S. 11–18.

Feest, J./Blankenburg, E. (1972): Die Definitionsmacht der Polizei. Düsseldorf.

Feltes, T./Fischer, T. A. (2014): Gegenstand und Methoden kriminologischer Forschung. In: AK HochschullehrerInnen Kriminologie/Straffälligenhilfe in der Sozialen Arbeit (Hg.): Kriminologie und Soziale Arbeit. Ein Lehrbuch. Weinheim/Basel. S. 65–83.

Ferrell, J./Hayward, K./Young, J. (2008): Cultural Criminology: An Invitation. Thousand Oaks.

Feth, R. (2004): Sozialarbeitswissenschaft. Eine Sozialwissenschaft neuer Prägung – Ansätze einer inhaltlichen Konturierung. In: Mühlum. A. (Hg.): Sozialarbeitswissenschaft. Wissenschaft der Sozialen Arbeit. Schriftenreihe der Deutschen Gesellschaft für Sozialarbeit e. V. Band 9. Freiburg. S. 218–248.

Feuerhelm, W. (2011): Jugendgerichtshilfe – Gerichtshilfe. In: Bieker, R./Floerecke, P. (Hg.): Träger, Arbeitsfelder und Zielgruppen der Sozialen Arbeit. Stuttgart. S. 373–385.

Fischer, A. (1970): Die Entfremdung des Menschen in einer heilen Gesellschaft. Materialien zur Adaption und Denunziation eines Begriffs. Politisches Verhalten. Untersuchungen und Materialien zu den Bedingungen und Formen politischer Teilnahme. Band 2. München.

Fischer, M. (2001): Kriminalität als Konstruktion: Drei konzeptionell Probleme des radikalen Definitionsansatzes. In: Kriminologisches Journal. 33. 2/2001. S. 102–115.

Fishbein, D. H. (1998): Biological Perspectives in Criminology. In: Stuart H./Einstadter, W. (Hg.): The Criminology Theory Reader. New York/London. S. 92–109.

Foucault, M. (1977): Der Wille zum Wissen. Sexualität und Wahrheit. Frankfurt.

Foucault, M. (1991): Die Ordnung des Diskurses. Frankfurt.

Frädrich, S. D./Pfäfflin, F. (2000): Zur Prävalenz von Persönlichkeitsstörungen bei Strafgefangenen. In: Recht und Psychiatrie. 18. S. 95–104.

Frehsee, D. (1991): Zur Abweichung der Angepassten. In: Kriminologisches Journal. 23. S. 25–45.

Fuest, A. (2014): Die Lebensaufgaben des Kindes. In: Fuest, A./John, F./Wenke, M. (Hg.): Handbuch der individualpsychologischen Beratung in Theorie und Praxis. Zusammenhänge erschließen – Horizonte öffnen. Münster/New York. S. 168–185.

Galliher, J. (1988): Ursprünge. Entwicklung und Niedergang der liberalen Kriminologie. In: Janssen, H./Kaulitzky, R./Michalowski, R. (Hg.): Radikale Kriminologie. Themen und theoretische Positionen der amerikanischen Radical Criminology. Bielefeld. S. 62–82.

Garfinkel, H.: Bedingungen für den Erfolg von Degradierungszeremonien (1974). In: Klimke, D./Legnaro, A. (Hg.): Kriminologische Grundlagentexte. Wiesbaden. S. 139–148.

Garland, D. (1997): »Governmentality« and the Problem of Crime: Foucault, Criminology, Sociology. In: Theoretical Criminology. 1. 1/1997. S. 173–214.

Garland, D. (2000): The New Criminologies of Everyday Life. Routine Activity Theory in Historical and Social Context. In: von Hirsch, A./Garland, D./Wakefield, A. (Hg.): Ethical and Social Perspectives on Situational Crime Prevention. Oxford. S. 215–224.

Garland, D. (2008): Kultur der Kontrolle. Verbechensbekämpfung und soziale Ordnung in der Gegenwart. Frankfurt.
Garland, D. (2016): Kultur der Kontrolle. Verbrechensbekämpfung und soziale Ordnung in der Gegenwart (2008). In: Klimke. D./Legnaro, A. (Hg.): Kriminologische Grundlagentexte. Wiesbaden. S. 353–376.
Gärtner, W. (2012): Philosophische Impulse: Recht und Gerechtigkeit von Aristoteles bis Habermas. Eine Einführung in die Ethik der Gerechtigkeit. Münster.
Geiger, T. (1964): Vorstudien zu einer Soziologie des Rechts. In: Trappe, P. (Hg.): Soziologische Texte. Band 20. Neuwied/Berlin.
Geis, G. (1960): Jeremy Bentham. In: Mannheim. H. (Hg.): Pioneers in Criminology. London. S. 51–67.
Geißler, R. (1994): Soziale Schichtung und Kriminalität. In: ders. (Hg.): Soziale Schichtung und Lebenschancen in Deutschland. Stuttgart. S. 160–194.
Gerrig, R. J./Zimbardo. P. G. (2008): Psychologie. 18., aktualisierte Auflage. München.
Giehring, H. (1987): Sozialwissenschaftliche Forschung zur Generalprävention und normative Begründung des Strafrechts. In: Kriminologisches Journal. 19. S. 1–12.
Giehring, H. (2010): Konsequenzen: Lebenswissenschaften und Kriminalpolitik. In: Böllinger, L./Jasch, M./Krasmann, S./Pilgram, A./Prittwitz, C./Reinke, H./Rzepka, D. (Hg.): Gefährliche Menschenbilder. Biowissenschaften. Gesellschaft und Kriminalität. Baden-Baden. S. 381–396.
Giesen, B. (1983): Moralische Unternehmer und öffentliche Diskussion – Überlegungen zur gesellschaftlichen Thematisierung sozialer Probleme. In: Kölner Zeitschrift für Soziologie und Sozialpsychologie. 35. S. 250–254.
Gilling, D. (1997): Crime Prevention. Theory. policy and politics. London.
Glaser, D. (1956): Criminality Theories and Images. In: American Journal of Sociology. 61. S. 433–444.
Glaser, M./Rieker, P. (2006): Interkulturelles Lernen als Prävention von Fremdenfeindlichkeit. Ansätze und Erfahrungen in Jugendbildung und Jugendarbeit. Halle.
Glueck, S./Glueck, E. (1963): Jugendliche Rechtsbrecher. Stuttgart.
Goffman, E. (1972): Asyle. Über die soziale Situation psychiatrischer Patienten und anderer Insassen. Frankfurt.
Goffman, E. (2010): Stigma. Über Techniken der Bewältigung beschädigter Identität. Nachdruck. 1. Auflage. Frankfurt.
Goffman, E. (2016): Stigma. Über Techniken der Bewältigung beschädigter Identität. In: Klimke. D./Legnaro, A. (Hg.): Kriminologische Grundlagentexte. Wiesbaden. S. 149–167.
Goldberg, B./Trenczek, T. (2014): Jugend und Delinquenz. In: AK HochschullehrerInnen Kriminologie/Straffälligenhilfe in der Sozialen Arbeit (Hg.): Kriminologie und Soziale Arbeit. Ein Lehrbuch. Weinheim/Basel. S. 263–281.
Göppinger, H. (1983): Der Täter in seinen sozialen Bezügen. Ergebnisse aus der Tübinger Jungtäter-Vergleichsuntersuchung. Berlin et al.
Gottfredson, M. R./Hirschi, T. (1990): A General Theory of Crime. Standford.
Gouldner, A. W. (1968): The Sociologist as partisan: sociology and the welfare state. In: The American Sociologist. 3. 2/1968. S. 103–113.
Graebsch, C. M. (2014): What works? Auseinandersetzungen mit den Möglichkeiten und Grenzen wissenschaftlich fundierter Kriminalprävention. In: AK HochschullehrerInnen Kriminologie/Straffälligenhilfe in der Sozialen Arbeit (Hg.): Kriminologie und Soziale Arbeit. Ein Lehrbuch. Weinheim/Basel. S. 84–99.
Gransee, C./Stammermann. U. (1991): Feminismus und kritische Kriminologie. Oder: Was kann eine sich kritisch verstehende Kriminologie vom Feminismus lernen? In: Kriminologisches Journal. 23. 1991. S. 82–96.
Greenberg, D. F. (1977): Delinquency and the Age Structure of Society. In: Contemporary Crisis. 1. S. 189–223.
Groenemeyer, A. (2003): Punitivität im Kontext – Konstruktionen abweichenden Verhaltens und Erklärungen der Kriminalpolitik im internationalen Vergleich. In: Menzel, B./Ratzke, K. (Hg.): Grenzenlose Konstruktivität? Standortbestimmung und Zukunftsper-

spektiven konstruktivistischer Theorien abweichenden Verhaltens. Opladen. S. 209–232.

Grosser, R./Maelicke, B. (2009a): Bewährungshilfe. In: Cornel, H./Kawamura-Reindl, G./Maelicke, B./Sonnen, B.-R. (Hg.) Handbuch Resozialisierung. 3. Auflage. Baden-Baden, S. 180–191.

Grosser, R./Maelicke, B. (2009b): Führungsaufsicht. In: Cornel, H./Kawamura-Reindl, G./Maelicke, B./Sonnen, B.-R. (Hg.): Handbuch Resozialisierung. 3. Auflage. Baden-Baden, S. 192–199.

Grundies, V. (2013): Gibt es typische kriminelle Karrieren? In: Dölling, D./Jehle, J.-M. (Hg.): Täter – Taten – Opfer. Grundlagenfragen und aktuelle Probleme der Kriminalität und ihrer Kontrolle. Mönchengladbach. S. 36–52.

Gusfield, J. (2016): Moral Passage. The Symbolic Process in Public Designations of Deviance. In: Klimke, D./Legnaro, A. (Hg.): Kriminologische Grundlagentexte. Wiesbaden. S. 67–87.

Gusfield, J. R. (1963): Symbolic crusade. Status Politics and the American Temperance Movement. Urbana.

Haas, U. I. (2016): Das Kriminalitätsopfer. In: AK HochschullehrerInnen Kriminologie/Straffälligenhilfe in der Sozialen Arbeit (Hg.): Kriminologie und Soziale Arbeit. Ein Lehrbuch. Weinheim/Basel. S. 242–262.

Habermeyer, E./Herpertz, S. (2005): Bedeutung des »psychopathy« Konzeptes von Hare für Sexualstraftaten. In: Schläfke, D./Häßler, F./Fegert, J. M. (Hg): Sexualstraftaten. Forensische Begutachtung, Diagnostik und Therapie. Stuttgart. S. 131–142.

Häfele, J. (2013): Die Stadt, das Fremde und die Furcht vor Kriminalität. Wiesbaden.

Haker, H. (2010): Die Würde des Menschen ist antastbar. Bausteine einer Ethik im Kontext des Strafvollzugs. In: Halbhuber-Gassner, L./Nickolai, W./Wichmann, C. (Hg.): Achten statt Ächten in Straffälligenhilfe und Kriminalpolitik. Freiburg. S. 29–44.

Haller, R. (2013): Begutachtung in Fällen der Schwerstkriminalität. In: Dölling, D./Jehle, J.-M. (Hg.): Täter – Taten – Opfer. Grundlagenfragen und aktuelle Probleme der Kriminalität und ihrer Kontrolle. Mönchengladbach. S. 69–87.

Hämmig, O. (2000): Zwischen zwei Kulturen. Spannungen. Konflikte und ihre Bewältigung bei der zweiten Ausländergeneration. Wiesbaden.

Hanak, G. (1986): Vom Umgang mit Konflikten. Vermittlungsorientierte Alternativen zur strafrechtlichen Sozialkontrolle. In: Müller, S./Otto, H.-U. (Hg.): Damit Erziehung nicht zur Strafe wird. Sozialarbeit als Konfliktschlichtung. Bielefeld. S. 177–195.

Hanak, G./Stehr, J./Steinert, H. (1989): Ärgernisse und Lebenskatastrophen. Über den alltäglichen Umgang mit Kriminalität. Bielefeld.

Hare, R. D. (2003): The Hare Psychopathy Checklist. 2. Auflage. Ontario.

Hare, R. D./Neumann, C. S. (2008): Psychopathy as a Clinical and Empirical Construct. In: Annual Review of Clinical Psychology. Vol. 4. S. 217–246.

Hassemer, W. (1983): Strafziele im sozialwissenschaftlich orientierten Strafrecht. In: Hassemer, W./Lüderssen, K./Naucke, W. (Hg.): Fortschritte im Strafrecht durch die Sozialwissenschaften. Heidelberg. S. 39–66.

Hassemer, W. (1989): Symbolisches Strafrecht und Rechtsgüterschutz. In: Neue Zeitschrift für Strafrecht. 9. 12/1989. S. 553–592.

Hassemer, W. (2001): Gründe und Grenzen des Strafens. In: Vormbaum, T. (Hg.): Jahrbuch der Juristischen Zeitgeschichte. Band 2. S. 458–484.

Hassemer, W. (2009): Warum Strafe sein muss. Ein Plädoyer. Berlin.

Heger, M. (2013): Geschichte und Gegenwart des Verbotsirrtums im deutschen Strafrecht. In: Sinn, A. (Hg.): Menschenrechte und Strafrecht. Osnabrück. S. 77–101.

Heiland, H.-G./Schulte, W. (1993): Strafe und Verhalten – oder: Wieviel Strafrecht ist nötig? In: Peters, H. (Hg.): Muß Strafe sein? Zur Analyse und Kritik strafrechtlicher Praxis. Studien zur Sozialwissenschaft. Band 22. Opladen. S. 61–76.

Heinz, W. (1996): Sanktionspraxis im Jugendstrafrecht. In: DVJJ-Journal. Band 7. S. 105–119.

Heinz, W. (2003): Jugendkriminalität in Deutschland. Kriminalstatistische und kriminologische Befunde. Aktualisierte Ausgabe Juli 2003. Online zu finden unter: http://www.uni-konstanz.de/rtf/kik/Jugendkriminalitaet-2003-7-e.pdf [Letzter Zugriff: 28.6.2017]

Heinz, W. (2004): Kriminalität von Deutschen nach Alter und Geschlecht im Spiegel von Polizeilicher Kriminalstatistik und Strafverfolgungsstatistik. aktualisierte Neuauflage. Konstanz. Online zu finden unter: http://www.uni-konstanz.de/rtf/kik/krimdeu2002.pdf [Letzter Zugriff: 28.6.2017]

Heinz, W. (2005): Kommunale Kriminalprävention aus wissenschaftlicher Sicht. In: Bannenberg, B./Coester, M./Marks, E. (Hg.): Kommunale Kriminalprävention. Ausgewählte Beiträge des 9 Deutschen Präventionstags. 17. Und 18. Mai 2004 in Stuttgart. Godesberg. S. 9–30.

Heinz, W. (2006): Rückfallverhütung mit strafrechtlichen Mitteln. In: Soziale Probleme. 17. S. 174–192.

Heinz, W. (2008a): Bekämpfung der Jugendkriminalität durch Verschärfung des Jugendstrafrechts? In: Zeitschrift für Jugendkriminalrecht und Jugendhilfe. 19. 1/2008. S. 60–68.

Heinz, W. (2008b): Das strafrechtliche Sanktionensystem und die Sanktionspraxis in Deutschland 1882-2006 (Stand: Berichtsjahr 2006). Internet-Publikation: Konstanzer Inventar Sanktionsforschung. Version 1/2008. Online zu finden unter: www.uni-konstanz.de/rtf/kis/Sanktionierungspraxis-in-Deutschland-Stand-2006.pdf [Letzter Zugriff: 28.6.2017]

Heinz, W. (2008c): Härtere Sanktionen im Jugendstrafrecht = weniger Jugendkriminalität! Stimmt diese Gleichung. In: ajs informationen. Fachzeitschrift der Aktion Jugendschutz. 11/2008. S. 4–17.

Heinz, W. (2016): Jugendkriminalität – Zahlen und Fakten. 18.10.2016. Online zu finden unter: https://www.bpb.de/politik/innenpolitik/gangsterlaeufer/203562/zahlen-und-fakten?p=all [Letzter Zugriff: 28.6.2017]

Heisig, K. (2010): Das Ende der Geduld. Konsequent gegen jugendliche Gewalttäter. Freiburg.

Heitmeyer, W. (1997) (Hg.): Was hält die Gesellschaft zusammen? Bundesrepublik Deutschland: Auf dem Weg von der Konsens- zur Konfliktgesellschaft. Bd. 2. Frankfurt.

Heitmeyer, W. (2002) (Hg.): Deutsche Zustände. Folge 1. Frankfurt.

Heitmeyer, W. (2012): Gruppenbezogene Menschenfeindlichkeit (GMF) in einem entsicherten Jahrzehnt. In: Heitmeyer, W. (Hg.): Deutsche Zustände. Band 10. Berlin. S. 15–41.

Heitmeyer, W./Heyder, A. (2002): Autoritäre Handlungen. Rabiate Forderungen in unsicheren Zeiten. In: Heitmeyer, W. (Hg.): Deutsche Zustände. Folge 1. Frankfurt/Main. S. 59–70.

Henry, S./Brown, J. (1990): Something for nothing. The informal outcomes of free market policies. In: Taylor, J: (Hg.): The social effects of free market policies. New York et al. S. 319–348.

Henry, S./Milovanovic, D. (1994): The Constitution of Constitutive Criminology: a Postmodern Approach to Criminological Theory. In: Nelken, D. (Hg.): The Futures of Criminology. London et al. S. 110–133.

Henry, S./Milovanovic, D. (1998): Constitutive Criminology: The Maturation of Critical Theory. In: Henry, S./Einstadter, W. (Hg.): The Criminology Theory Reader. New York/London. 436–450.

Hermann, D. (2001): Religiöse Werte, Moral und Kriminalität. In: Allmendinger, J. (Hg.): Gute Gesellschaft? Verhandlungen des 30. Kongresses der Deutschen Gesellschaft für Soziologie in Köln 2000. Teil B. Opladen. S. 802–822.

Hermann, D. (2003): Werte und Kriminalität. Konzeption einer allgemeinen Kriminalitätstheorie. Wiesbaden.

Hermann, D./Laue, C. (2001): Empirische Analysen zum »broken windows«-Paradigma. In: Jehle, J.-M. (Hg): Raum und Kriminalität. Sicherheit der Stadt. Migrationsprobleme. Mönchengladbach. S. 89–120.

Herriger, N. (2014): Empowerment in der Sozialen Arbeit. Eine Einführung. 5., aktualisierte Auflage. Stuttgart.
Herriger, N. (1996): Empowerment und die Philosophie der Menschenstärken. In: Nickolai, W./Kawamura, G./Krell, W./Reindl, R. (Hg.): Straffällig: Lebenslage und Lebenshilfe. Freiburg. S. 114–131.
Herwig-Lempp, J. (2009): Theorien sind Werkzeuge. In: Birgmeier, B./Mührel, E. (Hg.): Die Sozialarbeitswissenschaft und ihre Theorie(n). Positionen, Kontroversen, Perspektiven. Wiesbaden. S. 185–197.
Hess, H. (1976): Repressives Verbrechen. In: Kriminologisches Journal. 8. 1/1976. S. 1–22.
Hess, H. (1999a): Fixing broken windows and bringing down crime. Die New Yorker Polizeistrategie der neunziger Jahre. In: Kritische Justiz. 32. S. 32–57.
Hess, H. (1999b): Zur Wertproblematik in der Kriminologie. In: Kriminologisches Journal. 31. 3/1999. S. 167–186.
Hess, H. (2007): Einleitung. David Garlands »Culture of Control« und die deutsche Kritische Kriminologie. In: Hess, H./Ostermeier, L./Paul, B. (Hg.): Kontrollkulturen. Texte zur Kriminalpolitik im Anschluss an David Garland. Kriminologisches Journal. 9. Beiheft. Weinheim. S. 6–22.
Hess, H. (2010): Mögliche Konsequenzen neurowissenschaftlicher Aussagen für die Kriminalpolitik. In: Böllinger, L./Jasch, M./Krasmann, S./Pilgram, A./Prittwitz, C./Reinke, H./Rzepka, D. (Hg.): Gefährliche Menschenbilder. Biowissenschaften, Gesellschaft und Kriminalität. Baden-Baden. S. 420–424.
Hess, H./Stehr, J. (1987): Die ursprüngliche Erfindung des Verbrechens. In: Kriminologie und Geschichte. Kriminologisches Journal. 2. Beiheft. Weinheim. S. 18–56.
Hess, H./Scheerer, S. (1997): Was ist Kriminalität? Skizze einer konstruktivistischen Kriminalitätstheorie. In: Kriminologisches Journal. 29. 2/1997. S. 83–155.
Heyer, R. (2010): Peer-Education – Ziele. Möglichkeiten und Grenzen. In: Harring, M./Böhm-Kasper, O./Rohlfs, C./Palentien, C. (Hg.): Freundschaften. Cliquen und Jugendkulturen. Peers als Bildungs- und Sozialisationsinstanzen. Wiesbaden. S. 21–59.
Hirschi, T. (1969): Causes of Delinquency. Berkeley
Hirschi, T. (1979): A Control Theory of Delinquency. In: Jacoby, J. E. (Hg.): Classics of Criminology. Prospect Heights. S. 185 ff.
Hirschi, T. (1989): Das Karriereparadigma aus der Sicht der Kontrolltheorie. In: Monatsschrift für Kriminologie und Strafrechtsreform 72. S. 413–422.
Hirtenlehner, H./Bacher, J./Oberwittler. D./Hummelsheim, D./Jackson, J. (2010): Kultur. Institutionen und Kriminalität. Eine Prüfung der Institutionellen Anomietheorie mit Viktimisierungsdaten aus Europa. In: Monatsschrift für Kriminologie und Strafrechtsreform. 93. 4/2010. S. 274–299.
Hirtenlehner, H./Reinecke, J. (2015): Editorial: Die Situational Action Theory – ein originär europäischer Forschungsmotor. In: Monatsschrift für Kriminologie und Strafrechtsreform. 98. 3/2015. S. 173–176.
Hitzler, R. (2003): Gewalt als Intention und Widerfahrnis. Zur Differenz zwischen einer handlungs- und einer definitionstheoretischen Perspektive. In: Menzel, B./Ratzke, B. (Hg.): Grenzenlose Konstruktivität? Standortbestimmung und Zukunftsperspektiven konstruktivistischer Theorien abweichenden Verhaltens. Opladen. S. 99–108.
Hoeck-Gradenwitz, E. (1977): Persönlichkeitsforschung. In: Sieverts, R./Schneider, H.-J. (Hg.): Handwörterbuch der Kriminologie. Begründet von Alexander Elster und Heinrich Lingemann. völlig neu bearbeitete zweite Auflage. Band 2: Kriminalpolitik —Rauschmittelmissbrauch. Berlin. S. 284–295.
Hommers, W./Lewand, M. (2001): Zur Entwicklung einer Voraussetzung der strafrechtlichen Verantwortlichkeit. In: Monatsschrift für Kriminologie und Strafrechtsreform. 84. S. 425–438.
Honneth, A. (1994): Kampf um Anerkennung. Zur Grammatik sozialer Konflikte. Frankfurt.

Höynck, T. (2014): Kriminalitätstheorien und Soziale Arbeit. In: AK HochschullehrerInnen Kriminologie/Straffälligenhilfe in der Sozialen Arbeit (Hg.): Kriminologie und Soziale Arbeit. Ein Lehrbuch. Weinheim/Basel. S. 48–64.

Huchzermeier, C. (2012): Persönlichkeitsmerkmale von Straftätern und psychotherapeutische Behandlungsmöglichkeiten in Haftanstalten. In: Müller, J. L./Nedopil, N./Saimeh, N./Habermeyer. E./Falkai, P. (Hg.): Sicherungsverwahrung – wissenschaftliche Basis und Positionsbestimmung. Was folgt nach dem Urteil des Bundesverfassungsgerichts vom 04.05.2011? Berlin. S. 131–150.

Hulsman, L. (1986): Critical Criminology and the concept of crime. In: Contemporary Crises. 19. S. 63–79.

Hulsman, L.: Widerstand gegen die Hegemonie staatlichen Strafens. In: Deichsel, W./Kunstreich, T./Lehne, W./Löschper, G./Sack, F. (Hg.): Kriminalität. Kriminologie und Herrschaft. Hamburger Studien zur Kriminologie. Band 2. Pfaffenweiler. S. 117–128.

Hüpping, S. (2006): Anomia. Unsicher in der Orientierung, sicher in der Abwertung: In: Heitmeyer, W. (Hg.): Deutsche Zustände. 4. Frankfurt. S. 86–100.

Hürlimann, M. (1993): Führer und Einflußfaktoren in der Subkultur des Strafvollzugs. Pfaffenweiler.

Hurrelmann, K. (1986): Einführung in die Sozialisationstheorie. Weinheim.

Hurrelmann, K. (2004): Lebensphase Jugend. Eine Einführung in die sozialwissenschaftliche Jugendforschung. 7., vollständig überarbeitete Auflage. Weinheim.

Jäger, H. (1989): Makrokriminalität: Studien zur Kriminalität kollektiver Gewalt. Frankfurt.

Jäger, H. (2016): Makrokriminalität (1989). In: Klimke, D./Legnaro, A. (Hg.): Kriminologische Grundlagentexte. Wiesbaden. S. 309–329.

Jakobs, G. (2009): Kriminalisierung im Vorfeld einer Rechtsgutverletzung. In: Zeitschrift für die gesamte Strafrechtswissenschaft. 97. Heft 4. S. 751–785.

Jakobs, G. (2012): Rechtsgüterschutz? Zur Legitimation des Strafrechts. Nordrhein-westfälische Akademie der Wissenschaften und der Künste: Vorträge. 538. Sitzung am 5. September 2012 in Düsseldorf. Düsseldorf.

Janssen, H. (1997): Kriminalitätstheorien und ihre jeweiligen impliziten Handlungsempfehlungen. Teil II: Theorien sozialen Lernens, Theorien sozialer Bindungen, marxistische und feministische Theorien. In: Janssen, H./Peters, F. (Hg.): Kriminologie für soziale Arbeit. Münster. S. 75–117.

Jasch, M. (2014): Kriminalität der Mächtigen: (K)ein Thema für die Soziale Arbeit? In: AK HochschullehrerInnen Kriminologie/Straffälligenhilfe in der Sozialen Arbeit (Hg.): Kriminologie und Soziale Arbeit. Ein Lehrbuch. Weinheim/Basel. S. 316–329.

Jeffery, C. R. (1960): The Historical Development of Criminology. In: Mannheim. H. (Hg.): Pioneers in Criminology. London. S. 364–394.

Jehle, J.-M./Albrecht, H.-J./Hohmann-Fricke, S./Tetal, C. (2013): Legalbewährung nach strafrechtlichen Sanktionen. Eine bundesweite Rückfalluntersuchung. 2007 bis 2010 und 2004 bis 2010. Herausgegeben vom Bundesministerium der Justiz. Berlin.

Jehle, J.-M./Heinz, W./Sutterer, P. (2003): Legalbewährung nach strafrechtlichen Sanktionen. Bundesministerium der Justiz (Hg.). Berlin.

Jessor, R. (2016): Problem Behavior Theory and Adolescent Risk Behavior. A Re-Formulation. In: ders. (Hg.): The Origins and Development of Problem Behavior Theory. Cham. S. 117–130.

John, F. (2014): Die Lebensaufgaben des Erwachsenen. In: Fuest, A./John, F./Wenke, M.: Handbuch der individualpsychologischen Beratung in Theorie und Praxis. Zusammenhänge erschließen – Horizonte öffnen. Münster/New York. S. 197–207.

KAGS: Aufgaben und Ziele. 4. April 2007. Online verfüg aber unter: http://www.kags.de/index.php?option=com_content&task=view&id=21&Itemid=37 [Letzter Zugriff: 29.6.2017]

Kaiser, G. (1996): Kriminologie. Ein Lehrbuch. 3., völlig neubearbeitete und erweiterte Auflage. Heidelberg.

Kaiser, G./Schöch, H. (2002) (Hg.): Strafvollzug. 5., neu bearbeitete und erweiterte Auflage. Heidelberg.

Kant, I. (1907): Metaphysik der Sitten. In: Königlich preußische Akademie der Wissenschaften (Hg.): Kants gesammelte Schriften. 6. Band. Berlin.
Kaplan, H. B. (2009): Self-Referent Processes and the Explanation of Deviant Behavior. In: Krohn. M./Lizotte, A. J./Hall, G. P. (Hg.): Handbook on Crime and Deviance. Dordrecht et al. S. 121–152.
Karstedt, S. (1999): Beutegesellschaft: Zur moralischen Ökonomie moderner Marktgesellschaften. In: Soziale Probleme. 10. S. 99–114.
Karstedt, S. (2007): Die Vernunft der Gefühle: Emotion. Kriminalität und Strafrecht. In: Hess, H./Ostermeier, L./Paul, B. (Hg.): Kontrollkulturen. Texte zur Kriminalpolitik im Anschluss an David Garland. Kriminologisches Journal. 9. Beiheft. Weinheim. S. 25–45.
Karstedt, S./Greve, W. (1996): Die Vernunft des Verbrechens. Rational. irrational oder banal? Der »Rational Choice«-Ansatz in der Kriminologie. In: Kreissl. R./Bussmann. K.-D. (Hg.): Kritische Kriminologie in der Diskussion. Theorien. Analysen. Positionen. Opladen. S. 171–210.
Kaske, S. (2006): Zum Zusammenhang von Gleichwertigkeit und Demokratie. In: Amadeu Antonio Stiftung (Hg.): Reflektieren. Erkennen. Verändern. Was tun gegen Gruppenbezogene Menschenfeindlichkeit? S. 16–17.
Katz, J. (1988): Seductions Of Crime: Moral and Sensual Attractions in Doing Evil. New York.
Kawamura, G. (2002): Sozialpolitik als Kriminalpolitik. Straffälligenhilfe im Schatten gesellschaftlicher Polarisierungen (1996). In: Cornel, H. (Hg.): Neue Kriminalpolitik und Soziale Arbeit. Baden-Baden. S. 316–331.
Kawamura-Reindl, G. (2009a): Freie und kommunale Hilfe für Straffällige. In: Cornel, H./Kawamura-Reindl, G./Maelicke, B./Sonnen, B. R. (Hg.): Resozialisierung. Handbuch. 3. Auflage. Baden-Baden. S. 200–219.
Kawamura-Reindl, G. (2009b): Hilfen für Angehörige Inhaftierter. In: Cornel, H./Kawamura-Reindl, G., Maelicke, B./Sonnen, B. R. (Hg.): Resozialisierung. Handbuch. 3. Aufl. Baden-Baden. S. 499–508.
Kawamura-Reindl, G. (2009c): Straffällige Frauen. In: Cornel, H./Kawamura-Reindl, G./ Maelicke, B./Sonnen, B. R. (Hg.): Resozialisierung. Handbuch. 3. Auflage. Baden-Baden. S. 344–373.
Kawamura-Reindl, G. (2014): Lebenslagen Straffälliger als Ausgangspunkt für professionelle Interventionen in der Sozialen Arbeit. In: AK HochschullehrerInnen Kriminologie/Straffälligenhilfe in der Sozialen Arbeit (Hg.): Kriminologie und Soziale Arbeit. Ein Lehrbuch. Weinheim/Basel. S. 144–159.
Kawamura-Reindl, G./Schneider, S. (2015): Lehrbuch Soziale Arbeit mit Straffälligen. Weinheim/Basel.
Kawamura-Reindl, G./Halbhuber-Gassner, L./Wichmann, C. (Hg.) (2007): Gender-Mainstreaming – ein Konzept für die Straffälligenhilfe? Freiburg.
Keckeisen, W. (1974): Die gesellschaftliche Definition abweichenden Verhaltens. Perspektiven und Grenzen des labeling approach. München.
Keppler, K./Stöver, H./Schulte, B./Reimer, J. (2010): Prison Health is Public Health! Angleichungs- und Umsetzungsprobleme in der gesundheitlichen Versorgung Gefangener im deutschen Justizvollzug: Ein Übersichtsbeitrag. In: Bundesgesundheitsblatt Gesundheitsforschung Gesundheitsschutz. 53 (2/3). S. 233–244.
Keppler, K. (2013): Medizinische Versorgung im Frauenvollzug. In: Halbhuber-Gassner, L./Pravda, G. (Hg.): Frauengesundheit im Gefängnis. Freiburg. S. 107–134.
Kerner, H. J. (1993): Jugendkriminalität zwischen Massenerscheinung und krimineller Karriere. In: Nickolai, W./Reindl, R. (Hg.): Sozialarbeit und Kriminalpolitik. Freiburg. S. 28–62.
Kerner, H.-J./Hermann, D./Bockwoldt, R. (1984): Straf(rest)aussetzung und Bewährungshilfe. Heidelberg.
Kersten, J. (1986): Zum Vollzug der Jugendstrafe an Jugendlichen. In: Müller, S./Otto, H.-U. (Hg.): Damit Erziehung nicht zur Strafe wird. Sozialarbeit als Konfliktschlichtung. Bielefeld. S. 193–173.

Kersten, J. (1995): Junge Männer und Gewalt. In: Neue Kriminalpolitik 8. 1/1995. S. 22–27.
Keupp, H. (1976): Abweichung und Alltagsroutine. Die Labeling Perspektive in Theorie und Praxis. Hamburg.
Kilb, R. (2012): Konfliktmanagement und Gewaltprävention. Grundlagen. Handlungsfelder und Konzeptionen. Wiesbaden.
Kirchberg, O. (2014): Die Lebensaufgaben des Jugendlichen. In: Fuest, A./John, F./Wenke, M. (Hg.): Handbuch der individualpsychologischen Beratung in Theorie und Praxis. Zusammenhänge erschließen – Horizonte öffnen. Münster/New York. S. 186–196.
Kirchhoff, G. F. (1997): Das Verbrechensopfer – die lang vergessene Perspektive. In: Janssen. H./Peters, F. (Hg.): Kriminologie für Soziale Arbeit. Münster. S. 139–167.
Kirsch, H. (2014). Grundlagen des Mentalisierens. In: ders. (Hg.): Das Mentalisierungskonzept in der sozialen Arbeit. Göttingen. S. 12–50.
Kitsuse, J. I. (1962): Societal reactions to deviant behavior: Problems of theory and method. In: Social Problems. 9. S. 247–256.
Klier, R./Brehmer, M./Zinke, S. (2002): Jugendhilfe im Strafverfahren – Jugendgerichtshilfe. 2. Auflage. Regensburg.
Klimke, D. (2010): Postmoderne Leibeigenschaften. In: Böllinger, L./Jasch, M./Krasmann, S./Pilgram, A./Prittwitz, C./Reinke, H./Rzepka, D. (Hg.): Gefährliche Menschenbilder. Biowissenschaften. Gesellschaft und Kriminalität. Baden-Baden. S. 218–232.
Klippstein, B. (2008): Erziehen statt einsperren – Zuwendung statt Strafe. Der Mögliche Beitrag der Strafjustiz zum adäquaten Umgang mit Täter/innen. In: ajs informationen. Fachzeitschrift der Aktion Jugendschutz. 44. 11/2008. S. 25–30.
Klüsche, W. (2004): Ein Stück weitergedacht ... In: Mühlum, A. (Hg.): Sozialarbeitswissenschaft. Wissenschaft der Sozialen Arbeit. Schriftenreihe der Deutschen Gesellschaft für Sozialarbeit e. V. Band 9. Freiburg. S. 249–269.
Knecht, T. (2003): Cesare Lombrosos Theorie vom »geborenen Verbrecher« – heute noch ein Thema? In: Dittmann, V./Jörg- Jehle, M. (Hg.): Kriminologie zwischen Grundlagenwissenschaft und Praxis. Mönchengladbach. S. 103–112.
Knischek, S. (2008): Lebensweisheiten berühmter Philosophen. 4000 Zitate von Aristoteles bis Wittgenstein. 7., aktualisierte Auflage. Hannover.
Koetzsche, H. (1998): Kann bei der Verhütung von Straftaten auf aktive Arbeit mit Straffälligen verzichtet werden? Zur Notwendigkeit tertiärer Kriminalprävention. In: Helms, U./Kawamura, G. (Hg.): Straffälligenhilfe als Prävention? Freiburg im Breisgau. S. 11–30.
Kohlberg, L. (1995): Die Psychologie der Moralentwicklung. Frankfurt.
Köhler, T. (2012): Straffällige Frauen. Eine Untersuchung der Strafzumessung und Rückfälligkeit. Göttingen.
Köhnken, G./Bliesener, T./Ostendorf, H./Barnikol, K./Marx, R./Thomas, J. (2012): Die Beurteilung der Verantwortlichkeit jugendlicher Straftäter nach § 3 JGG in der Justizpraxis. In: Egg, R. (Hg.): Psychologisch-psychiatrische Begutachtung in der Strafjustiz. Kriminologie und Praxis. Schriftenreihe der Kriminologischen Zentralstelle e. V. Band 63. Wiesbaden. S. 131–150.
Konrad, N. (2004): Prävalenz psychischer Störungen bei Verbüßern einer Ersatzfreiheitsstrafe. In: Recht und Psychiatrie. 22. 3/2004. S. 147–150.
Konrad, N. (2011): Neue Gesetzgebung in den Bundesländern – Auswirkungen auf die psychiatrische Versorgung von Gefangenen? In: Dokumentation 5. Europäische Konferenz zur Gesundheitsförderung in Haft. Hamburg, 15. bis 17. September 2010. Herausgegeben von akzept e. V. Deutsche AIDS-Hilfe e. V. Wissenschaftliches Institut der Ärzte Deutschlands e. V., Berlin. S. 20-30. Online verfügbar unter: https://www.aidshilfe.de/system/files_force/documents/5%20%20haftkonferenz-internet%202011.pdf?download=1. [Letzter Zugriff: 28.6.2017]
Koops, A. (2000): Infektionserkrankungen bei Drogenabhängigen. Prävalenz bei Häftlingen, Klienten in Drogenhilfeeinrichtungen und Drogentodesfällen. Hamburg.

Kraatz-Macek, B. (2013): Abhängig hinter Gittern – Suchtarbeit mit inhaftierten Frauen. In: Halbhuber-Gassner, L./Pravda, G. (Hg.): Frauengesundheit im Gefängnis. Freiburg. S. 45–54.

Krafeld, F. J. (1993): Jugendarbeit mit rechten Jugendszenen. Konzeptionelle Grundlagen und praktische Erfahrungen. In: Otto, H. U./Merten, D. (Hg.): Rechtsradikale Gewalt im vereinigten Deutschland. Jugend im gesellschaftlichen Umbruch. Bonn. S. 310–318.

Krasmann, S. (1998): Kann eine allgemeine Kriminalitätstheorie kritisch sein – oder sollte sie das nicht? Einige Anmerkungen zu Hess/Scheerer »Was ist Kriminalität?«. In: Kriminologisches Journal. 30. 2/1998. S. 100–108.

Krasmann, S. (2000): Gouvernementalität der Oberfläche. In: Lemke, T./Bröckling, U./Krasmann, S. (Hg.): Gouvernementalität der Gegenwart. Studien zur Ökonomisierung des Sozialen. Frankfurt/Main. S. 194–226.

Krasmann, S. (2003): Verschwörung oder Begegnung. Plädoyer für eine Fortsetzung des Programms der Partisanenwissenschaft mit etwas anderen Mitteln. In: Menzel, B./Ratzke, K. (Hg.): Grenzenlose Konstruktivität? Standortbestimmung und Zukunftsperspektiven konstruktivistischer Theorien abweichenden Verhaltens. Opladen. S. 49–64.

Kraus, W. (1996): Das erzählte Selbst. Die narrative Konstruktion von Identität in der Spätmoderne. In: Keupp, H. (Hg.): Münchner Studien zur Kultur und Sozialpsychologie. Bd. 8. Pfaffenweiler.

Kreft, D./Mielenz, I. (1996): Wörterbuch Soziale Arbeit. 4. Auflage. Weinheim und Basel.

Kreissl, R. (1993): Die Entwicklung des politischen Strafrechts als Ergebnis von Verrechtlichungsprozessen. Peters, H. (Hg.): Muß Strafe sein? Zur Analyse und Kritik strafrechtlicher Praxis. Studien zur Sozialwissenschaft. Band 22. Opladen. S. 151–167.

Kreissl, R. (1996): Was ist kritisch an der kritischen Kriminologie. Eine neue Standortbestimmung. In: Bussmann, K.-D./Kreissl, R. (Hg.): Kritische Kriminologie in der Diskussion. Theorien. Analysen. Positionen. Opladen. S. 19–44.

Kreissl, R. (2003): Begrenzte Konstruktivität – Wie Helge Peters einmal versuchte. den labeling approach zu retten. In: Menzel, B./Ratzke, K. (Hg.): Grenzenlose Konstruktivität? Standortbestimmung und Zukunftsperspektiven konstruktivistischer Theorien abweichenden Verhaltens. Opladen. S. 37–47.

Kreissl, R./Steinert, H. (2010): Neuro-soziale Hybride. Überlegungen zur nicht-reduktionistischen Integration von neuro- und sozialwissenschaftlichen Erklärungsansätzen. In: Böllinger, L./Jasch, M./Krasmann, S./Pilgram, A./Prittwitz, C./Reinke, H./Rzepka, D. (Hg.): Gefährliche Menschenbilder. Biowissenschaften. Gesellschaft und Kriminalität. Baden-Baden. S. 165–185.

Kube, E. (2000): Städtebau und Kriminalität. In: Die Kriminalprävention. 4. 4/2000. S. 144–149.

Kuhn, A./Wortmann, R. (1986): Offene Jugendhilfe und Justiz. In: Müller, S./Otto, H.-U. (Hg.): Damit Erziehung nicht zur Strafe wird. Sozialarbeit als Konfliktschlichtung. Bielefeld. S. 231–251.

Kühnel, S. M./Schmidt, P. (2002): Orientierungslosigkeit. Ungünstige Effekte für schwache Gruppen. In: Wilhelm Heitmeyer (Hg.): Deutsche Zustände. Folge 1. Frankfurt/Main. S. 83–95.

Kunstreich, T. (2014): Von der »Disziplinlosigkeit« der Sozialen Arbeit – Soziale Arbeit und kritische Theorie. In: Hermann, P./Szynka, P. (Hg.): Durchbrüche ins Soziale. Eine Festschrift für Rudolph Bauer. Bremen. S. 77–90.

Kunstreich, T./Lindenberg, M. (1997): Das Verhältnis von Kriminal- und Sozialpolitik in der justiznahen Sozialarbeit. In: Janssen, H./Peters, F. (Hg): Kriminologie für Soziale Arbeit. Münster. S. 308–328.

Kunz, K.-L. (2004a): Kriminologie. Eine Grundlegung. 4., völlig überarbeitete und aktualisierte Auflage. Bern/Stuttgart/Wien.

Kunz, K.-L. (2010): Lebenswissenschaft und Biorenaissance in der Kriminologie. In: Böllinger, L./Jasch, M./Krasmann, S./Pilgram, A./Prittwitz, C./Reinke, H./Rzepka, D. (Hg.): Gefährliche Menschenbilder. Biowissenschaften, Gesellschaft und Kriminalität. Baden-Baden. S. 125–137.

Kunz, K.-L. (2004b): Kriminologie als Agens und Reflexion gesellschaftlicher Entwicklung: Auf dem Weg zu einer erkenntnistheoretischen Wende? Pilgram, A./Prittwitz, C. (Hg.): Kriminologie. Akteurin und Kritikerin gesellschaftlicher Entwicklung. Über das schwierige Verhältnis von Wissenschaft zu den Verwaltern von Sicherheit. Baden-Baden. S. 43–50.

Kunz, K.-L./Singelnstein, T. (2016): Kriminologie. Eine Grundlegung. 7., grundlegend überarbeitete Auflage. Bern.

Kury, H. (1987): Die Behandlung Straffälliger. Teilband 2: Ergebnisse einer empirischen Untersuchung zum Behandlungserfolg bei jugendlichen und heranwachsenden Untersuchungshäftlingen. Berlin.

Kury, H. (1999): Zum Stand der Behandlungsforschung oder: Vom nothing works zum something works. In: Feuerhelm, W./Schwind, H.-D./Bock, M. (Hg.): Festschrift für Alexander Böhm zum 70. Geburtstag am 14. Juni 1999. Berlin. S. 251–274.

Kury, H. (2007): Geschichte der Kriminologie in Europa. In: Schneider, H. J. (Hg.): Internationales Handbuch der Kriminologie. Band 1: Grundlagen der Kriminologie. Berlin. S. 53–98.

Kury, H./Kania, H./Obergfell-Fuchs, J. (2004): Worüber sprechen wir, wenn wir über Punitivität sprechen? Versuch einer konzeptionellen und empirischen Begriffsbestimmung. In: Lautmann, R./Klimke, D./Sack, F. (Hg.): Punitivität: Kriminologisches Journal. 8. Beiheft. S. 51–88.

Kury, H./Obergfell-Fuchs, J. (2006): Zur Punitivität in Deutschland. In: Soziale Probleme. 17. 2/2006. S. 119–154.

Kury, H./Obergfell-Fuchs, J. (2008): Methodische Probleme bei der Erfassung von Sanktionseinstellungen (Punitivität) – Ein quantitativer und qualitativer Ansatz. In: Groenemeyer, A./Wieseler, S. (Hg.): Soziologie sozialer Probleme und sozialer Kontrolle. Realitäten, Repräsentationen und Politik. Wiesbaden. S. 231–255.

LaFree, G./Birkbeck, C. (1991): The neglected situation: a crossnational study of the situational characteristics of crime. In Criminology 29. S. 73–98.

Lamnek, S. (1977): Kriminalitätstheorien – kritisch. Anomie und Labeling im Vergleich. München.

Lamnek, S. (1983): Die soziale Produktion und Reproduktion von Kriminalisierung. In: Schüler-Springorum, H. (Hg.): Jugend und Kriminalität. Kriminologische Beiträge zur kriminalpolitischen Diskussion. Frankfurt. S. 32–49.

Lamnek, S. (2001): Theorien abweichenden Verhaltens. Eine Einführung für Soziologen, Psychologen, Pädagogen, Juristen, Politologen, Kommunikationswissenschaftler und Sozialarbeiter. 7. Auflage. München.

Lamnek, S. (2003). »Das Wort, mit dem wir Handeln anderer benennen«. Zur (Nicht-) Konstruktion von weiblicher Gewalt. In: Menzel, B./Ratzke, K. (Hg.): Grenzenlose Konstruktivität? Standortbestimmung und Zukunftsperspektiven konstruktivistischer Theorien abweichenden Verhaltens. Opladen. S. 109–124.

Lamnek, S. (2008): Theorien abweichenden Verhaltens II: »Moderne Ansätze«. Eine Einführung für Soziologen. Psychologen. Juristen. Journalisten und Sozialarbeiter. 3., überarbeitete und erweiterte Auflage. Paderborn.

Lamott, F./Pfäfflin, F. (2008): Bindung, Psychopathologie und Delinquenz. In: Strauss, B. (Hg.): Bindung und Psychopathologie. Stuttgart. S. 305–331.

Landtag Nordrhein-Westfalen (2010): Bericht der Enquetekommission zur Erarbeitung von Vorschlägen für eine effektive Präventionspolitik in Nordrhein-Westfalen. Düsseldorf.

Laub, J. H./Sampson, R. J: (2003): Shared beginnings. divergent lives. Delinquent boys to age 70. Cambridge/London.

Laubenthal, K. (2010): Gefangenensubkulturen. In: Aus Politik und Zeitgeschichte. 7/2010. S. 34–39.

Laue, C. (2010): Evolution, Kultur und Kriminalität. Über den Beitrag der Evolutionstheorie zur Kriminologie. Berlin/Heidelberg.

Lautmann, R. (2003): War der Elfte September ein Verbrechen oder ein kriegerischer Angriff? Über die Konstruktion wissenschaftlicher Ressortzuständigkeit. In: Menzel,

B./Ratzke, K. (Hg.): Grenzenlose Konstruktivität? Standortbestimmung und Zukunftsperspektiven konstruktivistischer Theorien abweichenden Verhaltens. Opladen. S. 65–83.

Lautmann, R. (2006): Probleme der Problemsoziologie. In: Soziale Probleme 17. 2006. S. 54–62.

Lautmann, R. (2010): Die Biologie erhärten, die Natur zivilisieren. In: Böllinger, L./Jasch, M./Krasmann, S./Pilgram, A./Prittwitz, C./Reinke, H./Rzepka, D. (Hg.): Gefährliche Menschenbilder. Biowissenschaften, Gesellschaft und Kriminalität. Baden-Baden. S. 202–217.

Lautmann, R./Klimke, D. (2004): Punitivität als Schlüsselbegriff für eine Kritische Kriminologie. In: Lautmann, R./Klimke, D./Sack, F. (Hg.): Punitivität: Kriminologisches Journal. 8. Beiheft. S. 9–29.

Lazarus, R. S./Folkman, S. (1984): Stress. Appraisal and Coping. New York.

Lee, C. (1995): Kriminalität der Mächtigen: Gegenstandsbestimmung. Erscheinungsformen und ein Versuch der Erklärung. In: Soziale Probleme 6. S. 24–61.

Legge, S./Mansel, J. (2012): Ethnische Diskriminierung. Rassismus und gruppenbezogene Menschenfeindlichkeit. In: Albrecht, G./Groenemeyer, A. (Hg.): Handbuch Soziale Probleme. Band 1 + 2. 2., überarbeitete Auflage. Wiesbaden. S. 494–548.

Legnaro, A. (2000): Aus der Neuen Welt: Freiheit. Furcht und Strafe als Trias der Regulation. In: Leviathan. 28. S. 202–220.

Lehmann, M. (2010): Medizinische Dokumentation im deutschen Justizvollzug. In: Bögemann, H./Keppler, K./Stöver, H. (Hg.) Gesundheit im Gefängnis. Ansätze und Erfahrungen mit Gesundheitsförderung in totalen Institutionen. Weinheim und München. S. 205–209.

Lehne, W./Schlepper, C. (2007): Die »präventive Wende« in Deutschland: Auf dem Weg zum rationalen Sicherheitsmanagement. In: Hess, H./Ostermeier, L./Paul, B. (Hg.): Kontrollkulturen. Texte zur Kriminalpolitik im Anschluss an David Garland. Kriminologisches Journal. 9. Beiheft. Weinheim. S. 119–136.

Lemert, E. (1979): Primary and Secondary Deviation. In: Jacoby, J. E. (Hg.): Classics of Criminology. Prospect Heights. S. 193 ff.

Lemert, E. (2016): Der Begriff der sekundären Devianz (1975). In: Klimke, D./Legnaro, A. (Hg.): Kriminologische Grundlagentexte. Wiesbaden. S. 125–137.

Lemert, E. M. (1951): Social pathology. A systematic approach to the Study of sociopathic behavior. New York.

Lemert, E. M. (1964): Social structure. social control. and deviation. In: Clinard, M. B. (Hg.) Anomie and Deviant Behavior. Glencoe. S. 57–98.

Lemert, E. M. (1975): Der Begriff der sekundären Devianz. In: Lüderssen, K./Sack, F. (Hg.): Seminar Abweichendes Verhalten I. Die selektiven Normen der Gesellschaft. Frankfurt/Main. S. 433–476.

Lindenberg, M. (2014): Verstehen und Gestalten. Zum Verhältnis von Kriminologie und Sozialer Arbeit. In: AK HochschullehrerInnen Kriminologie/Straffälligenhilfe in der Sozialen Arbeit (Hg.): Kriminologie und Soziale Arbeit. Ein Lehrbuch. Weinheim/Basel. S. 16–30.

Lindenberg, M./Lutz, T. (2014): Soziale Arbeit in Zwangskontexten. In: AK HochschullehrerInnen Kriminologie/Straffälligenhilfe in der Sozialen Arbeit (Hg.): Kriminologie und Soziale Arbeit. Ein Lehrbuch. Weinheim/Basel. S. 114–126.

Lindner, F. W. (1993): Vom Elend des Strafvollzugs – oder: Welchen Sinn macht Strafe? In: Peters, H. (Hg.): Muß Strafe sein? Zur Analyse und Kritik strafrechtlicher Praxis. Studien zur Sozialwissenschaft. Band 22. Opladen. S. 19–24.

Loeber, R. (1990): Developmental and risk factors of juvenile antisocial behavior and delinquency. In: Clinical Psychology Review. 10. S. 1–41.

Lohner, J./Pecher, W. (2014): Behandlung und Sozialtherapie im Strafvollzug. In: AK HochschullehrerInnen Kriminologie/Straffälligenhilfe in der Sozialen Arbeit (Hg.): Kriminologie und Soziale Arbeit. Ein Lehrbuch. Weinheim/Basel. S. 211–226.

Lombroso, C. (1894): Der Verbrecher in anthropologischer, ärztlicher und juristischer Beziehung. Hamburg.

Lösel, F. (1987): Psychological Crime Prevention: Concepts. Evaluations and Perspectives. In: Hurrelmann, K./Kaufmann, F.-X./Lösel, R. (Hg.): Social Intervention Berlin/New York. S. 289–313.
Lösel, F./Bender, D. (1997): Straftäterbehandlung: Konzepte, Ergebnisse, Probleme. In: Steller, M./Volbert, R. (Hg.): Psychologie im Strafverfahren. Ein Handbuch. Bern. S. 171–204.
Ludwig, H. (2014): Diagnose und Prognose in der Sozialen Arbeit mit straffällig gewordenen Menschen. In: AK HochschullehrerInnen Kriminologie/Straffälligenhilfe in der Sozialen Arbeit (Hg.): Kriminologie und Soziale Arbeit. Ein Lehrbuch. Weinheim/Basel. S. 176–192.
Ludwig, W. (1986): Die Funktion des Erziehungsgedankens im Jugendstrafvollzug. In: Zentralblatt für Jugendrecht. 73. 8–9. S. 333–339.
Ludwig-Mayerhofer, W. (1993): Strafe als Kommunikation. Kommunikation als Strafe – oder: Vom Unsinn einer sinnhaften Begründung des Strafrechts. Eine kleine Polemik. In: Peters, H. (Hg.): Muß Strafe sein? Zur Analyse und Kritik strafrechtlicher Praxis. Studien zur Sozialwissenschaft. Band 22. Opladen. S. 185–197.
Luhmann, N. (1995): Das Recht der Gesellschaft. Frankfurt a. Main.
Lutz, T. (2002): Restorative justice – visionäre Alternative oder Version des Alten? Hamburger Studien zur Kriminologie und Kriminalpolitik. Band 29. Münster.
MacIver, R. M. (1950): The Ramparts We Guard. New York.
MacNaughton-Smith, P. (1975): Der zweite Code. Auf dem Weg zu einer (oder hinweg von einer) empirisch begründeten Theorie über Verbrechen und Kriminalität. In: Lüderssen, K./Sack, F. (Hg.): Seminar Abweichendes Verhalten II. Frankfurt/Main. S. 197–212.
Macsenaere, M./Knab, E. (2004): Evaluationsstudie erzieherische Hilfen. Freiburg.
Maelicke, B. (2002): Resozialisierung. In: Deutscher Verein für öffentliche und private Fürsorge (Hg.): Fachlexikon der Sozialen Arbeit. Stuttgart. S. 785–786.
Maelicke, B. (2015): Das Knastdilemma. München.
Maelicke, B./Simmedinger, R. (1987): Fortentwicklung der Sozialen Dienste in der Justiz. Frankfurt.
Maelicke, B./Thier, S. (2009): Gerichtshilfe. In: Cornel, H./Kawamura-Reindl, G./Maelicke, B./Sonnen, B. R. (Hg.): Resozialisierung. Handbuch. 3. Auflage. Baden-Baden. S. 173–179.
Mansel, J. (2006): Emotionale Verarbeitung der Interaktionen mit Zuwanderern und fremdenfeindliche Einstellungen. In: Soziale Probleme. 17. S. 90–114.
Mariak, V./Schumann, K. F. (1992): Zur Episodenhaftigkeit von Kriminalität im Jugendalter. In: Ewald, U./Woweries, K. (Hg.): Entwicklungsperspektiven von Kriminalität und Strafrecht. Festschrift für John Lekschas. Bonn. S. 333–350.
Marks, S. (2010): Von Scham und Beschämung zu Anerkennung und Menschenwürde. In: Halbhuber-Gassner, L./Nickolai, W./Wichmann, C. (Hg.): Achten statt Ächten in Straffälligenhilfe und Kriminalpolitik. Freiburg. S. 183–198.
Marneros, A. (2007): Affekttaten und Impulstaten. Forensische Beurteilung von Affektdelikten. Stuttgart.
Martin, L. R./Martin, P. (2003): Gewalt in Schule und Erziehung. Ursachen – Grundformen der Prävention und Intervention. 2., überarbeitete und erweiterte Auflage. Bad Heilbrunn.
Maslow, A. H. (2010): Motivation und Persönlichkeit. 12. Ausgabe. Reinbek.
Mathiesen, T. (1986): The Politics of abolition. In: Contemporary Crises. 10. S. 81–94.
Mathiesen, T. (1993): Überwindet die Mauern! Die skandinavische Gefangenenbewegung als Modell politischer Randgruppenarbeit. Bielefeld.
Matt, E. (1995): Episode und »Doppel-Leben«: Zur Delinquenz Jugendlicher. In: Monatsschrift für Kriminologie und Strafrechtsreform. 78. S. 153–163.
Matt, E. (2007): Integrationsplanung und Übergangsmanagement. In: Forum Strafvollzug 56. 1/2007. 26–31.
Matza, D. (1964): Delinquency and Drift. New York et al.

Matza, D. (1973): Abweichendes Verhalten. Untersuchungen zur Genese abweichender Identität. Heidelberg.
McClosky, H./Schaar, J. H: (1970): Psychologische Dimensionen der Anomie (1956). In: Fischer, A. (Hg.): Die Entfremdung des Menschen in einer heilen Gesellschaft. München. S. 229–268.
McHugh, P. (1970): A Common-Sense Perception of Deviance. In: Dreitzel. H.P. (Hg.): Recent Sociology. No. 2: Patterns of Communication. New York. S. 152–180.
Mead, G. H. (1987): Psychologie der Strafjustiz. In: Mead, G. H.: Gesammelte Aufsätze. Band 1. Hans Joas (Hg.). Frankfurt/Main. S. 241–249.
Meier, B.-D. (2001): Strafrechtliche Sanktionen. Heidelberg.
Meissner, K. M. (2011): Der Gesundheitsbericht im baden-württembergischen Strafvollzug (2008). In: akzept e. V., Deutsche AIDS-Hilfe e. V. & Wissenschaftliches Institut der Ärzte Deutschlands e. V. (Hg.): Dokumentation 5. Europäische Konferenz zur Gesundheitsförderung in Haft. Hamburg, 15.–17. September 2010. S. 112–120. Berlin.
Mensch, K. (2000): Niedrigkostensituationen. Hochkostensituationen und andere Situationstypen – Ihre Auswirkungen auf die Möglichkeit von Rational-Choice Erklärungen. In: Kölner Zeitschrift für Soziologie und Sozialpsychologie. 52. 2/2000. S. 246–263.
Menzel, B./Ratzke, K. (2003): Einführung. In: dies. (Hg.): Grenzenlose Konstruktivität? Standortbestimmung und Zukunftsperspektiven konstruktivistischer Theorien abweichenden Verhaltens. Opladen. S. 7–15.
Merkel, G. (2008): Hirnforschung. Sprache und Recht. In: Putzke, H./Herzberg, H. (Hg.): Strafrecht zwischen System und Telos. Festschrift für Rolf Dietrich Herzberg. Tübingen. S. 3–38.
Merkel, G./Roth, G. (2010): Bestrafung oder Therapie? Das Schuldprinzip des Strafrechts aus Sicht der Hirnforschung. In: Bonner Rechtsjournal. 1/2010. S. 47–56.
Merton, R. K. (1964): Anomie. Anomia. and Social Interaction: Contexts of Deviant Behavior. In: Clinard, M. B. (Hg.): Anomie and Deviant Behavior. A Discussion and Critique. New York. S. 213–242.
Merton, R. K. (1965): Social Theory and Social Structure. 9. Auflage. New York et al.
Merton, R. K. (1968): Sozialstruktur und Anomie. In: Sack, F./König, R. (Hg.): Kriminalsoziologie. Frankfurt/Main. S. 283–313.
Merton, R. K. (1970a): Der erweiterte Begriff der Anomie. In: Fischer, A. (Hg.): Die Entfremdung des Menschen in einer heilen Gesellschaft. München. S. 137–143.
Merton, R. K. (1970b): Sozialstruktur und Anomie. In: Fischer, A. (Hg.): Die Entfremdung des Menschen in einer heilen Gesellschaft. München. S. 123–136.
Merton, R. K. (2016): Sozialstruktur und Anomie (1968). In: Klimke, D./Legnaro, A. (Hg.): Kriminologische Grundlagentexte. Wiesbaden. S. 245–267.
Messerschmidt, J. (1988): Überlegungen zu einer sozialistisch-feministischen Kriminologie. In: Janssen, H./Kaulitzky, R./Michalowski, R. (Hg.): Radikale Kriminologie. Themen und theoretische Positionen der amerikanischen Radical Criminology. Bielefeld. S. 83–101.
Messner, S. F. (2003): Sozialstruktur und Anomie. An institutional Anomie Theory of crime: Continuities and elaborations in the study of social structure and anomie. In: Oberwittler, D./Karstedt, S. (Hg.): Soziologie der Kriminalität. Wiesbaden. S. 93–109.
Meyer, D. (1998): Eingliederung in den Arbeitsmarkt als präventive Maßnahme. In: Kawamura, G./Helms, U. (Hg.): Straffälligenhilfe als Prävention? Freiburg. S. 76–84.
Meyer, S. (2007): Lebenslagen straffällig gewordener Menschen. BAG-S Sonderauswertung. In: Informationsdienst Straffälligenhilfe. 15. 2/2007. S. 5–7.
Michalowski, R. (1988): Radikale Kriminologie in den USA – Die Evolution marxistischer Analysen von Staat. Recht und Kriminalität. In: Janssen, H./Kaulitzky, R./Michalowski, R. (Hg.): Radikale Kriminologie. Themen und theoretische Positionen der amerikanischen Radical Criminology. Bielefeld. S. 35–61.
Michalowski, R./Janssen, H. F./Kaulitzky, R. (1988): Einführung in die Thematik. In: Janssen, H./Kaulitzky, R./Michalowski, R. (Hg.): Radikale Kriminologie. Themen und theoretische Positionen der amerikanischen Radical Criminology. Bielefeld. S. 1–6.

Miller, W. B. (1968): Die Kultur der Unterschicht als Entstehungsmilieu für Bandendelinquenz. In: Sack, F./König, R. (Hg.): Kriminalsoziologie. Frankfurt/Main. S. 339–359.
Milovanovic, D. (1977): Radikale Semiotik als Grundlage für die Analyse von Ideologie und Recht. In: Janssen, H./Kaulitzky, R./Michalowski, R. (Hg.): Radikale Kriminologie. Themen und theoretische Positionen der amerikanischen Radical Criminology. Bielefeld. S. 145–166.
Mischkowitz, R. (1990): Forschungspraktische Probleme von Längsschnittstudien. Einige Erfahrungen mit der Tübinger Jungtäter-Vergleichsuntersuchung. In: Jehle, J.-M./Maschke, W./Szabo, D. (Hg.): Strafrechtspraxis und Kriminologie. Festgabe für Hans Göppinger. 2., erweiterte Auflage. Bonn. S. 23–45.
Mischkowitz, R. (1995): Von der »gährenden Unreife der Jugend«. Das Thema Alter. Geschlecht und Kriminalität im Spiegel kriminologischer Betrachtungen. In: Monatsschrift für Kriminologie und Strafrechtsreform. 18. S. 165–181.
Missoni, L./Utting, F. M./Konrad, N. (2003): Psych(iatr)ische Störungen bei Untersuchungsgefangenen. Ergebnisse und Probleme einer epidemiologischen Studie. In: Zeitschrift für Strafvollzug und Straffälligenhilfe. 52. 6/2003. S. 323–332.
Mitglieder der Redaktion der Fachzeitschrift neue Kriminalpolitik (2002): 10 Thesen für eine Kriminalpolitik mit Augenmaß. In: Cornel, H. (Hg.): Neue Kriminalpolitik und Soziale Arbeit. Baden-Baden. S. 337–343.
Moffitt, T. E. (1993): Adolescence-limited and life-course-persistent antisocial behavior: A developmental taxonomy. In: Psychological Review. 100. S. 674–701.
Möller, H.-J./Laux, G. (2013): Einführung. In: Möller, H.-J./Laux, G./Deister, A. (Hg.): Duale Reihe Psychiatrie, Psychosomatik und Psychotherapie. 5., vollständig überarbeitete und erweiterte Auflage. Stuttgart. S. 13–27.
Mühlum, A. (2004): Zur Notwendigkeit und Programmatik einer Sozialarbeitswissenschaft. In: Mühlum, A. (Hg.): Sozialarbeitswissenschaft. Wissenschaft der Sozialen Arbeit. Schriftenreihe der Deutschen Gesellschaft für Sozialarbeit e. V. Band 9. Freiburg. S. 121–156.
Mühlum, A./Bartholomeyczik, S./Göpel, E. (2004): Auf dem Weg zu »Humanwissenschaften zweiter Ordnung«: Sozialarbeitswissenschaft – Pflegewissenschaft – Gesundheitswissenschaft. In: Mühlum. A. (Hg.): Sozialarbeitswissenschaft. Wissenschaft der Sozialen Arbeit. Schriftenreihe der Deutschen Gesellschaft für Sozialarbeit e. V. Band 9. Freiburg. S. 204–217.
Müller, C. (1973) (Hg.): Lexikon der Psychiatrie. Gesammelte Abhandlungen der gebräuchlichsten psychopathologischen Begriffe. Berlin/Heidelberg/New York.
Müller, C. (2016): Editorial. In: BAG-S· Informationsdienst Straffälligenhilfe 1/2016. S. 3.
Müller, S. (1993): Erziehen – Helfen – Strafen. Zur Klärung des Erziehungsbegriffs im Jugendstrafrecht aus pädagogischer Sicht. In: Peters, H. (Hg.): Muß Strafe sein? Zur Analyse und Kritik strafrechtlicher Praxis. Studien zur Sozialwissenschaft. Band 22. Opladen. S. 217–232.
Müller, S./Otto, H.-U. (1986): Sozialarbeit im Souterrain der Justiz. Plädoyer für eine Aufkündigung einer verhängnisvollen Allianz. In: Müller, S./Otto, H.-U. (Hg.): Damit Erziehung nicht zur Strafe wird. Sozialarbeit als Konfliktschlichtung. Bielefeld. S. VII–XXII.
Müller-Tuckfeld, J. (1996): Strafrecht und die Position von Anerkennung. In: Bussmann, K. D./Kreissl, R. (Hg.): Kritische Kriminologie in der Diskussion. Theorie. Analysen. Positionen. Opladen. S. 123–170.
Müller-Tuckfeld, J.-C. (1998): Krise der kritischen Kriminologie? Betrachtungen angesichts der Frage »Was ist Kriminalität« (Hess/Scheerer 1997). In: Kriminologisches Journal. 30. 2/1998. S. 109–121.
Myers, D. G. (2014): Psychologie. 3. Auflage. Berlin/Heidelberg.
Nedopil, N. (2005): Prognosen in der Forensischen Psychiatrie – Ein Handbuch für die Praxis. Lengerich.
Nedopil, N./Müller, J. L. (2012): Klinik. Begutachtung und Behandlung zwischen Psychiatrie und Recht. 4., überarbeitete Auflage. Stuttgart/New York.

Neubacher, F. (2002): Verbrechen aus Gehorsam. Folgerungen aus dem Milgram-Experiment für Strafrecht und Kriminologie. In: Neubacher, F./Walter, M. (Hg.): Sozialpsychologische Experimente in der Kriminologie. Milgram. Zimbardo und Rosenhan kriminologisch gedeutet. mit einem Seitenblick auf Dürrenmatt. Berlin et al. S. 43–97.

Neubacher, F. (2005) Kriminologische Grundlagen einer internationalen Strafgerichtsbarkeit. Politische Ideen- und Dogmengeschichte. kriminalwissenschaftliche Legitimation. strafrechtliche Perspektiven. Tübingen.

Neumann, U./Schroth, U. (1980): Neuere Theorien von Kriminalität und Strafe. Darmstadt.

Neustart Gemeinnützige GMBH (2016): Infomappe. Stand Januar 2016.

Neuweg, G. H. (2004): Könnerschaft und implizites Wissen. Zur lehr-lerntheoretischen Bedeutung der Erkenntnis- und Wissenstheorie Michael Polanyis. 3. Auflage. Münster et al. 2004.

Newman, O. (1996): Creating Defensible Space. (Hg.) US Department of Housing and Urban Development. Washington.

Nickolai, W. (2007a): Kriminalpolitische Anmerkungen zum Thema Jugendhilfe und Justiz. In: Nickolai, W./Wichmann, C. (Hg.): Jugendhilfe und Justiz. Gesucht: Bessere Antworten auf Jugendkriminalität. Freiburg. S. 8–14.

Nickolai, W. (2007b): Plädoyer für die Abschaffung des Jugendstrafvollzugs und gegen eine Verschärfung des Jugendstrafrechts. In: Andresen, S./Pinhard, I./Weyers, S. (Hg.): Erziehung – Ethik – Erinnerung. Pädagogische Aufklärung als intellektuelle Herausforderung. Micha Brumlik zu 60. Geburtstag. Weinheim/Basel. S. 179–185.

Nickolai, W. (2010): Die Täter verstehen. In: Halbhuber-Gassner, L./Nickolai, W./Wichmann, C. (Hg.): Achten statt Ächten in Straffälligenhilfe und Kriminalpolitik. Freiburg. S. 211–218.

Nickolai, W. (2015): Plädoyer zur Abschaffung des Jugendstrafvollzugs. In: Schweder, M. (Hg.): Handbuch Jugendstrafvollzug. Weinheim und Basel. S. 817–827.

Nickolai, W./Schwab, J.E. (2016): Vom Doppel- zum Tripel Mandat. Soziale Arbeit und das professionelle Selbstverständnis von Sozialarbeit im Strafvollzug. In: Forum Strafvollzug. Zeitschrift für Strafvollzug und Straffälligenhilfe. 3/2016, S. 204–207.

Nutz, T. (2001): Strafanstalt als Besserungsmaschine. Reformdiskurs und Gefängniswissenschaft 1775-1848. München.

Oberlies, D. (2013): Strafrecht und Kriminologie für die Soziale Arbeit. Stuttgart.

Oberwittler, D. (2004): Stadtstruktur. Freundeskreise und Delinquenz. In: Oberwittler, D./Karstedt, S. (Hg.): Soziologie der Kriminalität. Kölner Zeitschrift für Soziologie und Sozialpsychologie. Sonderheft 43/2003. Wiesbaden. S. 134–170.

Ohlemacher, T. (1995): eine ökologische Regressionsanalyse von Kriminalitätsziffern und Armutsraten. Fehlschluß par excellence? In: Kölner Zeitschrift für Soziologie und Sozialpsychologie. 47. 4/1995. S. 706–726.

Opp, K.-D. (1969): Soziologische Theorie. In: Bernsdorf, W. (Hg.): Wörterbuch der Soziologie. Zweite. neubearbeitete und erweiterte Auflage. Stuttgart. S. 1080–1087.

Opp, K.-D. (1972): Verhaltenstheoretische Soziologie. Reinbek.

Ortmann, R. (1987): Resozialisierung im Strafvollzug. Theoretischer Bezugsrahmen und empirische Ergebnisse einer Längsschnittstudie zu den Wirkungen von Strafvollzugsmaßnahmen. Freiburg.

Ostendorf, H. (2010a): Beispiele schwerer Formen der Kriminalität. In: Kriminalität und Strafrecht. Informationen zur politischen Bildung. 306. 1/2010. S. 55–60.

Ostendorf, H. (2010b): Lagebild der Kriminalität. In: Kriminalität und Strafrecht. Informationen zur politischen Bildung. 306. 1/2010. S. 4–10.

Ostendorf, H. (2010c): Sanktionensystem. In: Kriminalität und Strafrecht. Informationen zur politischen Bildung. 306. 1/2010. S. 44–47.

Ostendorf, H. (2010d): Strafrechtsprinzipien und Strafverfahren. In: Kriminalität und Strafrecht. Informationen zur politischen Bildung. 306. 1/2010e. S. 32–43.

Ostendorf, H. (2010e): Ursachen von Kriminalität. In: Kriminalität und Strafrecht. Informationen zur politischen Bildung. 306. 2010f. H. 1. S. 11–17.

Ostendorf, H. (2010f): Vom Sinn und Zweck der Strafe. In: Informationen zur politischen Bildung. H. 306. S. 18–22.
Ostendorf, H. (2010g): Ziele und Aufgaben des Jugendstrafrechts. In: Kriminalität und Strafrecht. Informationen zur politischen Bildung. 306. 1/2010. S. 48–54.
Ostendorf, H. (2011): Strafverschärfungen im Umgang mit Jugendkriminalität. In: Dollinger, B./Schmidt-Semisch, H. (Hg.): Handbuch Jugendkriminalität. Kriminologie und Sozialpädagogik im Dialog. 2., durchgesehene Auflage. Wiesbaden. S. 91–104.
Otto, H. (2004): Grundkurs Strafrecht. Allgemeine Strafrechtslehre. 7., neu bearbeitete Auflage. Berlin.
Papendorf, K. (1988): Freiheit statt Strafe. Gründe für die Abschaffung der Freiheitsstrafe bei Jugendlichen. In: Schumann, K. F./Steinert, H./Voß, M. (Hg.): Vom Ende des Strafvollzugs. Ein Leitfaden für Abolitionisten. Bielefeld. S. 123–137.
Parsons, T. (1968): The Structure of Social Action. New York.
Pearson, F. S./Weiner, N. A. (1985): Toward an Integration of Criminological Theories. In: Journal of Criminal Law and Criminology 76. S. 116–149.
Pelz, U. (1998): Prävention vor Ort – Eine sozialpolitische Herausforderung an die Straffälligenhilfe? In: Kawamura, G./Helms, U. (Hg.): Straffälligenhilfe als Prävention? Freiburg. S. 111–123.
Person, J. (2005): Der pathographische Blick. Physiognomik, Atavismustheorien und Kulturkritik 1870-1930. Studien zur Kulturpoetik. Band 6. Würzburg.
Peters, F. (1997): Kriminalitätstheorien und ihre jeweiligen impliziten Handlungsempfehlungen. Teil I: Anomietheorie, Labeling-Approach, »Radikale Kriminologie«, Kriminalität und Abweichung als »Social Censures«. In: Janssen, H./Peters, F. (Hg.): Kriminologie für soziale Arbeit. Münster. S. 40–74.
Peters, H. (1989): Devianz und soziale Kontrolle. Eine Einführung in die Soziologie abweichenden Verhaltens. Weinheim/München.
Peters, H. (1993): Einführung. In: ders. (Hg.): Muß Strafe sein? Zur Analyse und Kritik strafrechtlicher Praxis. Studien zur Sozialwissenschaft. Band 22. Opladen. S. 9–15.
Peters, H. (1995): Da werden wir empfindlich. Zur Soziologie der Gewalt. In: Lamnek, S. (Hg.): Jugend und Gewalt. Devianz und Kriminalität in Ost und West. Opladen. S. 25–36.
Peters, H. (1996): Als Partisanenwissenschaft ausgedient. als Theorie aber nicht sterblich: der labeling approach. In: Kriminologisches Journal. 28. 2/1996. S. 107–115.
Peters, H. (1997b): Distanzierung von der Praxis in deren Namen. Empfehlungen an einer definitionstheoretisch orientierten Kriminalsoziologie festzuhalten. In: Kriminologisches Journal. 29. 4/1997. S. 267–274.
Peters, H. (2004): Kühler Umgang oder Dramatisierung – Gibt es die New Penology? In: Pilgram, A./Prittwitz, C. (Hg.): Kriminologie. Akteurin und Kritikerin gesellschaftlicher Entwicklung. Über das schwierige Verhältnis von Wissenschaft zu den Verwaltern von Sicherheit. Baden-Baden. S. 181–188.
Peters, H. (2010): Kommentar zu den Vorträgen der AG »Reduzieren die Lebenswissenschaften die Kriminologie?«. In: Böllinger, L./Jasch, M./Krasmann, S./Pilgram, A./Prittwitz, C./Reinke, H./Rzepka, D. (Hg.): Gefährliche Menschenbilder. Biowissenschaften. Gesellschaft und Kriminalität. Baden-Baden. S. 415–419.
Peters, H./Cremer-Schäfer, H. (1975): Die sanften Kontrolleure. Wie Sozialarbeiter mit Devianten umgehen. Stuttgart.
Petersen, A. C./Ebata, A. (1987): Developmental Transitions and Adolescent Problem Behavior. Implications for Prevention and intervention. In Hurrelmann, K./Kaufmann, F.-X./Lösel, F. (Hg.): Social Intervention Berlin/New York. S. 167–184.
Pfäfflin, F./Lamott, F. (2010): Von tierischen und menschlichen Raubtieren. In: Böllinger, L./Jasch, M./Krasmann, S./Pilgram, A./Prittwitz, C./Reinke, H./Rzepka, D. (Hg.): Gefährliche Menschenbilder. Biowissenschaften. Gesellschaft und Kriminalität. Interdisziplinäre Studien zu Recht und Staat. Band 47. Baden-Baden. S. 138–146.
Pfeiffer, D. K./Scheerer, S. (1979): Kriminalsoziologie. Eine Einführung in Theorien und Themen. Stuttgart et al.

Pfohl, S. (1988): Abweichung und Kontrolle als Reflektion von Macht. In: Janssen, H./ Kaulitzky, R./Michalowski, R. (Hg.): Radikale Kriminologie. Themen und theoretische Positionen der amerikanischen Radical Criminology. Bielefeld. S. 128–144.
Piefke, M./Markowitsch, H. J. (2010): Psychobiologische Grundlagen von Gewalt und Aggression. In: Böllinger, L./Jasch, M./Krasmann, S./Pilgram, A./Prittwitz, C./Reinke, H./Rzepka, D. (Hg.): Gefährliche Menschenbilder. Biowissenschaften. Gesellschaft und Kriminalität. Baden-Baden. S. 37–49.
Pilgram, A. (2002): Freiheitsstrafe als Fangnetz für Arme (1998). In: Cornel, H. (Hg.): Neue Kriminalpolitik und Soziale Arbeit. Baden-Baden. S. 271–283.
Pilgram, A./Prittwitz, C. (2004): Einleitung. In: Pilgram, A./Prittwitz, C. (Hg.): Kriminologie. Akteurin und Kritikerin gesellschaftlicher Entwicklung. Über das schwierige Verhältnis von Wissenschaft zu den Verwaltern von Sicherheit. Baden-Baden. S. 9–15.
Pilgram, A./Steinert, H. (2002): Wem nützt die »Opferorientierung« des staatlichen Strafens (1991). In: Cornel, H. (Hg.): Neue Kriminalpolitik und Soziale Arbeit. Baden-Baden. S. 121–126.
Platt, T. (1975): Prospects for a Radical Criminology in the US. In: Taylor, I./Walton, P./ Young, J. (Hg.): Critical Criminology. London et al. S. 95–109.
Plewig, H. J. (2001): Delinquenz. In: Otto, H.-U./Thiersch, H. (Hg.): Handbuch Sozialarbeit, Sozialpädagogik. Neuwied, S. 243–252.
Plewig, H.-J. (1986): Ist das Jugendstrafrecht durch die Sozialpädagogik zu retten? In: Müller, S./Otto, H.-U. (Hg.): Damit Erziehung nicht zur Strafe wird. Sozialarbeit als Konfliktschlichtung. Bielefeld. S. 253–270.
Pollähne, H. (2010): Die »neue« psychopathy im Recht der Sicherungsverwahrung. In: Böllinger, L./Jasch, M./Krasmann, S./Pilgram, A./Prittwitz, C./Reinke, H./Rzepka, D. (Hg.): Gefährliche Menschenbilder. Biowissenschaften, Gesellschaft und Kriminalität. Baden-Baden. S. 397–414.
Popitz, H. (2016): Über die Präventivwirkung des Nichtwissens. Dunkelziffer. Norm und Strafe (1968). In: Klimke, D./Legnaro, A. (Hg.): Kriminologische Grundlagentexte. Wiesbaden. S. 33–46.
Popitz, H. (1968): Über die Präventivwirkung des Nichtwissens. Dunkelziffer. Norm und Strafe. Tübingen.
Popp, U. (2015): Erziehungswissenschaft. In: Melzer, W./Hermann, D./Sandfuchs, U./ Schäfer, M./Schubarth, W./Daschner, P. (Hg.): Handbuch Aggression. Gewalt und Kriminalität bei Kindern und Jugendlichen. Bad Heilbrunn. S. 116–121.
Popper, K. R. (1984): Logik der Forschung. Tübingen.
Prein, G./Schumann, K. F. (2003): Dauerhafte Delinquenz und die Akkumulation von Nachteilen. In: Schumann. K. F. (Hg.): Berufsbildung. Arbeit und Delinquenz. Bd. 2. Weinheim/München. S. 181–208.
Prittwitz, C. (2004): Feindstrafrecht. In: Pilgram, A./Prittwitz, C. (Hg.): Kriminologie. Akteurin und Kritikerin gesellschaftlicher Entwicklung. Über das schwierige Verhältnis von Wissenschaft zu den Verwaltern von Sicherheit. Baden-Baden. S. 215–228.
Quensel, S. (1970): Wie wird man kriminell? Verlaufsmodell einer fehlgeschlagenen Interaktion zwischen Delinquenten und Sanktionsinstanz. In: Kritische Justiz. 3. S. 375–382.
Quensel, S. (1987): Zur Funktionalität von Kriminalität und Criminal-Justice-System. Skizze eines Arbeitsprogramms bzw. Bitte um kriminalhistorische Unterstützung. In: Kriminologie und Geschichte. Kriminologisches Journal. 2. Beiheft. Weinheim. S. 186–199.
Quensel, S. (2003): Das Labeling-Paradigma – ein Konstrukt? Oder: Wie wir Theorien lieben. In: Menzel, B./Ratzke, K. (Hg.): Grenzenlose Konstruktivität? Standortbestimmung und Zukunftsperspektiven konstruktivistischer Theorien abweichenden Verhaltens. Opladen. S. 17–36.
Quensel, S. (2007): Lösen staatliche Akteure ein »High-Crime-Problem«? Einige methodische Fragen zu Garlands »Culture of Control«. In: Hess, H./Ostermeier, L./Paul, B. (Hg): Kontrollkulturen. Texte zur Kriminalpolitik im Anschluss an David Garland. Kriminologisches Journal. 9. Beiheft. Weinheim. S. 187–204.

Quinney, R. (1974): Critique of the Legal Order. Boston.
Quinney, R. (1975): Die Ideologie des Rechts. Über eine radikale Alternative zum legalen Zwang. In: Lüderssen, K./Sack, F. (Hg.): Seminar Abweichendes Verhalten. Bd. 1: Selektive Normen der Gesellschaft. Frankfurt. S. 80–125.
Radbruch, G. (1950): Rechtsphilosophie. 4. Auflage. Nach dem Tod des Verfassers besorgt und biographisch eingeleitet von D. Dr. Erik Wolf. Stuttgart.
Raiser, T. (1987): Rechtssoziologie. Frankfurt.
Raithel, J. (2004): Delinquenz und Lebensstile Jugendlicher. In: Kriminologisches Journal. 36. 3/2004. S. 178–196.
Reckling, P. (2016): Handlungs- und Reformbedarf in der Bewährungshilfe. In: Zeitschrift für Jugendkriminalrecht und Jugendhilfe. Heft 3/2016. S. 227–231.
Reichmann, U. (2016): Schreiben und Dokumentieren in der Sozialen Arbeit. Struktur. Orientierung und Reflexion für die berufliche Praxis. Opladen et al.
Reindl, R. (1998): Resozialisierung als tertiäre Prävention. Das Hilfekonzept des § 72 BSHG. In: Kawamura, G./Helms, U. (Hg.): Straffälligenhilfe als Prävention? Freiburg. S. 85–110.
Reinke, H./Schierz, S. (2010): Konjunkturen der Gefährlichkeit? Gefährdete Zukunft? Das wissenschaftliche und praxisbezogene Sprechen über kriminelle Jugendliche in den 1970er Jahren in der Bundesrepublik. In: Böllinger, L./Jasch, M./Krasmann, S./Pilgram, A./Prittwitz, C./Reinke, H./Rzepka, D. (Hg.): Gefährliche Menschenbilder. Biowissenschaften, Gesellschaft und Kriminalität. Baden-Baden. S. 356–373.
Remschmidt, H./Schmidt, M./Poustka, F. (2010) (Hg.): Multiaxiales Klassifikationsschema für psychische Störungen des Kindes- und Jugendalters nach ICD-10 der WHO. 4., vollständig bearbeitete und erweiterte Auflage. Bern/Göttingen/Toronto/Seattle.
Repetto, T. (1976): Crime Prevention and the Displacement Phenomenon. In: Crime and Delinquency. 22. S. 166–177.
Roggenthin, K./Kerwien, E.-V. (2014): Lebens- und Problemlagen straffällig gewordener Menschen und ihrer Angehörigen. In: Informationsdienst Straffälligenhilfe 3/2014. S. 11–15.
Rose, G. (1970): Anomie und Abweichung – ein begrifflicher Rahmen für empirische Arbeiten (1966). In: Fischer, A. (Hg.): Die Entfremdung des Menschen in einer heilen Gesellschaft. München. S. 162–179.
Rosner, R./Gavranidou, M. (2002): Erwartungen an eine klinische Bindungsforschung aus der Sicht der Verhaltenstherapie. In: Strauss, B./Buchheim, A./Kächele, H. (Hg.): Klinische Bindungsforschung. Theorien, Methoden, Ergebnisse. Stuttgart et al. S. 17–24.
Ross, T./Lamott, F./Pfäfflin, F. (2002): Bindungsforschung im forensischen Bereich. In: Strauss, B./Buchheim, A./Kächele, H. (Hg.): Klinische Bindungsforschung. Theorien, Methoden, Ergebnisse. Stuttgart et al. S. 272–280.
Rossi, R. (2010): Arxhof: Das Risiko als Chance. In: Halbhuber-Gassner, L./Nickolai, W./Wichmann, C. (Hg.): Achten statt Ächten in Straffälligenhilfe und Kriminalpolitik. Freiburg. S. 199–209.
Rössner, D. (1986): Jugendstrafe als Jugend(konflikt)hilfe. In: Müller, S./Otto, H.-U. (Hg.): Damit Erziehung nicht zur Strafe wird. Sozialarbeit als Konfliktschlichtung. Bielefeld. S. 213–230.
Rössner, D. (2003): Mediation im Strafrecht. In: Cornel, H./Kawamura-Reindl, G./Maelicke, B./Sonnen, B.-R. (Hg.): Handbuch der Resozialisierung. 2. Auflage. Baden-Baden. S. 203–230.
Roth, G. (2001): Fühlen. Denken. Handeln. Wie das Gehirn unser Verhalten steuert. Neue, vollständig überarbeitete Ausgabe. Frankfurt/M.
Roxin, C./Arzt, G./Tiedemann, K. (2006): Einführung in das Strafrecht und Strafprozessrecht. 5., neu bearbeitete Auflage. Heidelberg.
Rüther, W. (1975): Abweichendes Verhalten und labeling approach. Köln/Berlin.
Sachße, C./Tennstedt, F. (1980): Geschichte der Armenfürsorge in Deutschland. Vom Spätmittelalter bis zum 1. Weltkrieg. Stuttgart.

Sack, F. (1968): Neue Perspektiven in der Kriminologie. In: Sack, F./König, R. (Hg.): Kriminalsoziologie. Frankfurt. S. 431–475.
Sack, F. (1972): Definition von Kriminalität als politisches Handeln: der labeling approach. In: Kriminologisches Journal. 1. S. 3–31.
Sack, F. (1987): Vorbemerkung. In: Deichsel, W./Kunstreich, T./Lehne, W./Löschper, G./Sack, F. (Hg.): Kriminalität. Kriminologie und Herrschaft. Hamburger Studien zur Kriminologie. Band 2. Pfaffenweiler. S. 1– 6.
Sack, F. (1988): Wege und Umwege der deutschen Kriminologie in und aus dem Strafrecht. In: Janssen, H./Kaulitzky, R./Michalowski, R. (Hg.): Radikale Kriminologie. Themen und theoretische Positionen der amerikanischen Radical Criminology. Bielefeld. S. 9–34.
Sack, F. (1993a): Kritische Kriminologie. Kaiser, G./Kerner, H.-J./Sack, F./Schellhoss, H. (Hg.): Kleines kriminologisches Wörterbuch. 3., völlig neubearbeitete und erweiterte Auflage. Heidelberg. S. 329–337.
Sack, F. (1993b): Strafrechtliche Kontrolle und Sozialdisziplinierung. In: Frehsee, D./Löschper, G./Schumann, K. F. (Hg.): Strafrecht, soziale Kontrolle, soziale Disziplinierung. Opladen. S. 16–45.
Sack, F. (2002): Einführende Anmerkungen zur kritischen Kriminologie. In: Anhorn, R./Bettinger, F. (Hg.): Kritische Kriminologie und Soziale Arbeit. Impulse für professionelles Selbstverständnis und kritisch-reflexive Handlungskompetenz. Weinheim/München. S. 27–46.
Sack, F. (2004): Wie die Kriminalpolitik dem Staat aufhilft. Governing through Crime als neue politische Strategie. In: Lautmann, R./Klimke, D./Sack, F. (Hg.): Punitivität. Kriminologische Journal. 8. Beiheft. Weinheim. S. 30–50.
Sack, F. (2006): Gesellschaftliche Entwicklungen und Sanktionseinstellungen – Anmerkungen zur deutschen kriminalpolitischen Diskussion. In: Soziale Probleme 17. S. 155–173.
Sack, F. (2007): Die deutsche Kriminologie – von »draußen« betrachtet. In: Hess, H./Ostermeier, L./Paul, B. (Hg.): Kontrollkulturen. Texte zur Kriminalpolitik im Anschluss an David Garland. Kriminologisches Journal. 9. Beiheft. Weinheim. S. 205–230.
Sack, F. (2011): Symbolische Kriminalpolitik und wachsende Punitivität. In: Dollinger, B./Schmidt-Semisch, H. (Hg.): Handbuch Jugendkriminalität. Kriminologie und Sozialpädagogik im Dialog. 2. durchgesehene Auflage. Wiesbaden. S. 63–86.
Sack, F. (2016): Neue Perspektiven in der Kriminologie (1968). In: Klimke, D./Legnaro, A. (Hg.): Kriminologische Grundlagentexte. Wiesbaden. S. 107-123.
Sampson, R. J./Laub, J. H. (1993): Crime in the Making. Pathways and Turning Points through Life. Cambridge/London.
Sandberg, B. (2012): Wissenschaftlich Arbeiten von Abbildung bis Zitat. Lehr- und Übungsbuch für Bachelor. Master und Promotion. München.
Saß, H./Wittchen, H.-U./Zaudig, M./Housen, I. (1998) (Deutsche Bearbeitung): Diagnostische Kriterien des Diagnostischen und Statistischen Manuals Psychischer Störungen DSM-IV. Göttingen/Bern/Toronto/Seattle.
Schauz, D. (2008): Strafen als moralische Besserung. Eine Geschichte der Straffälligenfürsorge 1777–1933. München.
Scheerer, S. (1986): Abolitionismus und Neoklassizismus. In: Müller, S./Otto, H.-U. (Hg.): Damit Erziehung nicht zur Strafe wird. Sozialarbeit als Konfliktschlichtung. Bielefeld. S. 3–15.
Scheerer, S. (1991): Abolitionismus. In: Sievert, R./Schneider, H. J. (Hg.): Handwörterbuch der Kriminologie. Band 5. Lieferung 2. Berlin. S. 287–301.
Scheerer, S. (1993a): Die soziale Aufgabe des Strafrechts. In: Peters, H. (Hg.): Muß Strafe sein? Zur Analyse und Kritik strafrechtlicher Praxis. Studien zur Sozialwissenschaft. Band 22. Opladen. S. 79–90.
Scheerer, S. (1993b): Kriminalität der Mächtigen. In: Kaiser, G./Kerner, H.-J./Sack, F./Schellhoss, H. (Hg.): Kleines kriminologisches Wörterbuch. 3. völlig neubearbeitete und erweiterte Auflage. Heidelberg S. 246–249.

Scheerer, S. (1997): Anhedonia Criminologica. In: Kriminologisches Journal. 29. 1/1997. S. 23–37.
Scheerer, S. (1998): Abolitionismus. In: Handwörterbuch der Kriminologie und der anderen strafrechtlichen Hilfswissenschaften. Band 5: Nachtrags- und Registerband. Berlin/New York. S. 287–301.
Scheerer, S. (2001): Kritik der Strafenden Vernunft. In: Ethik und Sozialwissenschaften. Streitforum für Erwägungskultur. 12. 1/2001. S. 69–83.
Scheerer, S. (2003): Einige definitionstheoretische Aspekte des »Terrorismus«. In: Menzel, B./Ratzke, K. (Hg.): Grenzenlose Konstruktivität? Standortbestimmung und Zukunftsperspektiven konstruktivistischer Theorien abweichenden Verhaltens. Opladen. S. 85–97.
Schellhoss, H. (1993): Funktionen der Kriminalität. In: Kaiser, G./Kerner, H.-J./Sack, F./Schellhoss, H. (Hg.): Kleines Kriminologisches Wörterbuch. 3. völlig neubearbeitete und erweiterte Auflage. Heidelberg. S. 152–156.
Scherr, A. (2002): Mit Härte gegen Gewalt? Kritische Anmerkungen zum Anti-Aggressivitäts- und Coolness-Training. In: Kriminologisches Journal. 34. 4/2002. S. 304–311.
Scherr, A. (2007): Jugendhilfe, die bessere Form des Strafvollzugs? Chancen und Risiken. In: Nickolai, W./Wichmann, C. (Hg.): Jugendhilfe und Justiz. Gesucht: Besser Antworten auf Jugendkriminalität. Freiburg. S. 68–83.
Scherr, A. (2012): Reflexive Kritik. Über Gewissheiten und Schwierigkeiten kritischer Theorie auch in der Sozialen Arbeit. In: Anhorn, R./Bettinger, F./Horlacher, C./Rathgeb, K. (Hg.): Kritik der Sozialen Arbeit – kritische Soziale Arbeit. Wiesbaden. S. 107–121.
Schild, W. (1986): Über die Schwierigkeit. zur Schuld(lehre) im Strafrecht Nein oder Ja zu sagen. In: Müller, S./Otto, H.-U. (Hg.): Damit Erziehung nicht zur Strafe wird. Sozialarbeit als Konfliktschlichtung. Bielefeld. S. 29–44.
Schilling, J./Zeller, S. (2010): Soziale Arbeit. Geschichte, Theorie, Profession. 4. Auflage. München. Basel.
Schmidt-Semisch, H. (2005): Versichern gegen Kriminalität – Kriminalpolitische Option oder Bankrotterklärung. 10. Christian-Broda-Vorlesung. NEUSTART – Bewährungshilfe. Konfliktregelung. Soziale Arbeit. Wien.
Schmidt-Semisch, H./Schorb, F. (2011): »Live and Let Die«: Umrisse einer Punitivität im Kontext von Gesundheit und Krankheit. In: Dollinger, B./Schmidt-Semisch, H. (Hg.): Gerechte Ausgrenzung? Wohlfahrtsproduktion und die neue Lust am Strafen. Wiesbaden. S. 245–262.
Schneider, H.-J. (1977a): Kriminologie (Grundlagen) – Ergänzung. In: Sieverts. R./Schneider, H. J. (Hg.): Handwörterbuch der Kriminologie. Völlig neubearbeitete 2. Auflage. Bd. 2. Berlin. S. 515–559.
Schneider, H.-J. (1977b): Psychologie des Verbrechens (Kriminalpsychologie). In: Sieverts, R./Schneider, H.-J. (Hg.): Handwörterbuch der Kriminologie. Begründet von Alexander Elster und Heinrich Lingemann. völlig neu bearbeitete zweite Auflage. Band 2: Kriminalpolitik —Rauschmittelmissbrauch. Berlin. S. 415–458.
Schneider, H.-J. (1997): Kriminologische Ursachentheorien. In: Kriminalistik 51. 5/1997. S. 306–318.
Schneider, H.-J. (1998): Kinder- und Jugenddelinquenz. In: Sieverts, R./Schneider, H.-J. (Hg.): Handwörterbuch der Kriminologie und der anderen strafrechtlichen Hilfswissenschaften. Band 5: Nachtrags- und Registerband. Berlin/New York: S. 467–502.
Schneider, H.-J. (2001): Kriminologie für das 21. Jahrhundert. Schwerpunkte und Fortschritte der Internationalen Kriminologie. Überblick und Diskussion. Münster.
Schneider, H.-J. (2014a): Kriminologie. Ein internationales Handbuch. Band 1: Grundlagen. Berlin/Boston.
Schneider, S. (2014b): Theoretische Profilierung Sozialer Arbeit mit Straffälligen. In: AK HochschullehrerInnen Kriminologie/Straffälligenhilfe in der Sozialen Arbeit (Hg.): Kriminologie und Soziale Arbeit. Ein Lehrbuch. Weinheim/Basel. S. 127–143.

Schöch, H. (2001): Wie soll die Justiz auf Jugendkriminalität reagieren? In: Dölling, D. (Hg.): Das Jugendstrafrecht an der Wende zum 21. Jahrhundert. Symposium zum 80. Geburtstag von Dr. Rudolf Brunner. Berlin/New York. S. 125–140.
Schuessler, K. F./Cressey, D. R. (1950): Personality Characteristics of Criminals. In: American Journal of Sociology. 55. S. 476–484.
Schulze, B. (2004): Psychisch Kranke im Spiegel der öffentlichen Meinung. In: Rössler, W. (Hg.): Psychiatrische Rehabilitation. Berlin/Heidelberg. S. 849–860.
Schumann, K. F. (1974): Gegenstand und Erkenntnisinteressen einer konflikttheoretischen Kriminologie. In: Arbeitskreis Junger Kriminologen (Hg.): Kritische Kriminologie. Positionen. Kontroversen und Perspektiven. München. S. 69–84.
Schumann, K. F. (1988): Eine Gesellschaft ohne Gefängnisse. In: Schumann, K. F./Steinert, H./Voß, M. (Hg.): Vom Ende des Strafvollzugs. Ein Leitfaden für Abolitionisten. Bielefeld. S. 16–34.
Schur, E. M. (1973): Radical Non-Intervention. Rethinking the Delinquency Problem. Englewood Cliffs.
Schwendinger, H./Schwendinger, J. (1975): Defenders of Order or the Guardians of Human Rights? In: Taylor, I./Walton, P./Young, J. (Hg.). Critical Criminology. London/Boston. S. 123–157.
Schwind, H.-D. (1995): Kriminologie. Eine praxisorientierte Einführung mit Beispielen. 6. neubearbeitete und erweiterte Auflage. Heidelberg.
Schwind, H.-D./Böhm, A./Jehle, J.-M./Laubenthal, K. (2013) (Hg.): Strafvollzugsgesetz – Bund und Länder. Kommentar. 6., neu bearbeitete Auflage. Berlin/Boston.
Scott, M. B./Lyman, S. M. (1970): Accounts. deviance and social order. In: Douglas. J. (Hg.): Deviance and Respectability. New York. S. 89 ff.
Seeman, M. (1959): On the Meaning of Alienation. In: American Sociological Review. 24. S. 783–791.
Seeman, M. (1970): Über die Bedeutung der Entfremdung. In: Fischer, A. (Hg.): Die Entfremdung des Menschen in einer heilen Gesellschaft. München. S. 180–194.
Sellin, T. (1938): Culture Conflict and Crime. New York.
Sen, A. K. (2000): Ökonomie für den Menschen. Wege zu Gerechtigkeit und Solidarität in der Marktwirtschaft. 1. Aufl. München et. al.
Sessar, K. (1984): Jugendstrafrechtliche Konsequenzen aus jugendkriminologischer Forschung: Zur Trias von Ubiquität, Nichtregistrierung und Spontanbewährung im Bereich der Jugendkriminalität. In: Walter, M./Koop, G. (Hg.): Die Einstellung des Strafverfahrens im Jugendrecht. Kriminalpädagogische Praxis Heft 5. Lingen. S. 26–50.
Sessar, K. (1986): Neue Wege der Kriminologie aus dem Strafrecht In: Hirsch, H. J./Kaiser, G./Marquardt, H- (Hg.): Gedächtnisschrift für Hilde Kaufmann. Berlin. S. 373–391.
Sessar, K. (1992): Wiedergutmachen oder Strafen. Einstellungen in der Bevölkerung und der Justiz. Hamburger Studien zur Kriminologie. Bd. 11. Pfaffenweiler.
Sessar, K. (1993): Wie viel Strafe braucht der Mensch? In: Nickolai, W./Reindl, R. (Hg.): Sozialarbeit und Kriminalpolitik. Freiburg. S. 93–109.
Shearing, C. (1997): Gewalt und die neue Kunst des Regierens uns Herrschens: Privatisierung und ihre Implikationen. In: Von Trotha, T. (Hg.): Soziologie der Gewalt. Wiesbaden. S. 263–278.
Sherman, L. W./Gottfredson, D. C./MacKenzie, D. L./Eck, J./Reuter, P./Bushway, S.C. (1998): Preventing Crime: What Works. What Doesn't. What's Promising. In: National Institute of Justice (Hg.): Research in Brief. Washington.
Sidler, N. (1999): Problemsoziologie. Eine Einführung. Freiburg i. Br.
Siegel, L. J. (2011): Criminology. The Core. 4. Auflage. Belmont.
Siegler, R./Eisenberg, N./DeLoache, J./Saffran, J. (2011): Moralentwicklung. In: Siegler, R./Eisenberg, N./DeLoache, J./Saffran, J. (Hg.): Entwicklungspsychologie im Kindes- und Jugendalter. Berlin/Heidelberg. S. 529 ff.

Silbereisen, R.K./Kastner. P. (1985): Jugend und Drogen: Entwicklung von Drogengebrauch – Drogengebrauch als Entwicklung? In Oerter, R. (Hg.): Lebensbewältigung im Jugendalter. Weinheim. S. 192–219.
Simon, J. (1993): Poor Discipline. Parole and the Social Control of the Underclass 1890–1990. London.
Simon, J. (1997): »Governing Through Crime«. In: Friedman, L. M./Fisher, G. (Hg.): The Crime Conundrum: Essays on Criminal Justice. Boulder/CO. S. 171–189.
Simon, T. (2001): Wem gehört der öffentliche Raum? Zum Umgang mit Armen und Randgruppen in Deutschlands Städten. Opladen.
Singelnstein, T./Stolle, P. (2007): Soziale Kontrolle in High Control Societies. In: Hess, H./Ostermeier, L./Paul, B. (Hg.): Kontrollkulturen. Texte zur Kriminalpolitik im Anschluss an David Garland. Kriminologisches Journal. 9. Beiheft. Weinheim. S. 105–118.
SKM – Katholischer Verband für soziale Dienste in Deutschland e. V. (1991): Grundposition für Hilfe für Straffällige und ihre Angehörige. 2. Auflage. Düsseldorf.
Smaus, G. (1986a): Gesellschaftsmodelle in der abolitionistischen Bewegung. In: Kriminologisches Journal. 18. 1/1986. S. 1–18.
Smaus, G. (1986b): Versuch um eine materialistisch-interaktionistische Kriminologie. In: Kriminologisches Journal. 1. Beiheft. S. 179–199.
Smaus, G. (1990): Das Strafrecht und die Frauenkriminalität. In: Kriminologisches Journal. 22. S. 266–283.
Smaus, G. (1995): Feministische Erkenntnistheorie und Kriminologie von Frauen. In: Althoff, M./Kappel, S. (Hg.): Geschlechterverhältnis und Kriminologie. Kriminologisches Journal. 5. Beiheft. Weinheim. S. 9–27.
Smaus, G. (1998): Das Strafrecht und die gesellschaftliche Differenzierung. Baden-Baden 1998.
Smelser, N. J. (1994): Sociological Theories. In: International Social Science Journal. 46. S. 1–14.
Smith, D. E. (1976): »K ist geisteskrank«: Die Anatomie eines Tatsachenberichtes. In: Weingarten, E./Sack, F./Schenkein, J. (Hg.): Ethnomethodologie – Beiträge zu einer Soziologie des Alltagshandelns. Frankfurt am Main. S. 368–415.
Sommerfeld, P./Dällenbach, R./Rüegger, C./Hollenstein, L. (2016): Klinische Soziale Arbeit und Psychiatrie. Entwicklungslinien einer handlungstheoretischen Wissensbasis. Wiesbaden.
Sonnen, B.-R. (2003): Jugendkriminalität und Jugendstraffälligenhilfe. In: Cornel, H./Kawamura-Reindl, G./Maelicke, B./Sonnen, B.-R. (Hg.): Handbuch der Resozialisierung. 2. Auflage. Baden-Baden. S. 69–134.
Spiess, G. (2004a): Jugendkriminalität in Deutschland Kriminalstatistische und kriminologische Befunde. Erweiterte Fassung des Vortrags für das Seminar »Jugendkriminalität« der Polizei-Führungsakademie Münster. 21.-23.4.2004. Online zu finden unter: http://¬www.uni-konstanz.de/rtf/gs/G.Spiess-Jugendkriminalitaet.pdf [Letzter Zugriff: 28.6.2017]
Spiess, G. (2004b): What Works? Zum Stand der internationalen kriminologischen Wirkungsforschung zu Strafe und Behandlung im Strafvollzug. In: Cornel, H./Nickolai, W. (Hg.): What Works? Neue Ansätze der Straffälligenhilfe auf dem Prüfstand. Freiburg. S. 12–34.
Spiess, G. (2012): Jugendkriminalität in Deutschland – zwischen Fakten und Dramatisierung. Kriminalstatistische und kriminologische Befunde. Konstanz 2012. Online zu finden unter: http://www.uni-konstanz.de/rtf/gs/G.Spiess-Jugendkriminalitaet-2012.pdf [Letzter Zugriff: 28.6.2017]
Spiess, G. (2015): Das Jugendstrafrecht und die ambulanten Maßnahmen: Vielfalt der Möglichkeiten – Einfalt der Praxis. In: DVJJ (Hg.): Jugend ohne Rettungsschirm. Dokumentation des 29. Deutschen Jugendgerichtstages in Nürnberg. Mönchengladbach. S. 421–445.

Springer Gabler Verlag (Hg.): Gabler Wirtschaftslexikon. Stichwort: Zielgruppe. Online verfügbar unter: http://wirtschaftslexikon.gabler.de/Archiv/13543/zielgruppe-v7.html [Letzter Zugriff: 28.6.2017]

Srole, L. (1956): Social Integration and Certain Corollaries. An Exploratory Study. In: American Journal of Sociology. S. 709–716.

Srole, L. (1970): Soziale Integration und bestimmte Folgeerscheinungen – eine Forschungsstudie (1956). In: Fischer, A. (Hg.): Die Entfremdung des Menschen in einer heilen Gesellschaft. München. S. 195–207.

Stallberg, F. W. (1975) (Hg.): Abweichung und Kriminalität. Konzeptionen. Kritik. Analysen. Hamburg.

Stallberg, F.W. (1976): Der labeling approach in der Diskussion – Eine Kritik neuerer Literatur. In: Kriminologisches Journal. 1/1976. S. 61–70.

Stangl, W. (1998): Anmerkungen zum Richtungsstreit in der Kriminalsoziologie. In: Kritisches Journal 30. 2/1998. S. 138–145.

Stangl, W. (2002): Wege aus dem Strafrecht. In: Cornel, H. (Hg.): Neue Kriminalpolitik und Soziale Arbeit. Baden-Baden. S. 303–315.

Statistisches Bundesamt (destatis) (2013): Rechtspflege. Bewährungshilfe. Fachserie 10 Reihe 5. 2011. Wiesbaden. Online verfügbar unter: https://www.destatis.de/DE/Publikationen/Thematisch/Rechtspflege/Bewaehrungshilfe/Bewaehrungshilfe.html [Letzter Zugriff: 28.6.2017]

Statistisches Bundesamt (destatis) (2015a): Justiz auf einen Blick. Ausgabe 2015. Wiesbaden. Online verfügbar unter: https://www.destatis.de/DE/Publikationen/Thematisch/Rechtspflege/Querschnitt/BroschuereJustizBlick0100001159004.pdf?__blob=publicationFile. [Letzter Zugriff: 28.6.2017]

Statistisches Bundesamt (destatis) (2015b): Strafverfolgung – Fachserie 10 Reihe 3 – 2013. Online verfügbar unter https://www.destatis.de/DE/Publikationen/Thematisch/Rechtspflege/StrafverfolgungVollzug/Strafverfolgung2100300137004.pdf;jsessionid=B941BA9D1686BBB9C0AB89591FB527D2.cae4?__blob=publicationFile [Letzter Zugriff: 28.6.2017]

Statistisches Bundesamt (destatis) (2016a) (Hg.): Rechtspflege: Staatsanwaltschaften 2015. Fachserie 10 Reihe 2.6. Wiesbaden. Online verfügbar unter: https://www.destatis.de/DE/Publikationen/Thematisch/Rechtspflege/GerichtePersonal/Staatsanwaltschaften2100260157004.pdf?__blob=publicationFile [Letzter Zugriff: 28.6.2017]

Statistisches Bundesamt (destatis) (2016b): Rechtspflege. Strafvollzug. Demographische und kriminologische Merkmale der Strafgefangenen zum Stichtag 31.3. Fachserie 10 Reihe 4.1. 2015. Wiesbaden. Online verfügbar unter: https://www.destatis.de/DE/Publikationen/Thematisch/Rechtspflege/StrafverfolgungVollzug/Strafvollzug2100410157004.pdf?__blob=publicationFile [Letzter Zugriff: 28.6.2017]

Statistisches Bundesamt (destatis) (2016c): Statistisches Jahrbuch. Deutschland und Internationales. 2016. Wiesbaden. Online verfügbar unter: ttps://www.destatis.de/DE/Publikationen/StatistischesJahrbuch/StatistischesJahrbuch.html [Letzter Zugriff: 28.6.2017]

Statistisches Bundesamt (destatis) (2017 a): Rechtspflege. Bestand der Gefangenen und Verwahrten in den deutschen Justizvollzugsanstalten nach ihrer Unterbringung auf Haftplätzen des geschlossenen und offenen Vollzugs jeweils zu den Stichtagen 31. März. 31. August und 30. November eines Jahres. Stichtag 30.11.2016. Wiesbaden. Online verfügbar unter: https://www.destatis.de/DE/Publikationen/Thematisch/Rechtspflege/StrafverfolgungVollzug/BestandGefangeneVerwahrte.html [Letzter Zugriff: 28.6.2017]

Statistisches Bundesamt (destatis) (2017b): Rechtspflege. Strafverfolgung. Fachserie 10 Reihe 3. 2015. Wiesbaden. Online verfügbar unter: https://www.destatis.de/DE/Publikationen/Thematisch/Rechtspflege/StrafverfolgungVollzug/Strafverfolgung2100300157004.pdf?__blob=publicationFile [Letzter Zugriff: 28.6.2017]

Staub-Bernasconi, S. (2007a): Soziale Arbeit als Handlungswissenschaft. Bern/Stuttgart/Wien.

Staub-Bernasconi, S. (2007b): Soziale Arbeit: Dienstleistung oder Menschenrechtsprofession? Zum Selbstverständnis Sozialer Arbeit in Deutschland mit einem Seitenblick auf die internationale Diskussionslandschaft. In: Lob-Hüdepohl, A./Lesch, W. (Hg.): Ethik Sozialer Arbeit. Ein Handbuch. Paderborn. S. 20–53.

Steffen, W. (2008): Gutachten zum 12. Deutschen Präventionstag am 18. und 19. Juni 2007 in Wiesbaden. In: Marks, E./Steffen, W. (Hg.): Starke Jugend – Starke Zukunft. Ausgewählte Beiträge des 12. Deutschen Präventionstages. Mönchengladbach. S. 233–274.

Steffen, W. (2015): Gutachten für den 19. Deutschen Präventionstag: Prävention braucht Praxis. Politik und Wissenschaft. In: Marks, E./Steffen, W. (Hg.): Prävention braucht Praxis. Politik und Wissenschaft. Ausgewählte Beiträge des 19. Deutschen Präventionstages 2014. Mönchengladbach. S. 53–147.

Stehr, J. (1993): Konfliktregelung ohne Strafe. Weshalb Strafe in Alltagskonflikten keine Funktionen hat. Und warum Gesellschaft nicht zusammenbricht, wenn staatliches Strafen verschwindet. In: Peters, H. (Hg.): Muß Strafe sein? Zur Analyse und Kritik strafrechtlicher Praxis. Studien zur Sozialwissenschaft. Band 22. Opladen. S. 115–134.

Stehr, J. (2005): Soziale Ausschließung durch Kriminalisierung: Anforderungen an eine kritische Soziale Arbeit. In: Anhorn, R./Bettinger, F. (Hg.): Sozialer Ausschluss und Soziale Arbeit. Positionsbestimmungen einer kritischen Theorie und Praxis Sozialer Arbeit. Wiesbaden. S. 273–285.

Steinert, H. (1980): Kleine Ermutigung für den kritischen Strafrechtler. sich vom »Strafbedürfnis der Bevölkerung« (und seinen Produzenten) nicht einschüchtern zu lassen. In: Lüderssen, K./Sack, F. (Hg.): Seminar: Abweichendes Verhalten IV: Kriminalpolitik und Strafrecht. Frankfurt. S. 302–357.

Steinert, H. (1987): Zur Geschichte und möglichen Überwindung einiger Irrtümer in der Kriminalpolitik. In: Deichsel, W./Kunstreich, T./Lehne, W./Löschper, G./Sack, F. (Hg.): Kriminalität. Kriminologie und Herrschaft. Hamburger Studien zur Kriminologie. Band 2. Pfaffenweiler. S. 92–116.

Steinert, H. (1988): »Sicherlich ist Zweifel am Sinn von Strafe. von Freiheitsstrafen erlaubt.« Über Abolitionismus als intellektuelle Praxis. In: Schumann, K. F./Steinert, H./Voß, M. (Hg.): Vom Ende des Strafvollzugs. Ein Leitfaden für Abolitionisten. Bielefeld. S. 1–15.

Steinert, H. (2006): Über den Import. das Eigenleben und mögliche Zukünfte von Begriffen: Etikettierung. Devianz. Soziale Probleme usw. In: Soziale Probleme. 17. S. 34–41.

Steinert, H. (2016) »Soziale Ausschließung«: Produktionsweisen und Begriffs-Konjunkturen (2008). In: Klimke, D./Legnaro, A. (Hg.): Kriminologische Grundlagentexte. Wiesbaden. 203-217.

Steinert, H.: (1985) Zur Aktualität der Etikettierungs-Theorie. In: Kriminologische Journal. 17. 2/1985. S. 29–43.

Stelly, W./Thomas, J. (2001): Einmal Verbrecher – immer Verbrecher? Wiesbaden.

Stelly, W./Thomas, J. (2007): Das Ende der kriminellen Karriere bei jugendlichen Mehrfachtätern. In: Lösel, F. (Hg.): Kriminologie und wissensbasierte Kriminalpolitik. Entwicklungs- und Evaluationsforschung. Mönchengladbach. S. 433–445.

Stelly, W./Thomas, J. (2009): Straffälligenhilfe unter Veränderungsdruck. Projektbericht. Institut für Kriminologie der Universität Tübingen. Tübingen. Online verfügbar unter https://www.jura.uni-tuebingen.de/einrichtungen/ifk/forschung/strafvollzug/abgeschlossen/straffaelligenhilfe. [Letzter Zugriff: 28.6.2017]

Stelly, W/Thomas, J. (2008): Veränderungsdruck durch Privatisierung. Entwicklungstendenzen in der freien Straffälligenhilfe. In: Bewährungshilfe. 55 (3). S. 270–283.

Stolle, P. (2015): Situative Kriminalprävention. Konzept. Empirie. Bewertung. Exemplifiziert an der Videoüberwachung öffentlicher Orte. Berlin et al.

Stöver, H. (2005): Sozialer Ausschluss. Drogenpolitik und Drogenarbeit – Bedingungen und Möglichkeiten akzeptanz- und integrationsorientierter Strategien. In: Anhorn, R./Bettinger, F. (Hg.): Sozialer Ausschluss und Soziale Arbeit. Positionsbestimmungen einer kritischen Theorie und Praxis Sozialer Arbeit. Wiesbaden. S. 289–306.

Stöver, H. (2009): Drogenabhängige Menschen in Haft. In: Cornel, H./Kawamura-Reindl, G./Maelicke, B./Sonnen, B. R. (Hg.): Resozialisierung. Handbuch. 3. Aufl. Baden-Baden. S. 374–389.

Strauss, B./Schwark, B. (2008): Die Bindungstheorie und ihre Bedeutung für die Psychotherapie. In: Strauss, B. (Hg.): Bindung und Psychopathologie. Stuttgart. S. 9–48.
Streng, F. (2006): Sanktionseinstellungen bei Jura-Studierenden im Wandel. In: Soziale Probleme. 17. S. 210–231.
Streng, F. (2016): Jugendstrafrecht. 4. neu bearbeitete Auflage. Heidelberg.
Suhling, S./Rabold, S. (2013): Gewalt im Gefängnis – Normative, empirische und theoretische Grundlagen. In: Forum Strafvollzug. Zeitschrift für Strafvollzug und Straffälligenhilfe. 62. S. 70–75.
Sutherland, E. (1968a): Theorie der differentiellen Kontakte. In: Sack, F./König, R. (Hg.): Kriminalsoziologie. Frankfurt. S. 395–399.
Sutherland, E. H. (1968b): White-collar Kriminalität. In: Sack, F./König, R. (Hg.): Kriminalsoziologie. Frankfurt. 187–200.
Sutherland, E. H. (2016): White-collar Kriminalität (1968). In: Klimke, D./Legnaro, A. (Hg.): Kriminologische Grundlagentexte. Wiesbaden. S. 293–307.
Sutherland, E. H./Cressey, D. R. (1978): Criminology. 10. Auflage. Philadelphia/Chicago.
Sutterlüty, F. (2002): Gewaltkarrieren. Jugendliche im Kreislauf von Gewalt und Missachtung. Frankfurt/New York.
Sykes, G. M./Matza, D. (1968): Techniken der Neutralisierung. Eine Theorie der Delinquenz. In: Sack, F./König, R. (Hg.): Kriminalsoziologie. Frankfurt/Main. S. 360–371.
Tannenbaum, F. (1953): Crime and Community. London.
Tannenbaum, F. (1979): The Dramatization of Evil. In: Jacoby, J. E. (Hg.): Classics of Criminology. Prospect Heights. S. 192 f.
Tannenbaum, F. (1973): The Dramatization of Evil. In: Rubington, E./Weinberg, M. (Hg.): Deviance. An Interactionist Perspective. Text and Readings in the Sociology of Deviance. 2. Auflage. New York/London. S. 214–215.
Thane, K. (2015): Kein Entkommen?! Strukturelle Bedingungen der intramuralen Gesundheitsversorgung von DrogenkonsumentInnen. In: Stöver, H./Jacob, J. (Hg.): Schriftenreihe »Gesundheitsförderung im Justizvollzug« – »Health Promotion in Prisons«. Band 29. Oldenburg.
Theimer, W. (1985): Was ist Wissenschaft? Praktische Wissenschaftslehre. Tübingen.
Thiersch, H. (2005): Lebensweltorientierte Soziale Arbeit. Aufgabe der Praxis im sozialen Wandel. 6. Auflage. Weinheim/München.
Thiersch, H. (2007): Wie geht Sozialpädagogik mit Regelverletzungen junger Erwachsener um? Vortrag gehalten auf der Tagung: Jung, erwachsen, straffällig – was tun? 12.-14. Januar 2007. Bad Boll.
Thiersch, H./Grundwald, K./Köngeter, S. (2012): Lebensweltorientierte Soziale Arbeit. In: Thole, W. (Hg.): Grundriss Soziale Arbeit. Ein einführendes Handbuch. 4. Auflage. Wiesbaden. S. 175–196.
Thornberry. T. P. (1987): Toward an interactional theory of delinquency. In: Criminology. 25. S. 963–986.
Tittle, C. R. (2004): Refining control balance theory. In: Theoretical Criminology. 8. S. 395–428.
Tittle, C. R. (1997): The Limits of Theoretical Integration. Vortrag beim Jahrestreffen der American Society of Criminology. San Diego. November 1997.
Tolman, E. (1952): A cognition motivational model. In: Psychological Review. 59. 5/1959. S. 289–400.
Trenczek, T. (2009): Jugendgerichtshilfe. In: Cornel, H./Kawamura-Reindl, G./Maelicke, B./Sonnen, B. R. (Hg.): Resozialisierung. Handbuch. 3. Auflage. Baden-Baden. 116–127.
Trenczek, T. (2010): Risikoeinschätzung und psychosoziale Diagnose der Jugendhilfe (auch) im Jugendstrafverfahren. In: Zeitschrift für Jugendkriminalität und Jugendhilfe. 21., Heft 3/2010. S. 249–262.
Trenczek, T. (2014): Restorative Justice – (strafrechtliche) Konflikte und ihre Regelung. In: AK HochschullehrerInnen Kriminologie/Straffälligenhilfe in der Sozialen Arbeit (Hg.): Kriminologie und Soziale Arbeit. Ein Lehrbuch. Weinheim. S. 193–209.

Viehmann, H. (1995): Verschärfung des Strafrechts – Eine geeignete Antwort auf neue Dimensionen der Jugendkriminalität? In: Reindl, R./Kawamura, G./Nickolai, W. (Hg.): Prävention – Entkriminalisierung – Sozialarbeit. Alternativen zur Strafverschärfung. Freiburg. S. 11–26.

Vila, B. (1998): A General Paradigm for Understanding Criminal Behavior: Extending Evolutionary Ecological Theory. In: Henry, S./Einstadter, W. (Hg.): The Criminology Theory Reader. New York/London. S. 508–531.

Vold, G. (1958): Theoretical Criminology. New York.

Von Liszt, F. (1905a): Strafrechtliche Vorträge und Aufsätze. Band 1. Berlin.

Von Liszt, F. (1905b): Strafrechtliche Vorträge und Aufsätze. Band 2. Berlin.

Von Schönfeld, C.-E./Schneider, F./Schröder, T./Widmann, B./Botthof, U./Driessen, M. (2006): Prävalenz psychischer Störungen, Psychopathologie und Behandlungsbedarf bei weiblichen und männlichen Gefangenen. In: Nervenarzt. 77 (7). S. 830–841.

Von Trotha, T. (1977): Ethnomethodologie und abweichendes Handeln. Anmerkungen zum Konzept des »Reaktionsdeppen«. In: Kriminologisches Journal. 6. S. 98–115.

Von Trotha, T. (1982): Zur Entstehung von Jugend. In: Kölner Zeitschrift für Soziologie und Sozialpsychologie. 34. 2. S. 254–277.

Von Trotha, T. (1987): Gibt es den Weg zurück zur alten Strafpolitik? Zu Ungereimtheiten und unbeabsichtigten Folgen des Neo-Klassizismus auf der Grundlage zweier Annahmen zum Verhältnis von Recht und Gesellschaft. In: Deichsel, W./Kunstreich, T./Lehne, W./Löschper, G./Sack, F. (Hg.): Kriminalität. Kriminologie und Herrschaft. Hamburger Studien zur Kriminologie. Band 2. Pfaffenweiler. S. 14–28.

Von Weber, H. (1977): Kriminalsoziologie. In: Sieverts, R./Schneider, H.-J. (Hg.): Handwörterbuch der Kriminologie. Begründet von Alexander Elster und Heinrich Lingemann. völlig neu bearbeitete zweite Auflage. Band 2: Kriminalpolitik --Rauschmittelmissbrauch. Berlin. S. 63–91.

Von Weizsäcker, C. F. (1979): Einsteins Bedeutung in Physik. Philosophie und Politik. In: Aichelburg, P. C./Sexl, R. U. (Hg.): Albert Einstein. Sein Einfluss auf Physik. Philosophie und Politik. Braunschweig/Wiesbaden. S. 165–176.

Von Wolffersdorff, C. (1996): Straffälligenhilfe als organisierter Integrationsprozeß? Randgruppenarbeit im Zeichen gesellschaftlicher Polarisierung. In: Hompesch, R./Kawamura, G./Reindl, R. (Hg.): Verarmung – Abweichung – Kriminalität. Bonn. S. 28–45.

Von Wolffersdorff, C. (2008): Abschied von der Resozialisierung? Über die Sehnsucht nach Disziplin. Erziehungscamps und die Verachtung für »Kuschelpädagogen«. In: ajs informationen. Fachzeitschrift der Aktion Jugendschutz. 44. 11/2008. S. 18–24.

Voß, M. (1986): Diversion: Eine neue Form der sozialen Kontrolle. In: Müller, S./Otto, H.-U. (Hg.): Damit Erziehung nicht zur Strafe wird. Sozialarbeit als Konfliktschlichtung. Bielefeld. S. 79–93.

Voß, M. (1988): Deutet nicht alles auf den Untergang des Jugendstrafvollzugs hin? Eine skeptische Einschätzung. In: Schumann, K. F./Steinert, H./Voß, M. (Hg.): Vom Ende des Strafvollzugs. Ein Leitfaden für Abolitionisten. Bielefeld. S. 156–177.

Voß, M. (1993): Strafe muß nicht sein. Zu einer Inanspruchnahme des Strafrechts, die an Bestrafung nicht interessiert ist. In: Peters, H. (Hg.): Muß Strafe sein? Zur Analyse und Kritik strafrechtlicher Praxis. Studien zur Sozialwissenschaft. Band 22. Opladen. S. 135–150.

Wacquant, L. (2009): Bestrafung der Armen. Zur neoliberalen Regierung der sozialen Unsicherheit. Opladen.

Wacquant, L. (2016): Bestrafen der Armen (2009). In: Klimke, D./Legnaro, A. (Hg.): Kriminologische Grundlagentexte. Wiesbaden. S. 219-241.

Wahl, K. (2013): Aggression und Gewalt. Ein biologischer. psychologischer und sozialwissenschaftlicher Überblick. Heidelberg.

Waldo, D./Dinitz, S. (1967): Personality Attributes of the Criminal: An Analysis of Research Studies. 1950-65. In: Journal of Research in Crime and Delinquency. 4. S. 185–202.

Walkenhorst, P. (2007): Über Siegburg. In: Forum Strafvollzug. Zeitschrift für Strafvollzug und Straffälligenhilfe. 56. S. 83–84.
Wälte, D./Borg-Laufs, M./Brückner, B. (2011): Psychologische Grundlagen der Sozialen Arbeit. Stuttgart.
Walter, J. (1993): Jugendstrafvollzug auf dem Weg zu einer pädagogischen Institution? In: Elbing, W./Gehl, G./Nickolai, W./Reindl, R. (Hg.): Jugendstrafvollzug zwischen Erziehen und Strafe. Pädagogische Ansätze – Konzepte – Perspektiven. Saarbrücken. S. 104–120.
Walter, J. (2004): Das Projekt Chance aus der Sicht der JVA Adelsheim. In: DVJJ: Deutsche Vereinigung für Jugendgerichte und Jugendgerichtshilfen e.V.: Landesgruppe Baden-Württemberg: INFO 2004. Jahrestagung 2004: Neue Wege im Umgang mit Jugendkriminalität. S. 63–80.
Walter, J. (2011): Jugendstrafvollzug. In: Otto, H.-U./Thiersch, H. (Hg.): Handbuch Soziale Arbeit. Grundlagen der Sozialarbeit und Sozialpädagogik. 4., völlig neu bearbeitete Auflage. München. S. 700–707.
Walter, M. (2005): Jugendkriminalität. Eine systematische Darstellung. 3., neu bearbeitete und erweiterte Auflage. Stuttgart et al.
Walter, M. (2013): Tätigkeitsbericht des Justizvollzugsbeauftragten des Landes Nordrhein-Westfalen. Köln.
Walther, H. (1998): Was ist Konstruktivismus? Skizze einer kriminologischen Kritik an Henner Hess und Sebastian Scheerer. In: Kriminologisches Journal. 30. 2/1998. S. 122–127.
Warr, M. (2002): Companions in Crime: The Social Aspects of Criminal Conduct. Cambridge.
Weber-Papen, S. (2012): Hirnstrukturelle Auffälligkeiten bei Psychopathie. In: Schneider, F. (Hg.): Positionen der Psychiatrie. Berlin/Heidelberg. S. 77–82.
Wegel, M. (2005): Interaktionistische Erklärungen delinquenten Verhaltens -eine Überprüfung der Theorie von Terence P. Thornberry anhand biographischer Interviews. Tübingen. Online zu finden unter: https://publikationen.uni-tuebingen.de/xmlui/bitstream/handle/10900/47433/pdf/Diss_Wegel.pdf [Letzter Zugriff: 28.6.2017]
Wehrheim, J. (2003): Technische Konstruktion urbaner Ordnung. Thesen zur Symbolik und Wirkung von Videoüberwachung. In: Menzel, B./Ratzke, K. (Hg.): Grenzenlose Konstruktivität? Standortbestimmung und Zukunftsperspektiven konstruktivistischer Theorien abweichenden Verhaltens. Opladen. S. 191–207.
Wendt, W. R. (2004): Wo stehen wir in Sachen Sozialarbeitswissenschaft? Erkundungen im Gelände. In: Mühlum, A. (Hg.): Sozialarbeitswissenschaft. Wissenschaft der Sozialen Arbeit. Schriftenreihe der Deutschen Gesellschaft für Sozialarbeit e.V. Band 9. Freiburg. S. 91–120.
Werkentin, F./Hofferbert, M./Baurmann, M. (1972): Kriminologie als Polizeiwissenschaft oder: Wie alt ist die neue Kriminologie. In: Kritische Justiz. 5. 3/1972. S. 221–252.
Werkentin, F. (1987): Das Staatliche Gewaltmonopol und sein Anteil an der Herrschaftssicherung – Überlegungen am Beispiel der Bundesrepublik. In: Deichsel, W./Kunstreich, T./Lehne, W./Löschper, G./Sack, F. (Hg.): Kriminalität, Kriminologie und Herrschaft. Hamburger Studien zur Kriminologie. Band 2. Pfaffenweiler. S. 79–91.
Weyers, S. (2011): Demokratische Partizipation durch »Just Communities«. In: Dollinger, B./Schmidt-Semisch, H. (Hg.): Handbuch Jugendkriminalität. Kriminologie und Sozialpädagogik im Dialog. 2., durchgesehene Auflage. Wiesbaden. S. 415–426.
Whyte, W. F. (2016): Die Street Corner Society. Die Sozialstruktur eines Italienerviertels (1981). In: Klimke, D./Legnaro, A. (Hg.): Kriminologische Grundlagentexte. Wiesbaden. S. 281–298.
Wichmann, C. (2010): Leistungen, Finanzierung und Trägerstruktur der Einrichtungen der Straffälligenhilfe der verbandlichen Caritas. Ergebnisse der Umfrage 2009. Deutscher Caritasverband e.V. (Hg.). Freiburg im Breisgau.
Wikström, P.-O (2015): Situational Action Theory. In: Monatsschrift für Kriminologie und Strafrechtsreform. 98 3/2015. S. 177–186.

Wikström, P.-O. (2005): The Social Origins of Pathways in Crime: Towards a Developmental Ecological Action Theory of Crime Involvements and its Changes. In: Farrington, D. P. (Hg.): Integrated Developmental and Life-Course Theories of Offending. Advances in Criminological Theory. Bd. 14. New Brunswick/London. S. 211–246.

Wilkins, L. T. (1967): »Delinquent Generations«. A Letter to the Editor. In: Journal of Research in Crime and Delinquency. 4. S. 183.

Wilson, J. Q./Herrnstein, R. J. (1985): Crime and Human Nature. New York.

Wilson, J. W./Kelling, G. L. (1996): Polizei und Nachbarschaftssicherheit: Zerbrochene Fenster. In: Kriminologisches Journal. 28. S. 121–136.

Wirth, W. (2002): Das Drogenproblem im Justizvollzug. Zahlen und Fakten. In: Bewährungshilfe. 49. 1/2002. S. 104–122.

Wulf, R.: (2004) Umgang mit jungen Mehrfach- und Intensivtätern im Jugendstrafrecht und Jugendstrafvollzug. Vortrag am 21. März 2004 in der Evangelischen Akademie Arnoldshain.

Wurr, R./Trabant, H. (1993): Abweichendes Verhalten und sozialpädagogisches Handeln. Fallanalysen und Praxisperspektiven. Ein Lehr- und Arbeitsbuch zur Sozialpädagogik. 3., überarbeitete und erweiterte Auflage. Stuttgart/Berlin/Köln.

Yinger, J. M. (1982): Countercultures. The Promise and the Peril of a World Turned Upside Down. New York.

Young, J. (1997): Left Realist Criminology: Radical in Analysis. Realist in its Policy. In: Maguire, M./Morgan, R./Reiner, R. (Hg.): The Oxford Handbook of Criminology. Oxford. S. 473–498.

Zick, A. (2006): Gruppenbezogene Menschenfeindlichkeit aus Sicht der Wissenschaft. In: Amadeu Antonio Stiftung (Hg.): Reflektieren. Erkennen. Verändern. Was tun gegen Gruppenbezogene Menschenfeindlichkeit? S. S. 6–8.

Zick, A./Küpper, B./Hövermann, A. (2011): Die Abwertung der Anderen. Eine europäische Zustandsbeschreibung zu Intoleranz, Vorurteilen und Diskriminierung. Berlin.

Ziegler, E. (2015): Subkultur der Russlanddeutschen in deutschen Justizvollzugsanstalten. Inwiefern stellen russlanddeutsche Gefangene in der JVA Freiburg eine Subkultur dar. (unveröffentlichte Bachelorarbeit KH Freiburg).

Zimmermann, D. (2009): Verschuldung. In: Cornel, H./Kawamura-Reindl, G./Maelicke, B./Sonnen, B. R. (Hg.): Resozialisierung. Handbuch. 3. Aufl. Baden-Baden. S. 438–465.

Zimmermann, D. (2014): Schuldnerberatung in der Straffälligenhilfe. Rechtliche Rahmenbedingungen und aktuelle Probleme. In: BAG-S-Informationen. 29 Nr. 4. S. 232–244.

Nausikaa Schirilla

Migration und Flucht
Orientierungswissen für die
Soziale Arbeit

2016. 263 Seiten, 13 Abb.,
3 Tab. Kart. € 34,-
ISBN 978-3-17-023371-3 auch als EBOOK

Handlungsfelder Sozialer Arbeit

Migration ist Gegenstand Sozialer Arbeit, wenn Migrant(inn)en marginalisiert sind und die Gesellschaft auf Anforderungen neuer Vielfalt reagieren muss. Sie findet nicht allein in migrationsspezifischen Sozialen Diensten statt, wie beispielsweise Flüchtlingsdiensten – der Umgang mit Vielfalt und Ausgrenzung ist in allen Bereichen Sozialer Arbeit Thema. Ausgehend von der Darstellung von Migration und Flucht und ihren entsprechenden sozialen Herausforderungen erörtert das Buch migrationsspezifische Handlungsfelder der Sozialen Arbeit und erläutert entsprechende Konzepte und Methoden. Debatten zu Integration, interkultureller Kompetenz und verwandte Ansätze werden in ihrer Relevanz für ein handlungsleitendes Konzept Sozialer Arbeit befragt. Als Querschnittsthemen werden u. a. behandelt: kulturelle Vielfalt in der Gesellschaft, Diskriminierung, interkulturelle und antirassistische Bildungsarbeit, der interkulturelle und interreligiöse Dialog.

Prof. Dr. Nausikaa Schirilla lehrt an der Katholischen Hochschule Freiburg Migration und Interkulturelle Kompetenz, Migrationsforschung, Migration und Ethik.

Leseproben und weitere Informationen unter www.kohlhammer.de

W. Kohlhammer GmbH
70549 Stuttgart

Kohlhammer

Christian Roesler

Psychosoziale Arbeit mit Familien

2015. 207 Seiten, 3 Abb., 5 Tab. Kart. € 29,99
ISBN 978-3-17-023367-6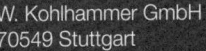

Handlungsfelder Sozialer Arbeit

Wie kaum ein anderes Handlungsfeld der Sozialen Arbeit ist die Arbeit mit Familien auf Interdisziplinarität und Vernetzung mit professionellen Fachkräften etwa aus dem Bereich der Medizin, Psychologie und Familientherapie angewiesen. Das Buch verschafft diesen Berufsgruppen für die notwendige Kooperation im ersten Teil einen kompakten Überblick über das breite Spektrum der Interventionsformen, Helfersysteme und Institutionen im Bereich der Familie. Der zweite Teil beschreibt entlang des Lebenszyklus' der Familie die wichtigsten Problemfelder und Praxisansätze: Schwangerschaft, Frühe Hilfen für kleine Kinder, Trennung und Scheidung, Gewalt in der Familie, psychische Probleme von Familienmitgliedern usw. Das Buch liefert auf dem aktuellsten Stand das Basiswissen zu wirksamen Interventionsformen für alle involvierten Berufsgruppen.

Professor Dr. Christian Roesler lehrt an der Katholischen Hochschule Freiburg mit den Schwerpunkten Klinische Psychologie und Arbeit mit Familien.

Leseproben und weitere Informationen unter www.kohlhammer.de

W. Kohlhammer GmbH
70549 Stuttgart

Kohlhammer

Martin Becker

Soziale Stadtentwicklung und Gemeinwesenarbeit in der Sozialen Arbeit

2014. 212 Seiten, 14 Abb.,
7 Tab. Kart. € 29,90
ISBN 978-3-17-023369-0 auch als EBOOK

Handlungsfelder Sozialer Arbeit

Soziale Stadtentwicklung und Gemeinwesenarbeit nehmen eine Sonderstellung unter den Handlungsfeldern Sozialer Arbeit ein. Als Standard längst etabliert, lenkt der sozialräumliche Ansatz den Blick auf die stadt- und sozialräumliche, d.h. strukturelle Verursachung von Hilfenotwendigkeit und bietet zugleich praktische Handlungsperspektiven, die konsequenterweise an den Ressourcen der Menschen und ihres Umfeldes ansetzen. Das Buch führt ein in die grundlegenden Theorien und empirischen Befunde über die Entwicklung des Lebens in Städten und Quartieren. Einen Schwerpunkt bildet die Darstellung des breiten Spektrums von Programmen zur Stadtteil- und Quartierentwicklung sowie der Methoden der Gemeinwesenarbeit: Sozialraumanalyse, Empowerment, Bürgerbeteiligung, Netzwerkarbeit, Projektarbeit, Mobile Arbeit uvm.

Prof. Dr. Martin Becker lehrt an der Katholischen Hochschule Freiburg mit dem Schwerpunkt Handlungskonzepte und Methoden der Sozialen Arbeit.

Leseproben und weitere Informationen unter www.kohlhammer.de

W. Kohlhammer GmbH
70549 Stuttgart